破解牛股密码

任平安 ◎ 著

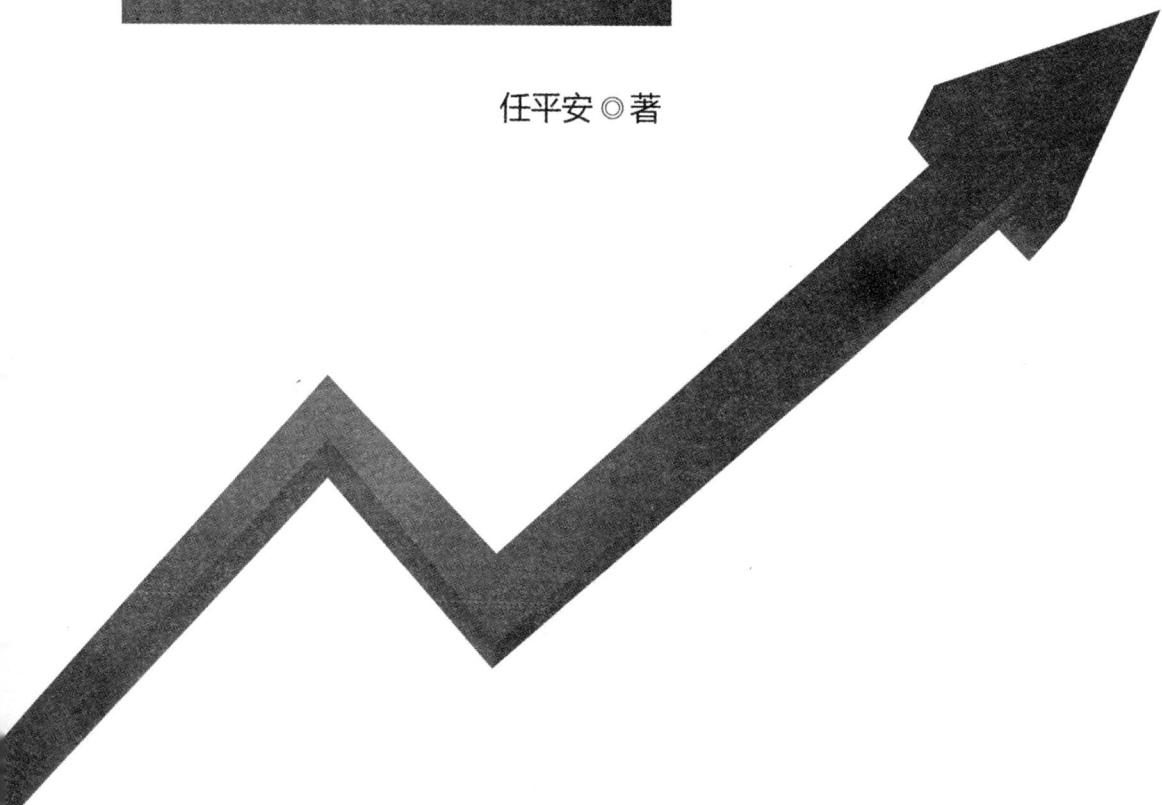

清华大学出版社

北 京

内 容 简 介

本书通过对市场中个股的描述，总结出牛股上涨的内在因素和外在图形特征，通过对牛股内外在特征的详细讲解，帮助投资者改变不正确的操作思路，打开思维空间，认清市场的投资方向和选股标的，从而发现牛股真谛，破解盈利密码。

本书通俗易懂，可以帮新股民快速入门，老股民打开思路，满足新老股民的投资需求。

图书在版编目（CIP）数据

破解牛股密码 / 任平安著. —北京：清华大学出版社，2016（2023.4 重印）
ISBN 978-7-302-42448-2

I. ①破… II. ①任… III. ①股票投资—基本知识 IV. ①F830.91

中国版本图书馆 CIP 数据核字（2015）第 307063 号

责任编辑：王金柱
封面设计：王　翔
责任校对：闫秀华
责任印制：朱雨萌

出版发行：清华大学出版社
  网 址：http://www.tup.com.cn，http://www.wqbook.com
  地 址：北京清华大学学研大厦 A 座 邮 编：100084
  社 总 机：010-83470000 邮 购：010-62786544
  投稿与读者服务：010-62776969，c-service@tup.tsinghua.edu.cn
  质量反馈：010-62772015，zhiliang@tup.tsinghua.edu.cn
印 装 者：北京嘉实印刷有限公司
经 销：全国新华书店
开 本：185mm×260mm 印 张：17.25 字 数：420 千字
版 次：2016 年 1 月第 1 版 印 次：2023 年 4 月第14次印刷
定 价：49.00 元

产品编号：065685-01

代 序

欣闻任老师的《破解牛股密码》一书出版，对我们九方金融研究所[1]来说是一件幸事。同时，也算是献给 A 股 30 年的生日礼物。

回首过去的 30 年，我国的资本市场从当初的"老八股"到今日的 4000 余家上市公司，从当初的摸着石头过河到今天被纳入 MSCI 及富时罗素指数，从当初的"搞得好就搞，搞不好可以关"到今天的全面实施注册制，一路走来，不断完善、日趋成熟。

现在管理层明确提出"建制度、不干预、零容忍"，努力打造一个更有竞争力的资本市场，进而吸引更多长期资金入市。值此"百年未有之大变局"、国产替代化和自主安全可控进程加速之际，A 股诸多赛道涌现出了细分龙头，"核心资产"在最近 5 年也的确表现优异。他们的成长离不开资本市场的支持，而资本市场亦将进一步增强为实体经济服务的功能。在这种情况下，我们预计股市将长期向好，同时这也对场内的交易者尤其是散户朋友们的投资水平有了更高的要求。

《破解牛股密码》一书出版于 2015 年，在自序中，任老师写到"行情又来到了 5000点……不希望鲜花过后一地鸡毛"，不曾想，一语成谶。大家虽然经历了痛苦的 1.0、2.0 和 3.0 行情，却依然对未来很有信心，因为近 5 年来投资者数量不但没有减少，反倒逐步增长。目前两市已开证券账户数达到 1.75 亿个，而股市也在不断完善的制度下体现了它的韧性——在 A 股 30 年之际，它再一次来到了牛市的路口。与之形成鲜明对比的是，很多新入市的投资者依然热衷于听消息，依然热衷于迷恋一夜暴富……

无论是技术派还是价值派，大家想解决的核心问题都是弄清市场涨跌的本质，《破解牛股密码》一书深度剖析了"牛股"的上涨机理，今天读来依然颇受启发。这 5 年来，任老

---

[1]九方金融研究所成立于 2018 年，是九方云智能科技有限公司下设的研究机构。研究所是拥有 60 余人的证券研究服务团队，研究涵盖宏观经济、行业公司、证券投资策略、指数与投资工具设计等领域。强调"升维做研究，降维做服务"，以"聚焦金融，着力创新，引领行业，打造品牌"为指导方针，致力于打造国内一流的证券投资咨询投研力量，为广大投资者提供长期稳定、成体系、可信赖的专业研究服务。研究所广纳贤才，目前拥有注册证券投资顾问超过 50 人。投研团队既有来自复旦大学、澳洲国立大学等海内外知名高校的博士和硕士，又包含深耕资管、私募、投顾领域的资深人士。

师的研究也在不断精进，在我们九方内部由其亲自操刀的《猎鹰操盘系列》也更加贴合市场、适合中小投资者，尤其是《突破六法》更是其主打的看家本领，他有效总结了主力操盘的四大步骤和三大手法，帮助新股民少走弯路，老股民打开思路，故而一经推出，深受内部学员好评。

目前市面上的投资书籍汗牛充栋，但要么太过专业，不利于普通投资者学习和掌握；要么过于片面（常见指标的金叉死叉），解决不了核心问题，而《破解牛股密码》一书，一定程度上弥补了这方面的空白。

本书对于"多空博弈"、"阴阳空多转换"、"独立量"和"箱体F1/F2"的阐述非常精彩，纵然我们的资本市场愈发成熟，但市场涨跌的本质没有改变。太阳底下没有新鲜事，股市是资金在逐利，是人性在较量，是多空在博弈。只有我们弄懂了市场的真相，明白了主力的意图，我们才不会成为"韭菜"。

最后，真心希望有缘的读者能够细细品读《破解牛股密码》，掌握多空博弈的精髓，扩大自己的能力边界，形成一套适合自己的交易方法，打造属于自己的投资闭环，真正做到破解密码、破局股市。

九方金融研究所
李红红

自 序

    本书最初写成于 2014 年夏天，彼时指数在 2000 点附近徘徊，现在回过头去看，正是行情的启动点。本来这是笔者一家经验总结出的交易模式，谁成想真的就在这一波牛市中派上用场了。当时写完之后，有一朋友来访，就拿给他看，他看完之后，觉得非常不错，对于有些不明白的地方，笔者耐心详解，跟他交流。行情佑人！在过去的一年中，他操作得相当好——从沪港通、一带一路到互联网+……可以说每一波都做到了，而且做得很不错，财富实现了迅速增值。

    这一次他又提到我的内容应该跟别人分享，以前我一直觉得自己的未必适合别人，通过这一年的实战，发现好的东西是相通的，就像好股票，上涨的原因、图形都是相通的。笔者的内容是在熊市、震荡市中总结出来的，在那样的市场可以用，在牛市就更没问题了，在震荡市都可以帮助别人，在牛市会让你更加快速地实现财富增值。所以在朋友的推荐之下，本书得以跟大家见面。

    我们的证券市场走到今天，已经二十多年，也越来越趋成熟，我们固有的观念和过去单一的技术分析是否还能适用，是否能够跟得上市场的发展？这是我们需要考虑的问题。我们的市场起步晚，但是发展快，加之我们中国社会主义市场的特色，在过去的 20 年间，的确出现过几次牛市，其间 2005 年~2007 年尤为波澜壮阔。但鲜花过后，一地鸡毛，指数从 2007 年的 6124 点之后一路下挫，一直跌到笔者写书的 2014 年的 2000 点附近，而外围市场却一路高歌，早就甩出我们好几条街了。我们的市场真的会一直熊下去吗？肯定不会，所以在 2014 年的下半年，A 股市场努力发奋，"三年超英五年赶美"，终于在 2015 年一季度领衔全球股市。6000 点再一次的触手可及，但是对于大多数投资者怕是"好了伤疤忘了疼"。行情好的时候，什么都不管，稀里糊涂都赚钱，一旦行情下跌，就到处抱怨，到处找下跌的原因——股市与宏观经济脱节、IPO 堰塞湖、基金经理内幕交易、上市公司造假等等一系列的问题相继曝出。股民找到了下跌的"源头"，也找到了自己亏钱的"罪魁祸首"，但自己的账户却依旧红了又绿、绿了又红，周而复始……我们有没有静下心来想过，自己的问题出在哪里呢？自己这么多年苦苦坚守的投资方法是否正确呢？自己是否有过赚钱没走又严重被套,反过来到处抱怨的呢?自己是否有过打探"内幕消息",希望走捷径快人一步,结果反食恶果的呢?笔者就遇到许多 6000 点斗志昂扬的投资者,到 2000 点时却感觉低人一等,曾经获利 10 倍彼时却仅剩零头;也看到许多投资者买了重庆啤酒(600132)、融资昌九生化(600228)之后"关灯吃面"的凄惨……

如今行情再次迎来牛市,许多投资者又一次地"满血复活",许多的新股民又一次地进入到这个市场,他们的故事会重演吗?真不希望是如此。

随着市场越来成熟,股票数量越来越多,我们还在按照传统的单一技术分析买进卖出,盈利面还会有多大?打探消息吃了苦果,自然就会谨慎,但还是有许多投资者每天热衷研究某只股票的资金流向,以此来作为自己的买卖依据……每一种方法流传到今天,自然有他的长处,但是否可以真正帮助我们减少随意下单的次数,帮助我们真正战胜自己的心魔,敢于操作真正引领市场的牛股呢?就笔者了解到的情况,学习单一的技术分析的投资者,亏损的是大多数。

那如何才能改变自己频繁被套的现状,到底什么样的操作方法才真正适合我们自己,我们过去实战了这么多年,学习了这么多方法,投资对于我们来讲为什么还是一件痛苦的事情呢?

投资到底是理念重要还是方法重要,实战到底是经验重要还是思路重要?

鉴于此,笔者根据自己 10 年股市实战经验,将分几个章节把自己的操作理念及选股思路一并奉献,希望对广大散户投资者有所帮助。

任平安

2015 年夏于深圳

前 言
牛股无处不在

在股市的操作当中，信心很重要。这个信心来自何处，是否真的可以让我们对市场有信心呢？答案是肯定的。这个信心就是我们每天都看到，却又忽略不重视的情况。

我们经常会说股市有两只手，一只看得见的手是国家政策，另一只看不见的手是市场本身。

根据"资金不眠"的规律，市场总不缺乏热点：今天造纸在涨、明天海南板块在涨、后天可能钢铁又动了……主力机构是炒完一只股票接着炒另一只，有的时间短点，可能一两天就结束了；有的时间长些，可能几周、几个月甚至几年都在涨。

对于涨幅巨大的个股，我们一般习惯性地称之为牛股——它引领的是一波行情的上涨，是在大家对大盘没有信心的时候，出现的上涨，是标志性的，是拯救股市、振奋人心的；在大盘很好的时候，这些个股表现的更加疯狂，说白了，它们也就是为了给大家赚钱信心而产生的。

每一年都会有这样的个股产生，为了更好地说明牛股的奇特之处，笔者摘选了几只在时间上配合得刚刚好的股票。

举例说明：2010 年 7 月 2 日大盘 2319 点探底回升后，连涨了 4 个月，在 11 月 11 日摸到 3186 点之后见顶，这一波行情中，表现耀眼的有几只股票。

成飞集成（002190）（2010 年 7 月 7 日~9 月 9 日）：从 10 元拉到 39.96 元，翻了 4 倍。如图 1 所示。

图1

我们再看到广晟有色（600259），它是在什么时候启动的呢？2010 年 9 月 9 日跳空突破展开主升浪，一直拉升到 10 月 18 日，从 39.66 元一直拉到 101 元，如图 2 所示。

图2

换句话讲，9 月 9 日卖出成飞集成之后，转手就可以买进广晟有色。不用担心它的一字涨停板买不进，因为它当天的分时多次打开，给了我们进场的机会，如图 3 所示。

图3

2010 年 10 月 18 日卖掉广晟有色之后，歇一天，第二天就给了我们另一个机会，这就是太原刚玉（000795），如图 4 所示。

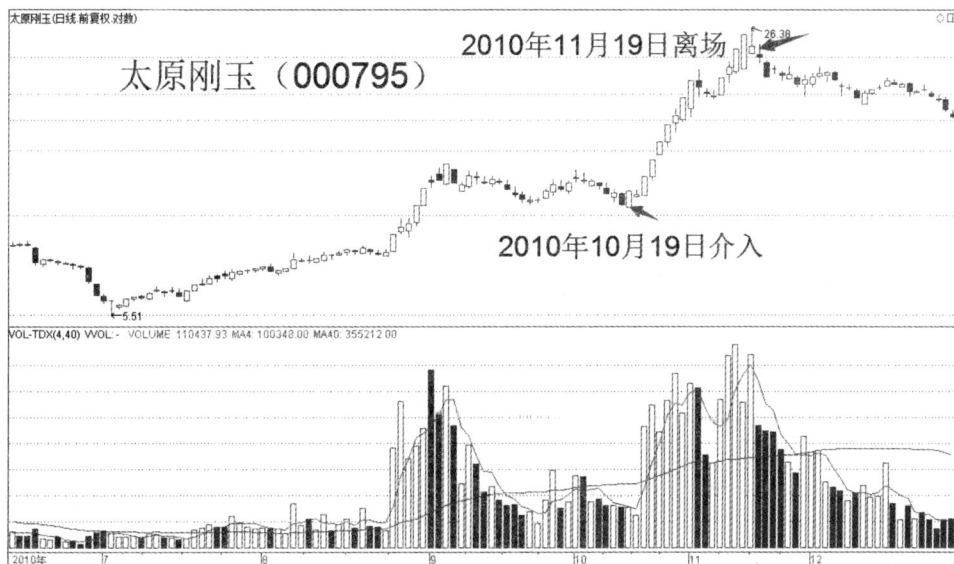

图4

太原刚玉在 2010 年 10 月 19 日启动之后，1 个月时间，从 10 元拉升到 11 月 19 日的 26 元，翻了 2.6 倍。

如果我们以 10 万元启动资金计算的话，在成飞集成启动的时候，刚好可以买 1 万股，涨到 9 月 9 日刚好 39.9 万，紧接着买进广晟有色，正好又是可以买 1 万股——一切刚刚好，持股一个多月，到 100 元卖掉，就变成了 100 万元。第二天太原刚玉启动，可以买 10 万股，涨到 26 元卖掉，变成 260 万元。

这就是短短 4 个月翻 26 倍的奇迹。

我们不去讲每隔几年大盘就有大行情，也不去想每年都有一波行情，单单这 2010 年的 4 个月就出现了这样的奇迹。

很多人一定会认为，这是不可能实现的——没有谁可以踏的这么精准。的确，但这个事实又的的确确是存在于市场中的。

笔者想说的是，无论大盘涨跌，每个季度甚至每个月都有涨幅巨大的牛股，关键的问题在于，你是否能够抓住这样的牛股。这正是本书的核心——抓住牛股，如果你过去一直在亏损，通过学习本书，能让你看到机会。

任平安

2015 年夏于深圳

目　录

第1章
牛股的内在特征

牛股究竟有着怎样的特征，使它每隔一段时间就会爆发一下？

这样的股票对很多人来说是熟悉又陌生的——每天都在看盘却鲜有参与。牛股是孤独的，因为很多人只是关注、分析、议论，却很少买入。是不想做这样的股票吗？显然不是。有多少人做梦都想抓涨停板，虽然涨停板只有 10%，可又有多少人的账户，几年也没有赚到 10%，更别提牛股了。那么，到底是什么原因使我们不敢参与，而牛股究竟有着怎样的特征呢？在本章中，笔者将从两个方面对此加以阐述，力求为大家厘清操作思路，破解牛股密码。

第1节　大道至简——聚焦市场注意力

大道至简，很容易理解，但执行起来却非常困难。有不少投资者，我们看到他的看盘软件中窗口有六七个，均线有四五条，还有趋势线、黄金分割线、压力支撑线等，眼花缭乱。你让他去掉哪一条，他都觉得可惜，他认为每一条都有道理，因为随着股价的运行，每涨（跌）一点就有可能触碰到他画的线，心里好提前做好准备。

从理论上来看，股价波动的时候的确会触碰到某一条线出现拐头，然而事实却未必这样，有的仅仅就是盘中波动一下而已，之后继续沿着原有的趋势运行。那么，这个时候这条线还有什么意义呢？有些股票到了某条线（画那么多总能碰到一条）之后，趋势真的就出现反转，这个时候就是大师显灵的时候到了。有些投资者自己心里就会极度膨胀，认为自己是股神——提前预判，分毫不差！人的记忆是有选择性的，通常会记住成功的，把它无限放大，而忽略掉那些失败的。我们通常情况下就是败在自己忽略的那一块，所以从看到本书开始，让你的界面删繁就简，变得简单起来吧。

既然大道至简，那首先就要明白什么是"道"。道就是核心，就是股价上涨的根本因素，而我们自己平时操作所依靠的是什么呢？是各种技术分析，各种指标参数，其实这些充其量是"术"而已，是小巧，不能称之为"道"。举个很简单的例子，一只股票 A 出现大涨，是什么原因呢？会是我们所认为的放量缩量，5 日线金叉 10 日线吗？绝对不是。你按照这个方法选出来 A 的时候，同期一定还可以选出其他的股票，为什么别的股票没有出现大涨呢？选出 A 的时候，你有可能还参考了其他的因素，那其他因素是什么呢？这些因素里到底有没有决定 A 上涨的呢？如果有，那你的金叉、放量就不具备唯一性。我们在市场中寻找的就是唯一性，唯一性是真正让股票暴涨和持续大涨的根本因素。

大道至简要求我们的操作理念简单，操作模式简单，股票上涨的理由同样简单。大道至简，既要求我们坚持的是真理，又告诉我们由"道"所支撑的股票是比较少的，市场中也就 1‰左右。也许有人会认为，那剩下的 999‰怎么办？不用做了吗，没人做了吗？做，肯定是要做，但不是现在。那如果大家都来做这 1‰的股票，股价岂不是要飞上天了吗？如果你想到这里，就要恭喜你了，你的注意力已经被这 1‰的股票吸引了。

注意力等于事实。假如你的注意力全放在这个 1‰的顶级股票上面，你就会觉得行情很好，在你的眼里将不再因为大盘下跌而担心，不再有股票不涨的抱怨。当然，事实上，是不可能所有人都来买这只顶级股票的，就算买到了也是拿不住的。具体原因会在后面的章节里逐一细讲，直到改变你的思路，真正做到知行合一。

下面我们来看几只顶级股票。

中青宝（300052）从 8.40 元起步，一路拉升到 90.48 元，10 个月时间翻了 10 倍，堪称神速，如图 1-1 所示。

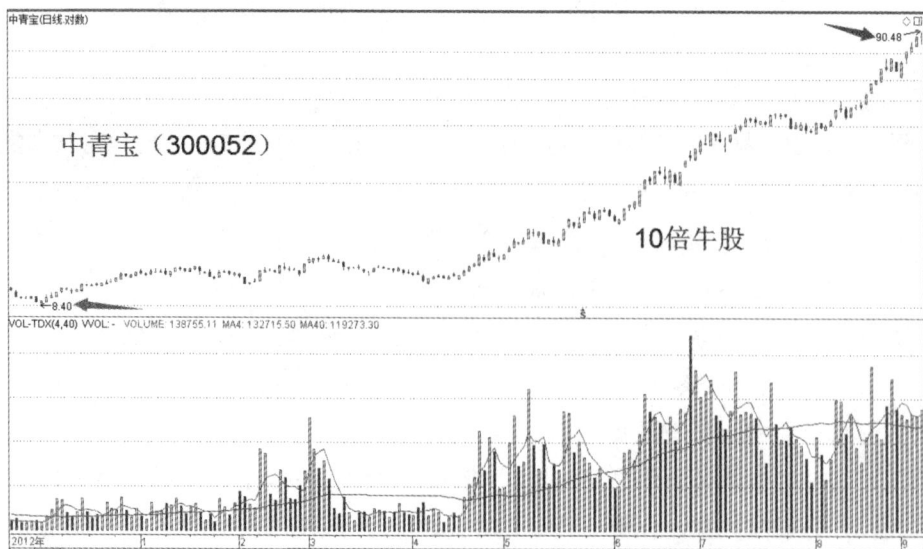

图 1-1

　　冠豪高新（600433）从 2012 年 12 月到 2013 年 5 月，半年时间翻了 7 倍，如图 1-2 所示。

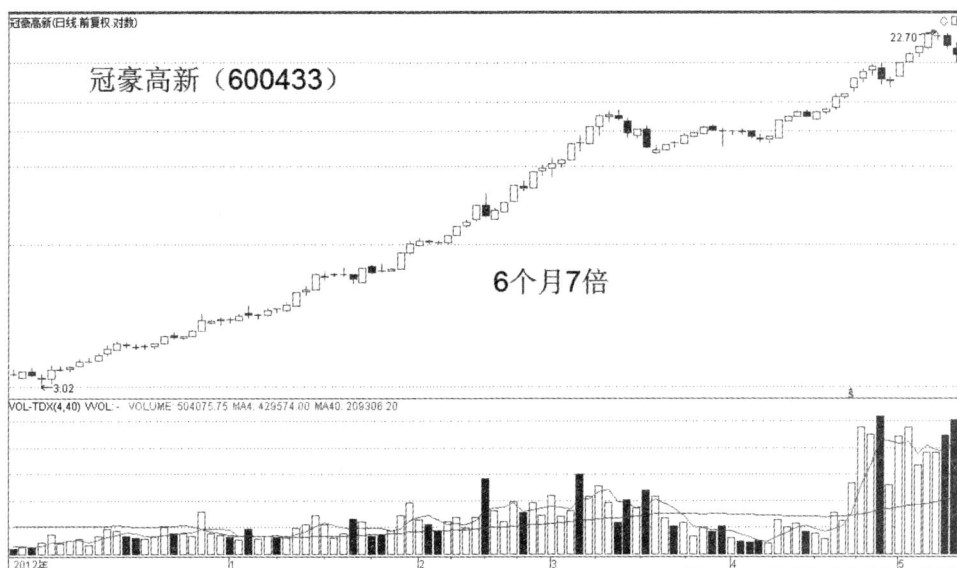

图 1-2

掌趣科技（300315），如图 1-3 所示。

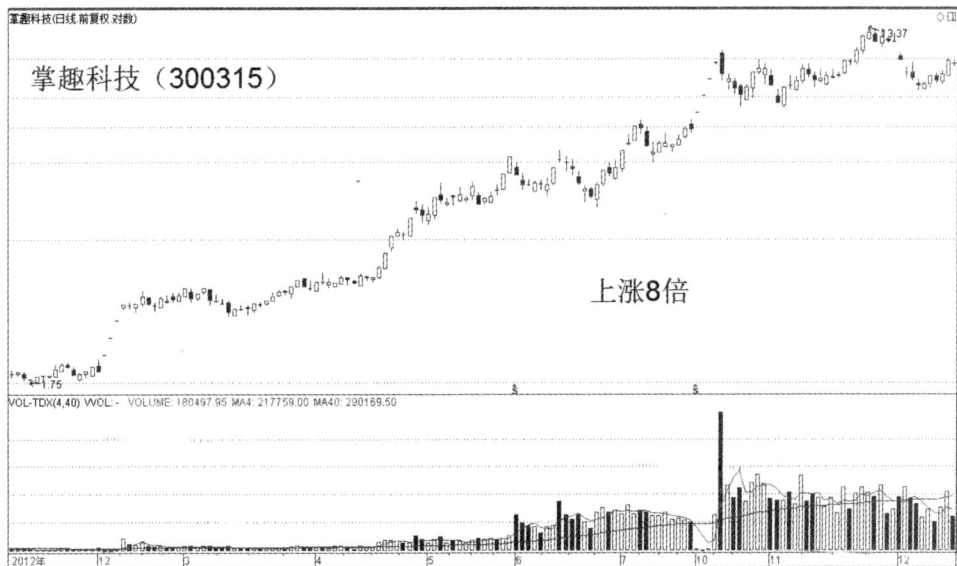

图 1-3

华谊兄弟（300027），如图 1-4 所示。

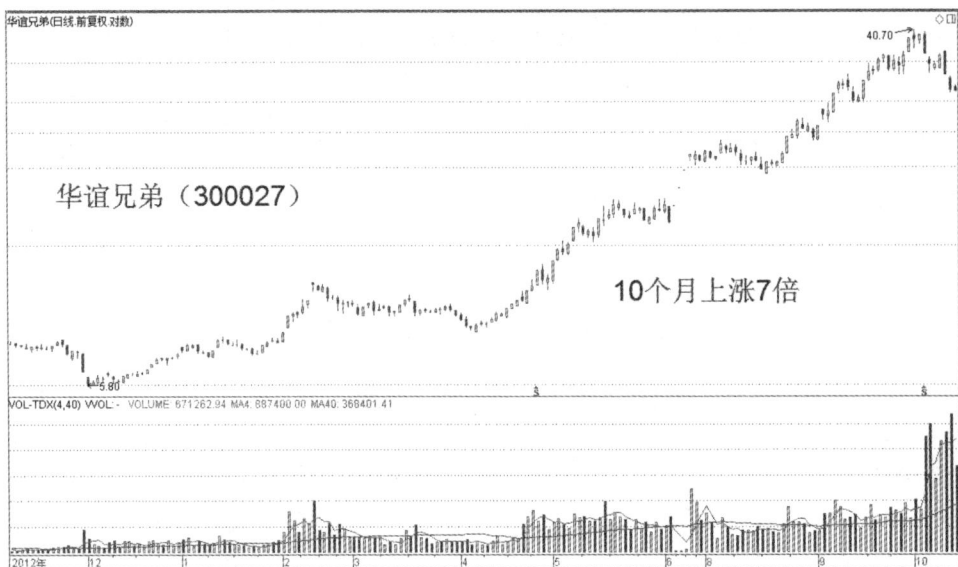

华谊兄弟（日线 前复权 对数）

40.70

华谊兄弟（300027）

10个月上涨7倍

VOL-TDX(4,40) VOL: VOLUME 671262.94 MA4: 887400.00 MA40: 368401.41

图 1-4

这样的个股很多，我们后面的案例分享中也会详述。

大家可能也发现了，好像笔者要讲的都是一些涨了又涨并且很难把握的股票。是的，笔者要讲的，就是如何发现并参与到这些顶级的股票当中来。因为真正让我们赚钱的就是这些顶级的股票，或者短期内具备和顶级股票一样上攻动能的股票。

笔者遇到很多投资者，在牛股涨起来之后，说在底部就选出了它，在启动初期就介入了，赚了几毛钱就跑了，后面看着它涨了四五倍，从来没再想下手去买，哪怕是 100 股。之所以出现这样的情况，原因有两个：一是我们不知道股票上涨的真正原因是什么，从而不敢下手；二是自己准备再次下手的时候，脑子里参考的东西太多，不知道该遵循哪一个。这就是我们讲的"大道至简"的反向体现，真正影响股票上涨的原因就是市场的"道"，我们掌握的核心操作方法是"道"，而其他的一切，都会阻挡我们。

从今天开始，阅读以下的文字，将会解决四个核心问题，即与牛股擦肩而过的问题：看不到、不敢买、买得少、拿不住！

第 2 节　股票上涨的源动力

我们知道，股票的上涨最直观的是受资金的推动，是由于资金的介入才使得股价出现拉升。我们一般的投资者只研究到这就停止了，认为只要研究到了主力资金的动向就可以跟随牛股的脚步了。其实不然，市面上那么多讲述跟庄操作的方法，其结果如何呢？在资本市场中有这样一句话：群众的一致性行为往往都是错的。大多数人以为找到了资金流向的法宝就通向了成功，其实成功还在路上，我们要进一步地思考，主力资金介入的原因是什么？只有找到了这个原因，我们才能更好地跟随，在介入的时候才能不犹豫，介入了之后才能不恐慌。而这个原因，笔者把它称为"价值"。股票只有具备了炒作的价值，资金才会介入，如果一只股票没有了价值自然就不会有人关注。所以顺序是这样的：价值发现→资金推动→股价上涨。

那应该具备什么样的价值呢？又如何去发现价值呢？

笔者认为，股票上涨的源动力是业绩出现增长，不论是大幅度增长还是持续性的增长，只有业绩增长才会吸引到资金投资，才具备炒作的价值。

市场中每年都会爆发牛股，如 2010 年的包钢稀土（600111）、2011 年的三爱富（600636）、2012 年的欧菲光（002456）、2013 年的华谊兄弟（300027）、中青宝（300052），2014 年上半年的大富科技（300134）等。

这些股票的暴涨都是有共性的，就是每年的题材炒作和业绩增长，题材是每年市场催生的新概念，而在此基础刺激下业绩的成倍增长却是不容忽视的。

2010 年包钢稀土（600111）从 2 月份的 21 元左右，一路拉升到 10 月底的 96 元，时间短，涨幅大。而公司 2010 年净利润 7.5 亿元，超出上一年 14 倍（2009 年仅 5500 万元）。

还有广晟有色（600259），如果从 2005 年的底部来看的话，最大涨幅达到了 100 倍，可能很多人会说，2006 和 2007 年大牛市催生了很多大牛股，但是自 2007 年 6000 点之后，还能继续挑战新高，绝对涨幅达到 100 倍的股票，恐怕就没有了吧。

欧菲光（002456）2012 年净利润高达 3.2 亿元，而 2011 年才盈利 2000 万，同比增幅高达 15 倍。这样的数据毫无疑问是诱人的，所以在二级市场上，欧菲光（002456）的表现很诱人，2012 年欧菲光（002456）从 13 元涨到 42 元，第二年在此基础上再翻一倍，直至 83.99 元，涨幅不可谓不大。

2013 年，华谊兄弟（300027）上半年增长 282%，全年增长 172%，中青宝（300052）全年增长 205%，大富科技（300134）上半年业绩同比增长 13 倍。这些靓丽的业绩都是支撑股价华丽表现的源动力，而股票也的确不负众望，都领衔成为年度或半年度的牛股。

很多人可能认为，市场的钱都让大资金赚去了，可怜的是我们这些散户。那市场中的资金主要分哪几类呢？市场说白了就是资金的博弈，我们需要知己知彼：最高层的是国家队的资金，也是最大的主力，由社保、保险、央企等构成；中间层的是机构的资金，由开放式基金、私募基金、机构游资等构成；最底层的是广大的散户。

这几种资金从某种程度上来讲，也代表了三种人：先知先觉、后知后觉和不知不觉。散户作为"食物链的底端"，从各方面来讲，相对来说都是比较滞后的。大多数人操作的方式就是看到涨了去追涨，看到跌了就卖出。而大资金的灵敏度可能要高得多，他们可能提前判断出公司的业绩出现增长，于是开始介入。炒股票就是炒预期，大资金相对散户来讲有各种分析上的优势，先于散户介入，而散户由于各种因素只能追涨杀跌。

股价的上涨多是因为公司利好刺激该公司业绩出现预期的上涨，进而受到资本的追逐。但市场资金的喜好各有不同，有的操作周期长，有的短。比如说，因为某件事情的发生，股价出现涨停，结果第二天或者第三天上涨就结束了，这种情况一般是游资所为。正常来讲，这么短的时间，和上市公司的业绩不会有多大关系。比如市场传闻 A 公司的子公司收购了一家小公司 B，结果收购之后发现这家小公司拥有的厂房下有金矿，储量非常大。但随后又出一个公告：因为 A 公司没有在合同规定的时间内把资金补齐，所以 B 公司宣布合同无效，金矿归自己所有。这样一来，A 公司就等于白高兴了一场，但是金矿的消息从有到无，中间隔了的这几天就给市场创造了炒作的机会。市场的炒作就是想当然地认为假如金矿归 A 公司子公司所有的话，那未来给 A 公司贡献的利润将会是非常可观的，A 公司的业绩增长是可预期的，至于后面是否属实不重要，市场已经把这个预期炒作了。

一般来讲，股票业绩出现增长，主要有以下几种情况：

1. 资产重组、资产注入、吸收合并等。
2. 产品涨价或新产品面世。
3. 新概念的产生。

每年都会有因为资产重组这些因素大涨的牛股。这样的股票，很多先停牌再复牌，而复牌后经常是连续一字涨停板，比较难以把握。

相对来讲，产品涨价、新产品面世则要好把握得多。这些事情的发生很容易通过公司公告看到，尤其是新产品的面世，可以根据市场的紧缺性及未来的市场空间逢低布局，持股待涨。

第三个是新概念的产生，这是市场炒作最多的题材，而每年的大牛股除了重组之外，往往会伴随着这些题材的炒作。因为涉及的题材越多，公司的产品可能需求就越大，炒作的资金就越扎堆。炒股票就是炒想象力，发生的事件当中，能够带来巨大想象空间的，往往会成为牛股的温床。

第 3 节 价值发现的三条原则

市场是逐利的，资金是不眠的。市场一旦有风吹草动，自然就会引起资金的关注。但是不是所有事件的发生都会吸引资金呢？散户是不是要跟进每一个风吹草动的股票呢？答案是否定的。我们要跟随的是大资金的脚步，只有大资金介入的股票，我们进离场的时间才比较充分，如果只是一些"一日游"的行情，对于普通投资者来讲，操作起来既亏损又疲惫。

市场中的牛股往往因题材而引爆。一般来讲，每条消息出现的时候对公司的股价都会有所刺激，只是力度不同而已。有的股票受消息刺激当天涨停，有的却高开低走，有的开启了主升浪行情，有的却是利好出尽开始下跌。对于普通的投资者来讲，每天接触的信息非常多，多到无从分辨到底哪一个消息会对公司的股价产生正面影响，哪一个消息的持续性更长久。接下来，笔者将给大家讲述到底什么样的因素才能让股票价值被发现，什么样的事件才能驱动股价上涨，什么样的股票才是投资的首选。

下面是价值发现的三条原则。

1. 整体指数上涨

股票市场主要有权重蓝筹、中小板和创业板三类股票。当我们发现市场出现"二八转换"的时候，就要留意市场转换到了哪一边。就像 2007 年 5·30 以后一样，大多数股民之所以出现只赚指数不赚钱的情况，就是因为没有把握好市场整体性的规律。彼时市场已经出现二八分化，权重股在上涨，而大多数股票的上涨已经明显乏力。图 1-5 所示是上证指数 K 线图。

图 1-5

而 2013 年全年涨幅居前的十大牛股，其中有 9 只都来自于创业板。创业板指数在许多看空的声音中一路拉升，创出新高，如图 1-6 所示是创业板指数 K 线图。

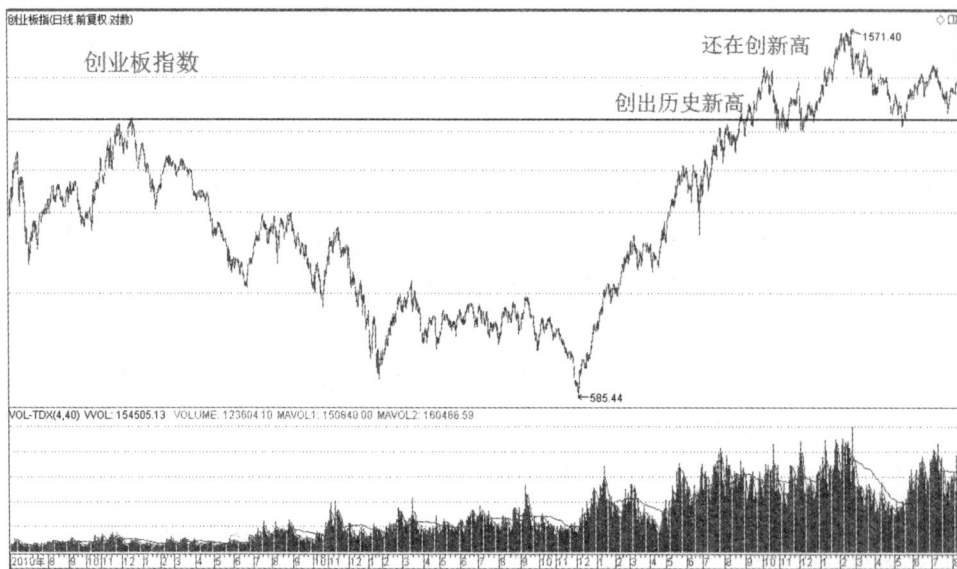

图 1-6

上述两种情况就是整体性的体现。市场整体性是从大的方面告诉投资者，主力机构的注意力在哪里，整个市场的聚焦在哪里。当你看到这种情况的时候，就不要死守着手里的非相关的股票了，要关注市场人气最旺的地方，无关市场人气的股票是不会有人关注的。

2. 集体板块出现上涨

集体板块出现上涨，比较好理解，就是个股所属行业都出现上涨。比如金融、地产、有色、煤炭这几个板块在拉升，那自然该板块的相关个股就会成为主力资金的主要追捧对象。然而，在实际操作中大多数散户经常是看到了 A 板块上涨，却选择了 B 板块的个股，原因是希望通过 A 板块上涨带动 B 板块个股的上涨，或者是希望 A 涨完后可以轮到 B 接力，结果却往往是踏错节奏、错过上涨行情。

3. 事件的驱动

当相关行业有了扶持政策发布、突发消息、全新概念的时候，就会对市场形成刺激，从而影响股价的运行。

基于事件的驱动产生的行情统称为"事件驱动型"。前面笔者谈到，每天市场的消息纷乱复杂，大多数散户不知道该如何筛选，从何处着手。下面笔者就题材的类型给大家做一个实战划分，可以参考图 1-7。

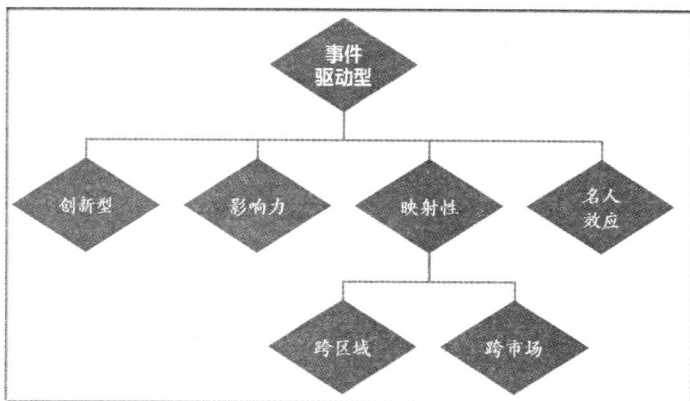

图 1-7

首先是创新优先。每年市场都会出现新的题材热点，这些热点引爆的行情往往都会翻三五倍。

比如 2010 年以广晟有色（600259）为代表的稀土，以成飞集成（002190）和德赛电池（000049）为代表的锂电池，2011 年以天舟文化（300148）为代表的文化传媒，2012 年以浙江东日（600113）为代表的浙江金改概念，2013 年以上海物贸（600822）为代表的上海自贸区，以中青宝（300052）为代表的手机游戏，2014 年以大富科技（300134）为代表的特斯拉概念，等等。这些事件的特点就是一个字"新"——前所未有。

炒股就是炒想象力，一件事情的发生，最终能否得到市场的认可，就是看它的二级市场想象空间有多大。如果一件前所未有的事情发生了，相关的上市公司受益，一年赚过去十年的钱，或者未来十年的增长都是可期的，那它的吸引力自然就是巨大的。例如，2013 年上海自贸区概念的炒作，当时号称是"共和国的第二次改革"，有人可能会说第二次也不是新的啊，怎么炒得那么凶呢？问题是第一次改革的时候还没有股市。

其次，要看该事件的影响力度如何。一般来讲，影响力从大到小的排列是这样的：全球性的第一、国家战略次之、地方性的更次之。这种情况，在 A 股市场中几乎每年都在发生，就是常见的"炒地图"行情。市场热点从一个区域转移到另一个区域，要把握这种炒作需遵循一个原则，就是快进快出。操作中主要看出台的扶持政策的力度大小，是区域性的经济振兴，还是政府出台的长期扶持，等等。

第三，相关市场的映射。我们有时把大盘的下跌归于前一天晚上美股的下跌，这就是映射。

① 相同产品的跨区域映射。我们一直认为美国是先进科技的代表，美股市场上受到投资者认可的行业会映射到 A 股市场上。像美股的特斯拉电动汽车出现上涨，跟特斯拉有合作关系的 A 股相关上市公司就获得资金的追捧；日本的手机游戏股暴涨 60 倍，我们的智能手机处于普及阶段，手机游戏存在着巨大的市场，映射到 A 股就出现了中青宝（300052）

和掌趣科技（300315）的 10 倍涨幅。腾讯港股涨了 100 倍，我们就要想到 A 股的科技股、软件股是否具备机会……

② 相同产品的跨市场映射。这里主要指的是期货和现货之间的映射关系，尤其是国际期货的表现。比如 2014 年 5 月初，市场妖"镍"横行，就是缘于国际镍的连续大涨。

有些时候由于地域的限制，我们不会留意外围市场相关公司的大幅度上涨会给 A 股公司带来怎样的影响；由于时差的关系，相关品种没有即时地映射到 A 股市场，我们也可能不会关注，这些都是需要注意和克服的。

第四，名人效应。这里主要指的是股神巴菲特、商业巨子李嘉诚及国内一些大佬的关注点。他们相对来讲是商业上的成功人士，他们的眼光某种程度上带有前瞻性和准确性。比如巴菲特每年的股东大会，会介绍他的投资动向和持仓动向。比如，巴菲特旗下公司伯克希尔·哈撒韦收购了肾透析相关的公司，那就要想到 A 股市场的宝莱特（300246）也是做透析的；李嘉诚和国内其他大佬入股某些公司，某种程度上也说明了他们对该行业看好，我们要做的就是仔细分析该行业中的相关公司是否具备机会。

以上就是笔者对每天收到的信息的分类标准，从上到下、从大到小逐一区分炒作的价值。有些个股的拉升可能符合好几个条件，符合的越多、战略性越大的事件炒作的可能性越大，持续的时间越久，因为这样的公司未来业绩增长的可能性大。

第 4 节　谁是下一只中青宝

中青宝（300052）从低位拉起翻了 10 倍，相信一定有很多投资者用了各种技术分析的方法选到该股，有的也跟着参与了一波，但都没有能够坚持到底，个中缘由归根结底还是没有看懂。

错过了中青宝不要觉得可惜，毕竟资本市场是从来都不缺乏奇迹的地方，也许你选的下一只股票就是市场的宠儿，就是下一只中青宝呢？但是如果上一只中青宝没弄明白几个核心问题，那下一只中青宝很可能还会放跑。

下面笔者就中青宝（300052）展开说明，以后如果你再遇到类似的股票，按照这个模式去分析，就绝对不会错过。

先要搞清楚关于中青宝的几个问题：

① 到底是什么刺激中青宝持续大涨，翻了一倍又一倍的呢？

② 关于中青宝的目标位到底该如何计算？

③ 前期卖掉的，后面能否再找机会接回来而不被套？

下面逐条解决上述疑问，同时分析牛股上涨的源动力。

（1）中青宝上涨的内因到底是什么

一般来讲，一个公司的股票出现大幅上涨，常规的分析会认为是受资金推动，这个是没有疑问的，因为没人买股票是不会涨的。但你有没有更进一步地去想，主力机构这些资金介入的原因呢？

2013 年 6 月的报道：日本移动游戏公司 Gung-Ho 引起业界关注，因开发手机移动游戏公司市值在一年中由 2 亿美元涨至约 144 亿美元，如今其市值是老牌游戏开发商艺电的 2 倍多，其股价在 1 年中暴涨了 60 倍。

2013 年 4 月 13 日，中青宝公告一季度利润比上年同期增长 106.46%～136.11%，至 2013 年 7 月 9 日，公司拟对上半年利润实行每 10 股转增 10 股。

2013 年 8 月 14 日，公司公告收购深圳苏摩科技和苏州美峰数码两家游戏公司各 51% 的股权。

这是关于公司的一些报道。我们再看下整个游戏板块的情况：2012 年智能手机游戏规模为 12.5 亿元，同比增长 140.4%，是游戏市场中增长最快的板块；智能手机游戏产业开启黄金时代，游戏是大众网民最广泛的需求之一；移动互联网时代，游戏消费终端从 PC 转向智能手机，智能手机游戏市场规模蕴含 10 倍成长空间。

2013 年中青宝公司营业利润为 6029 万元，同比暴增 1691%，而中青宝的主营业务是网络游戏的开发及运营，主要产品是 MMO 游戏、网页游戏、手机游戏。

这正是中青宝上涨的核心动力。第一，手游属于新技术、新产业，行业属于朝阳行业，未来具备大幅度的上涨空间，业绩大增；第二，外围市场的火热映射到 A 股市场，使得该股大涨；第三，创业板整体环境较暖，为股票的上涨创造了较好的外围环境。

（2）中青宝的目标位如何计算

对于一般的股票来讲，历史高点是巨大压力，通常很难突破，但是对于牛股来讲，历史新高往往成为启动点。创了新高之后，它们就进入到无压力的状态，左侧没有可参考的价格。那么，它们的目标位如何计算呢？

笔者要告诉大家的是，它们的目标位不能计算！为什么？第一，能够创新高的股票并非一般的股票，就不能用一般的方法来判断；第二，我们用过各种方法来计算这些牛股的目标位，有过成功吗？没有。既然没有，就不能拘泥于计算目标位。

那这样的股票到底该如何把握才能不至于被中途甩出去呢？笔者告诉大家一个卖出的方法——关注破位与否。怎样判断是否破位，可以根据是否跌破标志性 K 线或者箱体来决定是否卖出。具体的在后面会有详述。

（3）踏空的、卖早的后期如何再择机介入

这一点是最难的。你可能会判断出个股会大涨，但是实际操作中，也许赚了 20% 之后就卖掉了，后面发现股价还在拉升，但是一直想等它回调后再介入，结果股价始终不调整，只能眼睁睁地看着它涨上去。

如何择机再一次介入是最难的，为什么这么说？因为这个时候股票的上涨是有目共睹的，不敢介入要么是出于面子问题，因为不想花比自己卖掉的更高的成本再买回来；要么是出于心理问题，担心自己是最后一个接棒者。

其实破解这个难题也比较容易，就是克服自己的心理问题，尝试去买入就可以了。笔者接触的股民中有的炒股十几年，有的是一无所知的新股民，但是在学习训练了一段时间之后，操作好的却是新股民。原因很简单，就是他们的心里没有过去常规的东西束缚——因为无我，所以无畏！先买 1000 股再说。错了，就按照卖出法则，止损出来；对了，就继续持有，直到下次卖出信号的出现。不要怕买 1000 股丢人，因为还有几千万的股民连 100 股也不敢买，还有几百万的股民连想也没想过要去买这样的牛股，所以买了 1000 股的你比他们强许多倍！

当你真正敢动手去买 1000 股的时候，你已经战胜了过去的你，当你尝试成功之后，会发现你也会像那只牛股一样，超越过去的历史压力，进入一片新的天地。

以上就是中青宝散户投资者常遇到的几个问题，解决的方式与本书的宗旨一样，就是从内心解决而不是从技术招式去解决，希望大家以后按照这个模式去思考和操作。

一句话，推动股价大幅上涨的核心是公司的业绩会出现大幅度的增长，而伴随着业绩增长的往往是新技术带来的革新。所以，好股票的内在，一定是公司业绩长期向好，而市场催生的新概念，加速了业绩的增长，自然二级市场就受到追捧，于是股价接连创新高。

在分析完牛股的内在之后，下一章我们将通过股票外在的图形向大家讲解牛股的密码。

第2章
牛股的外在特征

前面讲了很多好股票的内在，也给大家介绍了选股的第一依据，但面对市场中2500多只股票，就算把范围缩小到了板块，有的板块也是几十甚至上百只股票，作为投资者该如何着手呢？更有甚者，在面对两只股票的时候会经常买入的不涨，没买的飞涨。其实，牛股除了内在价值好，外在的图形也得好，只有内在和外在都好，才会形成共振，才会大涨。

那好股票的外在究竟有着怎样的特征，就实战来讲应该从哪方面选股，哪方面介入呢？本章将为大家阐述牛股的外在特征。

第1节　新高是牛股的不断追求

对于好股票来讲，不断创新高是它的追求，不创新高的股票不是好股票。

无限风光在险峰。能够持续大涨的股票，遇到过往的历史压力，会一举突破，股票也容易成为年内涨幅较人的牛股。这里讲解好股票外在的第一个特征：创新高。

首先要说明一下，不是所有创新高的股票都会成为牛股，因为有的可能已经是历史高点了，所以，在操作的时候一定不能生搬硬套。

下面笔者举的几个例子，都是拿下历史新高之后，继续翻倍再创新高的股票。这里统一剖析它们的内外联系，方便读者实际操作时有据可依。

案例2-1　成飞集成（002190）

成飞集成可谓是生不逢时，2007年12月3日上市，彼时大盘已经见到了6124

点，可以说正好是山顶上发行。但 2007 年 12 月底至 2008 年 1 月中旬，大盘有过一波反弹，但接近前高附近就出现了跳空向下，对头部确认完毕。图 2-1 所示是深圳成指的 K 线图。

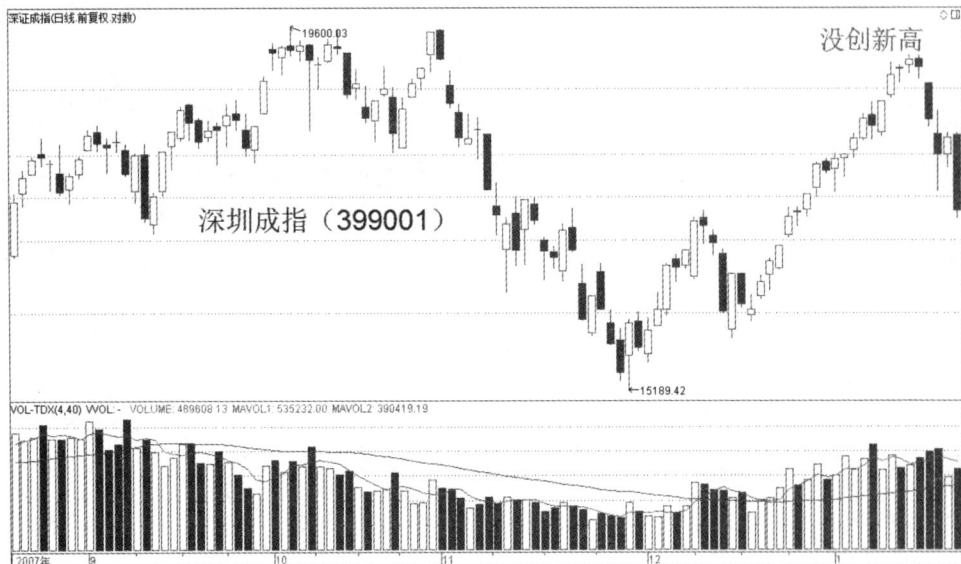

图 2-1

而成飞集成乘着这一波反弹，创出了历史新高，解套了上市首日进去的股民，如图 2-2 所示。

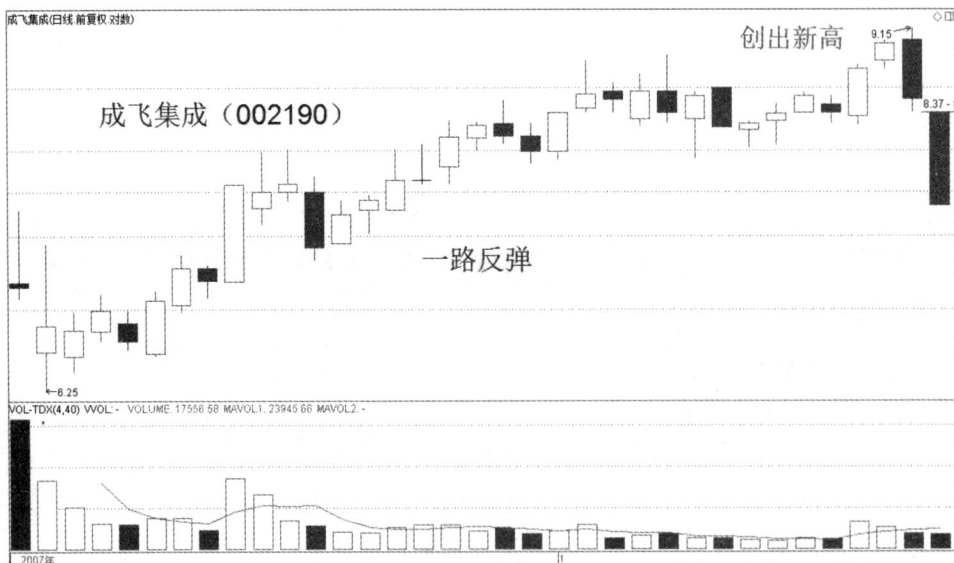

图 2-2

随后就是漫长的熊市，股价也是一泻千里。伴随着大盘在 2008 年底的反弹，该股也出现反弹，持续时间比大盘还要久，一直反弹到 2010 年 4 月才停步，同时创出历史新高。之后股价的走势和第一次创新高时一样，没有持续性，开始下跌，直到 2010 年 7 月 7 日，该股才重新表现出不一样的势头，如图 2-3 所示。

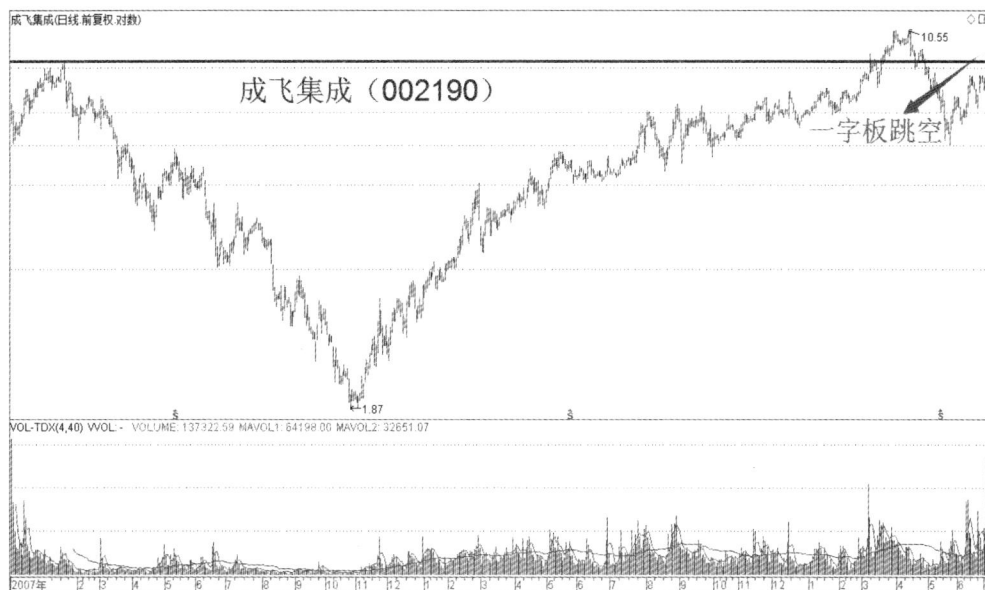

图 2-3

首先是一字板跳空突破上市之初的历史高点，之后连续两天都是跳空涨停，创出历史新高，如图 2-4 所示。

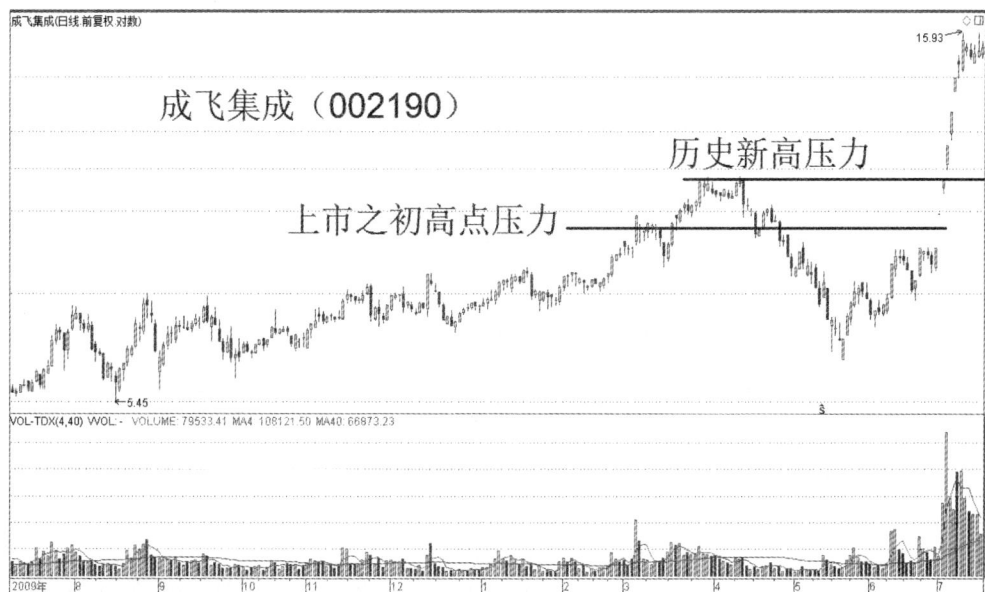

图 2-4

成飞集成接连涨停跳过历史压力，勇气很大，力量也很大，不可谓不强。看到这种走势的股票时，你要做的就是跟随，它跳空就买，它涨停就持有，它不破位，就不卖。一句话，它到哪，你到哪。

后面该股可以说是气吞山河，两个月时间从 10 元拉升到 40 元左右，如图 2-5 所示。

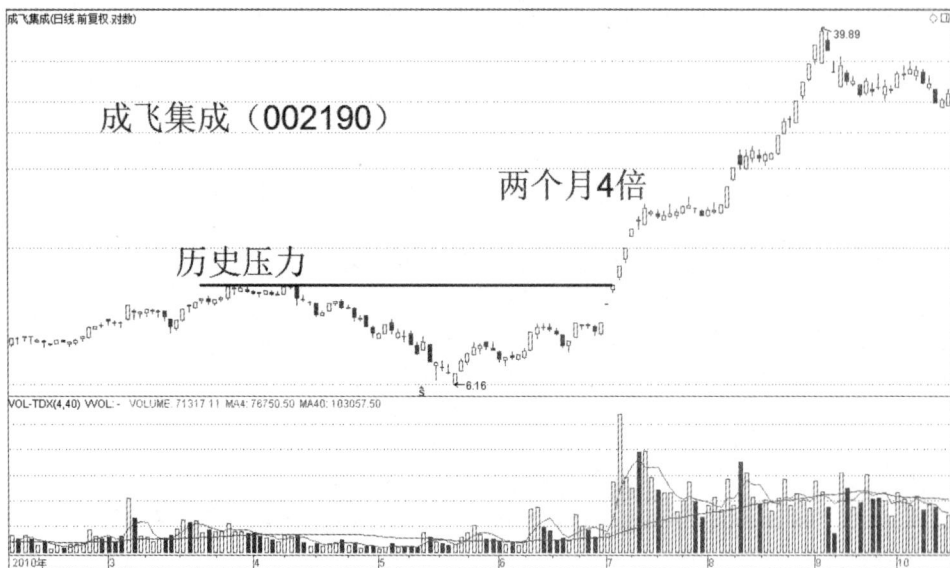

图 2-5

在它的上涨之中，每创一次新高之后，稍微停几天，继续创新高。我们看到它的主升浪这一波都是花了时间洗盘的，而洗盘的形式就是箱体，箱体是始终没有跌穿的，如图 2-6 所示。

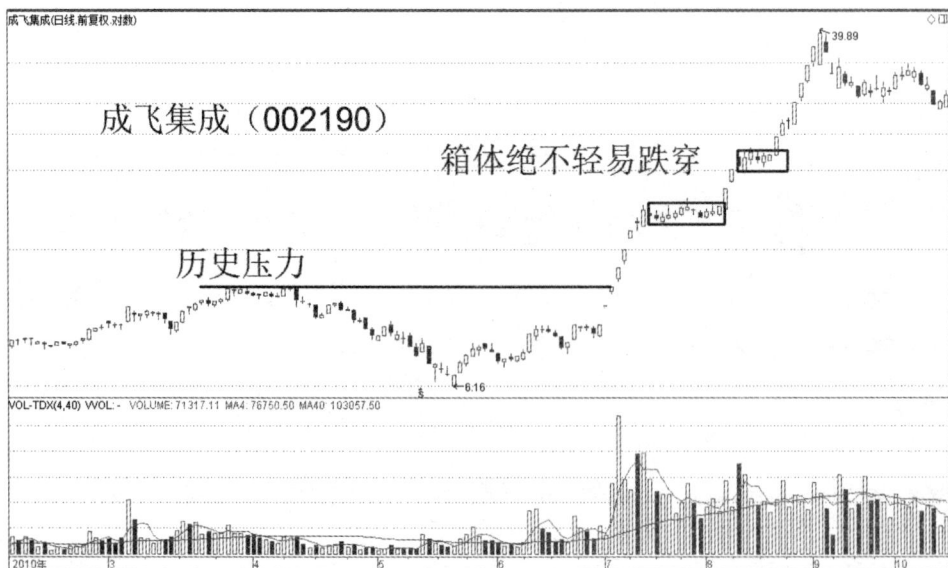

图 2-6

　　记住：好股票不仅是内在好，它的外在同样好。有的人外表长得漂亮，但是内心却不善良，这样的人是不会受到大家欢迎和尊重的。股票也是一样的道理，单纯看图形，是很难在持有上坚定信心的。只有你明白了股票内在未来是向好的，你的操作才会大胆。

　　成飞集成的历史高点被涨停跳空突破之后，就把原有的历史压力当成了跳板，把原有的压力变成了支撑，变成了新的上涨动力。

第 2 节　压力转化为动力

　　什么是压力？市场中没有绝对的压力，换言之，没有什么绝对冲不过的压力。股票市场的魅力就是经常把不可能变为可能，经常给人意外的惊喜。这里讲的压力，指的是带有明显历史意义的高点，或者较长时间没有突破，曾经套牢一大批投资者的地方。那么又是动力呢？所谓动力，就是股票上涨的勇气和信心，就是本来面对巨大的压力没有信心，但是当它有勇气面对并且挑战成功的时候，它得到了巨大的支持，也有了足够的信心，这就是动力。

　　牛股的特征是：每一次新高的产生，都是获得了新的动力，每一次面临历史的压力都能够态度坚决地超越过去，能够把压力转为动力，有了上涨的信心。

　　有个传说是这样讲的：老鹰是寿命最长的鸟，可以活到七十岁。当它活到四十岁时，喙、爪子、羽毛都已经老化，这时候它必须飞到悬崖上，用岩石把喙敲掉，让新的喙长出来，把指甲拔掉，让新的爪子长出来，把羽毛拔掉，让新的羽毛长出来，五个月以后才可以重新飞翔。这样可以再活三十年。

　　不管故事的真实性如何，读了还是挺励志的。股票市场也是一样，一只好股票，要想获得巨大的重生，必须要有魄力把之前几年甚至十几年辛苦涨的高点拿掉，必须要有勇气承担历史高点附近被套散户的抛压，不敢面对此挑战，就不能创造大的涨幅。

　　拿掉历史高点就意味着要解放所有被套的散户，这对主力机构来讲是巨大的考验，但它还是这样做了，它把历史高点的压力转化为重新上涨的动力，把散户的抛压转化为新一轮上涨的支持，其志在长远。看到这样的股票，你没理由不买进支持一把。

　　诸多顶级股票都是不断地刷新自己的高点记录，同时又有别于大盘的走势。上证指数自 2007 年 6000 点以来是逐年下探，而顶级股票却不断上移。比如，成飞集成在经历了 5 个月的停牌之后，开盘直接连续一字板，大有挑战历史高点、创出新高之态势，如图 2-7 所示。

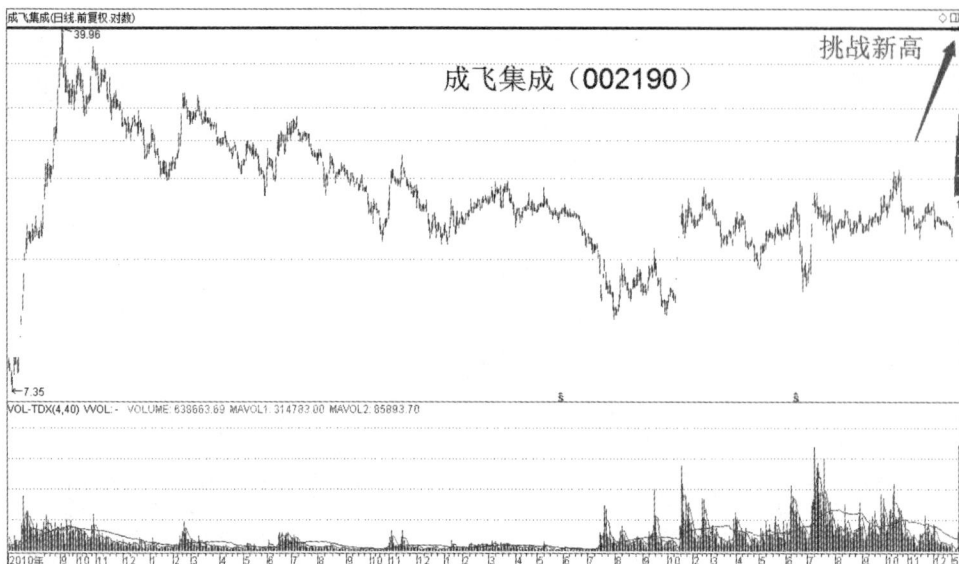

图 2-7

后面该股，在接近历史高点、突破历史高点附近时，连续跳空突破，如图 2-8 所示。

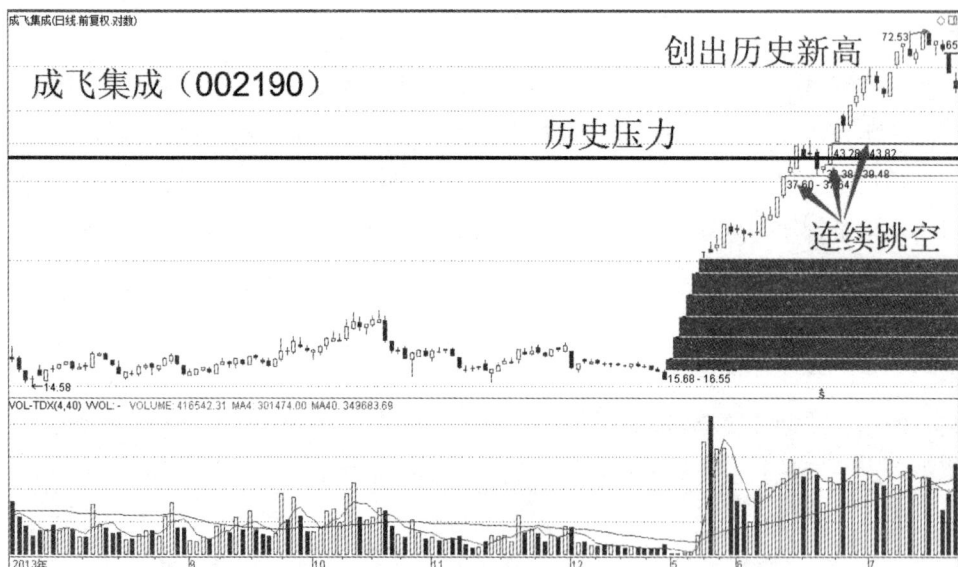

图 2-8

股价在历史高点的基础上又翻了近 1 倍。像成飞集成这样曾经出现过爆炒的股票（近 7 倍），一般后面几年都不会有行情，但成飞集成却一反常态，不仅曾经在年度涨幅榜里排上名，此后又再次入围。

提到创新高，我们自然就要想到三安光电（600703）。三安光电一举拿下新高之后永不停歇，对于大盘的走势也是不管不顾，直线上涨，如图 2-9 所示。

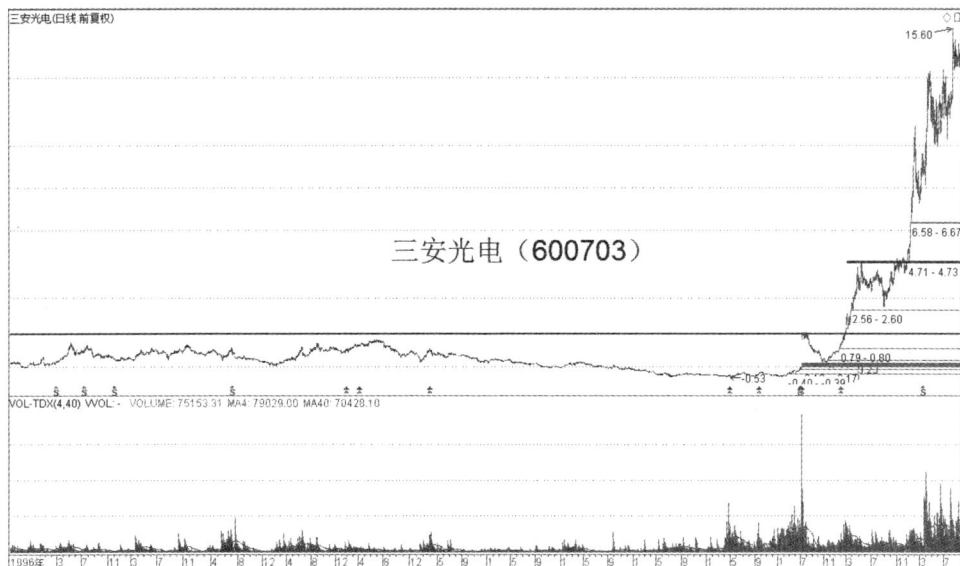

图 2-9

2007 年大盘自 10 月份之后就再也没有创出新高，进入 2008 年，则更加惨淡，很多股票跌的惨不忍睹，2007 年的高点至今都没有跨越过去。而农业股的表现恰恰相反，一改市场的颓势，节节攀升。首先是冠农股份（600251）率先打掉 2007 年牛市的高点，如图 2-10 所示。

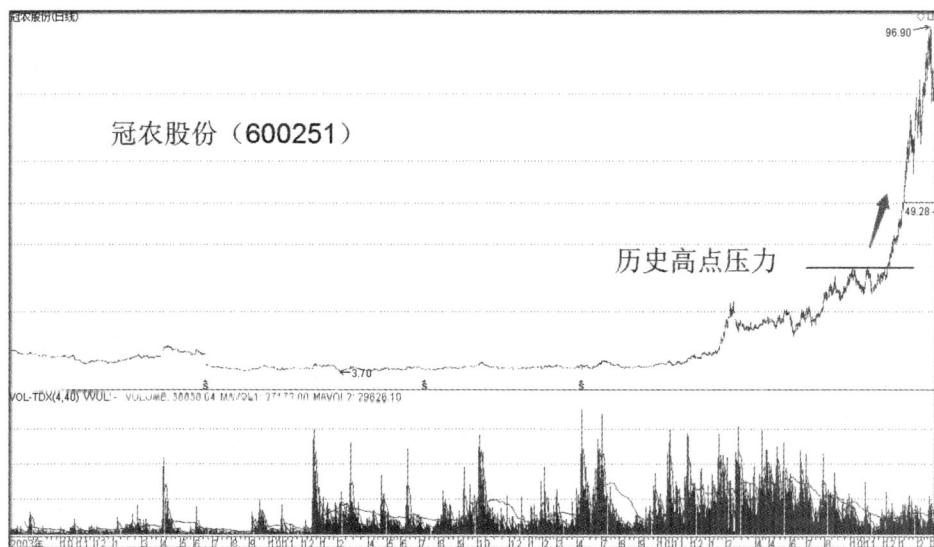

图 2-10

当大盘下跌 30%的时候，它已经做了几次 30%了（下跌—反弹—下跌—反弹），反复做箱体震荡。2007 年 12 月 5 日随着大盘的反弹，该股收出涨停板，一举拿下新高。之后在历史高点上方短暂调整两天之后，再度收大阳线起航，如图 2-11 所示。

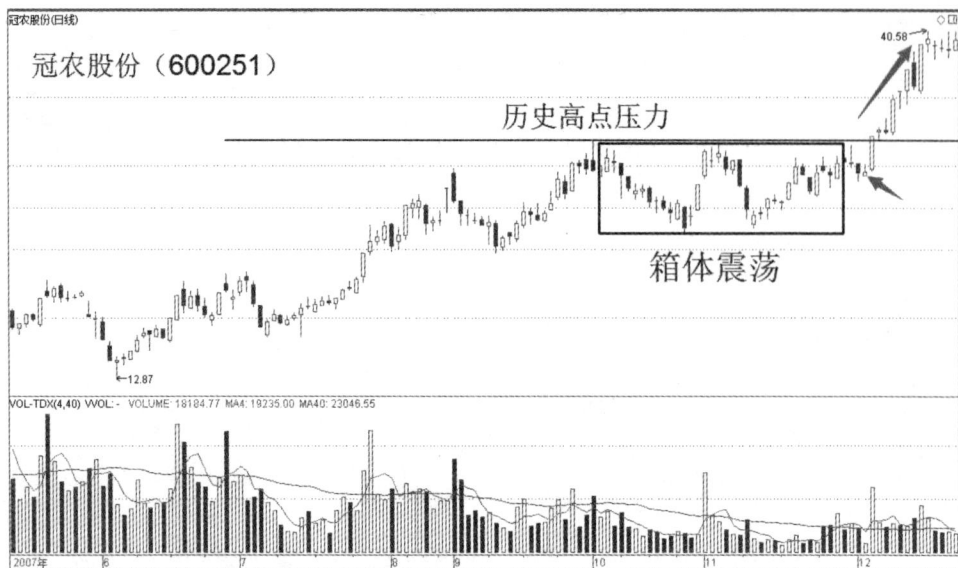

图 2-11

压力被转化为动力之后，曾经的高点就成为了新的上涨基石，不到 3 个月，该股翻了 3 倍，这在当时同期大盘下跌 40%的情况下十分难能可贵，如图 2-12 所示。

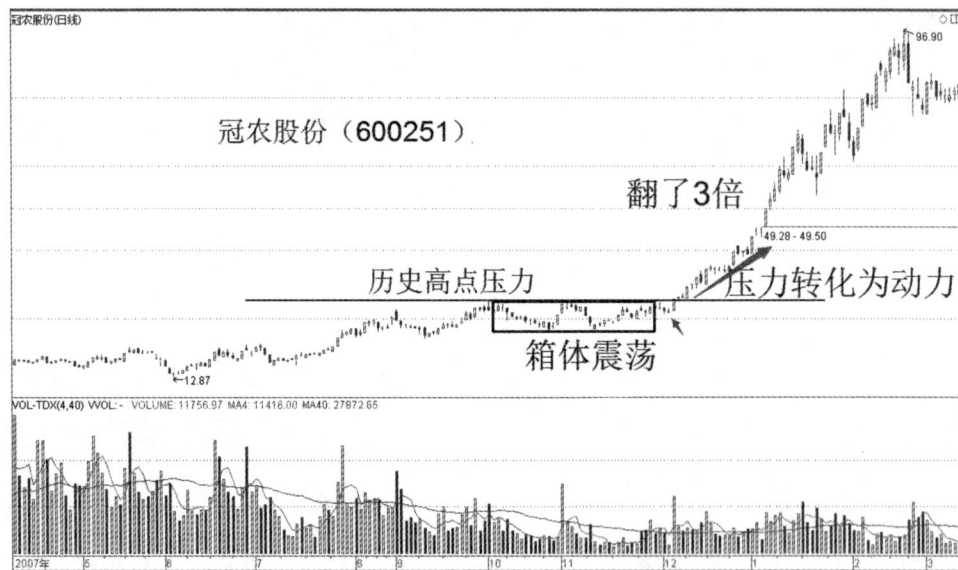

图 2-12

冠农股份的上涨带动了一批农业股的上涨。正因为在熊市当中，农业股表现的比较抢眼，所以后来凡是大盘调整就会有人告诉大家配置防御性的农业板块。这就是教条主义了，如果不知道过去为什么涨，直接拿来用作未来的参照，那后果会很严重。

第 3 节　突破最大压力的威力

什么是最大压力？通常情况下，人们会认为是最高价。这里要讲的最大压力，并不特指最高价，而是指筹码集中的地方，从图形上看，就是股票的成交密集区即多根 K 线共振的地方。我们先来看几个例子。

案例 2-2　华贸物流（603128）

如图 2-13 所示。

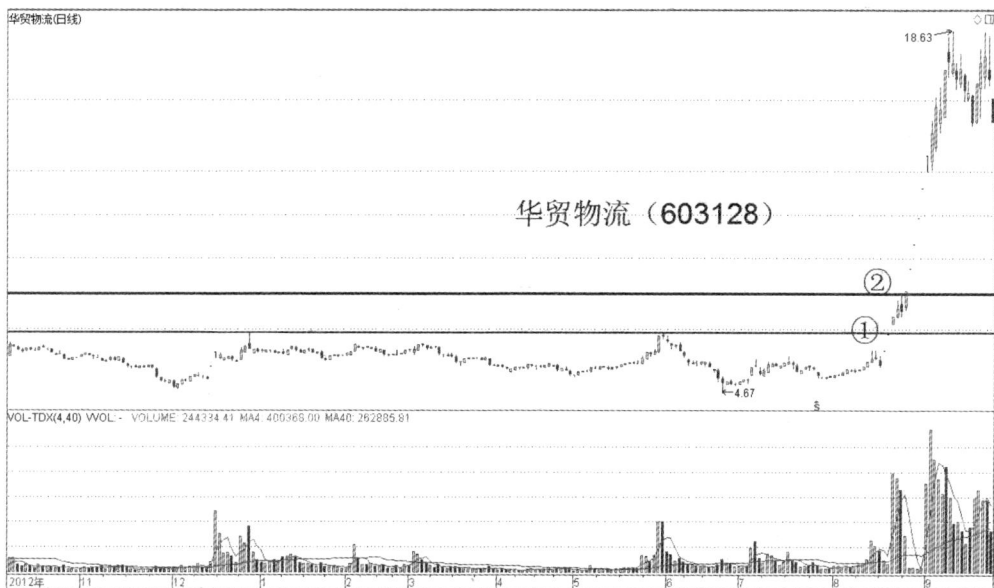

图 2-13

从华贸物流的图形上，可看到两根压力比较重的线：①是它的最大压力，②是它的历史高点。

相对来讲，①处的压力比较重。该股选择一字板跳空的形式突破，做多意愿坚决；在②处仍然选择涨停板的形式突破，做多力量强大，如图 2-14 所示。

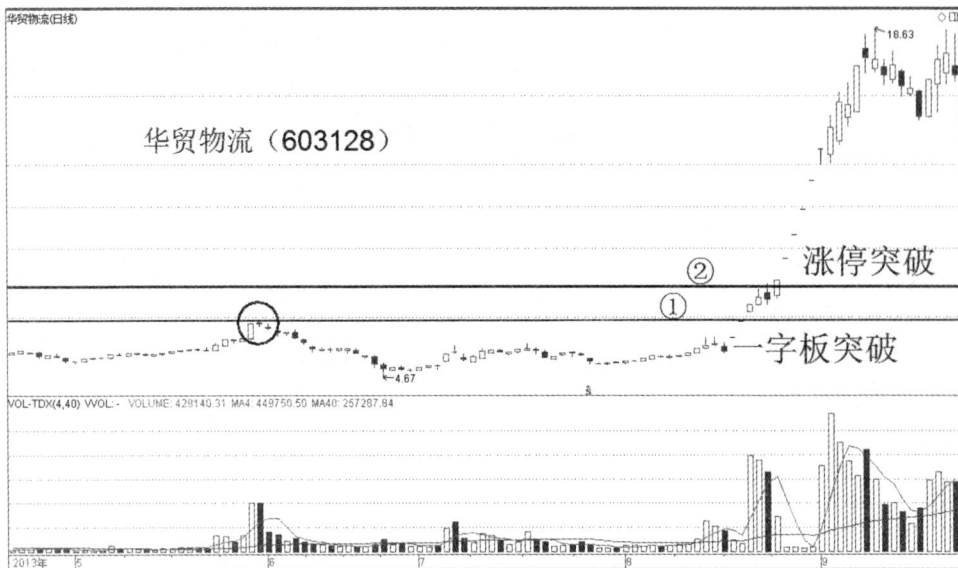

图 2-14

案例 2-3　外高桥（600648）

过去 20 年的长箱体被一朝突破，不管有没有机会买进，起码你看到的是主力机构做多的能量和信心——一朝解放过去 20 年被深套之人。该股也不负众望，12 个一字板之后又拉升了 4 个涨停，如图 2-15 所示。

图 2-15

案例 2-4　联创节能（300343）

联创节能的走势更为惊人，它不仅拿下新高，更是天天阳线，创下 20 天翻 3 倍的奇迹，如图 2-16 所示。

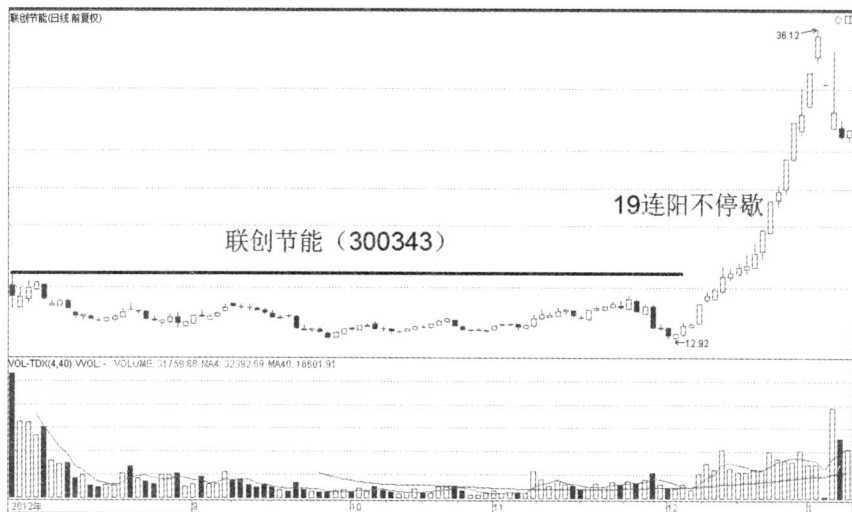

图 2-16

　　像联创节能这样，在临近最大压力附近没有用涨停或者跳空形式突破的，很多人可能会认为是假突破，但是仔细观察就会发现，它用的是连续阳线——阳线代表着做多力量，连续阳线代表着持续的做多力量。

案例 2-5　华谊兄弟（300027）

　　如图 2-17 所示，每一次创出历史新高，经过短暂的调整之后，就继续重拾升势。而大多数的散户却常常自己吓唬自己，用自己的心理分析去猜测该股的头部，从而错失良机。

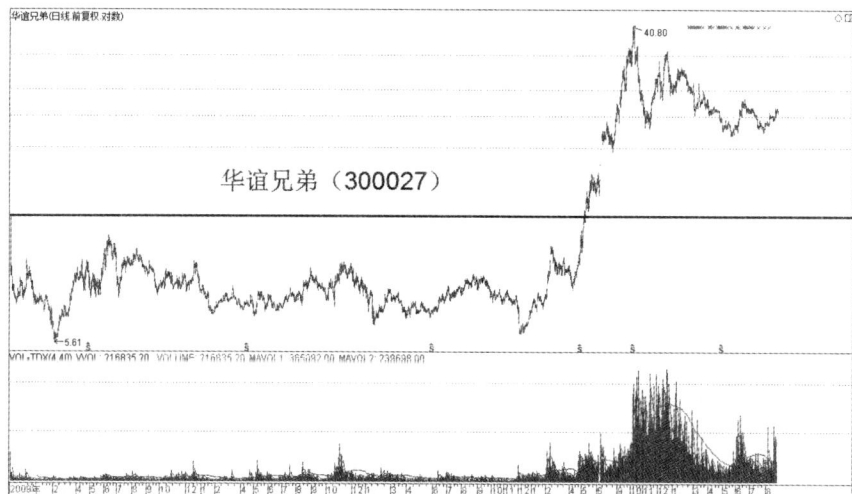

图 2-17

　　类似的个股，就不用多举例了，宗旨是告诉大家，以后看到创新高的股票尤其是不断创新高的股票，要关注，要考虑进场。至于如何把握，可结合前面讲的内在价值的发现，然后再看它拿下历史新高时的表现，最终判定是真突破还是假突破。

第3章
如何区分真假突破

股市中关于突破的有效性，自技术分析传入之日起，就有一种说法：三三原则。即突破时间看三天，幅度超过 3%，即为真突破对不对呢？能够流传下来自然有它的道理，但是片面的一概而论，恐怕在操作时会有失偏颇。本章讲的是从另一种角度判定真假突破，是符合"三三原则"的，但是比一般技术分析更切中，算是对技术分析的一种补充吧。

我们看到很多牛股都是创了新高之后，又再次翻倍的。换句话讲，曾经从 10 元涨到 20 元，你觉得高了，但是拿下 20 元的高点之后，又涨到了 50 元，你还觉得高吗？如果你觉得高了，那从 50 元又涨到了 100 元，这下高不高了呢……我们更多的时候是看着股票上涨，而不动手操作，或者是知道这只股票会上涨，转而选择了另一只可能涨的股票？什么原因呢？一是不坚定，二是恐高。其实你担心的事情往往不会发生，笔者的建议是大家要去尝试，要去实践。只有参与了之后，才会发现牛股其实并不遥远。

第 1 节　突破的有效性

关于突破的有效性，除了三三原则之外，我们还要记住几点：①突破的速度——要求在最大压力附近快速通过，不能犹豫；②突破的力度——要求突破时的阳线实体要大，不能小阴小阳（向上跳空也是力度强的一种表现）；③突破的确认——要求突破之后必须还要有大阳线继续上攻。这三点非常重要，至于是不是假突破——真的看多了，就容易知道假的了，就没必要去研究了。

下面试举例说明。

案例 3-1　红日药业（300026）

如图 3-1 所示，红日药业在突破了①之后创出新高②，之后出现回调，回调到①处获得支撑，再次向上，挑战②处的高点，并再次刷新。

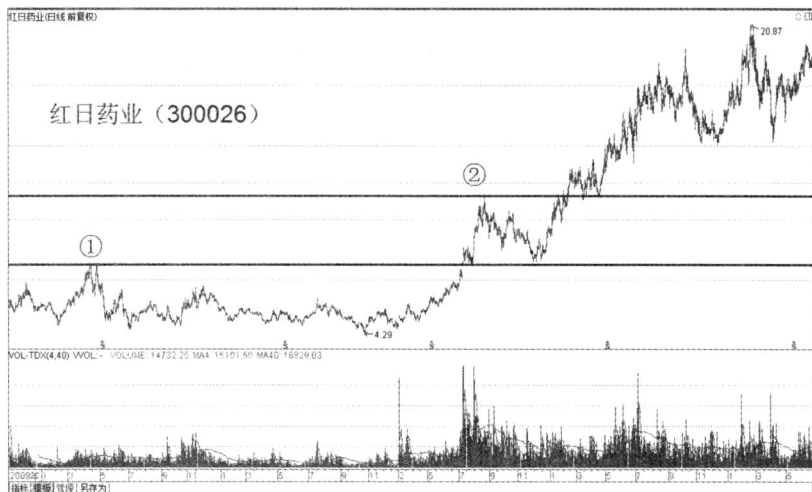

图 3-1

来看一下①处突破时的情形，如图 3-2 所示。

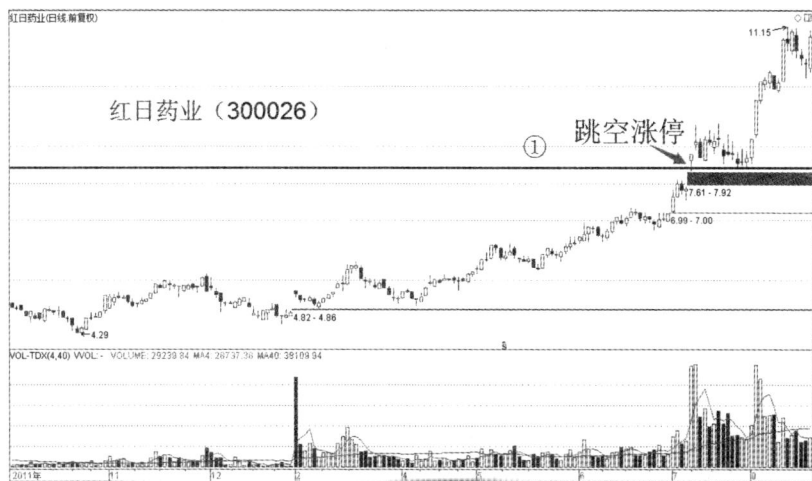

图 3-2

该股在压力①处选择跳空涨停的形式冲过，次日继续高开冲 7 个点，随后陷入整理。这里有几点需要注明：1. 该股在①处跳空且涨停，说明主力机构做多意愿坚决且力量强大；2. 连续两天放出天量，基本是要调整，原因很简单，最大压力附近一定会有人解套抛掉，所以回调是正常的。需要关注的是回调的力度，所谓力度就是要不要把这个向上跳空回补掉。如果回补，说明空方力量强大，如果不回补，说明多方支撑力度大。

结果该股调整了两个礼拜之后，再次选择跳空涨停的形式向上运行，如图 3-3 所示。

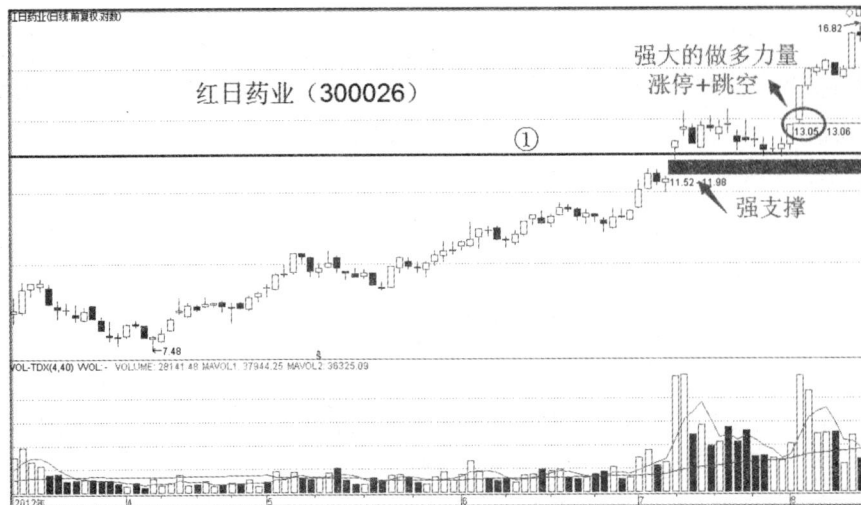

图 3-3

该股在突破重要压力①之后，开始回踩，回踩既没有跌破①（压力转化为支撑），也没有回补缺口，此时操作上可以继续持有。可能有人会问，如果回补了呢？回补就认赔离场，这是很简单的一个判断依据，因为你不能保证自己的判断是 100%正确，错了就要认输。结果红日药业调整了两周之后，再次选择跳空+涨停的形式突破该整理区间（箱体），做多意图明显。

这里要说明的是，有些喜欢研究时间周期的投资者，会在意箱体内调整的时间长短，有的说是 5 天、8 天，有的说是 13 天、21 天，等等。笔者认为，我们不是主力机构，不能硬性的规定它只能调整几天，不能多也不能少，要灵活对待，多一天少一天没关系，只要整体还在箱体内就可以了，如图 3-4 所示。

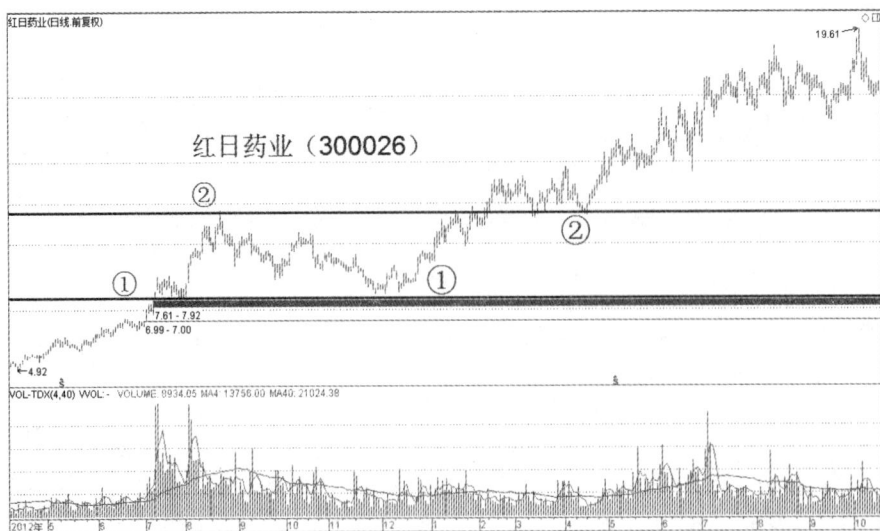

图 3-4

红日药业突破①之后很快就见到了高点②，当天是以上引线的形式形成高点，由于缺乏持续的做多力量，股价很快形成回落。调整止跌的位置恰恰是①处，就是曾经的最大压力附近，压力可以转化为动力，一旦突破之后，原有的压力就会形成支撑。后面该股在①处止跌反弹之后，逐步上移突破②处，并创出新高。但好景不长，又出现了震荡，但始终没有跌破②处的支撑，最终股票突破了箱体，向上运行，该股从突破①到见到高点共翻了 3 倍。

案例 3-2 富瑞特装（300228）

富瑞特装的整体走势比红日药业要强势，从上市之日起几乎就一直在上涨，尤其是后面创业板指数突破了 8 个月的平台之后，富瑞特装更是火借风势，一举突破②处压力，走出一波单边上扬的行情，如图 3-5 所示。

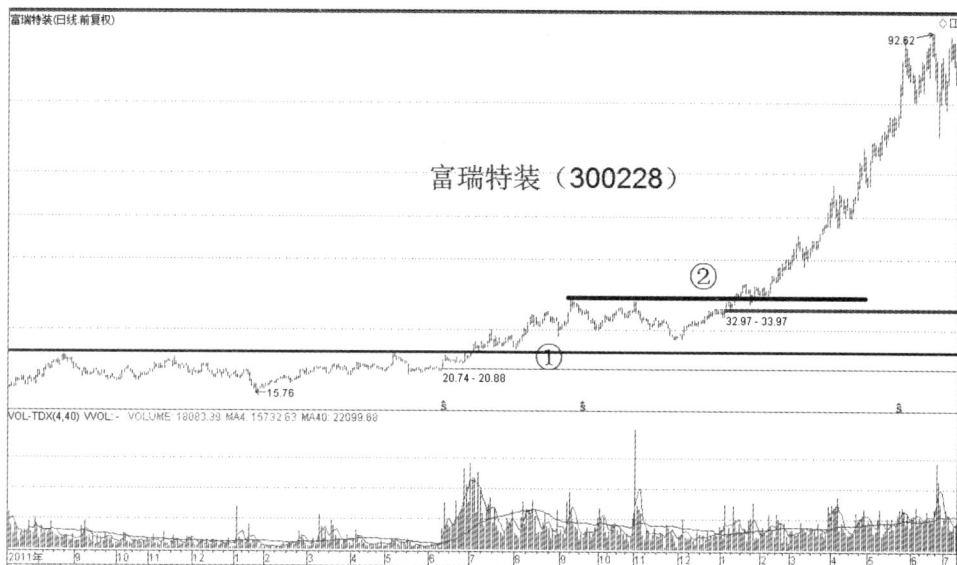

图 3-5

那么它的突破是否符合我们讲的如上特征呢？

如图 3-6 所示。富瑞特装压力①处的选择是：1.快速通过；2.连续阳线支撑它继续上涨；3.①的上方缩量调整，调整不破①的支撑——完全符合。

那么②处呢？

该股在突破①之后，一直上涨，直至创出②的高点之后才开始回调，回调的力度相对红日药业较弱，没有跌到①处的支撑。后来在面对②的压力时，选择跳空的形式向上蓄势，2013 年 1 月 14 日以一根 6% 的大阳线选择向上突破。但该股没涨几天就开始回调且力度较大，其间一度跌破②的支撑，这个时候怎么办呢？此时操作有两种方式：1.卖出，防止假突破；2.以下方的跳空缺口为支撑，因为该缺口毕竟是在压力附近，如果离得较远，则不具有参考意义。结果跌破的次日该股就拉了回来，两天上涨 10% 反包这根杀跌的阴线，做多意图明显。后面该股又整理了一周，但是始终没有再跌破②的支撑。当 2013 年 2 月 7 日该股以一根 6 个点的大阳线再次向上的时候，宣告调整结束，前期卖出的则此时要捡回来，如图 3-7 所示。

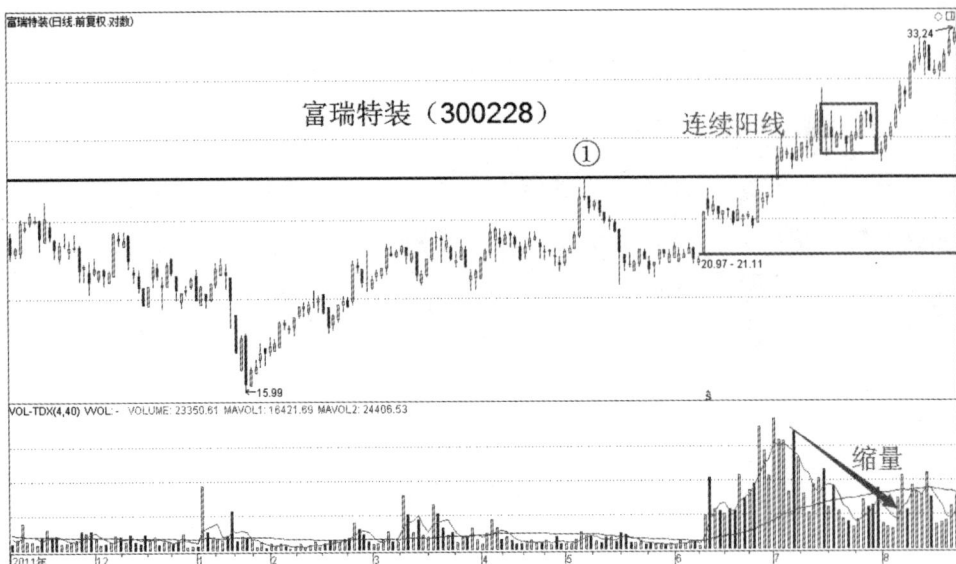

图 3-6

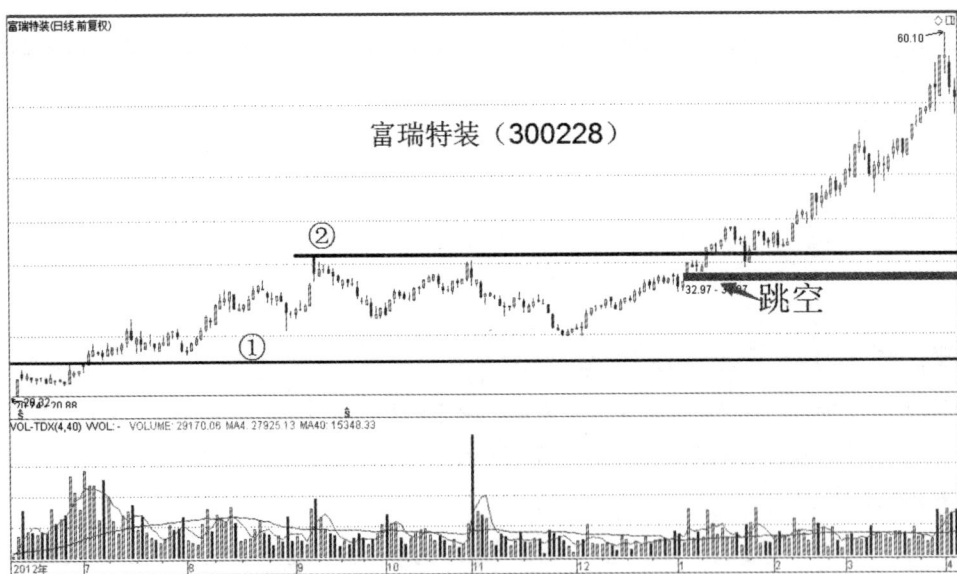

图 3-7

该股在突破②和①的时候，有一个共同点，都是缩量上涨并且以连续阳线的形式向上突破。盘面上的意思就是，做多力量持续且不费力，如图 3-8 所示。

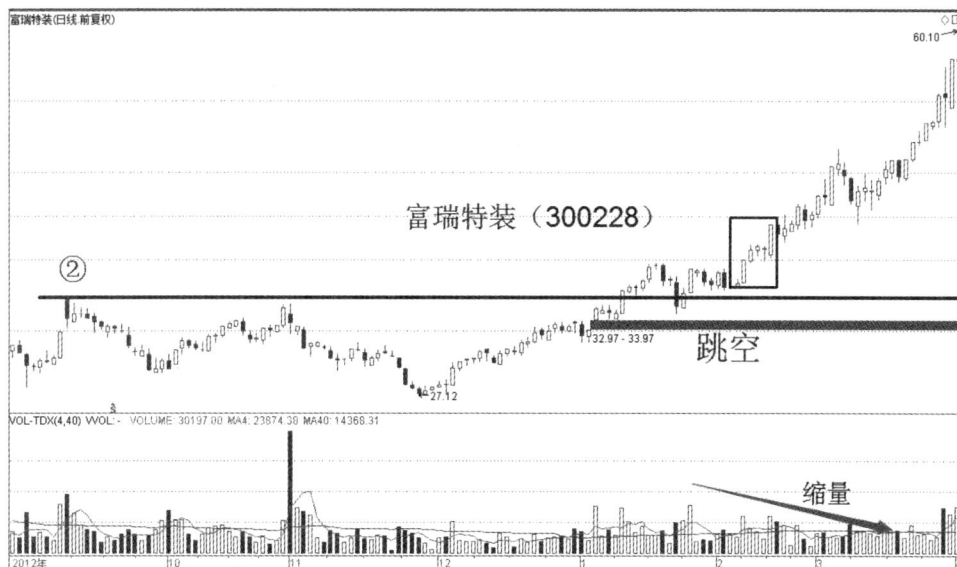

图 3-8

后面该股的走势也是一气呵成，快速翻倍，如图 3-9 所示。

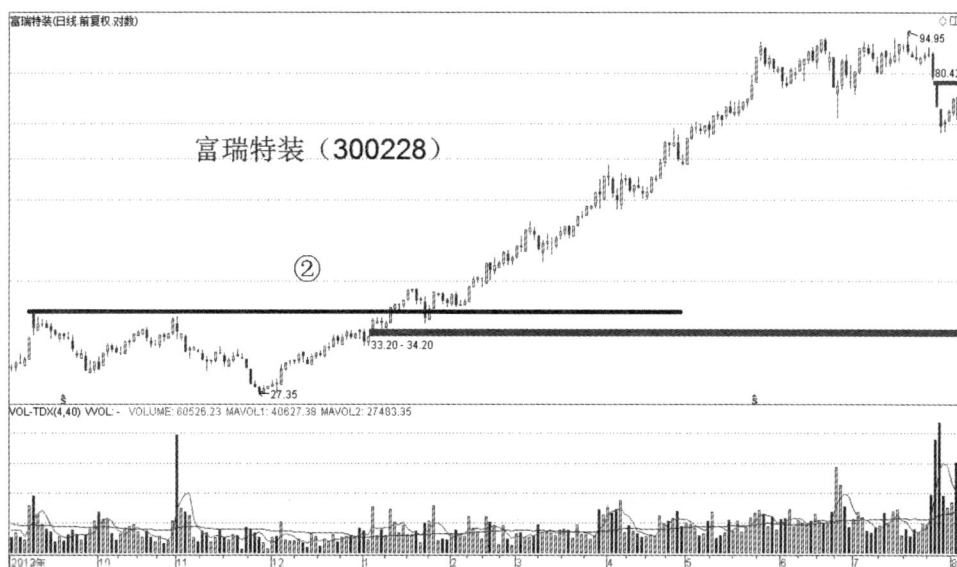

图 3-9

直到 2013 年 5 月底见到 90 元的高点之后出现了滞涨。

案例 3-3　华谊兄弟（300027）

我们来看下华谊兄弟在突破历史最大压力时的表现，如图 3-10 和图 3-11 所示。

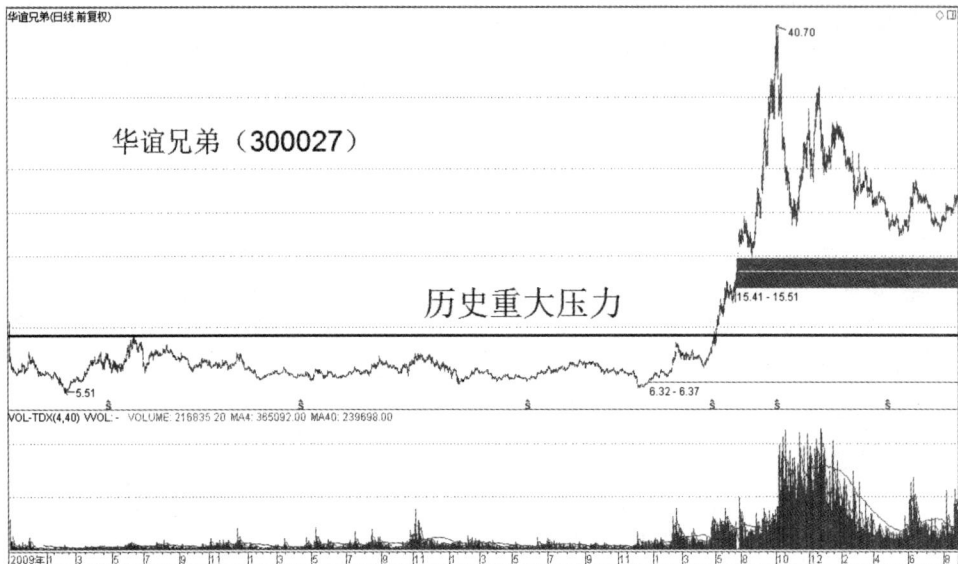

图 3-10

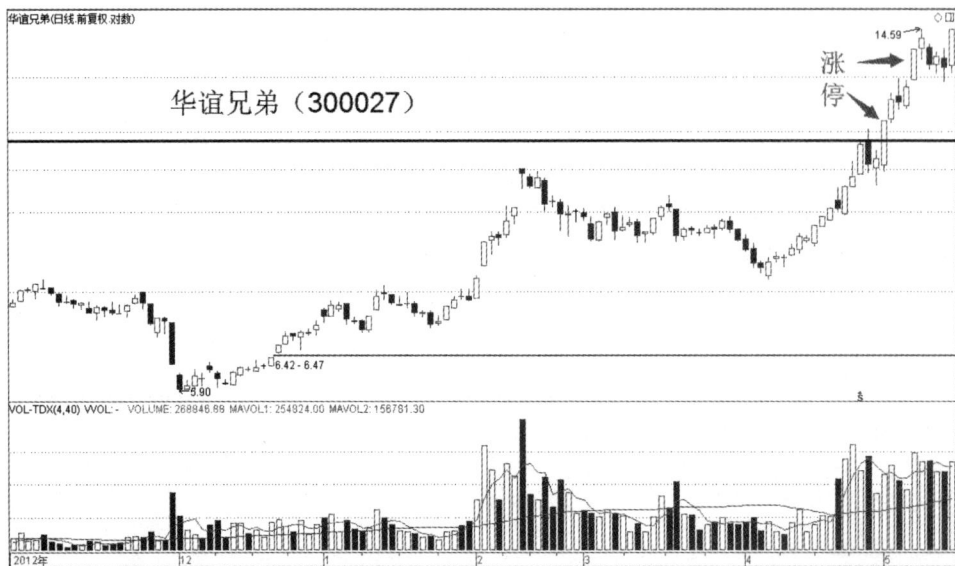

图 3-11

　　该股选择的是涨停板突破，突破之后继续收出涨停，从图形上看，都是连续三根阳线（含涨停），表示做多动能充足且持续。

　　后面该股突破之后做了三周的箱体整理，但股价始终没有跌破平台，如图 3-12 所示。

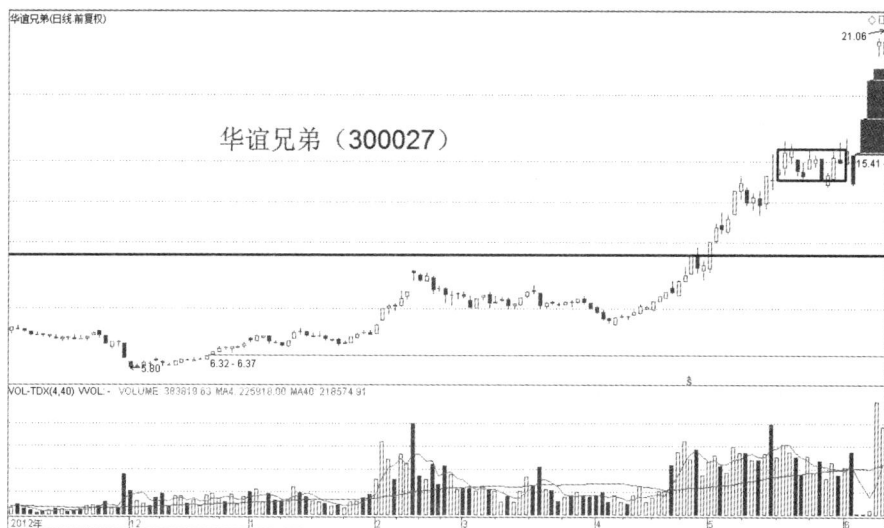

图 3-12

第 2 节　一字板突破后的威力

上节讲到，华谊兄弟选择的是连续跳空一字板的形式向上突破——做多态度非常坚决，做多力量非常强大。正是这 3 个一字板把平台踩在了脚下，形成新的上涨启动点，过往的所有压力通通成为新的上涨动力，过往所有想卖的散户现在都反过来支持它的上涨。

后来该股一飞冲天，从突破历史最大压力开始，5 个月翻了 4 倍，如图 3-13 所示。

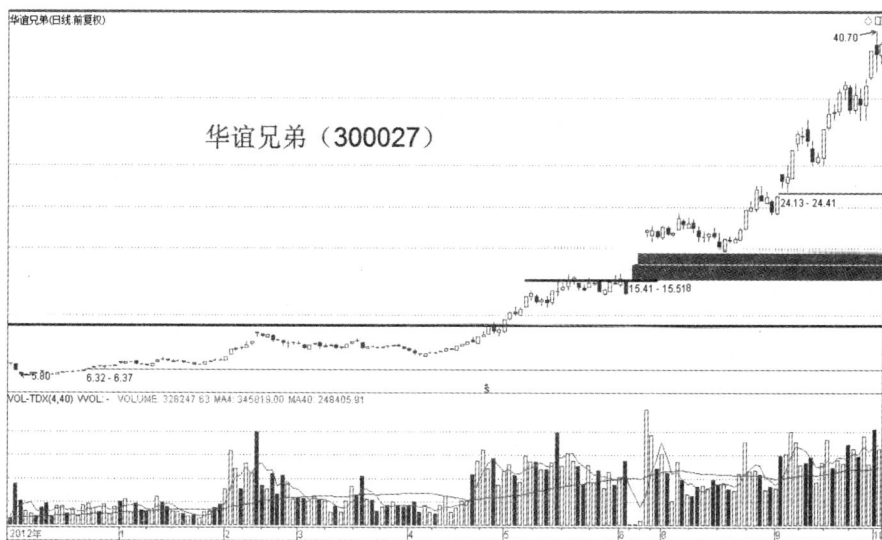

图 3-13

一字板，本身就是买盘极度坚决的表现，买盘的意愿是买进所有抛出的筹码，不给空方卖出的机会，让空方反过来支持股价上涨。当你看到主力机构用一字板来突破股票的最大压力时，可想而知主力的态度有多坚决，力量有多强大，志向有多长远。所以一字板突破比一般的突破更让我们能够注意到这只股，更能够发现它的未来有多可期。

2013年整个创业板板块都表现抢眼，像中青宝（300052）和掌趣科技（300315）等都成了年度明星股。

案例3-4 潜能恒信（300191）

2013年10月华谊兄弟见顶之后，潜能恒信重拾升势开启了主升浪。该股在2013年9月份用连续跳空涨停的形式突破了过去两年的高点，做多表现极其强势，如图3-14所示。

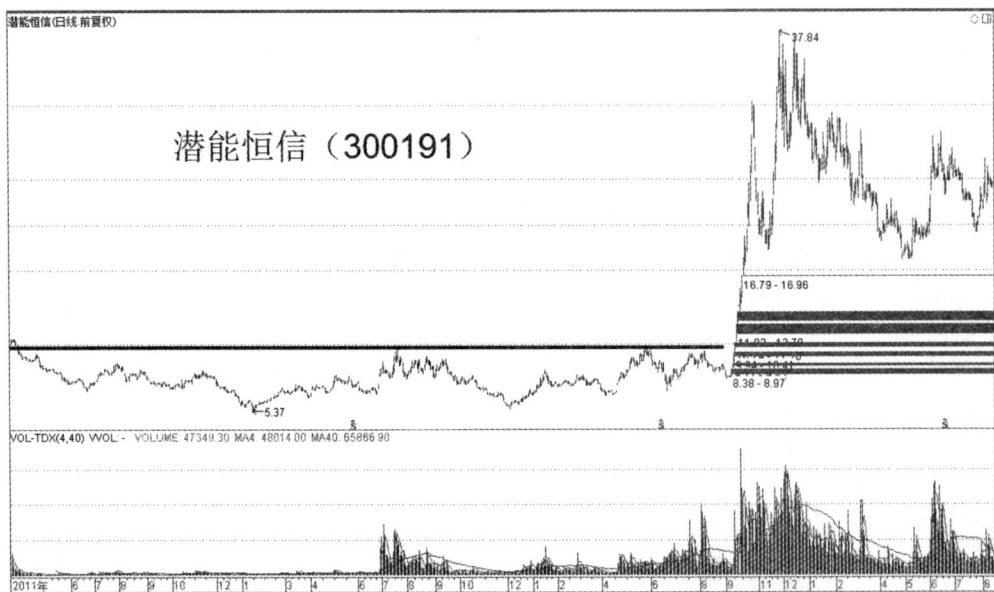

图3-14

2013年10月8、9日，华谊兄弟形成了头部，而这两天潜能恒信却连续涨停，把前一根大阴线完全包掉，主力机构做多意愿坚决且力量强大，如图3-15所示。

图 3-15

后来该股调整一天后，再次继续上涨，短短两周翻了近 3 倍，如图 3-16 所示。

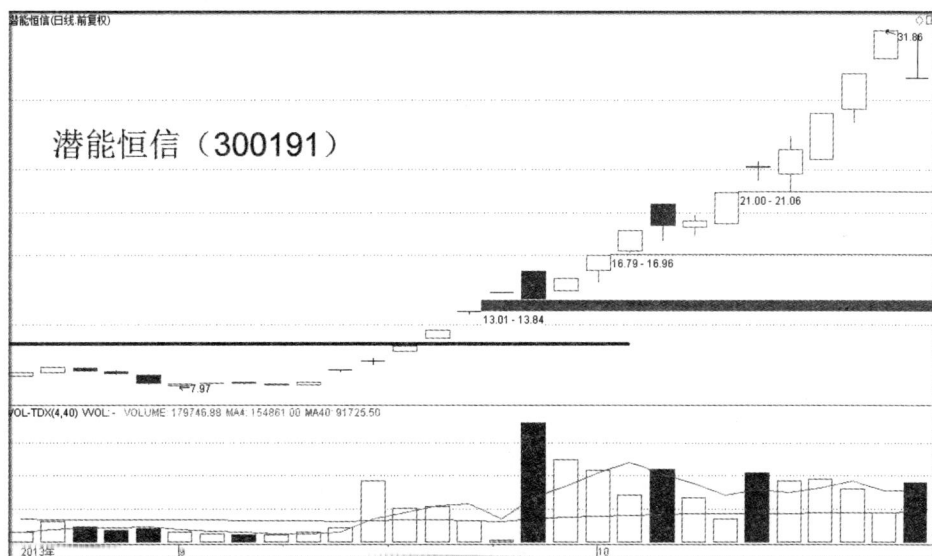

图 3-16

而该股的起爆点就是那两个跳空的一字板！很多投资者经常认为某只股票好，因一字板却买不进而苦恼。其实没有必要，买不进可以关注后期是否有机会，但大多数的投资者在复盘的时候却根本不看这样的股票，认为一字板跟自己没关系。而往往这个时候，就会再一次与牛股失之交臂。

案例3-5 成飞集成（002190）

前面讲过成飞集成的走势，这里，笔者再一次与读者分享这支股票。成飞集成是比较少见的，同一只股票有过两次涨幅惊人的表现，如图3-17所示。

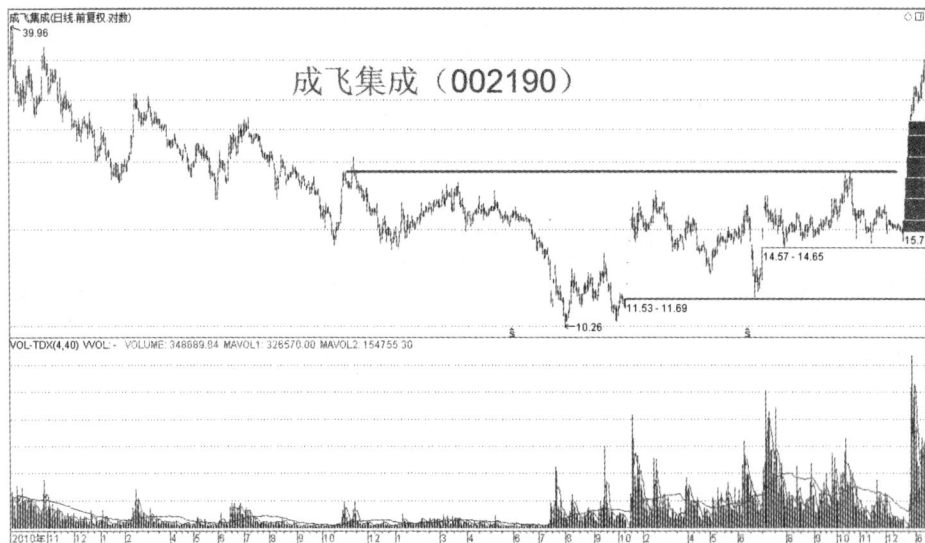

图 3-17

2013年元旦后，该股复牌出现过几个一字板，随后股价形成头部开始下跌，跌到复牌时的位置附近获得止跌开始反弹，之后又是形成头部开始下跌，反复几次。之后再次停牌，复牌后，该股一飞冲天，连拉6个一字板，突破了之前的重要压力位（即反复几次未能突破之高点），如图3-18所示。

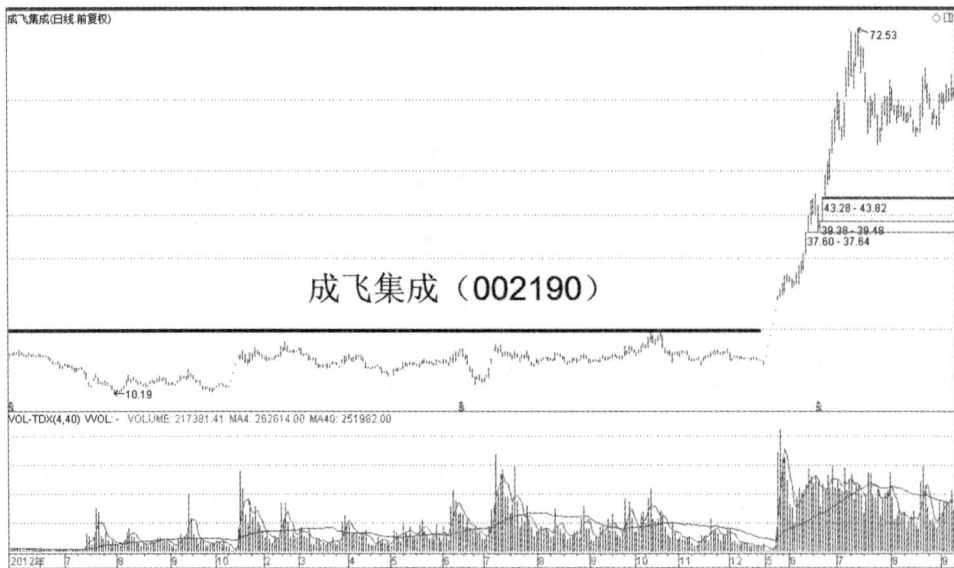

图 3-18

当时因为成飞集成要收购军工资产，这个题材在二级市场上获得了巨大的关注，产生了巨大的预期，得到了市场的巨大认可，随之而来的就是巨大的涨幅。但是很多散户并没有参与到该股的拉升中，是什么原因呢？是真的不愿意买吗？不是，是没看到，没看懂，所以没参与。

我们要做的就是通过"收购军工资产"这样一则公告结合第二章讲的内容，去提前思考该股是否值得炒作，在二级市场上是否有人买账，是否存在巨大的想象空间这样一些问题。然后再观察它的外在图形，结合我们讲的突破的威力，耐心等待介入点。

该股后来几乎没有犹豫就上去了，在很短的时间内再次翻倍，如图 3-19 所示。

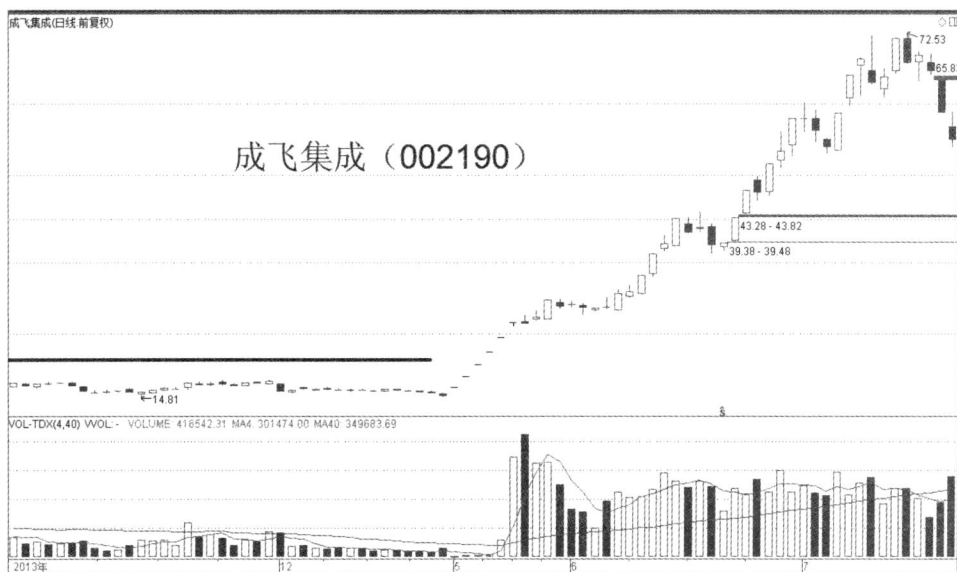

图 3-19

而这个时候，大盘还在 2000 点徘徊，再一次地说明牛股跟大盘的关系不大。大盘不好，它大涨；大盘好，它疯涨！所以，只有真正看懂走势，破解了牛股的密码，你才能在下一只股票中获利，才能在类似成飞集成这样的股票出现的时候，敢下手买入。

太多的牛股都是打掉新高（或者最大压力）之后继续创出新高的走势，对于这样的情况，不要害怕，起码这种股有向上的动能。相反，如果一只股票不创新高，才要害怕，因为这种股连向上挑战的勇气都没有。有些运动员创了一次记录之后，就开始走下坡路，而博尔特却经常刷新自己创造的世界纪录，这样的运动员毫无疑问是优秀的，这样的股票也毫无疑问是卓越的。

在面临历史高点或者最大压力附近时，股票的态度非常重要。我们前面看到的例子几乎都是快速、强势的通过，通过之后要么继续大涨，要么连续上涨，总之对突破的有效性会做一次确认。在选股或操作的时候看到了创新高或者面临历史高点附近，要关注这些细节。

股票在突破时经常会以涨停（大阳线）和跳空的形式出现。涨停（大阳线）和跳空都是主力机构做多意愿坚决，做多力量强大的一种表现，在看盘的时候，一定要留意这种 K 线的出现。换句话讲，没有出现这些特征的股票，基本不会成为牛股。

上述股票的图形有一个特征，那就是不论是在左侧的图形中，还是在启动的底部或者上涨的图形中，出现了一根放出巨大成交量的阴线。这种 K 线的出现，毫无疑问令人非常恐慌，但是这根让人恐慌的 K 线，究竟有着怎样的意义？为什么在牛股中经常会出现呢？出现这种 K 线的一定是牛股吗？下一章笔者会对这些问题进行详述。

第4章
独立量的威力

在操作的时候，看到股票放量上涨往往比较高兴，因为上涨有力度。然而，如果股票的量能比平常大出几倍甚至十几倍，是一根巨量的话，投资者往往不知所措。其实这样的巨量，也是牛股的一个特征，本章将为读者解读牛股的这一特征在实战中的意义。

第1节　什么是独立量

股票放了一根巨大的量（通常3倍以上）之后，迅速缩量，显得"金鸡独立"，故名之独立量。

独立量有两种表现形式，一种是独立阴量（当天放巨量收阴线），一种是独立阳量（当天放巨量收阳线）。

独立量存在的位置可能是在低位，也可能是在高位。不论是哪个位置，给散户带来的恐慌是难免的。通常情况下，散户看到股票放出大量，觉得异常，首先想到的是主力机构在出货，不管当天收的是阳线还是阴线，都会担心次日的走势，想着要卖出股票。

一般来讲，在相对低位出现这样一根巨量的K线，无论阴线还是阳线，主力机构通过震仓洗盘，恐吓散户交出筹码的意味比较重。如果是在相对高位，要考虑主力机构是否会通过高换手出货，而我们要做的首先是减仓，其次是关注后续能否把这根巨量K线反包上去，一旦再次反包，则表示做多资金再次进场，可以判断前一根放量K线，洗盘的意图比较重。

第2节　独立阴量

独立阴量比较常见，一般易被忽视，因为大家通常是不喜欢阴线的，尤其是一根放大量的阴线，一旦看到这样的K线，人们的第一个想法就是空方的力量特别强大，抛压特别重，于是就把这样的股票放弃了。这里，你要做的就是在别人不关注此类股票时关注它，在别人不敢买进的时候买进，在别人不明白的时候把钱赚了。下面来讲几个案例。

案例 4-1　启源装备（300140）

启源装备从 2012 年 4 月起开始宽幅震荡，时间长达 1 年之久。2013 年 8 月 12 日，该股挑战箱体顶部，试图突破该箱体压力时，放出了一根天量上攻。但遗憾的是，没能成功，股价出现回调，如图 4-1 所示。

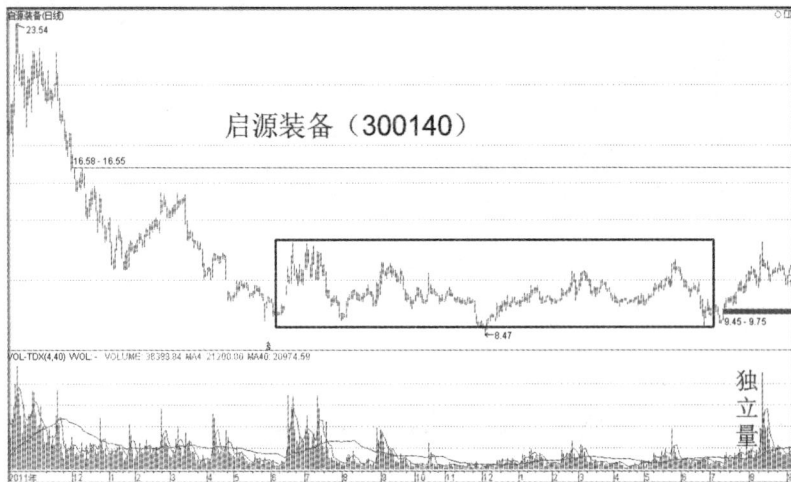

图 4-1

然而，1 个月之后，该股就顺利地打掉独立量，把这个箱体踩在脚下作为它上涨的垫脚石了，如图 4-2 所示。

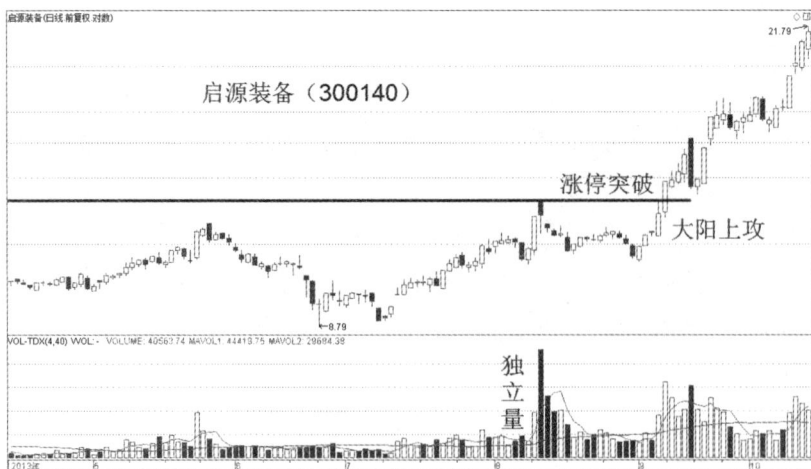

图 4-2

2013 年 9 月 5 日，该股冲涨停板试图越过独立量的压力，但最终收了 6 个点的大阳线，次日该股直接以涨停板的形式突破该处压力，并且连涨 4 天，做多力量强大。

　　然而 2013 年 9 月 16 日该股高开低走，把前面三天上涨的阳线全部吃掉，形成了一根非常难看的墓碑线，当天下跌 15%，同时还伴随着放量。对于散户来讲，看到这么大的一根大阴线杀跌下来，魂都吓飞了——就算第二天是涨停板，也不能把这根阴线全部反包掉！但该股次日即止跌，第三天涨停板，第四天以跳空涨停的形式越过该放量大阴线，从而开启一轮新的上涨，如图 4-3 所示。

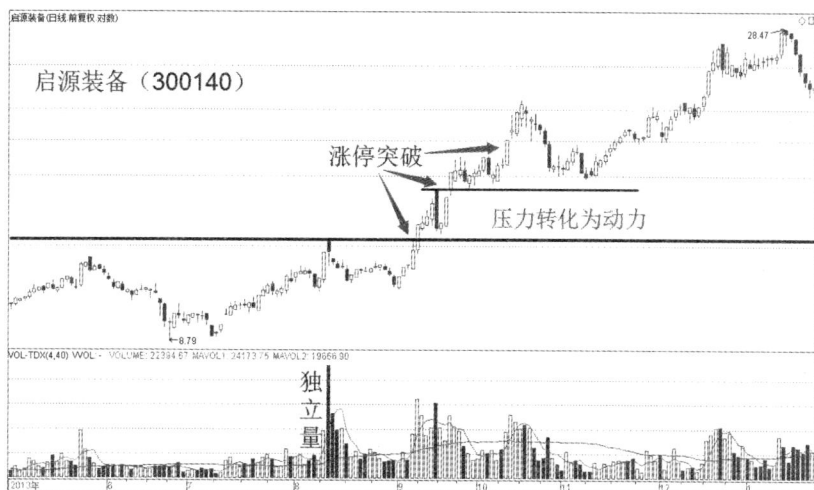

图 4-3

案例 4-2　中航地产（000043）

　　中航地产在 2012 年 3 月到 9 月，半年的时间从 7 元多跌到 3 元多，跌幅超过 50%。在这个位置，出现了一根放大量的阴线，之后，股价连续下跌一周，逼近前面的反弹低点，如图 4-4 所示。

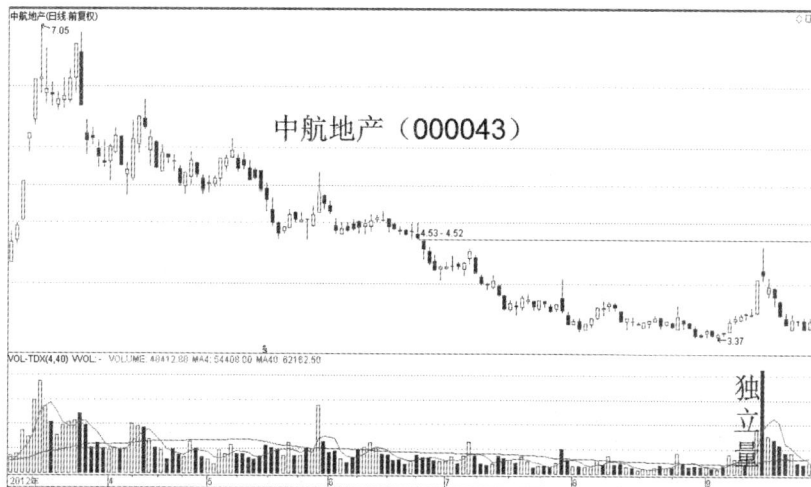

图 4-4

随后股价出现向上跳空开始反弹，结果又出现了一根独立量，如图 4-5 所示。

图 4-5

两根独立量打在这里，看起来有点吓人，又都是阴线，有些投资者可能被吓蒙了。而在笔者看来，却像是兄弟一样，这两根巨量阴线就像是地基的桩一样打在这里。那么，面对这样的股票，如何操作，何时买进？笔者的看法是，什么时候站上阴线实体什么时候买，结果第二天，该股即出现了涨停，如图 4-6 所示。

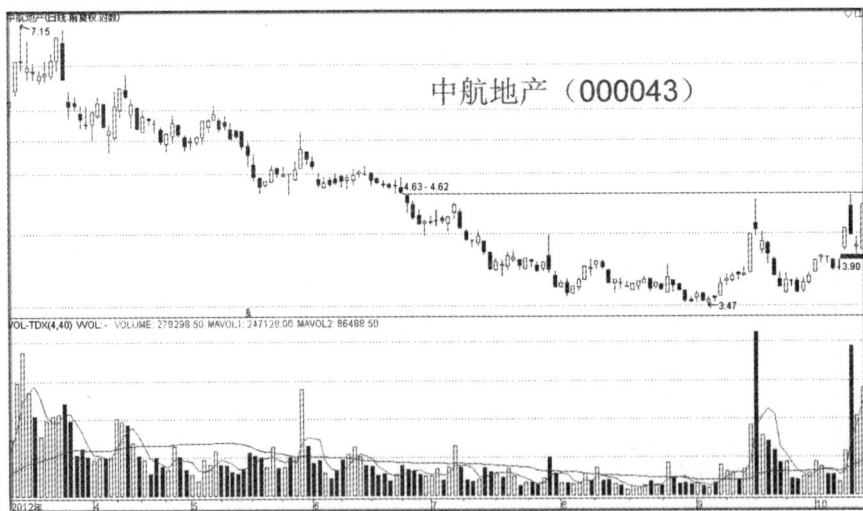

图 4-6

此时可以考虑买进，因为它已经站上了第一根阴量的实体了，离最近的一根阴量实体还差一点点，但是不要紧，因为当它是涨停收盘，盘面上显示的是强大的做多力量，通常这种做多力量第二天都会有个惯性上冲，也就是说容易导致股价跳空高开。而一旦跳空高开，就会站上最近的这根阴量实体，这就是加仓的位置。

第二天，果不其然，该股跳空高开，同时放出大量，显示做多人气较旺，如图 4-7 所示。

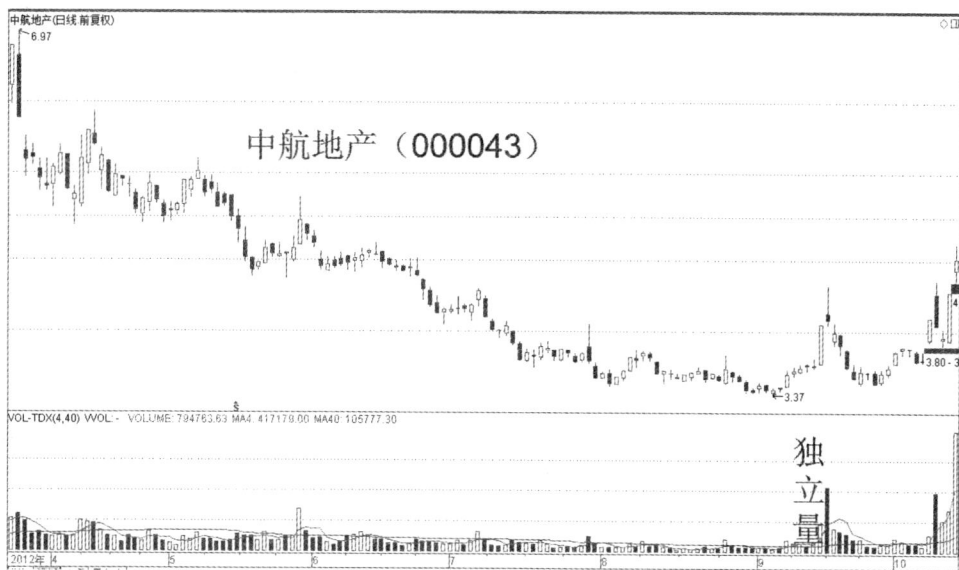

图 4-7

后面该股震荡翻倍，如图 4-8 所示。

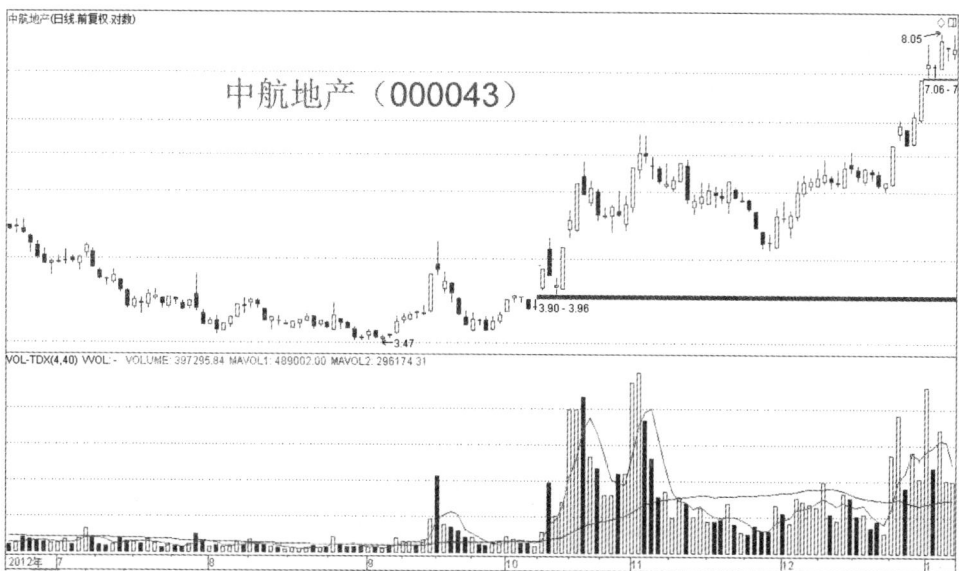

图 4-8

中航地产的表现并不算太好，但在看盘的时候如果发现了它，则减轻了你选股的负担，买入之后一路持有即可，后面虽然有过一次调整，但并没有跌破买进当天那根大阳线的实体上沿。不到 3 个月，该股翻了一倍。

第3节　独立阳量

相对于独立阴量，投资者可能更喜欢独立阳量，因为从心理上来讲，放量上涨比放量下跌更容易接受一点。其实是一样的，首先两者都是放量，其次不论当天收阴还是收阳，不论是空方还是多方取得胜利，它都放量了。为什么强调放量呢？因为放大量，说明当天多空双方的分歧比较大，受关注者多，具体该股的发展，则要看多空双方谁的后续力量更大。这里也通过几个例子来说明。

案例4-3　闰土股份（002440）

如图 4-9 所示是闰土股份两次明显单独放量的过程。第一次是放量挑战前高，我们都知道，放量一定是动用了很多的资金，俗话说"四两拨千斤"，用"四两"的量去冲击"千斤"重的高点，而且还冲过了，说明这个突破是非常厉害的。但如果用"千斤"的量去冲击"四两"的顶，是不是显得有点可笑呢。而放巨量冲前高，往往都会调整，果然后面股价一路下跌，跌了一半的时候，再次出现放巨量反弹的情况。

当投资者发现了这种放巨量的股票，一定要重点关注，只要该股突破这根巨量，就是介入的时机。

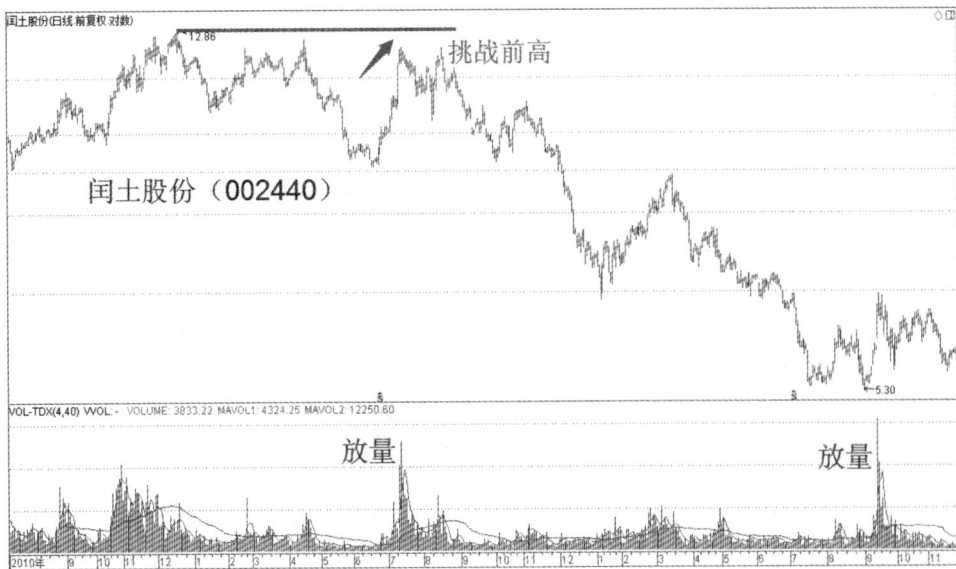

图 4-9

该股低位也是放天量涨停板，前面讲过，放巨量挑战压力位，往往都要回落，后面股价果然出现回调，但维持在箱体内震荡，如图 4-10 所示。

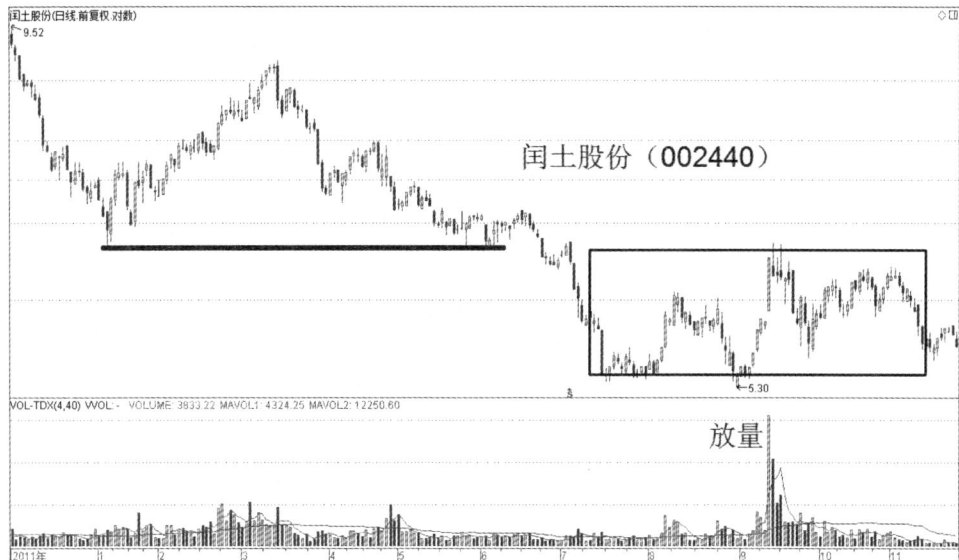

图 4-10

后面股价连跌 6 根阴线，跌破箱体，并于 2012 年 12 月 3 日收出一根放量跌停板，如图 4-11 所示。

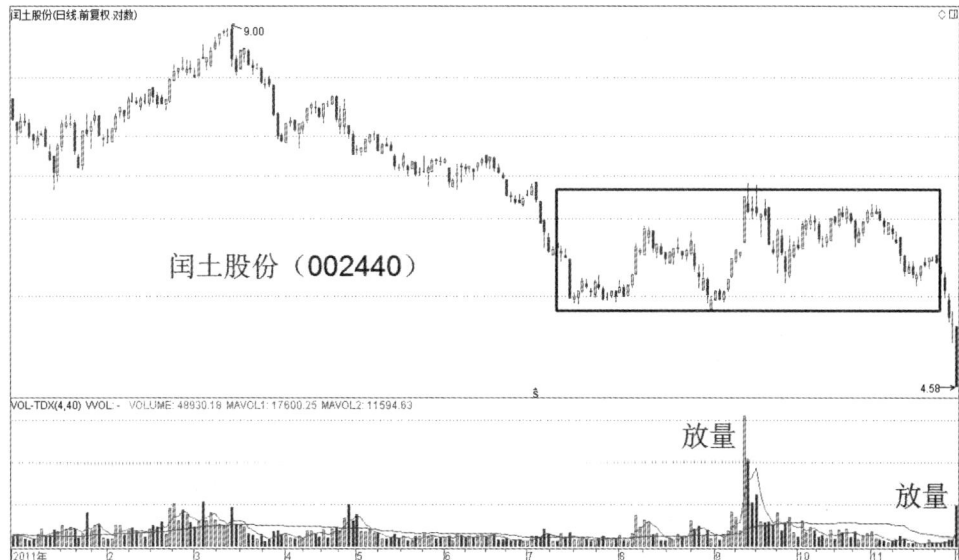

图 4-11

箱体破位，散户的恐慌情绪已经很大了，这个时候再收出一根放 3 倍量的跌停板，可以说是恐慌到了极点。但这个时候的放量要区别对待，不能与前面的独立量同样看待，认为又是一个新的高点，接下来要继续下跌，相反却要考虑是不是机构为了拿筹码，故意制造出来的恐慌动作。

我们发现，该股在放量跌停的第二天惯性下探之后，收出阳线，并且一连收出 5 根阳线，说明做多力量仍然在持续，只是阳线实体都比较小，做多力量比较谨慎，如图 4-12 所示。

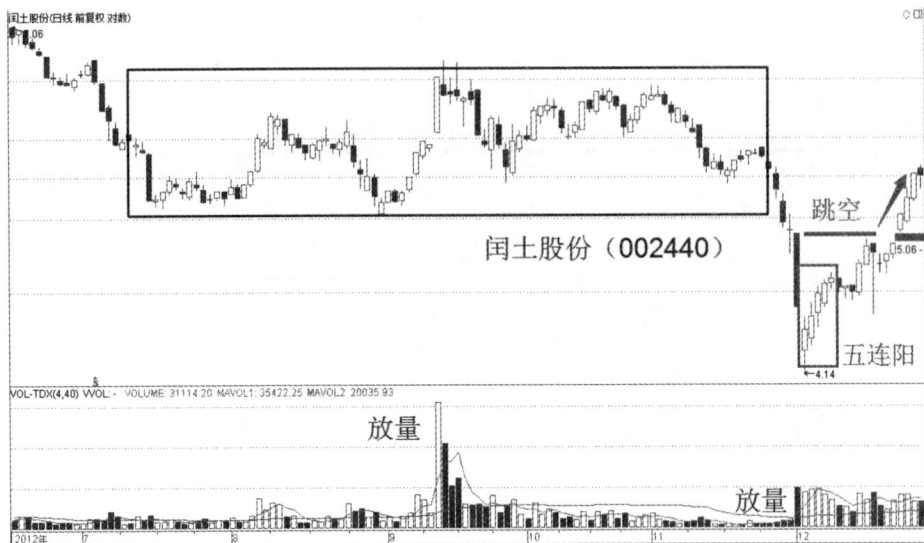

图 4-12

后面该股震荡了几天之后，在放量跌停板的实体附近，选择跳空的形式向上突破，一举将这根放量大阴线完全吃掉——这一天一开盘，就意味着所有前期买进在跌停板这天出掉的人都是割肉。这个跳空缺口是主力机构做多动能的体现，这时要考虑进场了。至于前一根独立量还没有完全打掉那是后话，这个缺口已经显示了主力做多的决心，可以先买一点底仓，等到把上面涨停那根独立量也打掉，则可以考虑加仓，如图 4-13 所示。

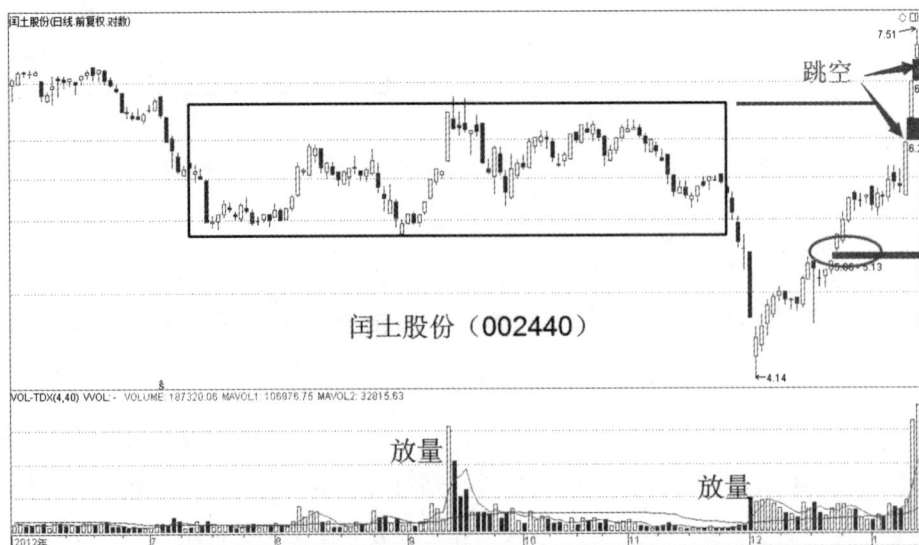

图 4-13

后面股价并没有回补缺口，震荡了两周之后，再次以跳空涨停的形式突破前期箱体，突破独立量。突破之后第二天，该股继续跳空放大量上攻。前面讲过，如果遇到在关键位置放出天量的 K 线，基本上是要调整的。结果后面果然调整，如图 4-14 所示。

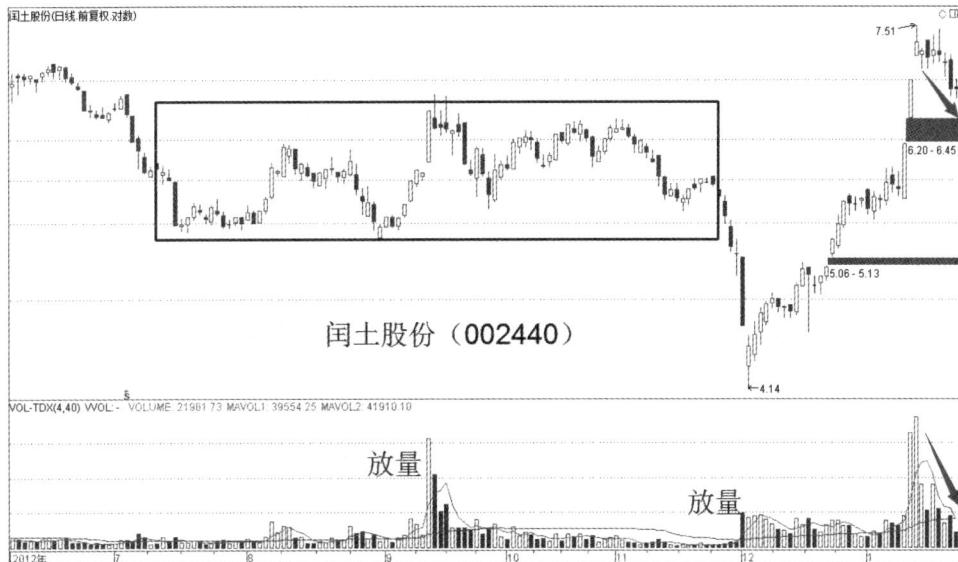

图 4-14

该股调整到前一根独立量的价格附近，以一根大阳线结束调整，再次标志着做多力量的强大，如图 4-15 所示。

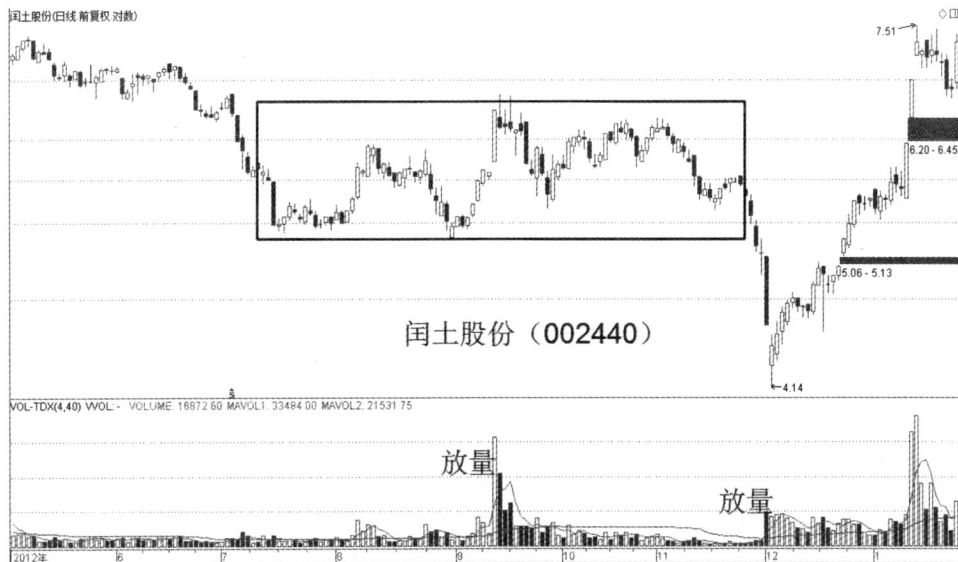

图 4-15

后面股价继续拉升，直至翻了一倍又一倍，如图 4-16 所示。

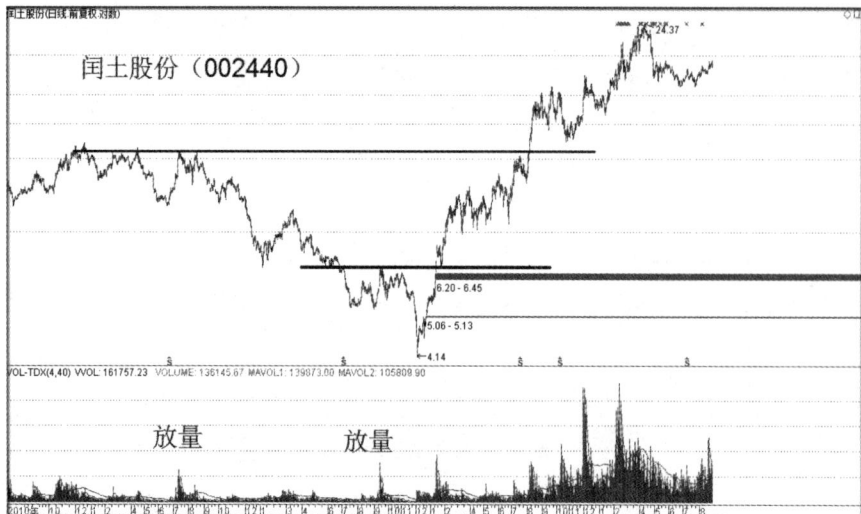

图 4-16

回过头去看，才发现该股的大涨竟然缘于当初的大压力，这就是将压力转化成为了动力。希望大家能够从黄沙里看到金子，在别人恐慌的独立量里看到机遇。

案例 4-4　东晶电子（002199）

东晶电子自高位下跌以来，一直没有出现像样的反弹。2013 年 5 月 16 日该股一字板跳空，5 月 17 日放天量突破下降通道，随后该股没能逃过放天量就调整的魔咒，开始回落。中间起起伏伏，来回震荡，如图 4-17 所示。

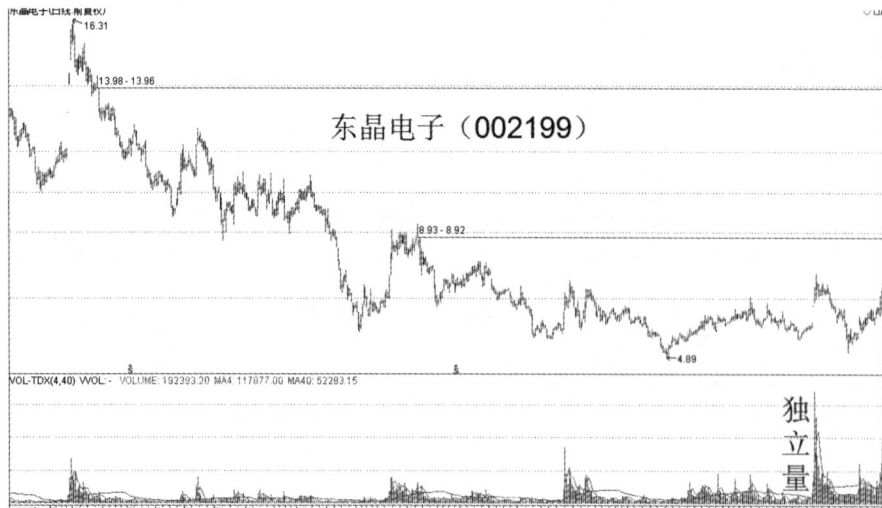

图 4-17

直到 9 月 10 日跳空涨停的出现，才看到了曙光。该股以跳空涨停的形式，一举越过之前的独立量，把之前的箱体平台当做了新的上涨基石——压力转化为动力，如图 4-18 所示。

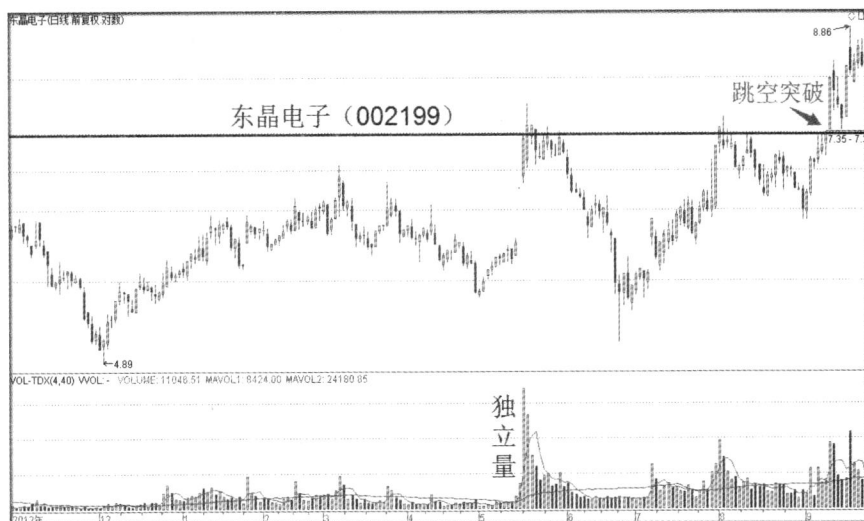

图 4-18

此时，操作上以买入为主，后面只要不回补这个跳空缺口，可以不卖，如图 4-19 所示。

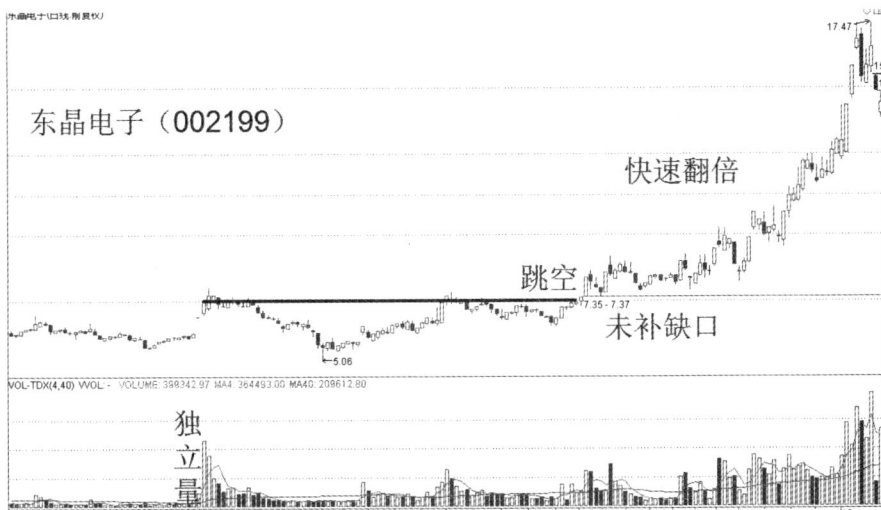

图 4-19

东晶电子突破之后的走势比较磨人，但好在没有回补缺口。因为缺口位置也正是前期独立量的位置，在这个位置多空双方曾经经历了殊死搏斗，最终以向上跳空的形式突破了该处，可想而知，独立量死守的"国门"一旦被打开，多方一旦"入关"，结局就是"改朝换代"。

"守国门"是一件难事，冲进国门更需要勇气和魄力，很多股票就是在独立量上见到了最高点而很难跨越过去。

案例 4-5 中国联通（600050）

2008 年 1 月 25 日，中国联通见到了 13.16 元的高点之后，开始回落。6 月 3 日，受利好消息影响，早盘以涨停板开盘，但很快就打开涨停板并跌至尾盘，同时伴随着成交量的放大，如图 4-20 所示。

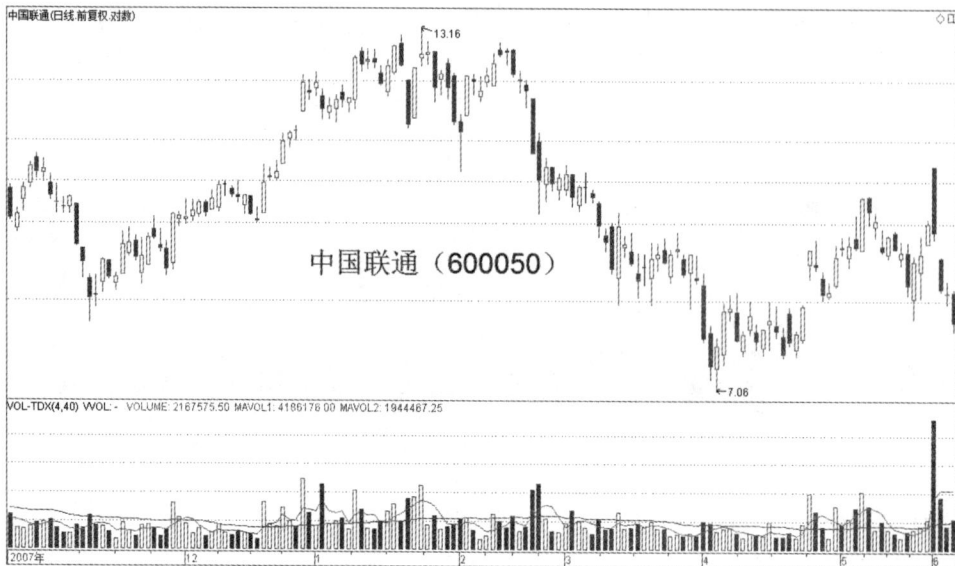

图 4-20

下面来分析这根独立量。

第二天该股跳空低开低走，两个礼拜跌去 40%，跌势不可谓不凶。但这都不是投资者关注的事情，只能说该股守门守得好，很难冲进去。投资者要做的是观察什么时候突破，什么时候进场。结果直到现在，7 年过去了，中国联通对于这个独立量始终是望而却步，如图 4-21 所示。

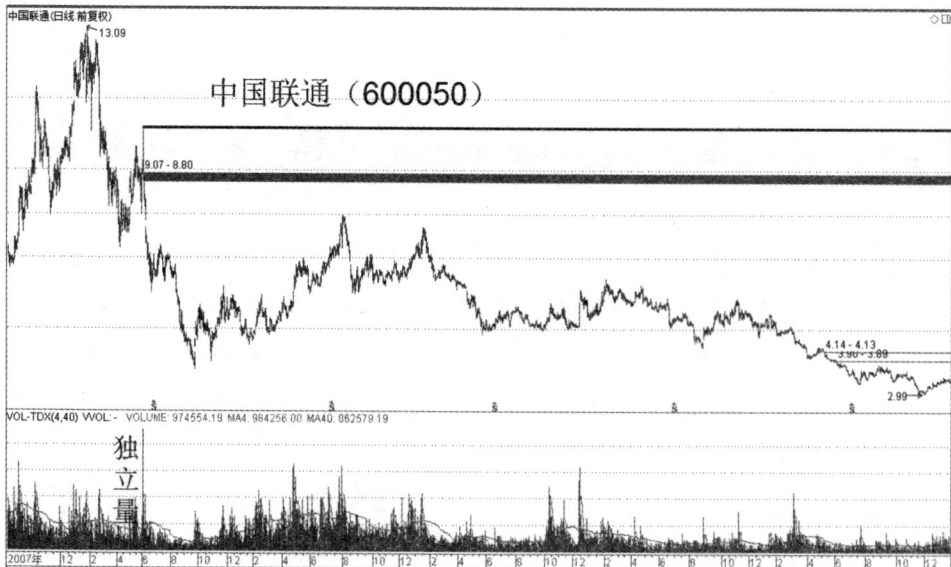

图 4-21

　　所以说，不是所有的独立量都要去关注，不是所有的独立量都可以撑起上涨的基础，要看这个独立量最终是否被突破。读者日常复盘如果看到了这种独立量，可以提前设个预警，什么时候到了设置的价位附近，再去关注。

　　投资者需要关注的是内在好的股票，出现了独立量就是机会；内在不好的股票，看到独立量就要远离。

第5章
箱体是一种修炼

很多人在刚刚踏入股市，学习股票知识的时候，肯定都听过这样一句话：横有多长，竖有多高。对于部分股票来讲，的确是横得越长，竖得越高，但怎样才能去把握个股一定是向上突破呢？怎样才能在个股突破箱体的时候介入且拿住呢？怎样在众多箱体横盘的股票中选股呢？这是本章中要解决的问题。

第1节　箱体的意义

横有多长，竖有多高，可以解决股票上涨的原因，但解决不了股票上涨的根本原因。换句话讲，股票上涨之后，回过头去看，可能有人会说是因为"横竖"的问题，但突破初期却未必。

首先，要理解箱体的意义。箱体就是多空双方在一定的价格范围内有分歧，互不妥协形成的。如果箱体向上突破，则最终是多方占有优势，股价向着有利于多方的一面发展；反之，股票向下跌穿箱体，则是空方占有优势，向着空方发展。

其次，要区分哪些箱体可以操作。这里主要分两种情况，第一种也是最重要的就是股票的基本面要好，要符合政策的扶持和当下的热点；第二是箱体要给人一种干净整齐的感觉，而不是经常性的杂乱无章。否则很容易形成假突破。再其次，要清楚箱体突破的类型。箱体的突破分两种，一种是站上箱体的顶部，即突破箱体上沿的压力（以下简称 F1），另一种是股价跌破箱体之后，经过一段时间（也可以是一天）的运行之后，股价又再次站上箱体的底部，即突破箱体下沿的压力（以下简称 F2），如图 5-1 所示。

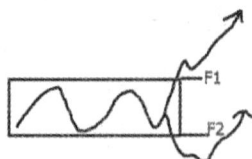

图 5-1

第四，要把握箱体的位置。正常来讲，股票的位置越高，风险越大。而对于每年的大牛股来讲，往往多是在高位上连续翻倍的，所以笔者对箱体的位置不做严格的限制。

第五，要明白箱体突破后的持续性。股票突破箱体之后，有的是昙花一现，一个涨停就结束了，有的仅仅当天冲高留出上引线。如果一不小心追高进去，后果不堪设想。而有的在突破之后，则一路上扬。

如何抓住一路上扬的牛股，是操作的核心，也是较难把握的。下面通过几个案例进行详述。

第 2 节　突破长箱体的威力

长箱体，指的是多空双方分歧的时间长，但没有任何一种形态会一直持续下去，后面一定会形成统一。所以箱体分歧的时间越长，其中一方忍受的时间就越长，一旦某一方占据了上风，就会出现报复性的走势。如果长时间的横盘之后，多方占据了优势，则多方将会大幅上涨将箱体踩在脚下；反之，空方占有优势，则会形成箱体破位。

案例 5-1　云意电气（300304）

云意电气自上市后一路下跌，后来有过几次反弹，但都止步于上市之初的跳空缺口，股价经历了多次反弹—下跌的宽幅震荡，如图 5-2 所示。

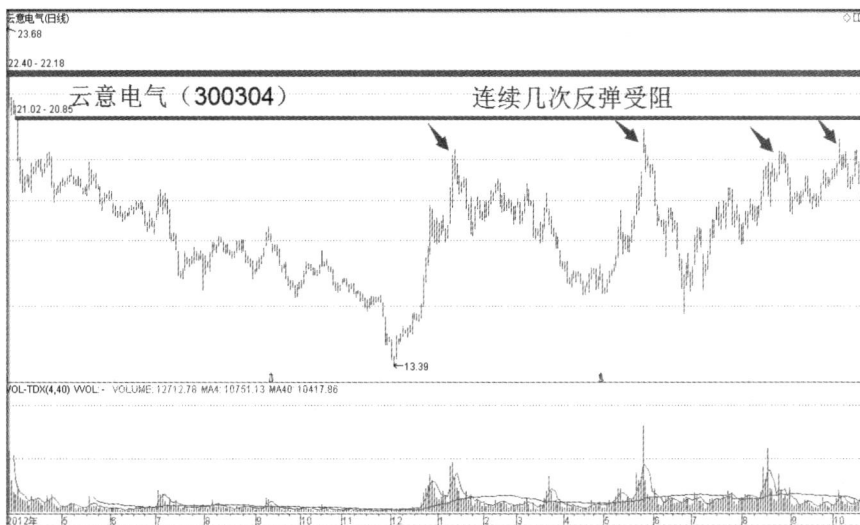

图 5-2

2013 年 10 月 31 日，该股收出涨停板，虽然没能回补掉前期的缺口，但却一举拿下了反弹以来的新高，尤其是越过了之前震荡时放出独立量那天的阴线，如图 5-3 所示。

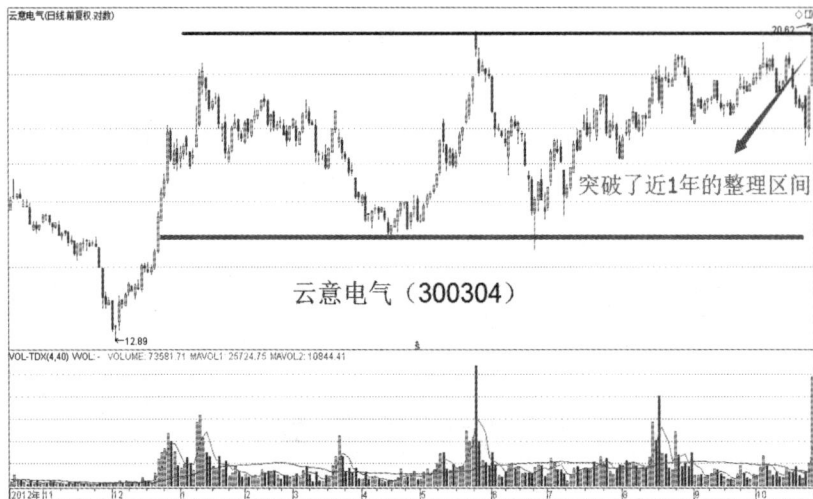

图 5-3

　　自此，操作上就要引起关注。每天复盘的时候，涨停板一栏是首先要做的功课，看到了这个涨停板，又看到了这样的突破位置，就要多留意。

　　该股次日低开，表现不是很好，但低开高走，后面连续几天都是低开，最终都是以低开高走的形式收出阳线。至此，应该明白该股之所以没有出现连续的快速跳空拉升，原因就在于前期近 1 年的整理区间，套牢盘较重，选择连续低开的目的是为了清洗那些意志不坚定者，为后面的拉升做铺垫。果然，2013 年 11 月 6 日，该股在经历了连续 3 天的低开之后，早上高开高走，收出涨停板，如图 5-4 所示。

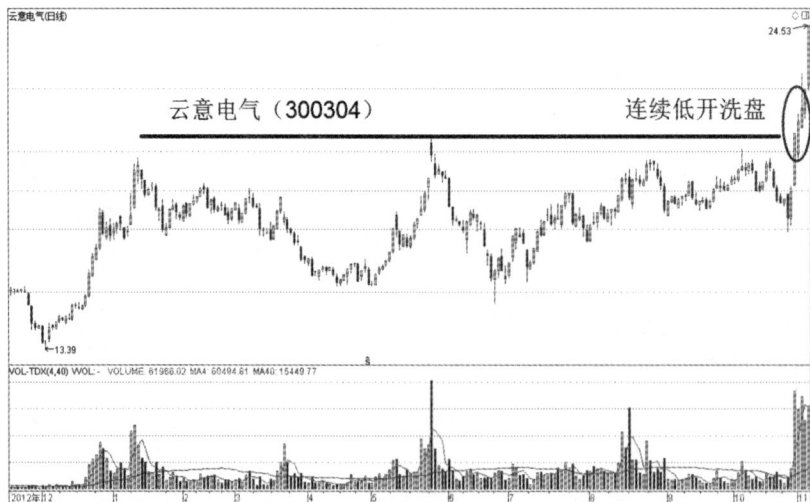

图 5-4

　　我们期待已久的标志性的确认该股真正突破的大阳线终于出现了。此时再看该股的图形，会对前期的突破有着更清晰的认识，前面的震荡整理更像是一个箱体。有时候，股票的箱体波动时间短，幅度小，很容易识别，但有时候在启动之初却不易识别，随着股价的逐步拉升，前期的震荡将被逐步压缩，再回过去看就会发现，原来是一个箱体。这个时候不要担心股价已经涨高了，因为能够把那么长的箱体突破的股票不会只涨几天或者 30%～40%就结束的。

所以再次看到云意电气收出涨停板的时候，应该感到高兴，因为只有主力机构真正想往上拉升的股票，才会在突破之后继续保持上攻的态势，即出现涨停大阳。

后面该股连续上攻，但力度稍弱，如图 5-5 所示。

图 5-5

这里是阳线的实体在减小，主力机构的上攻动能在减弱。但是有一点一定要认真分析，虽然阳线实体小了，但它还是阳线，显示的仍然是多头的强势。其次，即便做多动能在减弱，也并不一定就是结束，有可能是上攻时暂时性的休整。

此后的一个交易日，该股直接以涨停报收，如图 5-6 所示。

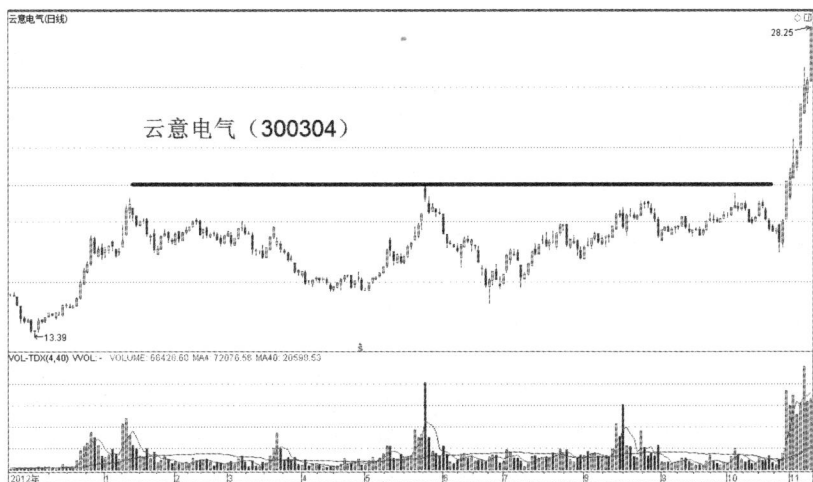

图 5-6

但接下来该股收出阴线，如图 5-7 所示。

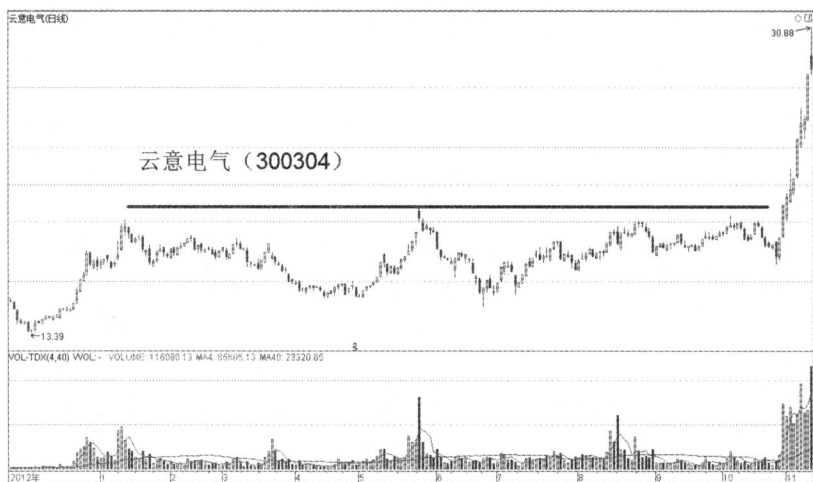

图 5-7

这不是一般的阴线，当天冲 9 个点跳水，几乎以最低价收盘，相当于是一根高开低走的跌幅在 9% 的大阴线，其做空动能可想而知。前面讲过，能够突破 1 年的长箱体的股票，不会是一般的股票，其上涨动能不可小觑，同时该股又是创出了历史新高，最重要的是，这是该股连续 9 根阳线之后出现的第一根阴线，从时间上是允许调整一下的（毕竟涨了这么多），但阴线实体很大，你可能会自然地判断它不是出货就是洗盘。既然如此，那就继续观察一天，如果是出货很有可能有更大的阴线；而如果是上涨途中的洗盘，此时如果错过的话，很有可能再也买不回来了。

第 3 天该股再次收出涨停板，空多转换非常快速，力量非常大，如图 5-8 所示。

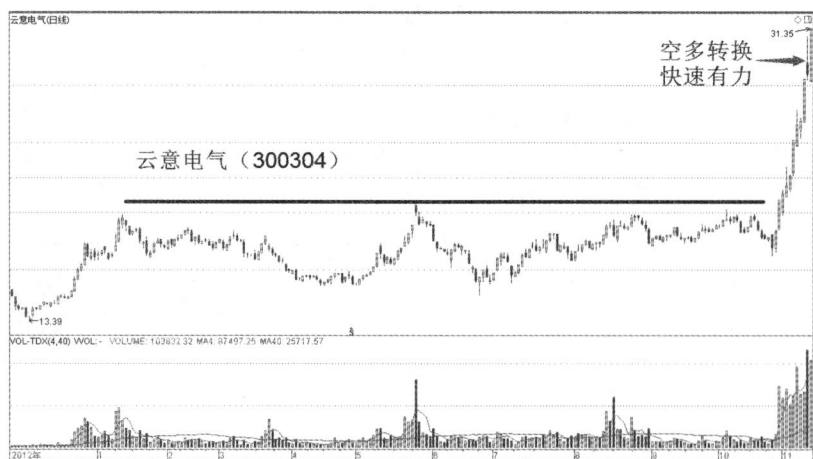

图 5-8

第 4 天该股跳空高开，以涨停板报收。什么意思呢？涨停板+跳空，这是我们讲过的一种非常强势的做多信号，标志着该股做多力量的持续和做多意愿的坚决，如图 5-9 所示。

图 5-9

此前该股一根大阴线杀跌（其实是长上引线跳水），吓坏了很多人。但越是这个时候，越要具备反向思维，越要想着危险当中可能蕴含着机会，别人恐慌卖出的时候，你要想着去买一点。而检验的方法，就是关注是否出现笔者反复强调的空多转换。出了阴线（卖出力量）就出现阳线（买入力量）把阴线转化过来，把压力（卖出）转化为动力（买进），所以当这个图形出现的时候，就知道股票没有结束，次日如果跳空高开以涨停板报收，那就意味着此时将开启一轮新的上涨。

但是该股在接下来的一天冲高回落，尾盘跳水，此后的一天继续调整收出阴线，如图5-10 所示。

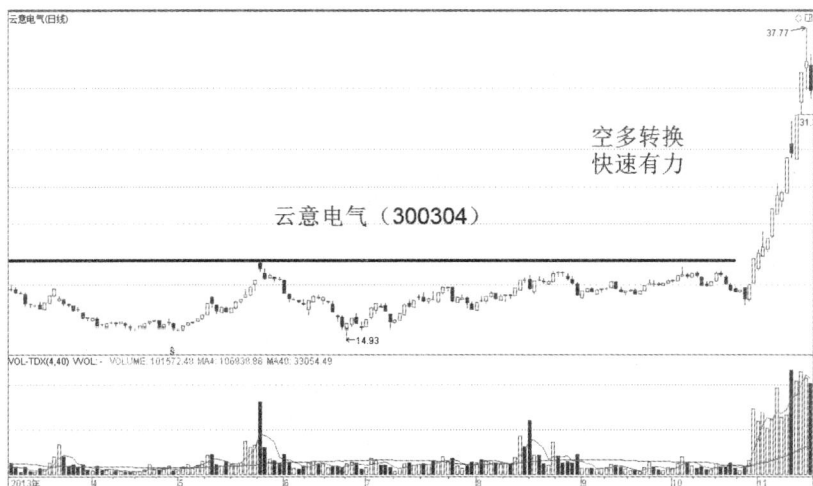

图 5-10

难道是我们的判断出了问题？这就要以市场为准，当市场走坏的时候就要摒弃自己的判断，不要坚持；相反，当市场没有走坏的时候，就要坚持自己的判断。

云意电气在跳空突破之后，只涨了两天就出现了调整，根据多空双方博弈理论，这是不合适的。因为前面涨了一大波，而此时才涨了两天，显然不太对。所以笔者的判断是股票很有可能见顶，也就是说之前的判断有可能出了问题。但是这里有两点必须得到确认才能证明之前的判断是错误的：一是第二天无法收出一根大阳线结束调整；二是前几天的跳空缺口被回补掉，以示空方力量的强大。如果没有出现这两个信号，还是要坚持之前的判断。

结果接下来该股复制前一根阴线之后的走势，再次收出一根涨停板大阳线，如图5-11所示。

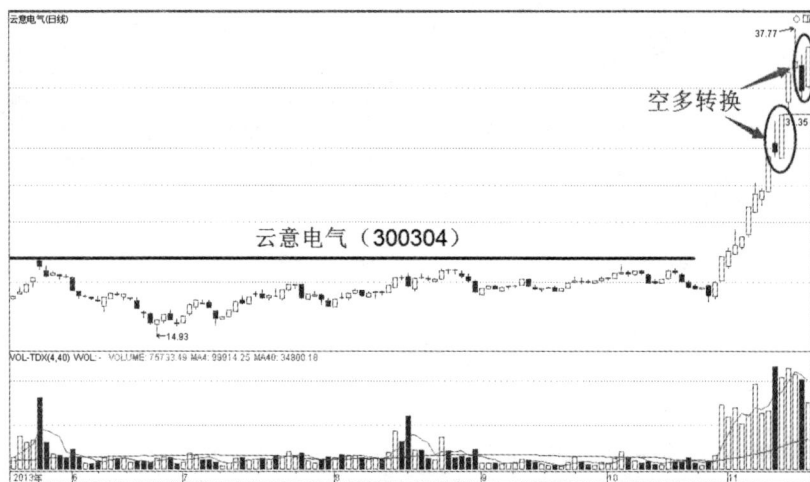

图 5-11

如此，就不用卖出，而且我们看到当日的成交量是缩小的——缩量涨停还有新高。这个时候要做的不仅是看到了空多转换的快速和力量的强大，还要关注次日是否会再次以跳空开盘。

次日果然承接了前一天的涨停余威，跳空高开，如图5-12所示。

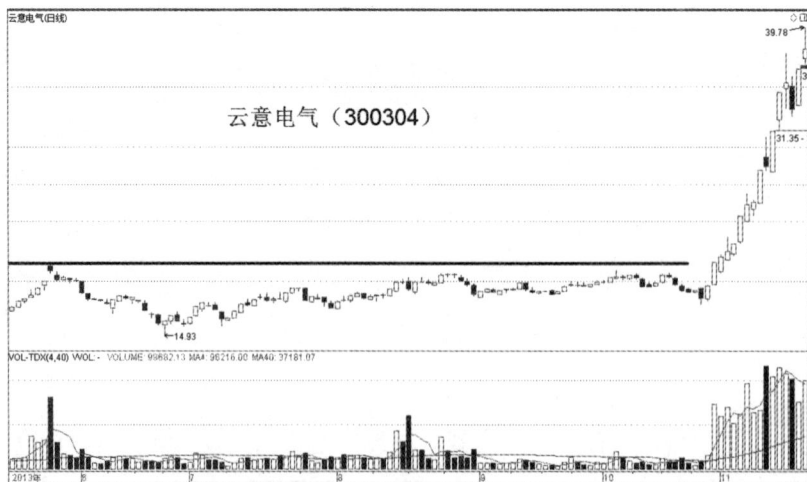

图 5-12

后面股价连续 4 个交易日涨幅达到 30%，不可谓不快，如图 5-13 所示。

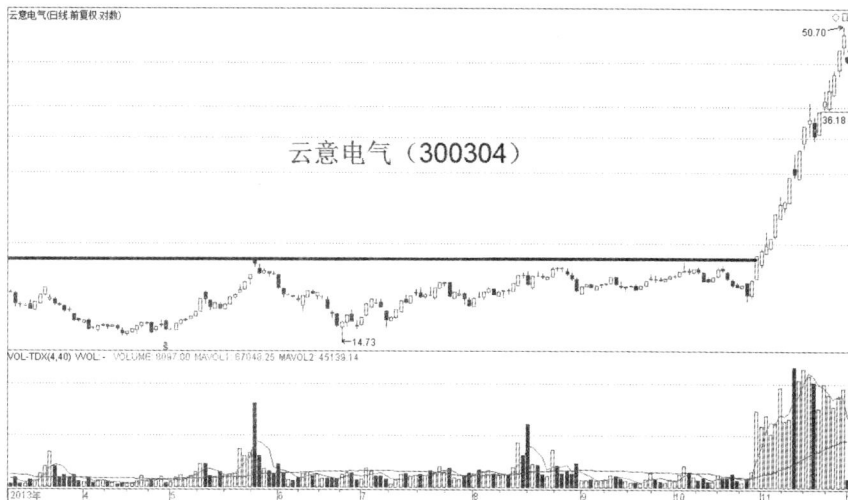

图 5-13

但随后该股直接以一字跌停板开盘，不给丝毫卖出的机会。如果你是在跳空处介入的，多少都会赚一点，因为第二天该股的一字板就打开了，如图 5-14 所示。

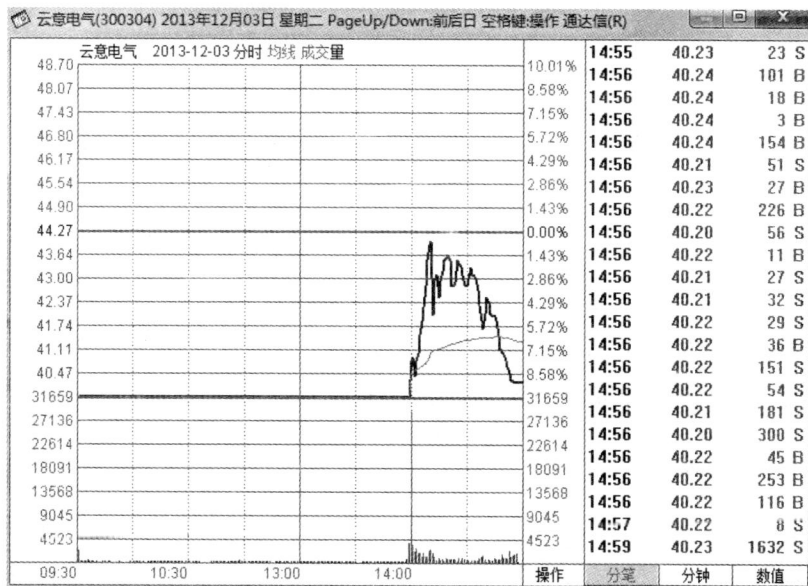

图 5-14

会不会有些投资者在看到云意电气涨了一大波之后，忍不住在跌停的前一天出手的呢？当然会有，但是如果你没有跑掉，也不用太害怕，除了这个跌停板打开让你亏损 10% 买个教训之外，还有让你离场的机会，如图 5-15 所示。

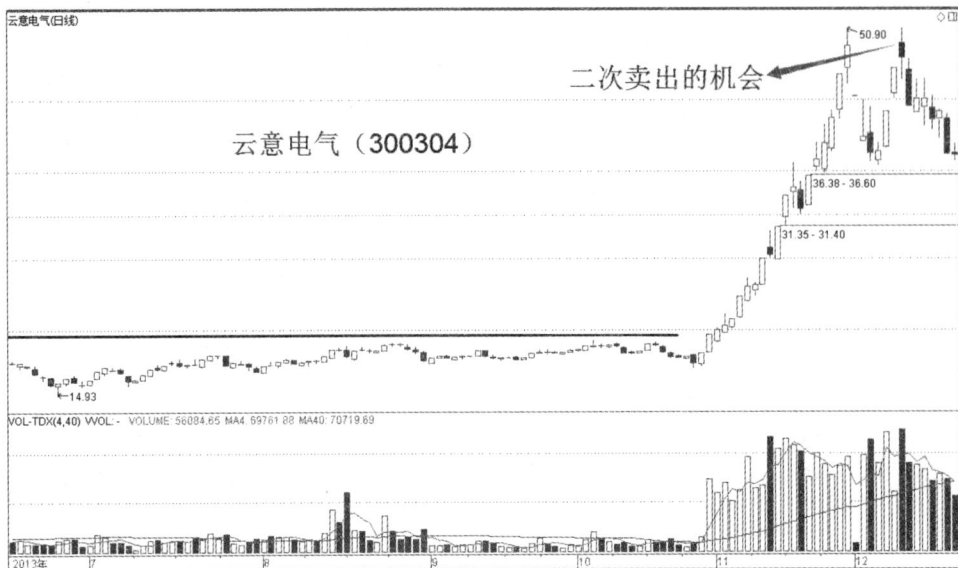

图 5-15

这也是我们之前反复讲过的，对于这种快速飙升，途中几乎不换口气的牛股来讲，一个跌停板不足以出完货，后面往往会形成第二个头部给你机会离场。这既是牛股的特性，也是牛股给予那些在底部看着上涨，在头部忍不住介入的投资者的馈赠。

第 3 节　突破高箱体的威力

高箱体，指的是高位的箱体。通常情况下，位置越高，风险越大，因为大家都比较担心破位的问题。如果股票在高位长时间的震荡之后，选择有效的向上突破，则高位之后还有高位，迎接我们的可能就是"风景这边独好"了。

案例 5-2　浪潮软件（600756）

浪潮软件自上市之后，就开始下跌，其间有过一波翻倍的行情，但随后就陷入了长期的整理中。2000 年 3 月 7 日，该股以大阳线的形式突破了长达 3 年的整理区间，同时创出历史新高，如图 5-16 所示。

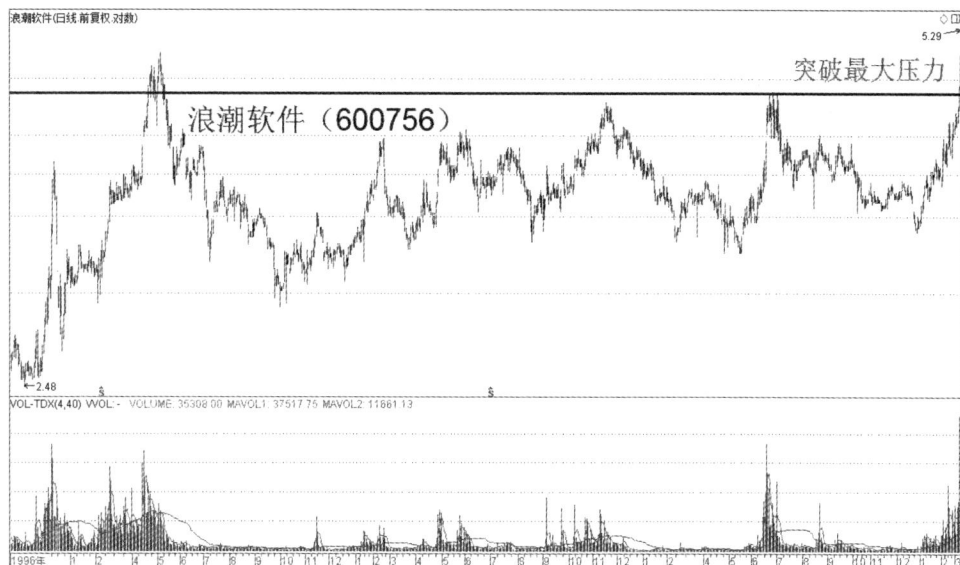

图 5-16

突破的第二天，该股即收出一根阴线调整，如图 5-17 所示。

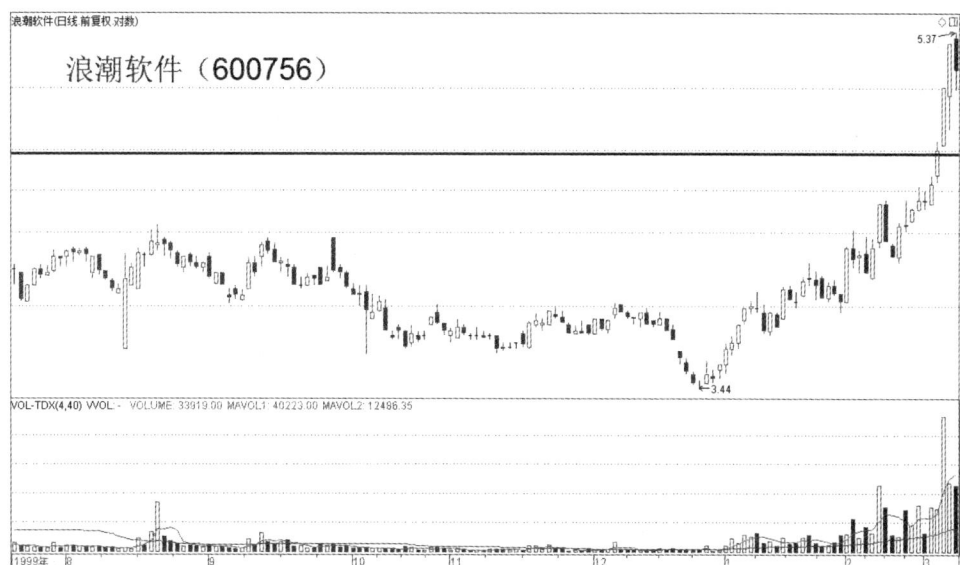

图 5-17

这个时候投资者最关心的就是股票调整多久，会不会是假突破。此时投资者在关注空多转换是否成立的同时，应该注意是否会出现一根大阳线反包这根中阴线。

3 月 9 日该股收出一根涨停板，反包这根阴线，实现了空多的快速转换，如图 5-18 所示。

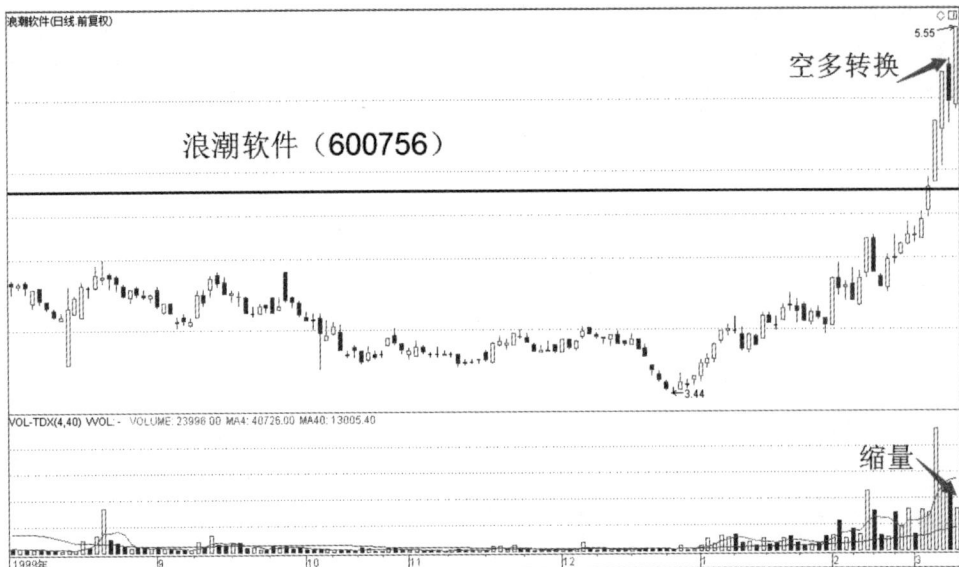

图 5-18

当日该股是缩量涨停板反包前面阴线的，所以可以判断次日还有高点。结果 3 月 10 日该股果然跳空高开，再次创出新高，如图 5-19 所示。

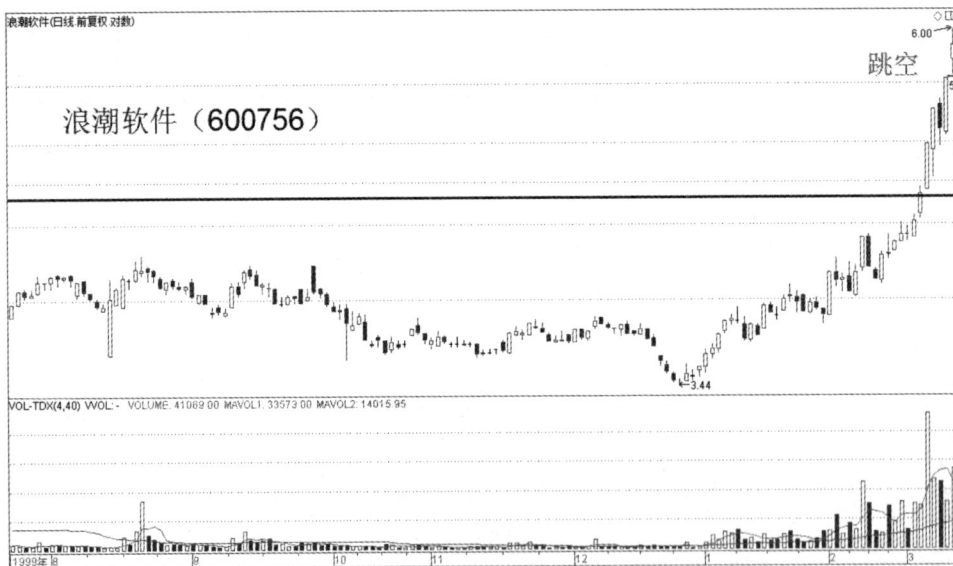

图 5-19

看到了跳空就要想着去买入，因为能够突破历史高点，摆脱了 3 年箱体整理的股票，不会只涨一点就结束。跳空，是该股再一次出发的标志，是做多资金再一次进场的标志，是主力机构对该股后市继续看好的标志。

次日该股宽幅震荡，收出阴线，如图 5-20 所示。

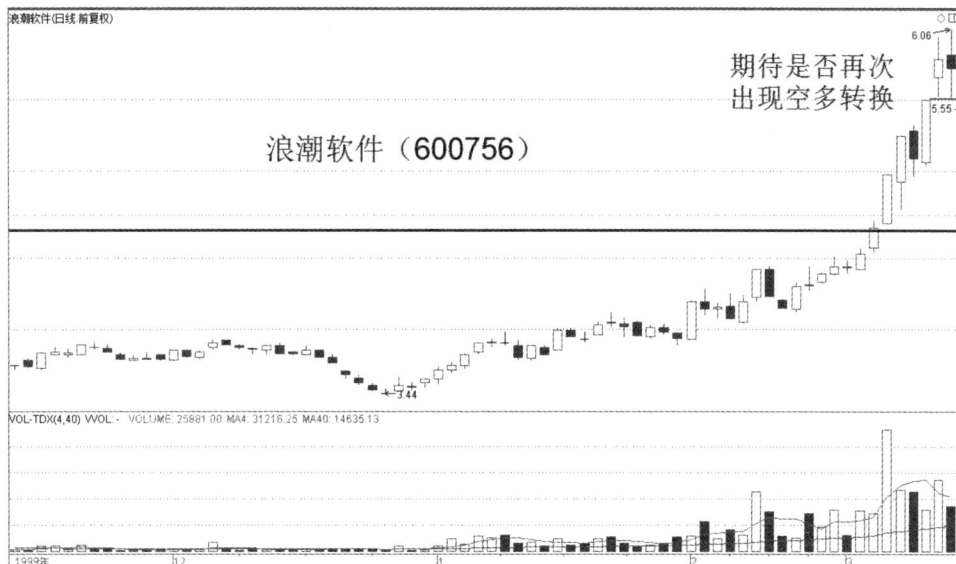

图 5-20

此时需要留意，是否会再次出现空多的快速转换，只有出了阴线（有人卖出），马上再出阳线（有人买进），才能表示主力机构看多的信心。

接下来的一天该股低开下探回补了之前的跳空缺口，做多力度减弱，但是到收盘为止，该股竟然把上午跌的全部都拉了回来，还以阳线收盘，当天振幅超过 7%，这根下引线就有 7 个点，符合前面讲解的长下引的特质，如图 5-21 所示。

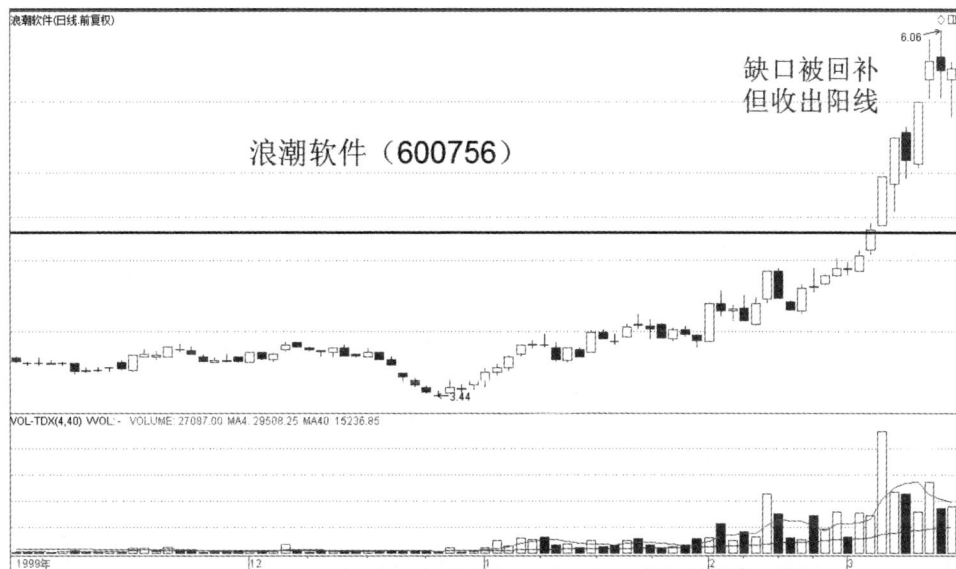

图 5-21

我们看到了回补缺口的弱势，但也看到了做多力量的强势，两者比较，因为尾盘收阳，仍然把它看成是空多转换。只是力度稍微弱了点，如果明天收出大阴线则表明之前的判断是错误的，如果判断是正确的，那明天就要收一根大阳线做一次确认。

3月15日，该股以涨停板结束争议，如图5-22所示。

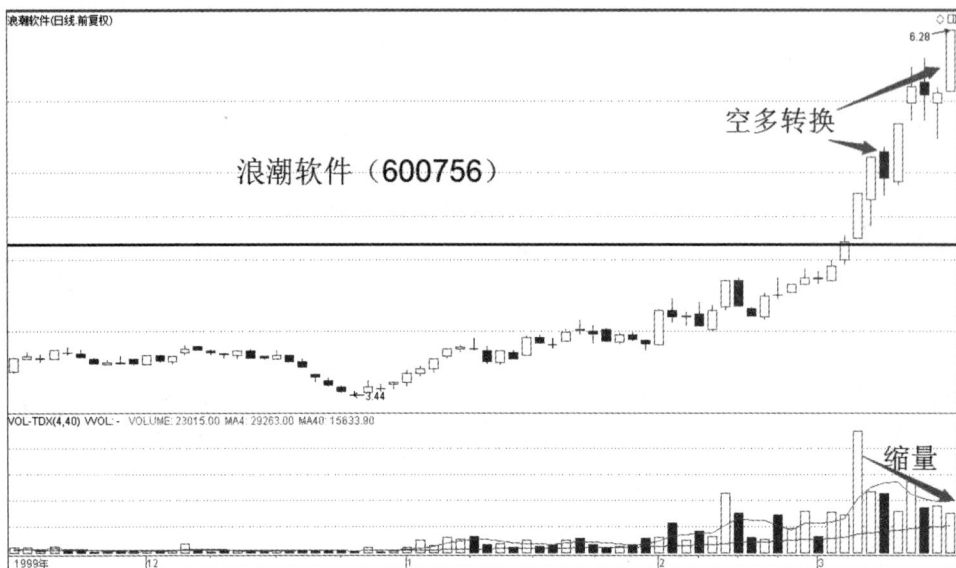

图 5-22

同时当日的成交量继续萎缩。股价创新高而成交量在减少，说明主力机构的控盘程度较高，不需要很多的资金推动就可以轻松地把股价拉升上去，操作上可以继续看高一线。

第二天该股果然不负众望，高开高走，做多力量强大，做多意愿坚决，如图5-23所示。

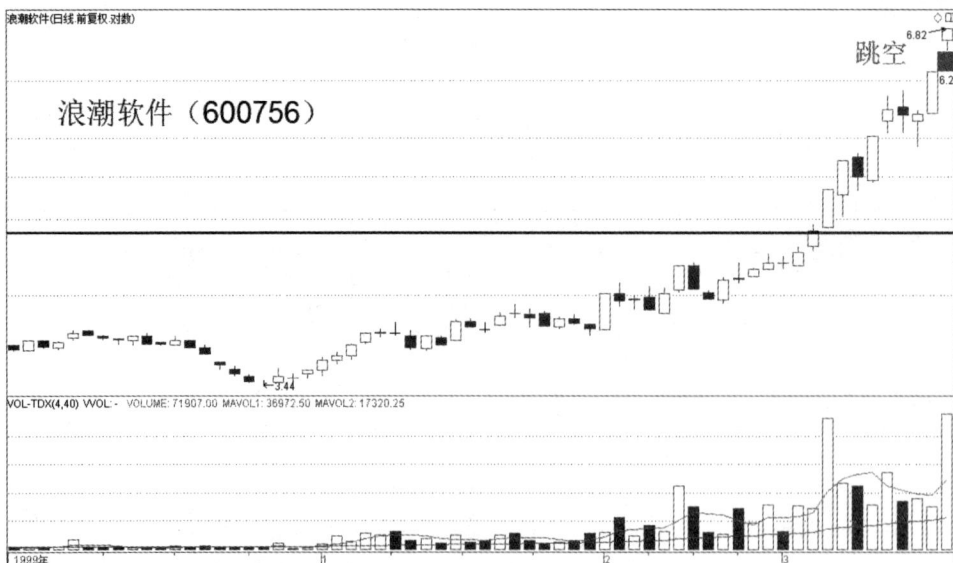

图 5-23

次日继续跳空涨停，同时成交量出现萎缩，说明后面还有新高，如图5-24所示。

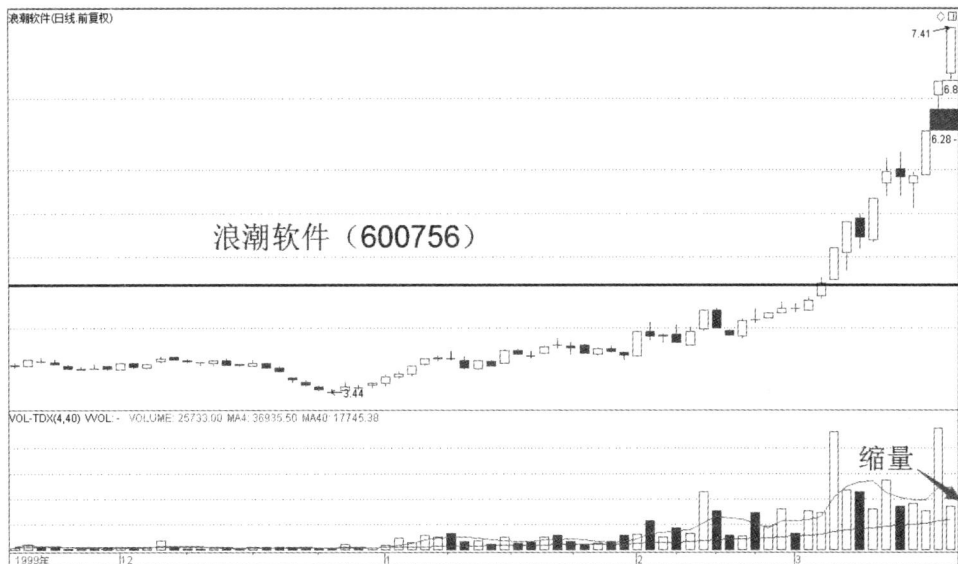

图 5-24

后面的走势就不一一分析了，因为根据多空博弈理论，市场一直是处于多头中，只要多方力量没有衰竭，空方力量没有强到足以改变趋势的时候，就可以不卖出。

后面股价一路拉升，连续跳空打板，力度非常凶悍。直到出现阴线之后不能再次收出阳线——空多转换变慢，就可以考虑减仓了，如图 5-25 所示。

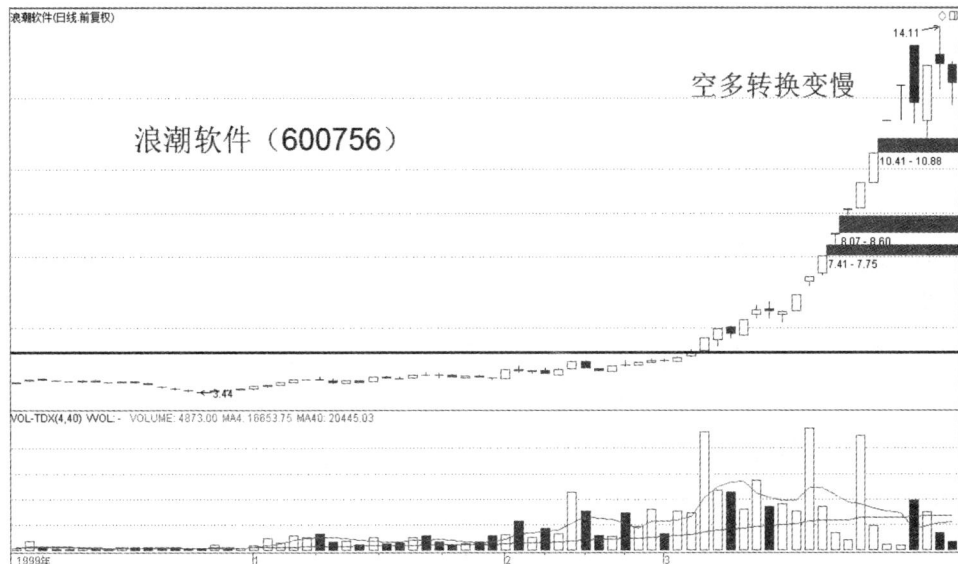

图 5-25

出了阴线（压力）没能快速收出阳线（动力），要考虑减仓，如图 5-26 所示。

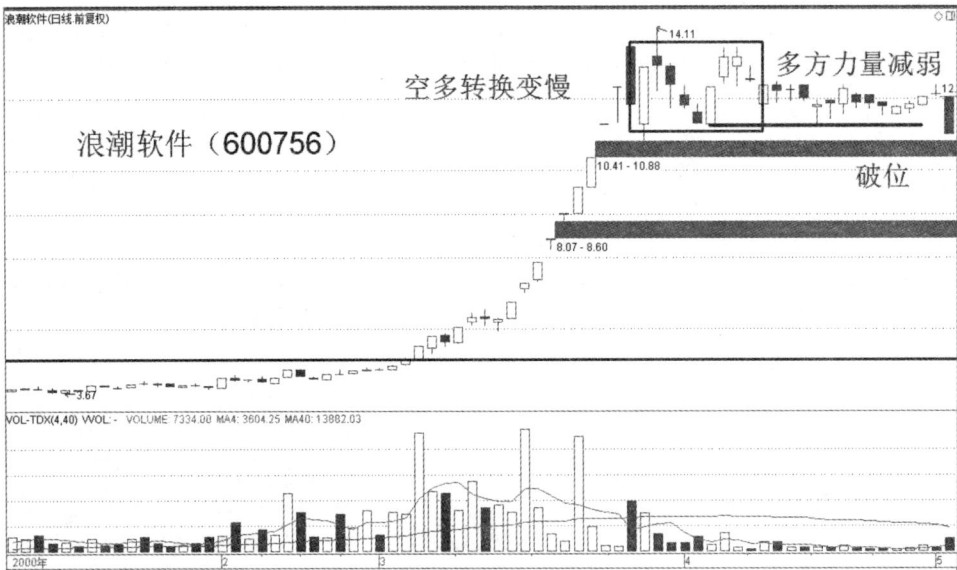

图 5-26

可以在第一次没有形成空多转换的时候减仓，可以以前一根涨停阳线的最低价作为最后的卖出价。虽然该股连续 4 根阴线都没有破位该涨停实体，之后又一次拉起，大有挑战新高之势，但反弹 3 天之后，阳线的实体在变小，多方力量在减弱，而且在接近历史高点时居然收出了阴线，说明空方力量在加强，操作上应以减仓为主。

笔者发现，该股两次都是在关键的位置没能坚决地跨越过去，这时就要怀疑做多动能是否已经衰竭，操作上要注意减仓。但也有另一种可能，就是该股的主力机构其志在长远，在此处继续做箱体整理，后面继续拉高。但是对于投资者来讲，发现了卖点可以卖一部分，剩下一半可以继续跟随该股"上天"或者"入地"。当然，一定要在"入地"之前把这一半的果实保留住。

后面该股继续整理，5 月 9 日在箱体底部附近，跳空低开低走，当日以跌停板收盘，此时应该清仓，落袋为安。

后面该股又出现了下跌—反弹—下跌的反复走势，时间长达 1 年多，最终还是选择了破位向下。回过头去看，浪潮软件的大涨是由于连续的跳空涨停导致的，但是它的启动点，却是在突破了历史的长箱体之后才爆发的，如图 5-27 所示。

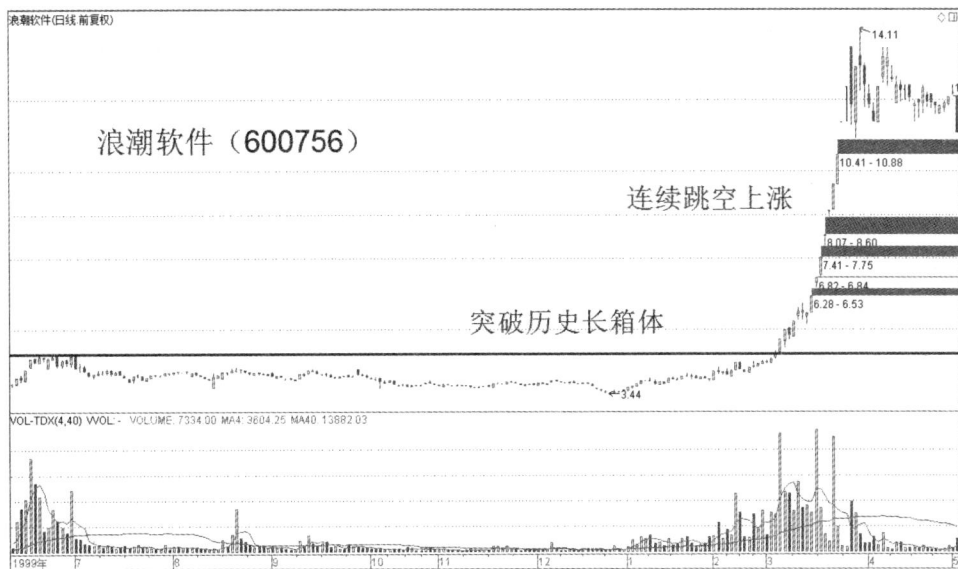

图 5-27

短短 1 个月，股价翻了 3 倍。还是那句话，在股价刚刚开始突破的时候，可能对箱体没那么眼熟，看起来并不太像。但是当它突破拉升了几天之后，把之前的压力位踩在脚底当做支撑的时候，这个箱体就变得非常明显了。而投资者要关注的则是：择机介入及是否出现空多的快速转换和上涨途中的再跳空。

第 4 节　跌破箱体后的机会

通常情况下，大多数人认为箱体一旦破位，趋势就走坏了，就没有机会了。其实不然，虽然箱体破位是沙子，但沙子里也有金子。投资者要习惯逆于常人的思维，在沙子里发现金子。

机会就是在不起眼的地方，在别人恐惧的地方，在别人忽略的地方。在箱体跌破之后，往往引发的就是一系列的抛盘，因为大多数投资者的心理防线容易被击穿，甚至认为在仅有的支撑被打破后，接下来的下跌将深不见底，抑或向下再搬一个箱体等。此时，不要人云亦云，更不要趋之若鹜。重要的是了解和掌握这个时候的操作方法。

箱体的操作基本有两种：要么上去（站上 F1），要么下去再上来（站上 F2）。那么当股票跌破箱体之后究竟有什么样的机会，或者什么时候才是机会呢？下面仍然通过实例来讲述。

案例 5-3　深圳华强（000062）

如图 5-28 所示，深圳华强自高位下跌以来，在 2012 年 1 月到 2013 年 7 月形成了一个长达 1 年半的箱体。其中每次都是跌到箱体①的底部出现反弹。2013 年 1 月之后,股价进入强势,其间形成了一个半年的箱体②,波动幅度较小。

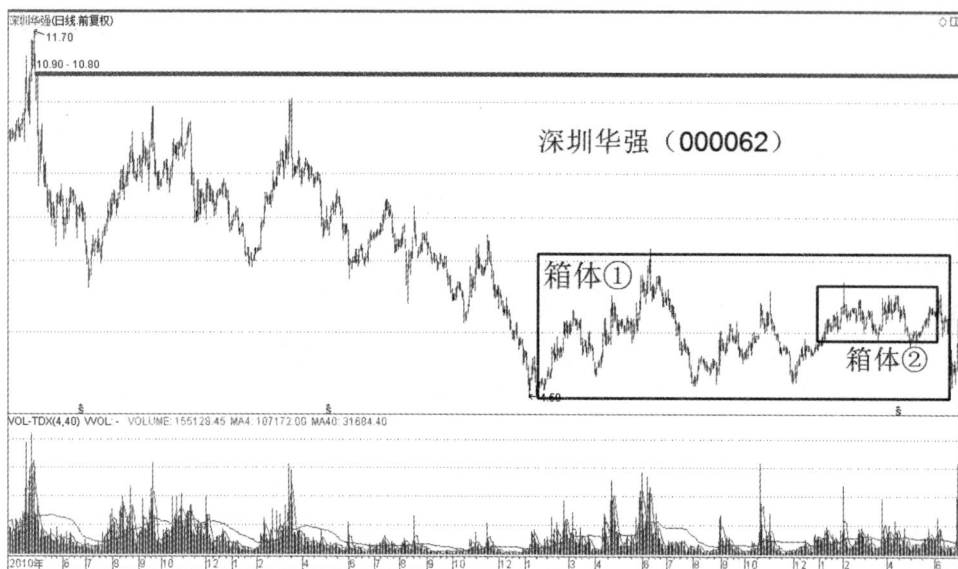

图 5-28

2013 年 7 月 1 日,该股跌至箱体①的底部附近出现反弹,7 月 2 日该股高开高走,站上箱体②的 F2,如图 5-29 所示。

图 5-29

这是一个主力机构做多的信号。股价在 2013 年的上半年一直维持在一个更小的箱体范围内震荡,说明主力机构目前做多力量的一种强势。为什么最后几天跌破箱体②又能快速站上来呢？没有强大的做多力量是无法快速地以涨停+跳空的形式站上箱体②的 F2 的。

之后股价连续收出阳线，并且创出箱体②的新高，如图 5-30 所示。

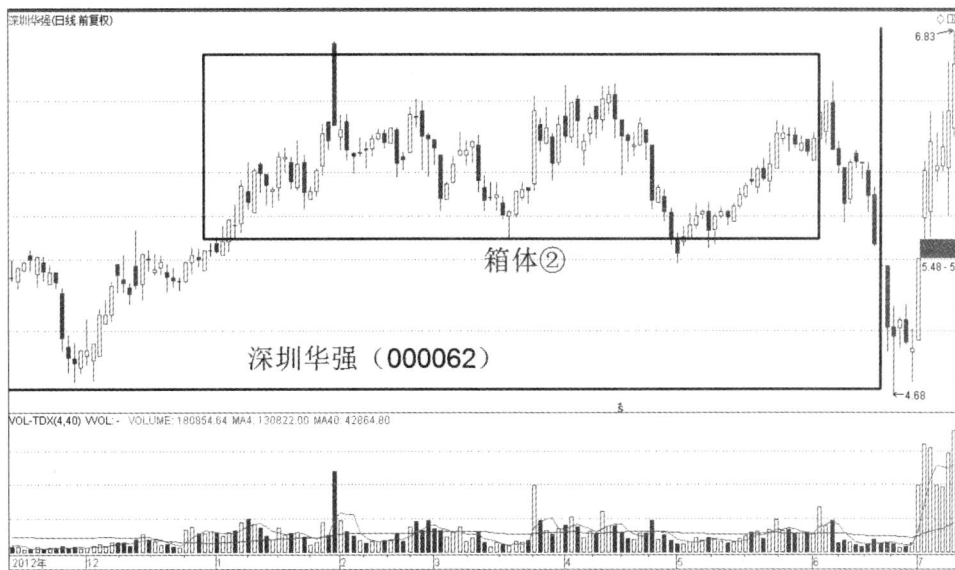

图 5-30

7 月 12 日该股以涨停板的形式突破箱体①，如图 5-31 所示。

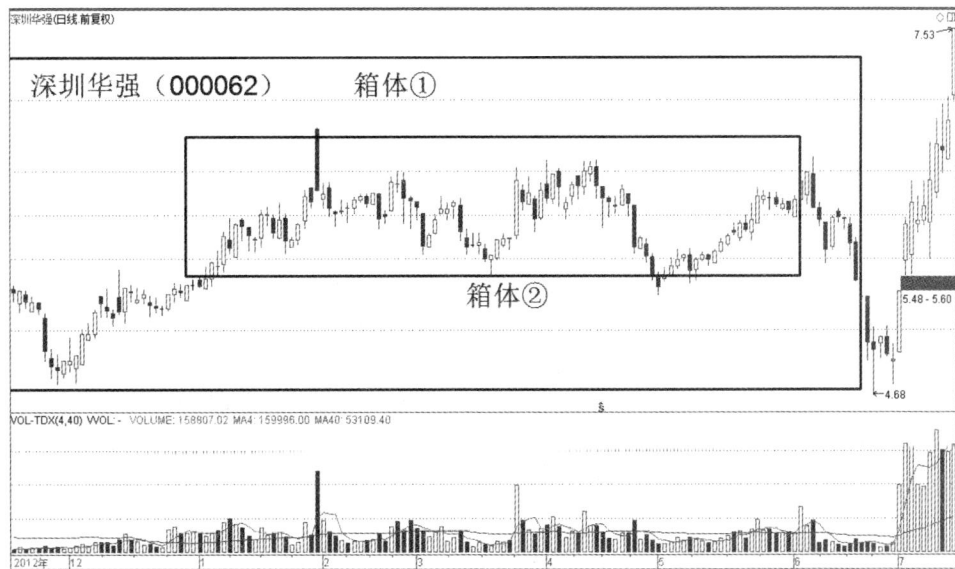

图 5-31

次日高开高走，做多力量进一步加大，短短半个月股价上涨 60%，如图 5-32 所示。

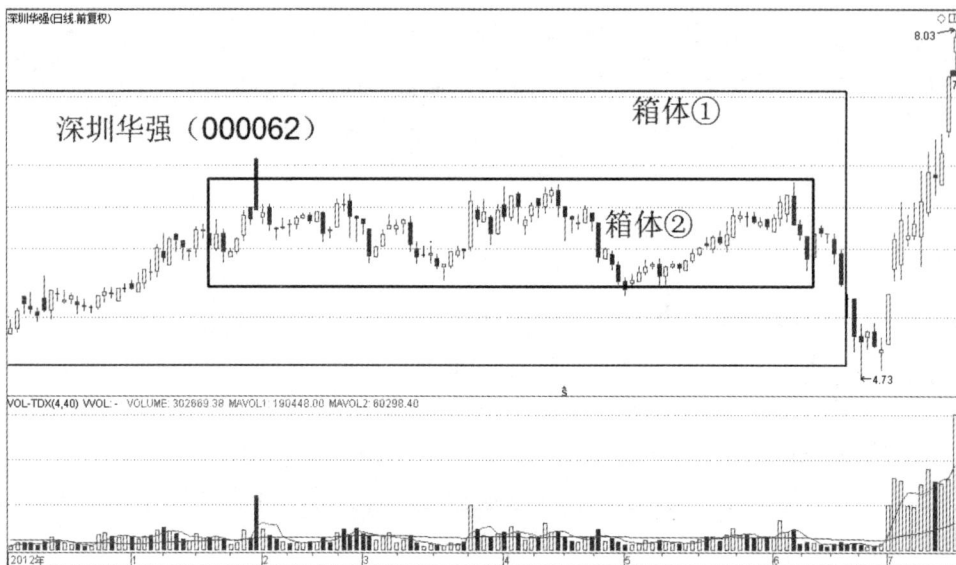

图 5-32

之后股价再创新高，直至翻倍才出现调整，如图 5-33 所示。

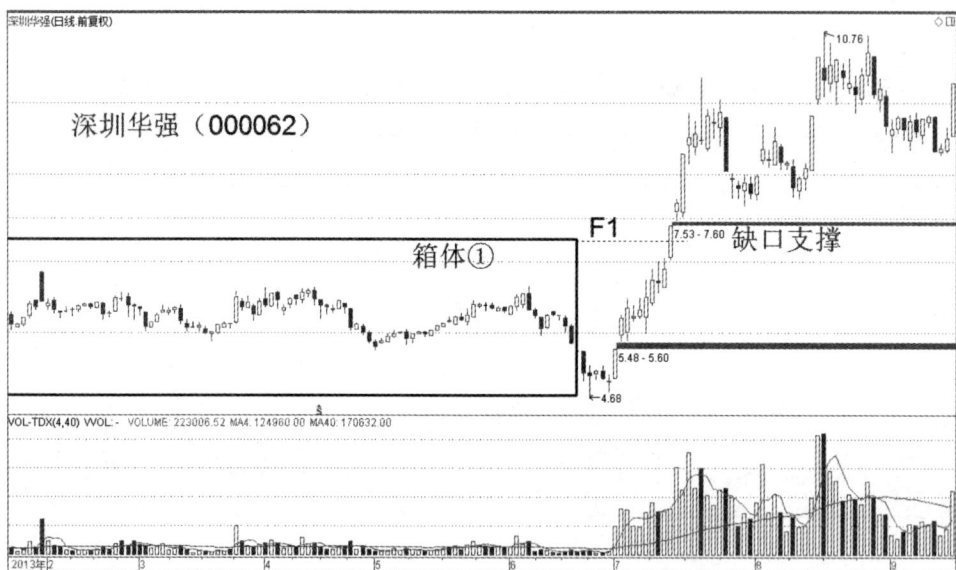

图 5-33

　　而股价调整始终没有跌破前期的跳空缺口处（箱体①的 F1），随后反复震荡形成了新的箱体③，如图 5-34 所示。

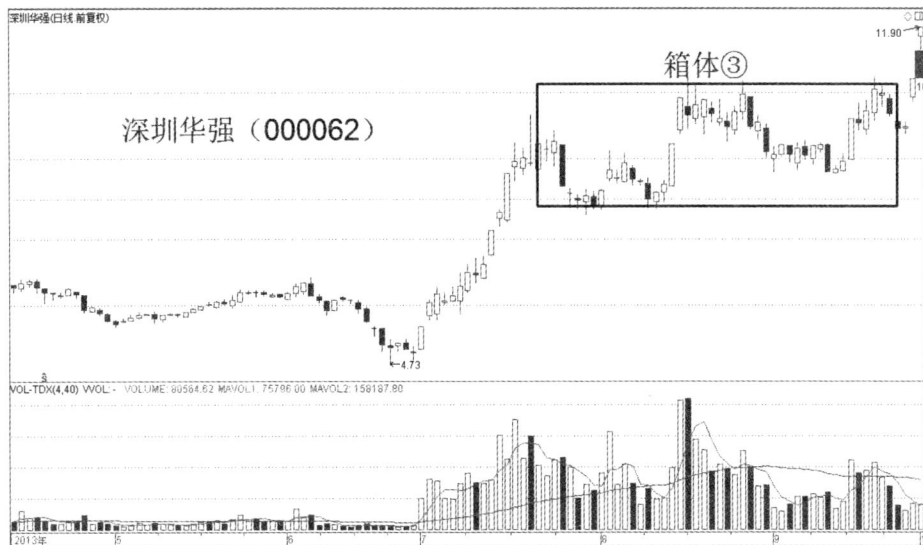

图 5-34

　　2013 年 9 月 30 日和 10 月 8 日，即国庆前和后的两个交易日该股涨停、跳空涨停突破箱体③的 F1，缩量拉升，展开新的上攻。主力机构做多的意愿非常坚决，做多力量非常强大。随后该股 7 个交易日涨幅达 70%，不可谓不强，如图 5-35 所示。

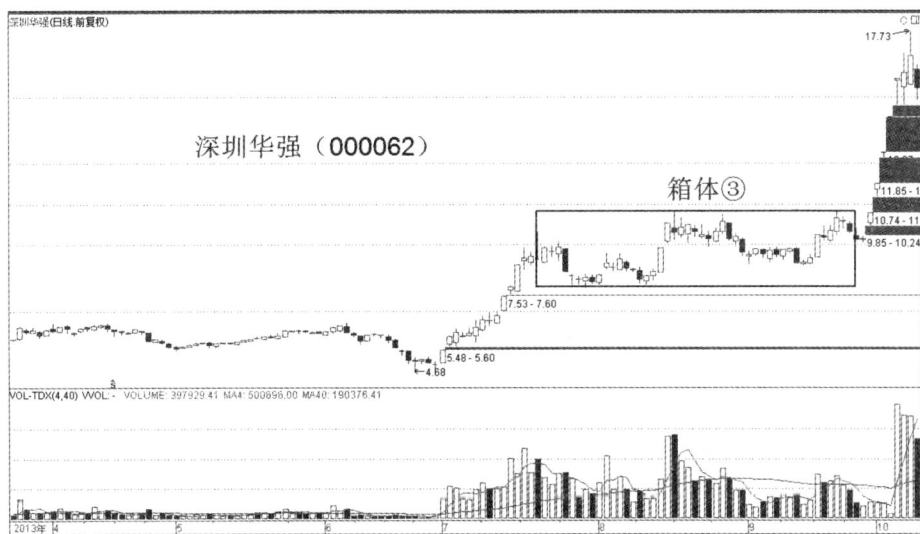

图 5-35

　　深圳华强从低位 5 元到高位的 17 元，3 个多月涨了 3 倍多，速度不可谓不快，而这一切的启动都要归功于前期 1 年半的箱体蓄势。所以当你看到箱体跌破又被拉回站上 F2 的时候就要想着去买一点，突破长箱体站上 F1 的时候更要想着去买一点。尤其是股票内在好的情况下，突破时又是涨停+跳空的形式，则更要积极参与。

案例 5-4　晋亿实业（601002）

在 2008 年晋亿实业出现了大幅度的杀跌（当然 2008 年，每只股票的日子都不好过），跌到 8 月份的时候，股价出现了反弹，但相对来讲，力度较弱，维持了 3 个月之后，再次向下杀跌破位。这个时候的市场达到了进一步的恐慌，股价从年初的 11 元多到 10 月份的 3 元多，不可谓不惨烈，如图 5-36 所示。

图 5-36

随后股价出现大幅度反弹，将前期下跌丢失的领地快速收回，如图 5-37 所示。

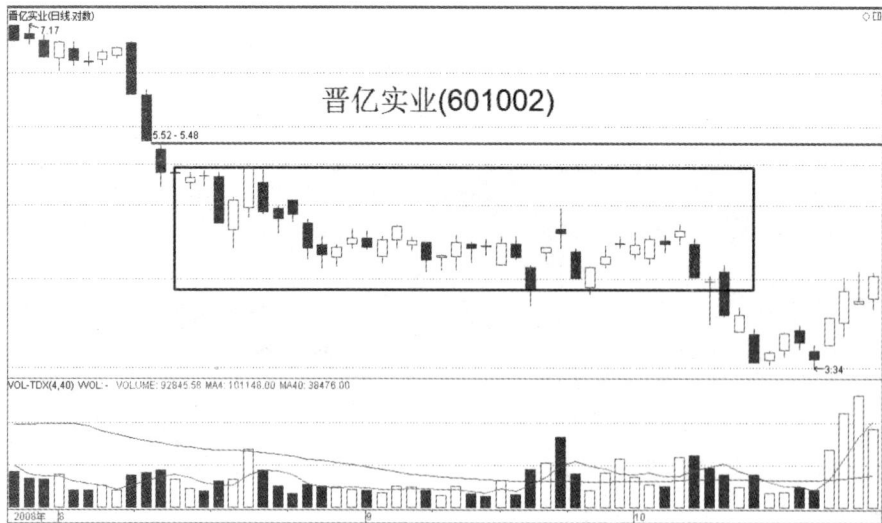

图 5-37

从图形上看，股价前期 7 天的下跌，只用了 4 天就拉回来，相对来讲还算较快较强。此时，投资者要关注的是，出现跳空缺口还是以更大的阳线来确认这个"收复"的有效性，否则其拉升只能是个小反弹。

　　结果后面几天，股价遇到前期箱底（F2）的压力，出现了回撤，如图 5-38 所示。

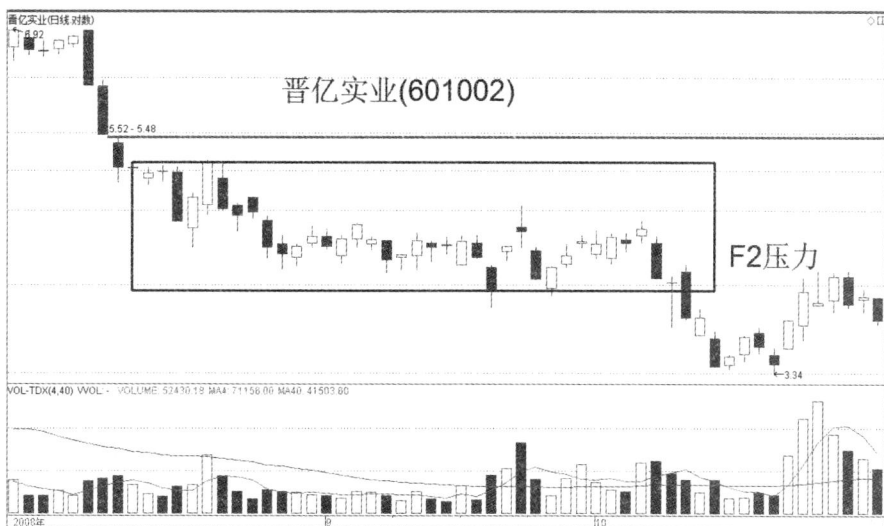

图 5-38

　　很多投资者在操作的时候，经常容易出现：跌破箱体很恐慌—抛掉；股价出现反弹
——没发现；股价继续反弹——不敢买；股价反弹遇到压力——买进去；股价回撤——再
次抛掉……周而复始地犯这样的错误。究其原因是因为没看懂，如果你发现了这个股是反
弹，就要找一个很好的买点，所谓好的买点不一定是价格低，主要是安全。所谓安全就是
介入之后，接下来有更大的上涨空间，而不是更大的下跌空间或者更大的不确定性。

　　回撤之后的一天，股价很快出现涨停，如图 5-39 所示。

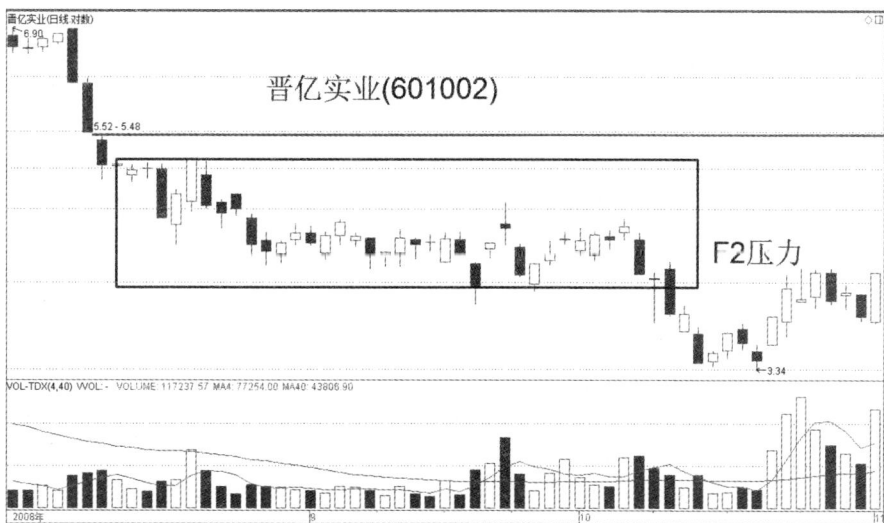

图 5-39

这就是一根确认性的信号出现了，前面连续一周的调整，始终没有跌破 10 月 24 日的那根阳线实体，所以当 11 月 3 日再次收出一根涨停板大阳线的时候，就要想着去买入。

随后该股在 F2 附近震荡了 4 天，消化一部分前期的抛压，其中每天都是以阳线报收，说明主力资金做多的意愿非常强烈。11 月 10 日，该股跳空高开，脱离整理区域，加速上涨，如图 5-40 所示。

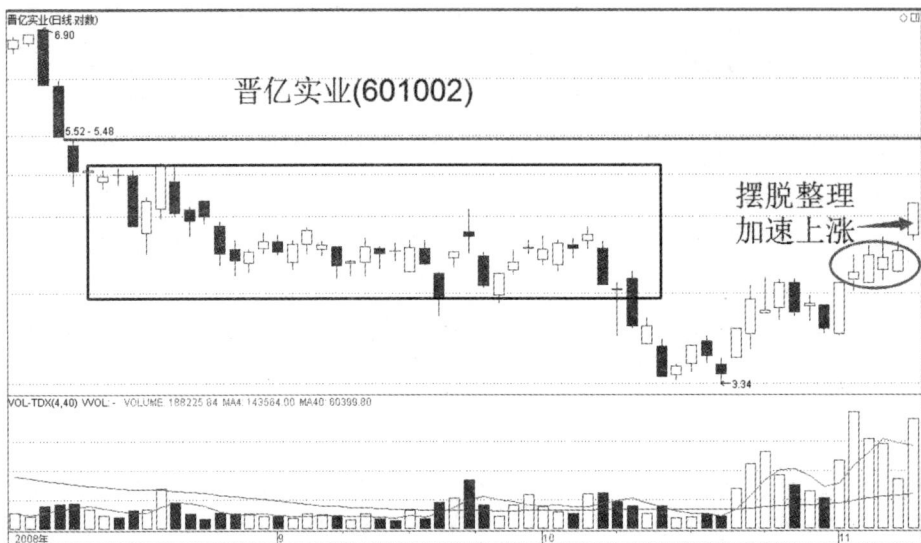

图 5-40

之后股价拉升了一周，平均日涨幅 6%。如果从 11 月 3 日启动次日介入，该股在短短的两周，涨幅就达 50%，如图 5-41 所示。

图 5-41

同样是晋亿实业，2010 年 7 月该股反弹至前期高点 9 元附近时，形成箱体，并震荡整理了 3 个月，最终选择向下跌破，如图 5-42 所示。

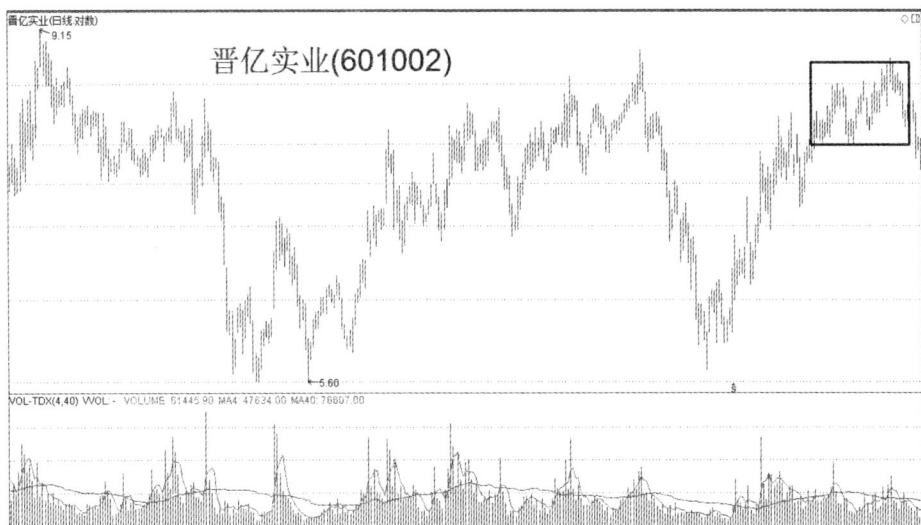

图 5-42

我们中国人喜欢说再一再二不再三，事不过三成了自己努力和坚持的心理安慰了，而晋亿实业恰恰就是第三次，你认为可以再坚持一下的时候，它挣扎了两个月，最终却选择了向下跌破，如图 5-43 所示。

图 5-43

那么此时该如何操作呢？

笔者讲过，股价之所以在某个位置形成箱体，是因为在此区间，多空双方形成的分歧比较大。向上突破则多方占有优势，向下跌破则空方占据主导。实际上这还要取决于突破

（跌破）之后，多（空）方的力量是否得到持续。如果无法保证后继力量的持续，则为假突破（跌破），如图 5-44 所示。

图 5-44

该股在跌破前期平台之后，经过短暂的一周整理，于 2010 年 9 月 30 日以跳空大阳的形式站上 F2，标志着上涨力量的形成（既有大阳又有跳空）。作为投资者看到了这根跳空高开的大阳线，再对比该股前面几次头部的特点，遇到高点回落之后的表现，明显的感觉到这次和以前是不一样的，以前的下跌是没有什么像样的反弹的，这次跌破箱体之后，不仅下跌时间短，而且非常迅速地以跳空大阳线的形式站上箱体的 F2，这就值得去关注了。

第二天该股再次放量大涨 7%，一举拿下之前数年未曾拿掉的高点，力度不可谓不大，信心不可谓不强，志向不可谓不远，跟着这样的主力资金，你根本不需要担心，如图 5-45 所示。

图 5-45

随后该股经历了短暂的震荡之后，一路拉升，最终走出来一波跨年度行情，从 2010 年 9 月 30 日的 8 元涨到 2011 年 2 月 10 日的 31 元，涨了近 4 倍，如图 5-46 所示。

图 5-46

一切都源于这一个跳空缺口（2010 年 9 月 30 日），这一个站上箱体 F2 的跳空。之后面对空方的打压，该股出现了撤退（跌破箱体），但关键时刻多方展开反击，迅速以跳空大阳的形式收回失地，勇攀高峰，这就是跌破箱体之后的机会。

第6章
精解标志性K线

常用的记录股票成交状况的图表是 K 线，它反映的是市场中多空双方的争夺表现。通常用阳线表示上涨，表示多方占有优势，用阴线表示下跌，表示空方略胜一筹。

K 线主要由三个部分组成：上引线、实体、下引线。每个部分的大小不一样，K 线的形态就不一样，这么多不一样的 K 线组合在一起，形态更是千差万别。那么，面对这个红红绿绿的图表，投资者究竟该从何处着手，关注哪些有代表性的 K 线呢？本章笔者将挑选三根标志性 K 线作为散户日常看盘和操作时的参考。

第 1 节　大阳线

阳线代表着做多力量，大阳线代表着强大的做多力量。可以把当日涨幅超过 6% 的阳线称为大阳线，10% 的涨停板作为大阳线的一种特殊形态，只是做多力量更加强大，做多的意愿更加坚决。本节讲到的操作方法和介入技巧，只针对大阳线，涨停板则不做特别说明。

案例 6-1　大富科技（300134）

大富科技在接近前期独立量时，选择大阳线的形式向上突破，后面股价出现调整，调整结束之后再次以涨停板的形式向上拉升。通过这两根 K 线可以看出，主力机构做多的信心和决心，如图 6-1 所示。

后面该股进入调整，规律是调整 1 天就收出阳线继续上涨，体现主力机构做多的力量非常强大，空多转换比较快，空方一打压，多方就反包接着拉升，这是一种非常良性的上涨节奏。因为在上涨途中，既完成了洗盘又完成了拉升，时间又不长，同时吓跑了一部分散户又吸引了一部分散户。

图 6-1

　　2014 年 3 月 17 日的一根涨停板把 2 月 25 日的大阴线完全包掉，结束了一个多月的洗盘，显示出主力机构做多力量的强大。后面调整两天，2014 年 3 月 21 日再次以一根大阳线结束洗盘，后面股价出现调整，但始终没有破位。

　　这里把大阳线的操作思路说明一下。首先股票的内在要好，其次看到了大阳线再考虑是否介入。一般来讲，当天收盘前（或涨停前）可以适量介入，次日如果出现跳空或者加速上涨可以加仓。如果买入之后出现回调，一般以大阳线的最低价作为止损，如果收盘跌破该价格，则操作上以卖出为主。

　　大富科技的两次回调都没有跌破大阳线的最低价即①和②的位置，如图 6-2 所示。

图 6-2

　　2014 年 3 月 28 日，该股高开低走，全天振幅达 16%，多空双方争夺非常激烈，结果第二天该股低开高走收出阳线，次日再次跳空高开高走，再一次的体现空多转换非常迅速。

如果把 2014 年 3 月 28 日的最高价当成是开盘价，最低价当成是收盘价，则是一根高开低走的大阴线，跌幅达 16%，表示空方力量非常强大，此时就算第二天来个涨停板也不能把它完全包住。但该股只利用了两天时间就把前一天的失地完全收回，同时创出新高，多方力量战胜了空方力量。所以此时操作上以加仓（前一天买入的话）和买入为主。

结果该股一路上扬，短短 1 个月时间就从 19 元拉升到 38 元，时间短，速度快，涨幅大，如图 6-3 所示。

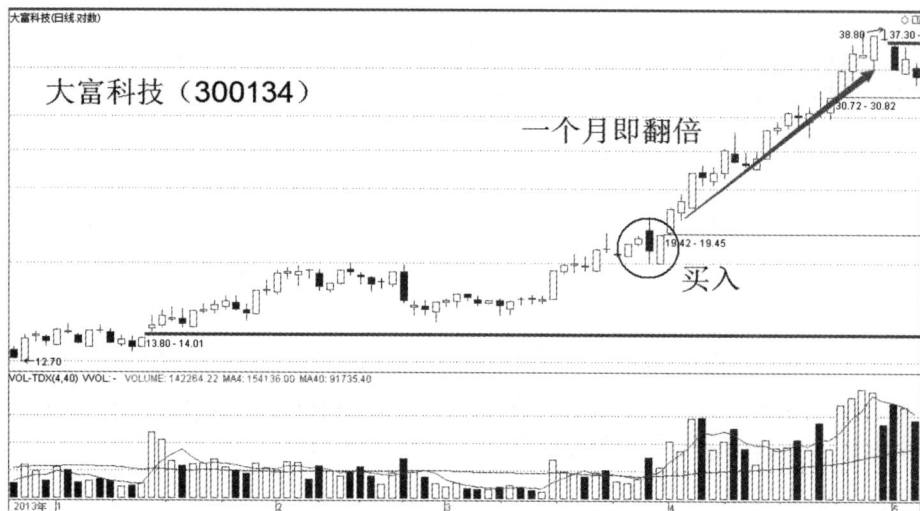

图 6-3

该股在 2014 年 4 月 1 日跳空高走，以近乎涨停的形式突破，之后涨了两天收出一根放量的阴线，如图 6-4 所示。

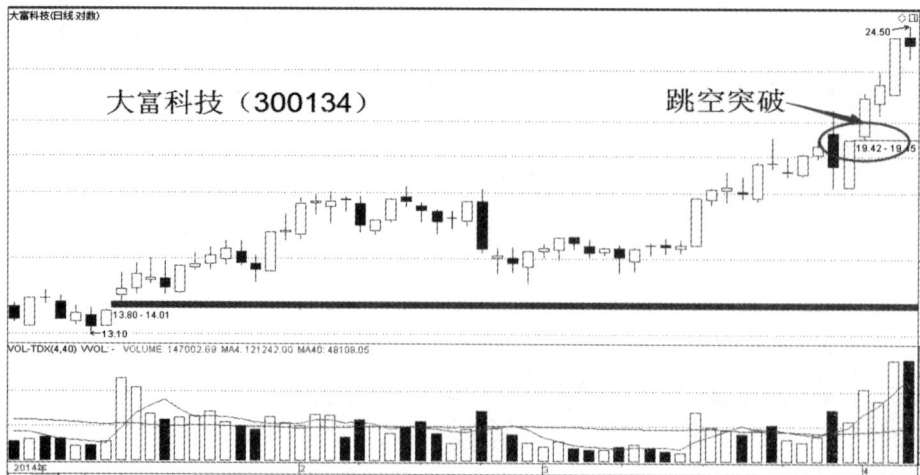

图 6-4

股票没跌多少，但成交量异常放大，这个时候到底是散户在卖还是主力机构在卖呢？前一天是放大量冲涨停，说明追涨的人比较多，这个时候再次放量，应该把它当做是机会。如果这个地方再次实现空多转换比较迅速的话，那次日的阳线就是买点；如果这个地方还要调整，那这个涨停的最低价附近就是买点。为什么我们总是强调买点呢？原因很简单，就是这个股票的内在是好的——与特斯拉相关。这是 A 股唯一一个牵手特斯拉的股票，这样的股票一定会受到市场的追捧。

结果第二天该股就拉上去了，如图 6-5 所示。

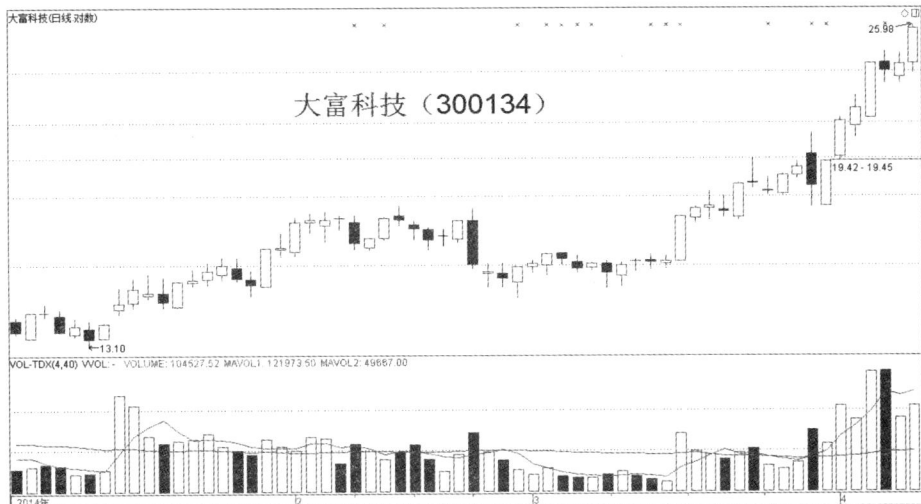

图 6-5

空多转换不可谓不快，多方力量不可谓不强。后面该股在上涨的途中，又出现了调整，但都符合前面讲的空多转换。空多转换比较频繁，说明既有空方的洗盘又有多方的拉升，既达到了洗去不坚定的浮筹又给了观望者再次介入的机会，如图 6-6 所示。

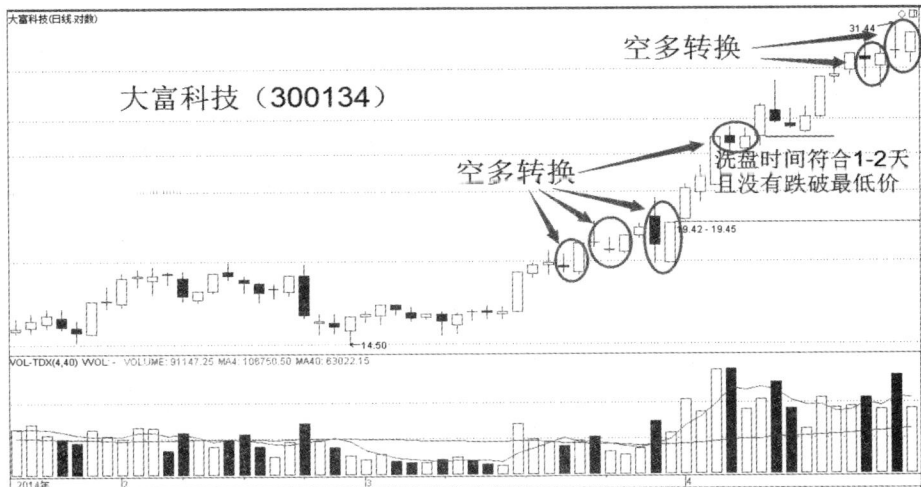

图 6-6

杰西·利弗莫尔在《操盘术》中提到的"正常的回撤":时间就是 1~2 天。1~2 天之后,行情就重新步入正常。当笔者对比牛股的外在特征的时候,发现这句话真的是点睛。牛股的确洗盘的时间不会太长,利用单根 K 线洗盘,时间一般就是 1~2 天,3 天的都不多,但如果超过 2 天,那它一定不会跌破前一根标志性大阳线的最低价。

案例 6-2 三维丝(300056)

2013 年 7 月 22 日,三维丝在接近前期高点附近时收出大阳线,次日调整一天,紧接着 2013 年 7 月 24 日再次收出大阳线形成突破,空多转换比较迅速,如图 6-7 所示。

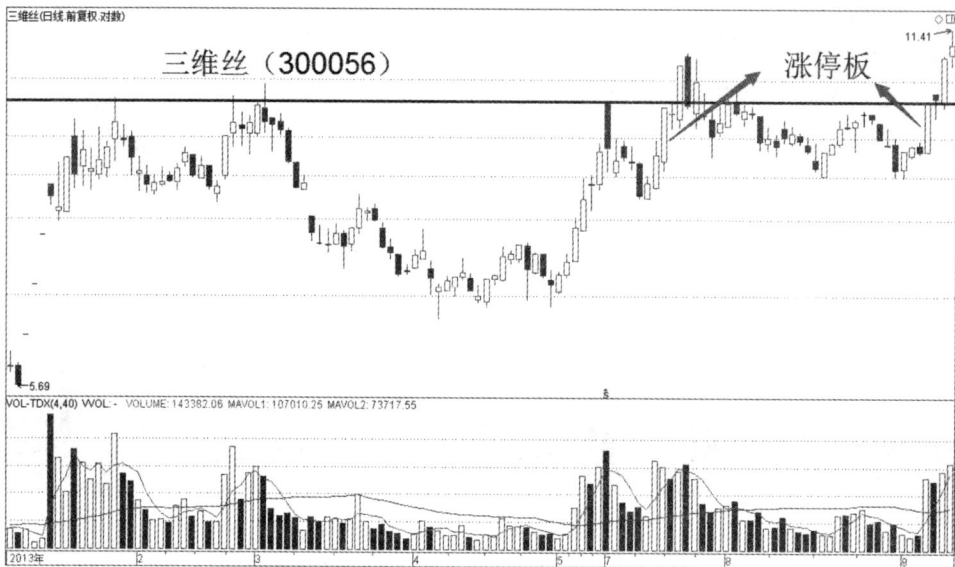

图 6-7

2013 年 7 月 25 日以大阴线调整,7 月 26 日收出中阳线,但力度稍微转弱,接下来两天直接跌破支撑(原有的压力转化为支撑),空多转换力度减弱,可认为 7 月 24 日是假突破。随后股价进一步回调,2013 年 9 月 5 日该股又一次接近前期压力,当日以涨停板报收,做多力量强大。2013 年 9 月 6 日调整一天,9 月 9 日以大阳线的形式形成突破。这个时候不要陷入思维定式,认为前面是突破没成功,这一次会不会一样呢?历史不会简单地重复,同样的图形可能衍生出不一样的结局。2013 年 9 月 10 日该股继续收出阳线,同时创出新高,做多意愿明显,如图 6-8 所示。

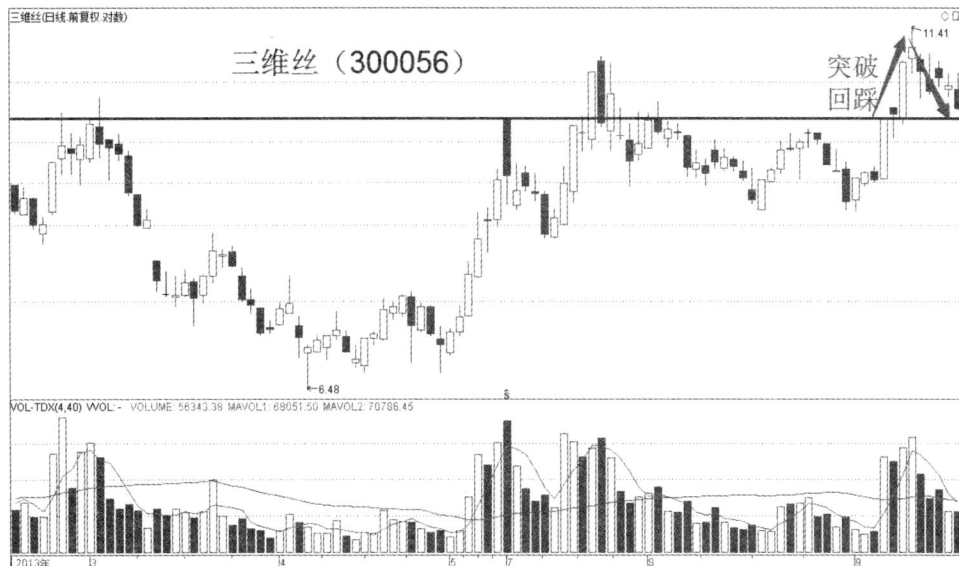

图 6-8

后面股票回踩再次对此支撑做一次确认，此时，对于投资者来讲，只要跌破支撑就离场，以免陷入长时间的整理之中，如果有一根大阳线做再一次上涨确认，那就没有问题。在讲突破的有效性那一节时提到，真突破的后面必须得有一根阳线做一次确认。

2013 年 9 月 18 日在前期支撑附近，该股收出一根大阳线，结束了一周的回调，做多意愿明显，如图 6-9 所示。

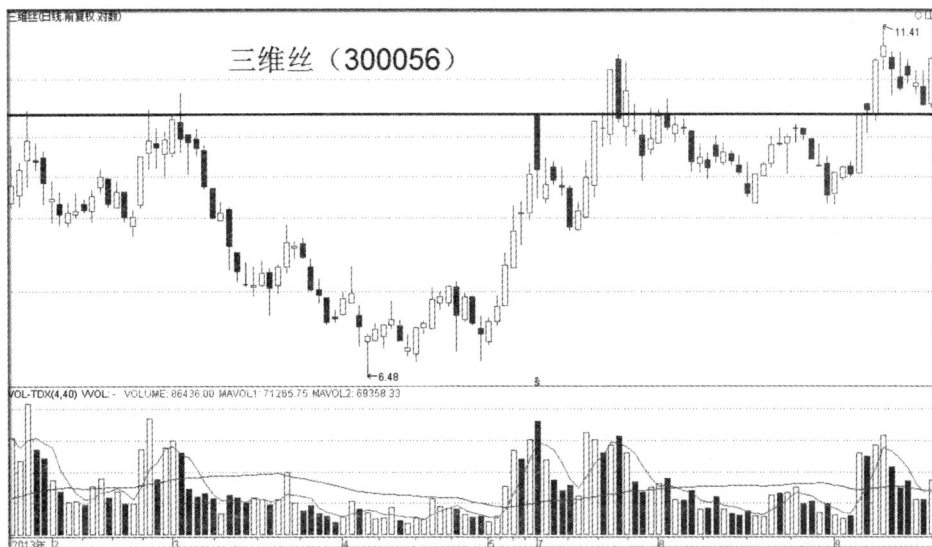

图 6-9

该股上涨了 3 天之后，又一次陷入到调整当中。笔者讲过，如果在关键位置出现犹豫的话，要么是假突破，要么就容易形成箱体整理。该股在突破重要压力位之后，第一次是连续收出 2 根阳线，这一次是连续收出 3 根阳线，说明做多力量变强，实际操作只要不跌破该支撑位即可继续持有，如图 6-10 所示。

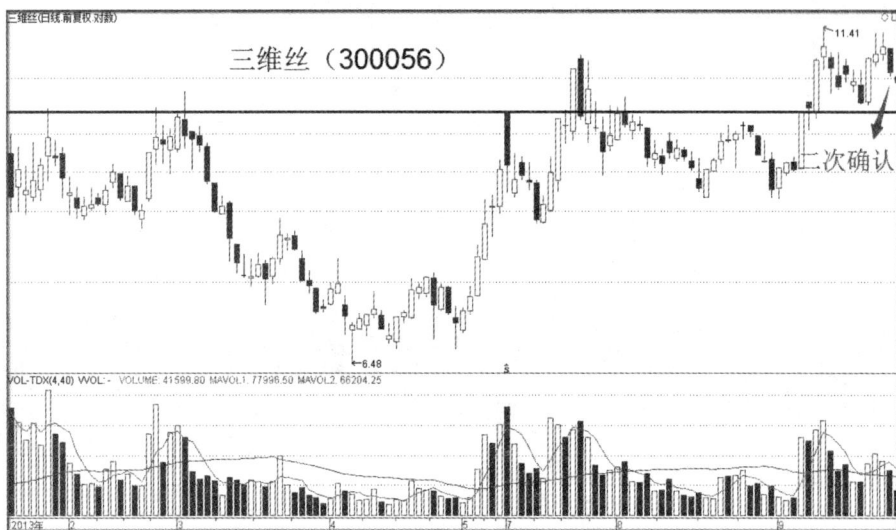

图 6-10

之后该股只调整了 2 天就结束了，盘面上收出 2 根阳线，和前一次的调整相比，调整时间变短了（阴线少了）。从多空博弈的角度来看，空方的力量在减弱。如果后面连续收出 3 根或 3 根以上的阳线，则可以表明做多力量在加强，操作上可以加仓，如图 6-11 所示。

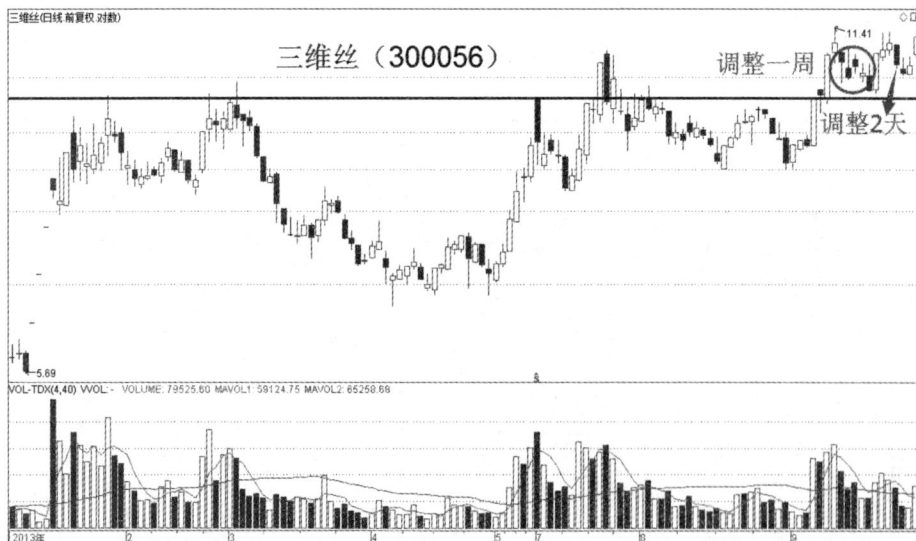

图 6-11

结果第二天，该股跳空高走，当日冲涨停跳水，放出大量，如图 6-12 所示。

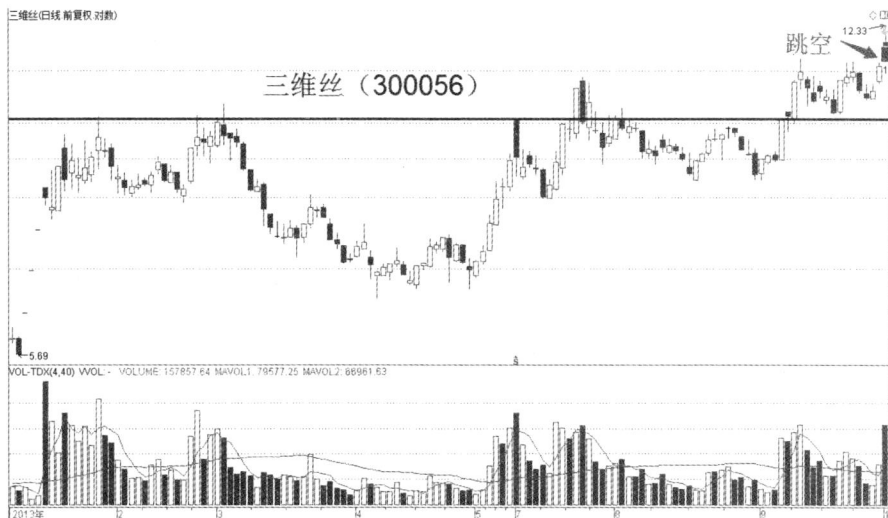

图 6-12

这个地方到底该怎么操作呢？是多头市场还是空头市场呢？这一天是 2013 年 10 月 8 日，国庆节后第一个交易日，该股即以跳空的形式向上突破，同时冲击涨停板，这是多头的表现。但随后涨停板打开，放出大量，笔者的解读是该股在突破前期重要压力位（箱体）时，前期的套牢盘即短期的获利盘在出逃，对于投资者来讲，只要这个地方的缺口不回补，则表明多头持续，只要次日出现一根更大的阳线对它的突破做一次确认就是真突破。

2013 年 10 月 9 日该股惯性低开，随后即快速拉起，当天收出涨停板。以一根超级大阳线的形式反包前一日的放量阴线，表明做多力量强大，做多意愿明显，如图 6-13 所示。

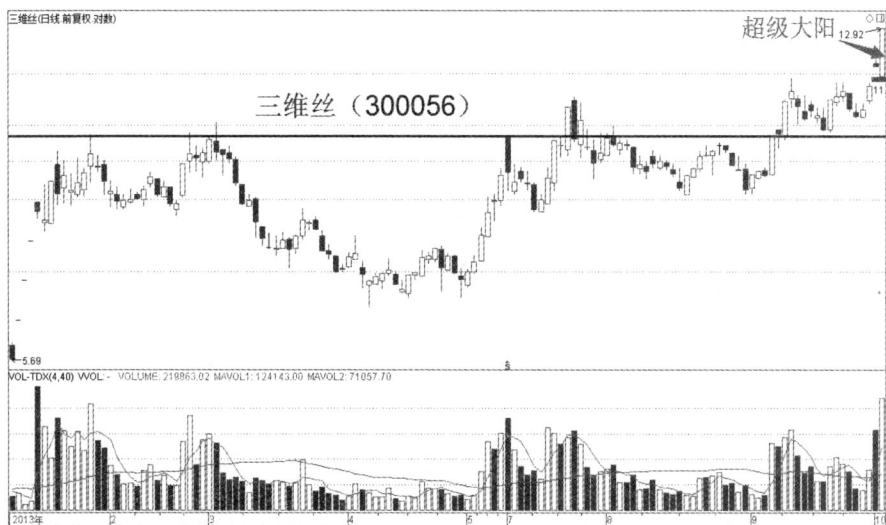

图 6-13

自即日起，该股气吞山河，7 天上涨 50%，直至收出上涨以来的第一根阴线，如图 6-14 所示。

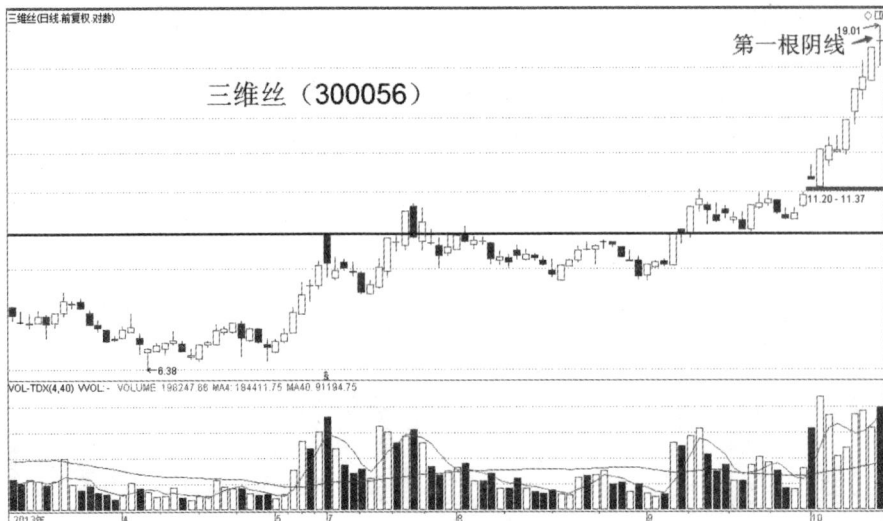

图 6-14

7 天 50%，速度不可谓不快，力度不可谓不大。该股在经历了连续的快速拉升之后，收出了第一根阴线十字星，大家肯定是害怕的，因为常规的看法是十字星表示变盘，至于向上还是向下变盘不知道，但由于该股涨幅已经较大了，所以向下变盘的概率大。

不过笔者要告诉大家的是，对于这种连续拉升的个股，收出上涨以来的第一根阴线，不要害怕，对于牛股来讲，可能只是短暂的调整，1～2 天（算上这一根阴线）之后就会重拾升势——空多转换。就算是出货，一天也是出不完的，后面还会往上拉升。

果然第二天该股即收出涨停，如图 6-15 所示。

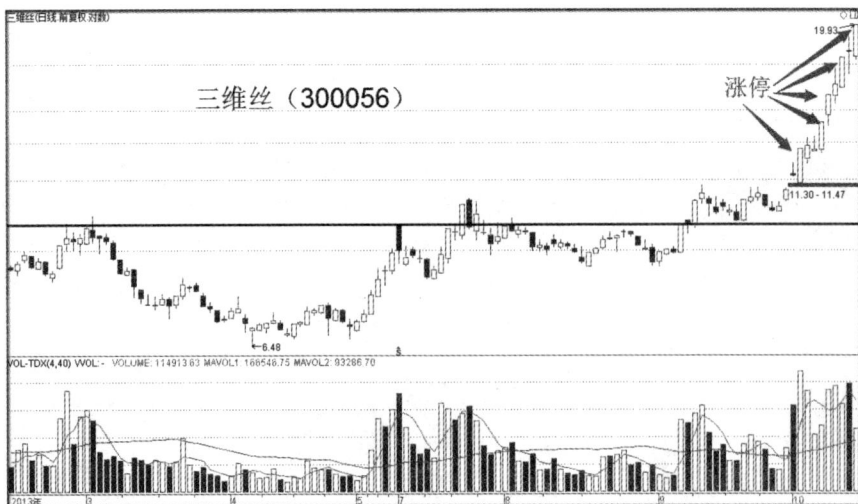

图 6-15

2013 年 10 月 21 日，三维丝缩量涨停，缩量涨停还有新高，次日果然再次创出新高，如图 6-16 所示。

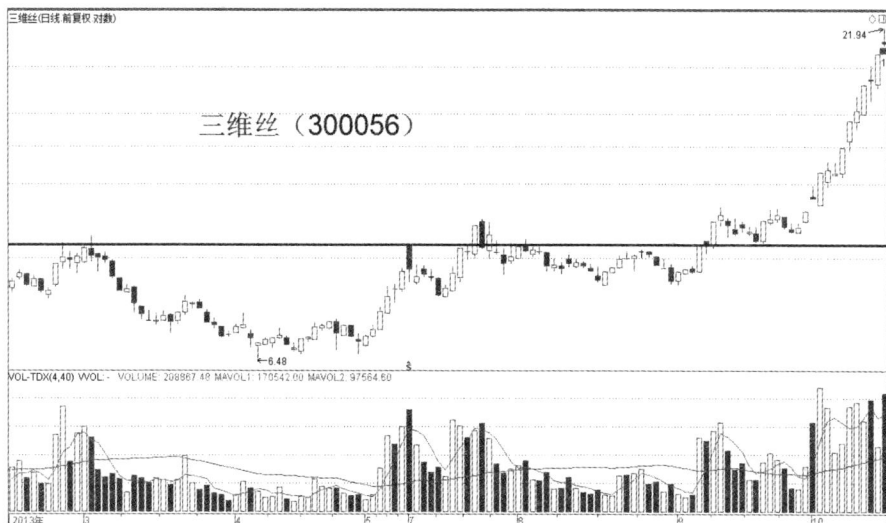

图 6-16

2013 年 10 月 22 日，该股跳空高走，盘中一度封住涨停，有点类似 2013 年 10 月 8 日的走势：跳空、冲涨停、放量、阴十字星、上引线较长。至于能否复制 2013 年 10 月 8 日之后的表现，可继续关注是否能再起一根阳线反包，能则做多持续，若接下来的一天回补此处的跳空缺口可准备离场。

2013 年 10 月 23 日，该股早盘出现下探，回补缺口，随后又拉升起来，同时创出新高，如图 6-17 所示。

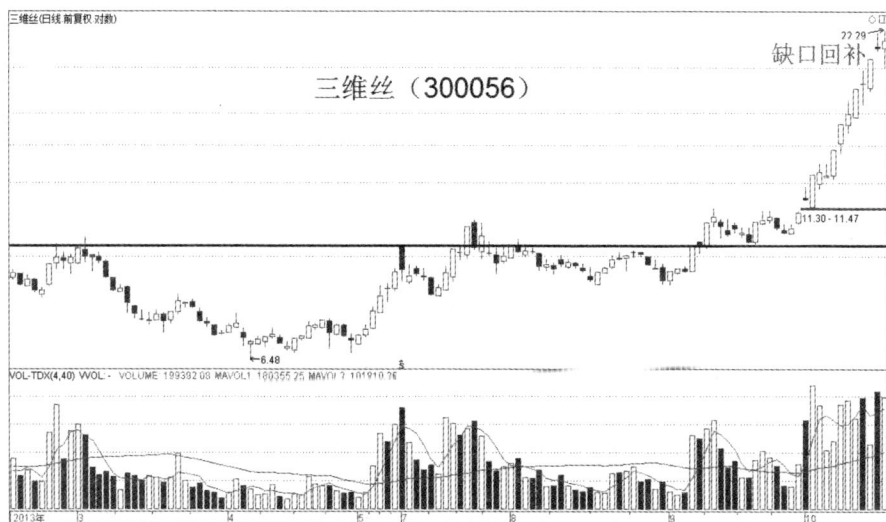

图 6-17

2013 年 10 月 23 日的阳线实体不是很大，表明做多力量不强。此处已回补前期跳空缺口，操作上应以卖出为主。若有投资者看到该股仍然创出新高，认为做多力量持续加强，没有卖出的话，则次日若收不出更大的阳线，则必须卖出。

结果第二天又出了根阴线，如图 6-18 所示。

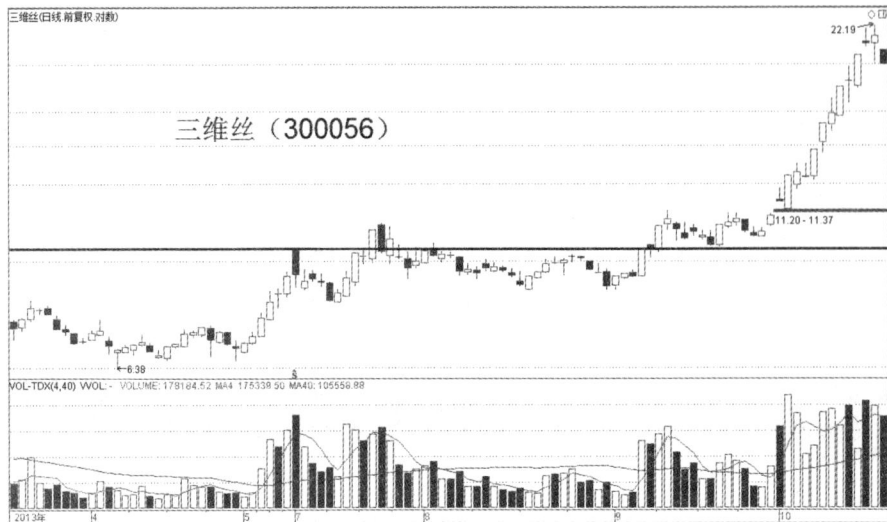

图 6-18

此处，该股空多转换动能在减弱，应以卖出为主。后面该股又给了卖出的机会，但多方力度已经差很多，后期出现直线回调，如图 6-19 所示。

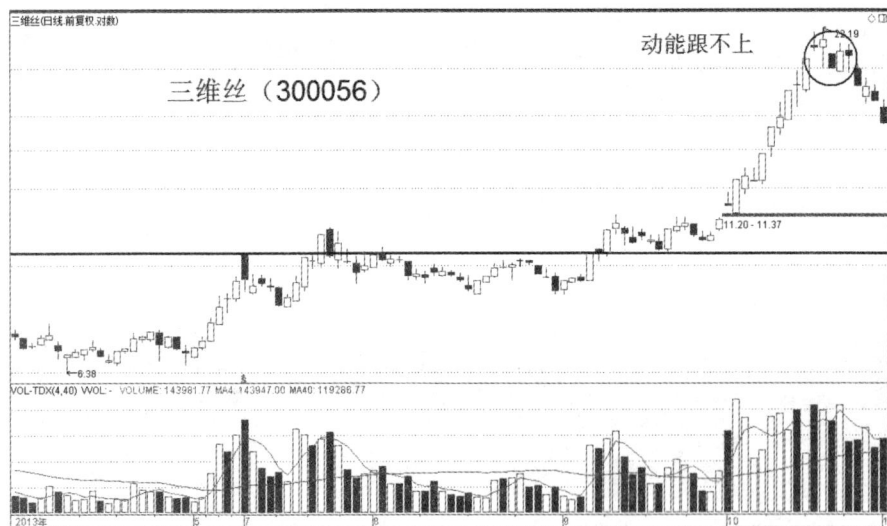

图 6-19

三维丝除了利用大阳线突破重要压力位之外，它的内在是环保，当时北京雾霾引起世界关注，政府下决心治理雾霾，所以就启动了。

可见牛股是内在+外在两者形成的共振，所谓知行合一。其实股票的上涨也是一种合一，基本面的长期向好和短期利好以及外在图形的突破和启动，构成了牛股的大涨。投资者在实际操作中，内在的分析到位之后，要从诸多个股中选出外在更倾向于已经具备上攻的股票。大阳线无疑是一种最引人注目的信号，作为投资者每天收盘之后，应把涨幅榜里涨幅在 5%以上的股票都看一遍以帮助选股。在上面两只股票中，都出现了一根低开高走的 K 线，这样的 K 线，称之为异动大阳，它是一种更强烈的做多信号，这样的信号要特别引起关注。

第 2 节　异动大阳

异动大阳一般指的是当日大幅度低开，随后又拉升回来，到收盘为止，以一根实体振幅巨大的阳线报收，表明做多意愿强烈。最大的异动大阳当天震荡幅度可达 20%，即当天以跌停开盘以涨停收盘，如果是在相对低位，则表明资金在进场，如果在相对高位，则表明主力机构借势出货。

案例 6-3　三维丝（300056）

三维丝 2013 年 10 月 9 日的走势如图 6-20 所示。该股当日低开下跌 2 个点，随后拉升回来，最终以涨停报收，涨幅是 10%，实际上实体的力度是 12%，远高于大阳线的幅度，这是一种强烈的做多信号。

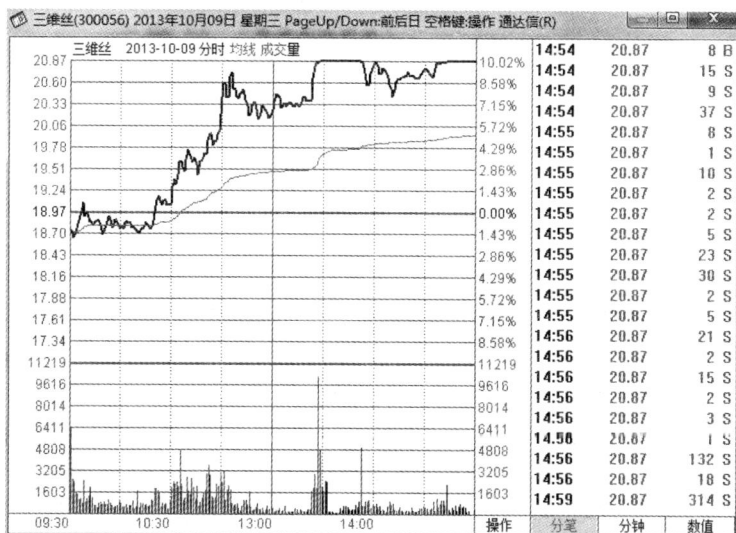

图 6-20

对于一般的散户来讲，该股前一天冲高回落一直跌到尾盘，次日早盘继续下探，那前一天没卖出的很多人就会被吓出来，就在你卖出之后，该股出现拉升，让所有卖出的人后悔。

所以，投资者在发现这样一根关键位置的异动大阳线时，应该看到机会，而不是害怕，想着逃跑。

案例6-4　大富科技（300134）

大富科技 2014 年 3 月 31 日的走势如图 6-21 所示。

图 6-21

该股当天涨幅看似只有 5.54%，但阳线的实体却有 10% 大，如图 6-22 所示。

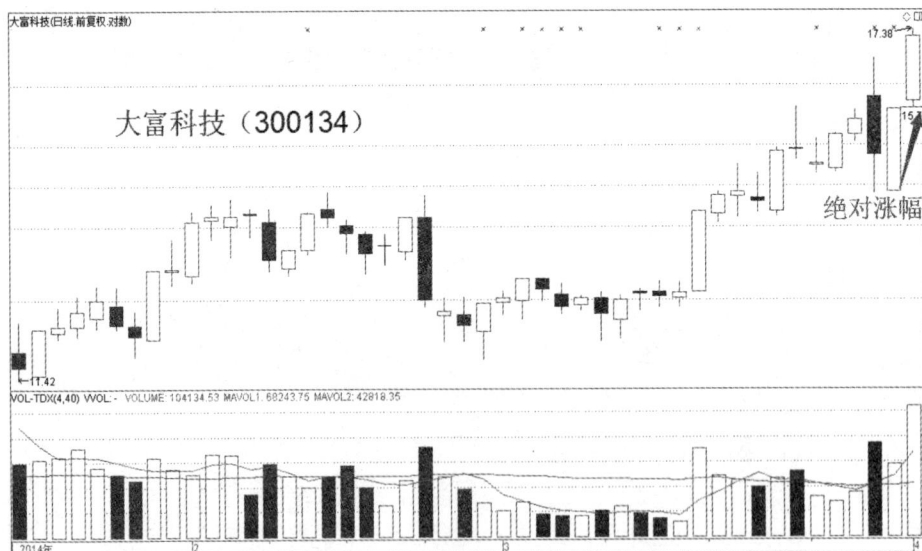

图 6-22

当日该股惯性低开，开在前一天的最低价附近，盘面上造成一种恐慌的气氛，紧接着就开始拉升高走，到收盘为止，收出一根光头光脚的阳线，实体涨幅达 10%，做多力量强大。在前一天还是大阴线的情况下，次日可以收出一根绝对涨幅 10% 的大阳线，说明空多转换迅速，此时操作上应以买进为主。后面的走势很清楚，继续高开高走。

案例 6-5　金山开发（600679）

金山开发每次跌到一定位置（图中横线处）的时候都会出现拉升，2013 年 6 月 21 日再次跌到图 7-23 所示横线处，是否会重复之前的走势呢？

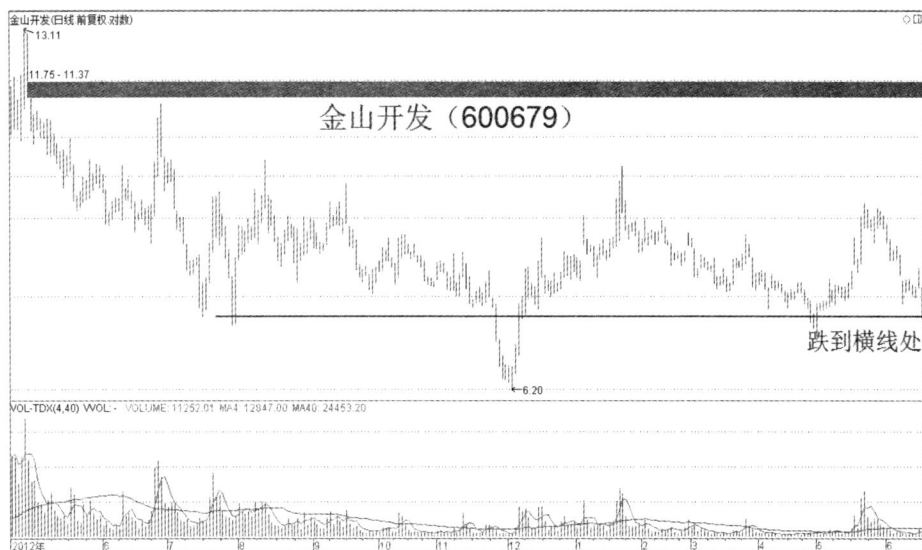

图 6-23

但 2013 年 6 月 24 日，该股大跌 6%跌破箱体，如图 6-24 所示。

图 6-24

市场恐慌开始加剧，是否有可能重演前面的走势不太清楚，但可以确定的是账户市值又减少了 6%，市场大有考验前低的迹象。

2013 年 6 月 25 日，该股惯性低开，顺势下探，再次下跌 4%，两天跌了 10%，相当于一个跌停板，恐慌情绪继续蔓延。结果几分钟之后，该股就出现了逆转，不但把前一天的失地收复，而且还站上箱体底部，以涨停报收，当天振幅14%，实体部分达12%，如图6-25所示。

图 6-25

这需要何种魄力啊！在大家最恐慌的时候，该股逆势收阳，而且还是大阳，让所有昨天买进的人经历了早盘的短暂被套之后，不但解套而且还有盈利，这是何种的胸怀！所以，这样一根出现在关键位置（跌破箱体）的异动大阳，对于投资者来讲是多么的及时，对于市场来讲是给了多么大的希望。

之后该股在遇到前期箱体顶部附近时再次陷入整理，但这一次再也没有跌破箱底，直到后面3个礼拜出现翻倍，如图6-26所示。

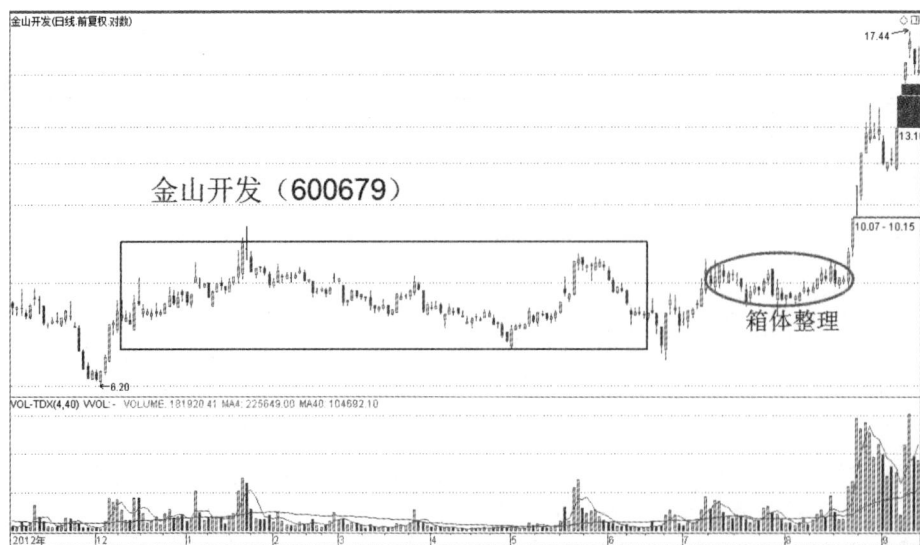

图 6-26

这一切的基础竟然就是一根大阳线，这样一根实体振幅很大的阳线就好比大厦的地基打的桩，往下扎的越深，往上才可以建的越高。

案例 6-6　旋极信息（300324）

旋极信息 2013 年 5 月 23 日突破前期高点之后，没有展开快速拉升，而是形成了一个箱体整理，2013 年 6 月 21 日向下跳空跌破箱体，宣告突破失败，如图 6-27 所示。

图 6-27

假突破的后果是很可怕的，很有可能形成一个历史性的头部，所以这样的股票出现之后，一般是没人关注的。

但是 2013 年 6 月 25 日该股却收出了一根实体达 12% 的异动大阳，标志着下跌的结束，如图 6-28 所示。

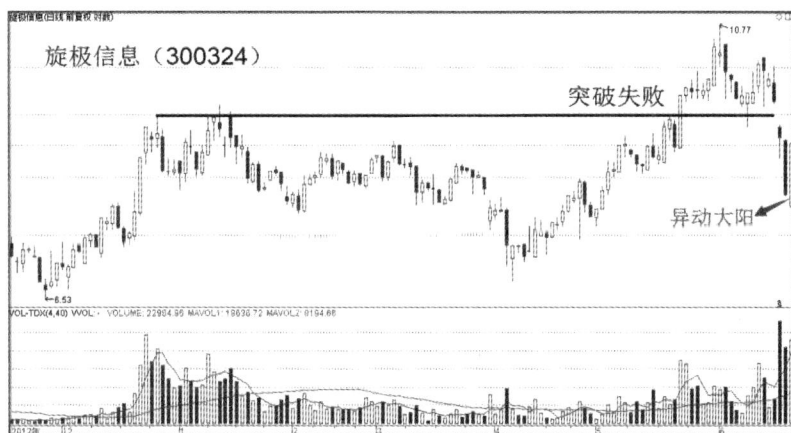

图 6-28

2013 年 6 月 26 日该股高开高走，盘中一度冲击涨停，站上箱体底部，做多信号明显，如图 6-29 所示。

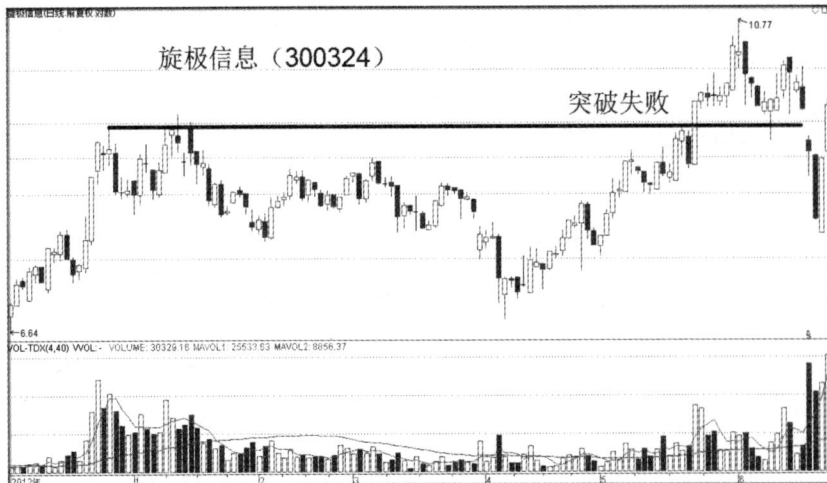

图 6-29

结果受阻于前期高点的压力，后面两天开始回调，同时成交量进一步萎缩，如图 6-30 所示。

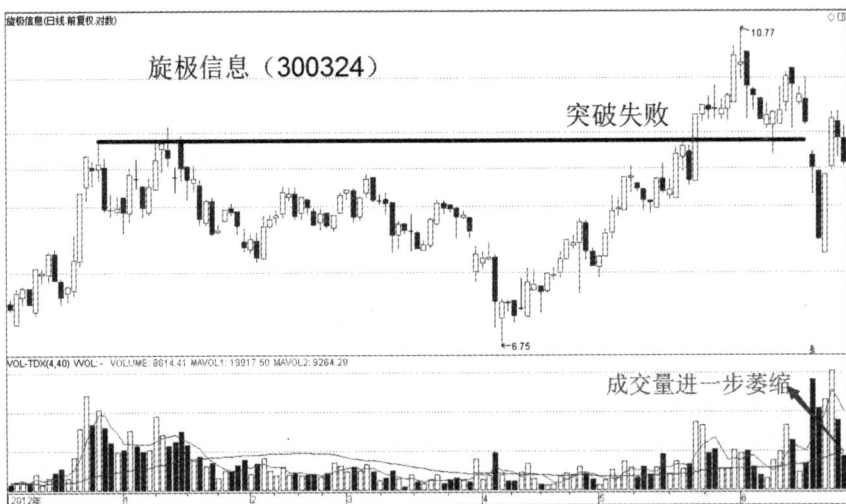

图 6-30

正常来讲，如果主力机构开始出货的话，那么在反弹接近前高的时候，一定会再次大幅度放量杀跌。但是我们看到这个时候的成交量萎缩的厉害，说明几乎无人抛售。可以试想一下，成交量的大小是散户做出来的还是主力机构做出来的呢？答案肯定是主力机构，因为主力在这个市场占的比重比较大，如果主力不参与买卖了，毫无疑问市场当天的成交量是小的。也就是说，这一天的成交量之所以出现萎缩，很有可能是主力机构没有抛售。

结果 2013 年 7 月 1 日，该股早盘大幅度低开，随即快速拉起，当天以一根实体达 14% 的涨停阳线报收，做多信号明显，做多力量坚决。

由于受阻于前期高点，反弹也只持续了一天，再次陷入到整理中；而且盘中把 2013 年 7 月 1 日的实体大阳线跌穿了，好在收盘又拉了回来，如图 6-31 所示。

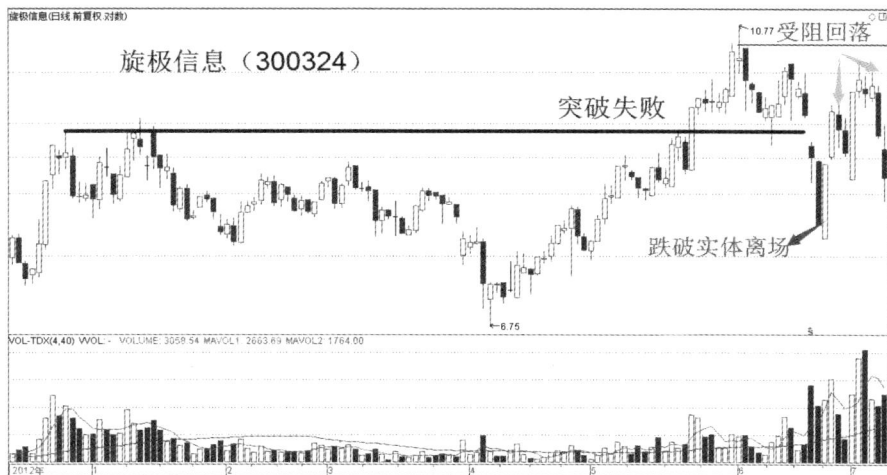

图 6-31

可以以这一根标志性的实体大阳线的最低价（通常是开盘价）作为止损点，一旦跌穿则可以考虑离场。需要说明的是，股票的整体趋势要按照出现的第一根实体大阳，操作的止损点可以根据买入当天的实体大阳，这样可以避免更大的损失。

2013 年 7 月 10 日该股低开高走，收出实体涨幅达 15% 的大阳线，做多力量不可谓不强，如图 6-32 所示。

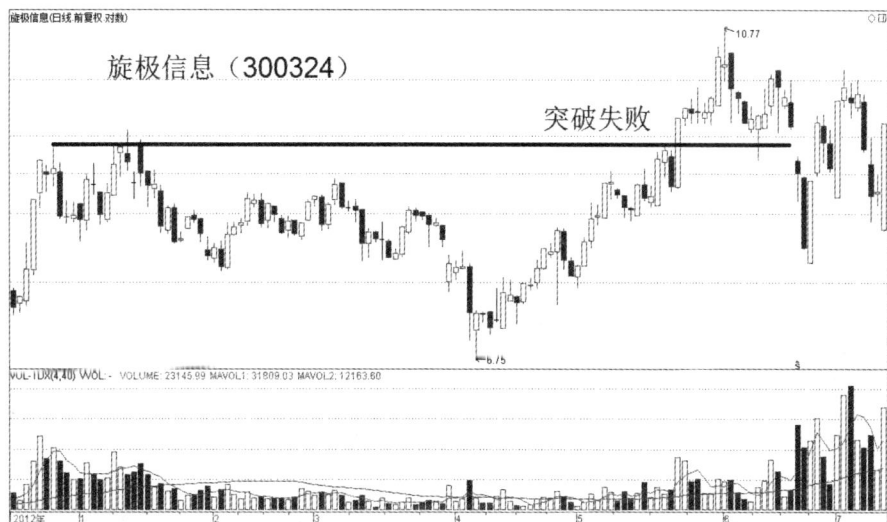

图 6-32

至于这一次是否还会和前面两次一样，出现异动大阳之后陷入整理？

有句俗话说"事不过三"，第一次和第二次调整，第三次还调整，那这个头部就太难攻克了。我们看到异动大阳的实体一次比一次大：12%→14%→15%，表明主力机构做多的力量一次比一次强大。投资者在关注该股后期是否会突破的同时，也要留意到目前隐藏的力量。

结果后面该股一改之前的颓势，连续收出 5 连阳，并且以涨停大阳的形式突破前高，再创历史新高，如图 6-33 所示。

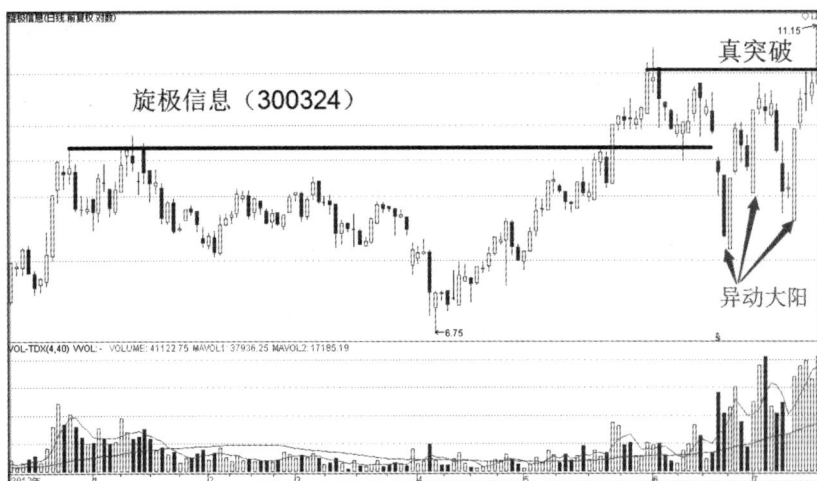

图 6-33

这个时候还需要再考虑是否是真突破吗？笔者认为没有必要，盘中看到了，就要去买。原因何在？既然该股敢在前期高点附近连续做出异动大阳的态势，那就说明反复酝酿的是再次上攻而不是逃跑撤退。

次日该股直接跳空一字板，如图 6-34 所示。

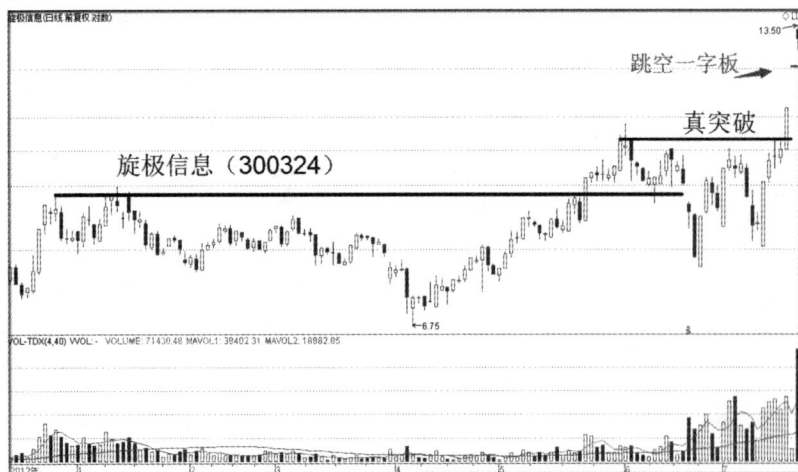

图 6-34

现在回过去看，彼时的 3 根异动大阳，恰如大厦的三根柱子，牢牢的支撑着该股 1 年 3 倍的涨幅，如图 6-35 所示。

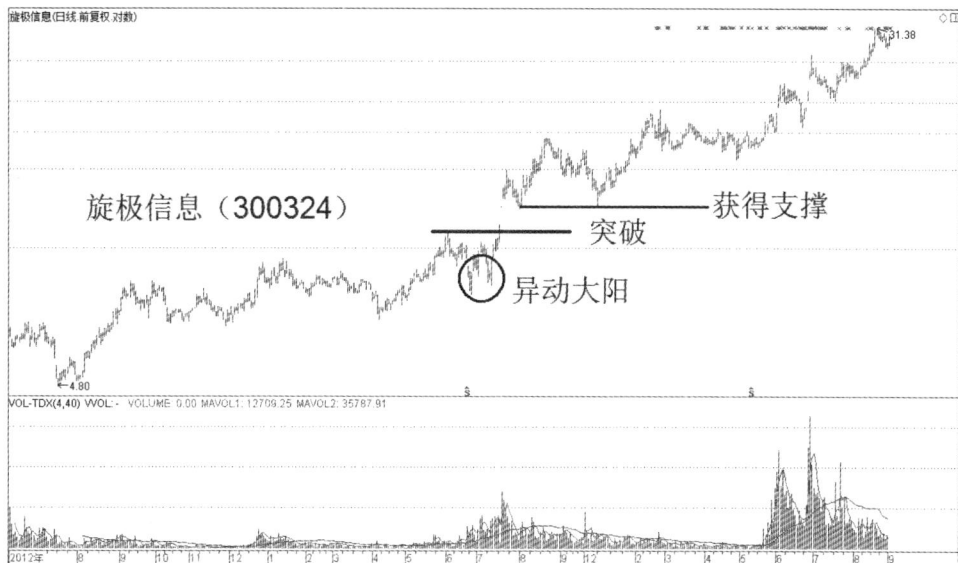

图 6-35

案例 6-7　汤臣倍健（300146）

汤臣倍健从高位开始回落，在前期跳空缺口处获得暂时性的支撑，反弹结束后继续整理，如图 6-36 所示。

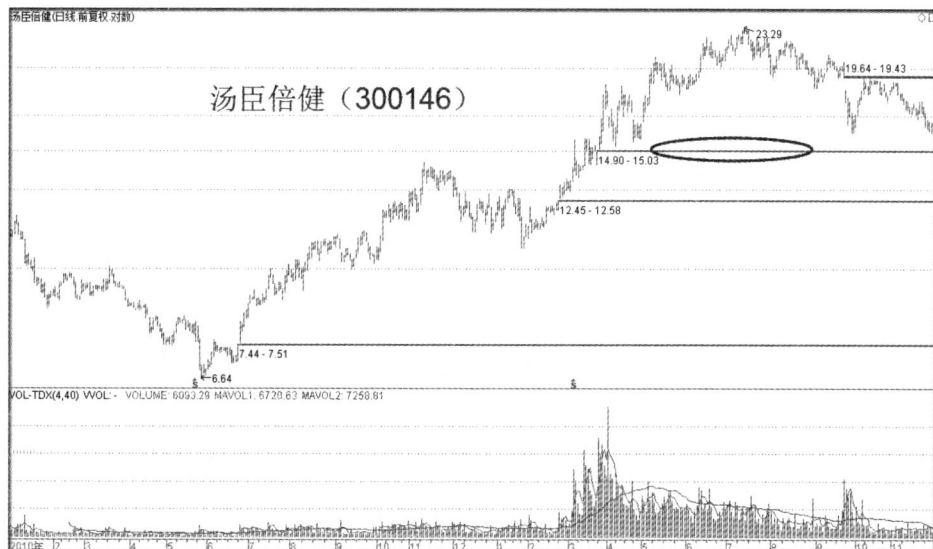

图 6-36

2012 年 12 月 24 日，该股出现一根异动大阳，低开 8 个多点，创出下跌以来的新低，随后快速拉升，当天实体振幅达 13%。在箱体底部附近，盘面出现异动，本来应该是慢慢跌到箱体底部的，结果直接大幅度低开，一步到位，随后拉起，以一根 K 线结束长达 2 个月的洗盘，表明主力机构做多的决心，如图 6-37 所示。

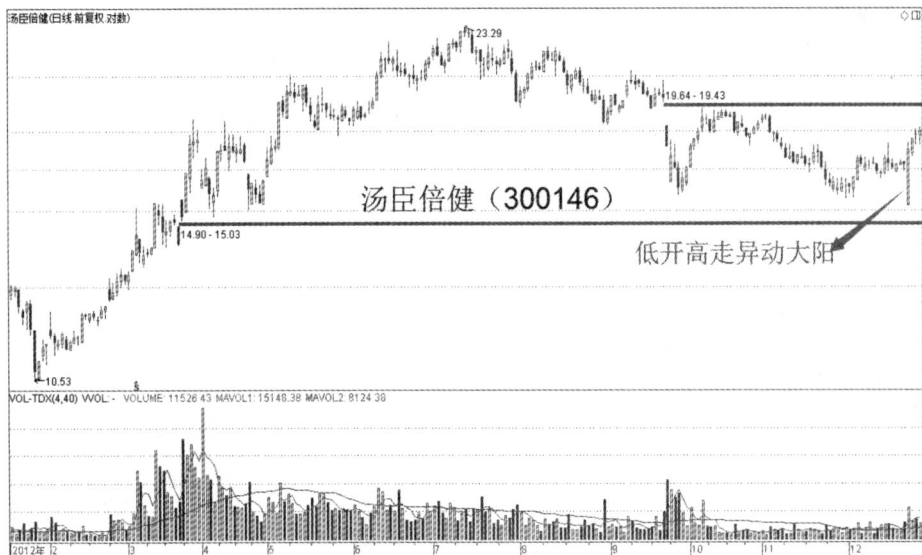

图 6-37

自此以后，该股开启了一波新的上涨，如图 6-38 所示。

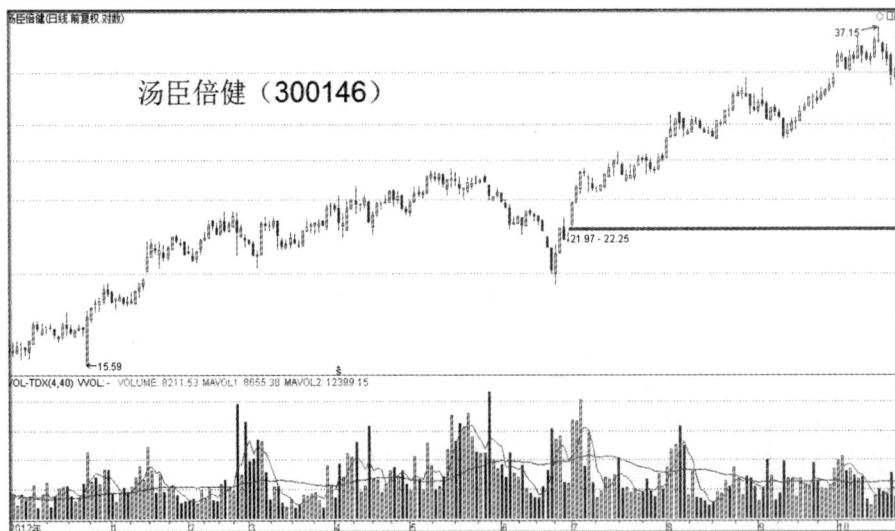

图 6-38

第3节　长下引线

在牛股当中，通常长下引线的实体不是很大，但下引线特别长，一般在 5% 以上且当天 K 线振幅超过 10%。经常出现的是上午跌 5~6 个点，下午涨 5~6 个点，波动非常剧烈。

长下引线可以看成是两根 K 线：前一根是大阴线，后一根是大阳线。前一根大幅度的杀跌，让人非常恐慌，后一根却又在怀疑中出现上涨，而且是大幅度上涨，做多力量明显，如图 6-39 所示。

图 6-39

下面通过几个案例来了解一下下引线的威力。

案例 6-8　百事通（600637）

百事通在 2013 年 4 月份突破长期横盘的箱体，创出历史新高，如图 6-40 所示。

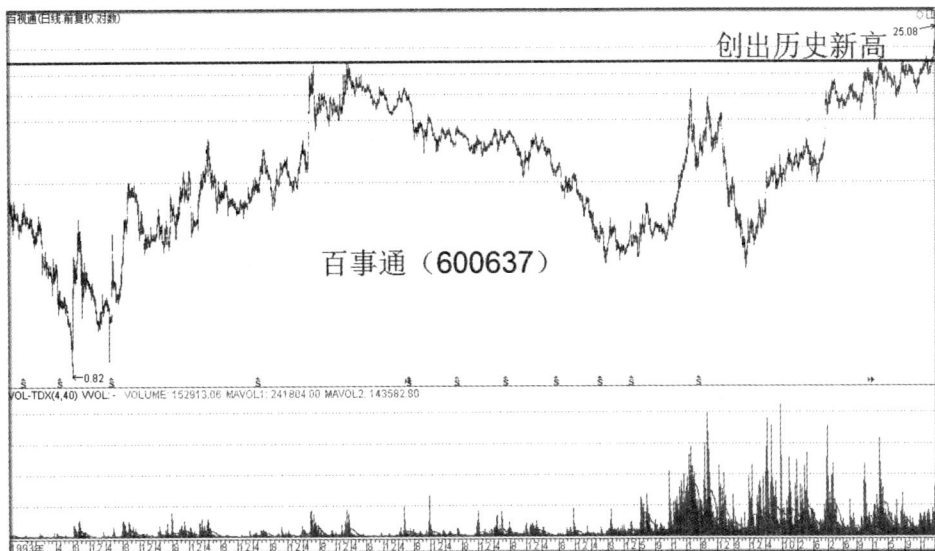

图 6-40

一般来讲，创新高是股票强势的表现，但在实际操作中，很多投资者往往非常害怕这样的事情发生。因为进入新高之后，左侧没有了参照物，脚下就变得很虚，就好比一个人站在很高的楼顶，总不自觉地有一种下坠的感觉。其实完全可以换一种思维：既然进入了"无压"的状态，那想涨多少完全取决于自己，换句话讲，就是想卖就卖，岂不更自由。对于百事通也是一样，要用一种不一样的眼光来看待——别人恐惧时我贪婪。

百事通在突破时的表现是这样的：首先是连续收出 6 根阳线突破历史压力，之后回踩一天，即刻拉起大阳线——空多转换快速。后面回调一天，即连续 4 根阳线接力——做多力量持续。之后股价维持了 2 周的横盘整理，然后再次以空多转换的形式快速拉升，次日即以跳空涨停的形式突破箱体，展开大涨，在脱离历史最大压力后，涨近 40%，力度不可谓不强，如图 6-41 所示。

图 6-41

2013 年 5 月 31 日，该股跌破整理平台，没能再次上演空多快速转换，此时操作上应以卖出为主，如图 6-42 所示。

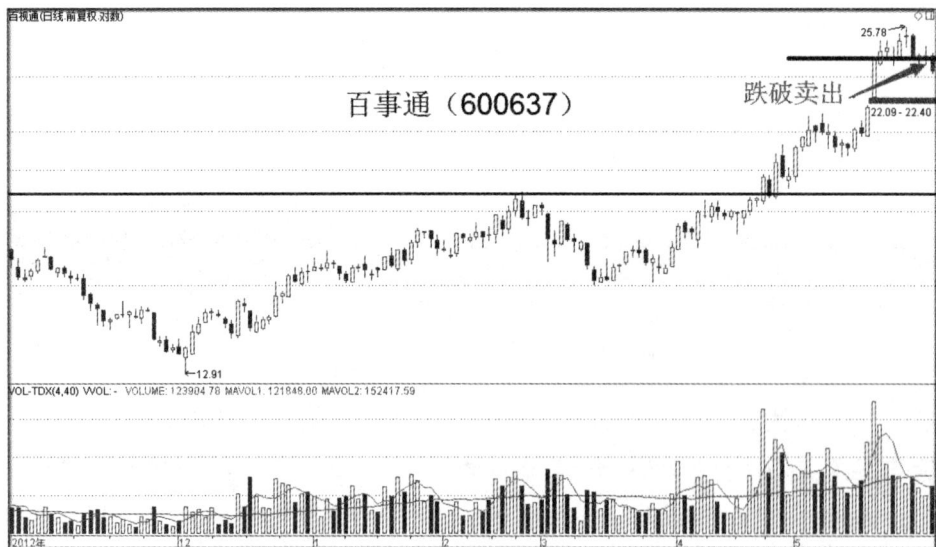

图 6-42

2013 年 6 月 13 日该股早盘继续下探，不仅回补掉前期的强势跳空缺口，还回踩之前的箱体顶部，如图 6-43 所示。

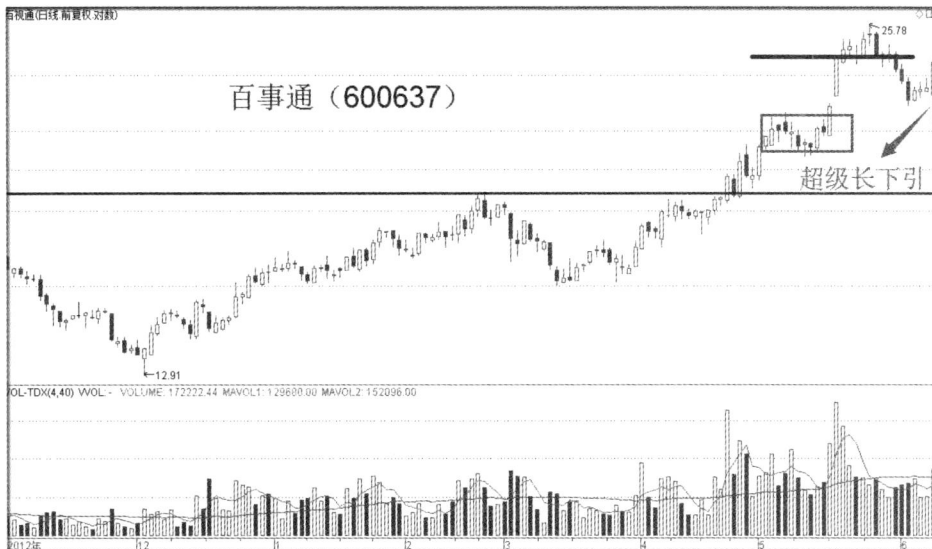

图 6-43

当天的分时，如图 6-44 所示。

图 6-44

早盘低开快速下打至-6%，随后快速拉升至尾盘的 5%，当天上涨幅度达 11%。是谁有这么大的力量可以让此股从绿翻红，从大跌转为大涨呢？毫无疑问是强大的做多力量。早盘该股的低开下打，打破了很多传统意义上的支撑，更包括散户的心理支撑，但随后的逆势，却宣告所有早盘卖出都是割肉。

后面股价继续拉升，直至再次创出新高，连收 8 根阳线才出现阴线调整，如图 6-45 所示。

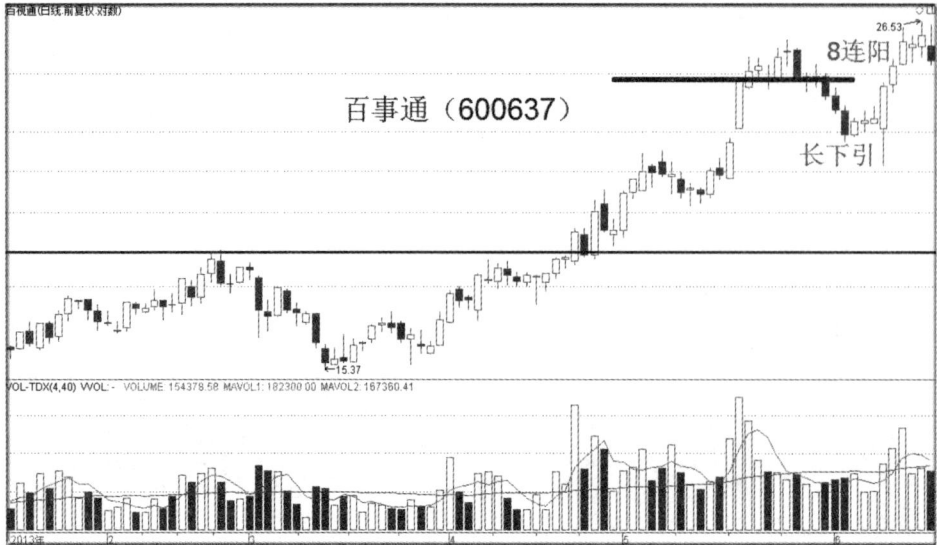

图 6-45

这个时候最关心的就是该股此处的新高是不是假突破。如果是假突破，那接下来股价将出现回调，谨防做出双头；如果不是假突破，回调之后，将会再次快速地突破该处高点。结果百事通调整几天之后，就再次收出了一根振幅达 14% 的长下引线，如图 6-46 所示。

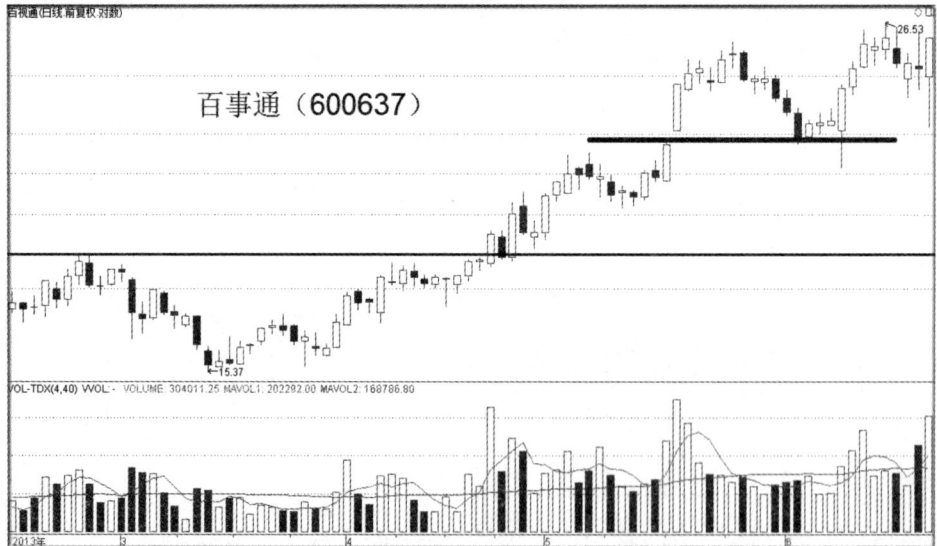

图 6-46

日线上不仅出现了空多的快速转换，分时上也把这一点表现得淋漓尽致，如图 6-47 所示。

图 6-47

多空双方在这里博弈十分激烈，多方占有优势，次日出现大跌，紧接着被多方收回失地，再次被空方打压，然后一根决定性的阳线拔地而起。非常类似毛主席的四渡赤水——阴—阳—阴—阳。

这里阴阳的空多转换是快速的，但毕竟还是两根 K 线，是 2 天的时间，而长下引线却是把两天的任务一天完成：上午空（阴），下午多（阳）。这样的速度显得更快，更应该引起关注和介入。

在新的历史高点附近出现调整是正常的，但是在双头的颈线位，在前期的缺口附近出现了先抑后扬的长下引线则该引起重视。看盘时看到这样的 K 线就要想着买入，因为这么强大的做多力量进场，是不会轻易离开的。

接下来的一天，该股以涨停板的形式突破前期双头，创出历史新高，如图 6-48 所示。

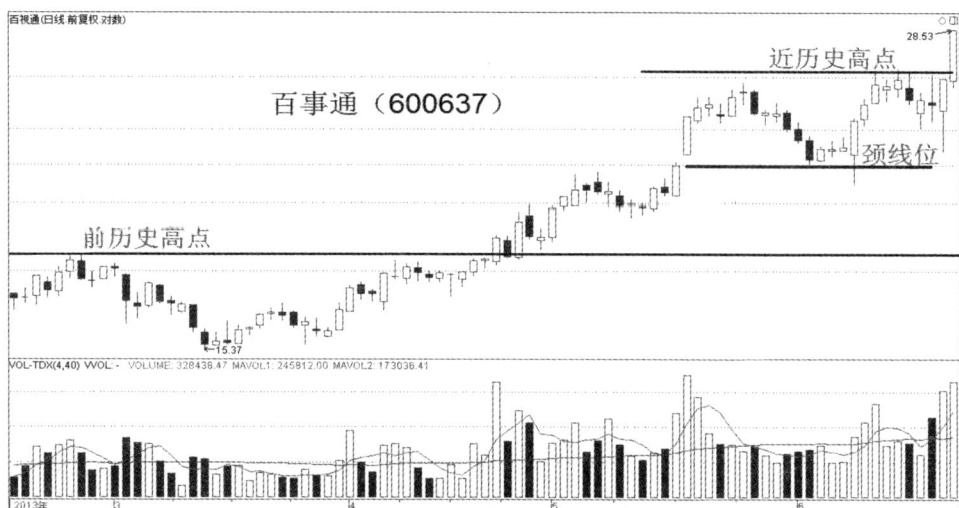

图 6-48

这个时候，股价依然在创新高，但股票形态已悄然发生了改变：从下跌转为上涨，从整理转为突破拉升，从下引线转为涨停大阳线。

后面该股调整了几天，但始终没有跌破该涨停大阳，并于 2013 年 7 月 12 日跳空突破整理箱体，如图 6-49 所示。

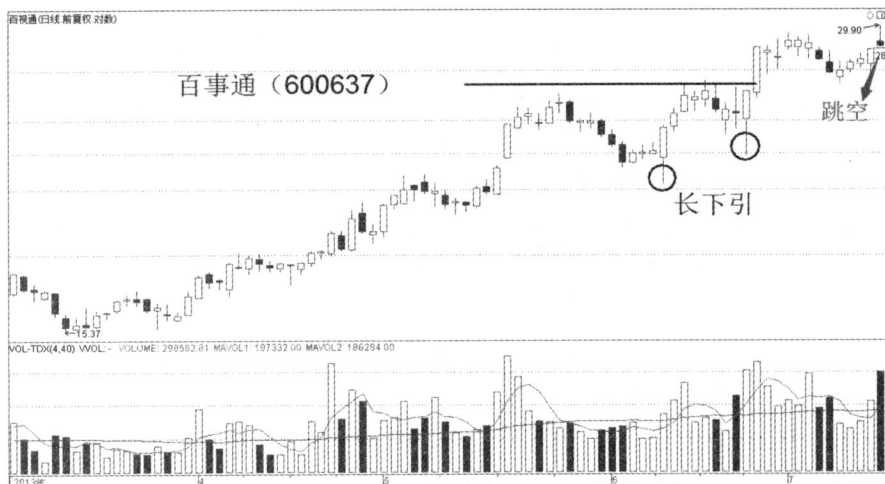

图 6-49

可能很多人又会担心是不是假突破、主力机构是否会出货等。笔者认为，散户很多时候也看到了牛股，但总是在犹豫间错失或被清洗出去，究其原因不外乎两点：一是看不懂股票的内在和外在；二是没有用实践去验证自己的判断。殊不知，你的犹豫再次错过了一个比较好的买点。

后面百事通用箱体整理的洗盘方法，把所有不坚定的散户清洗出去，为之后的拉升做铺垫，短短 3 个月该股翻了两倍，如图 6-50 所示。

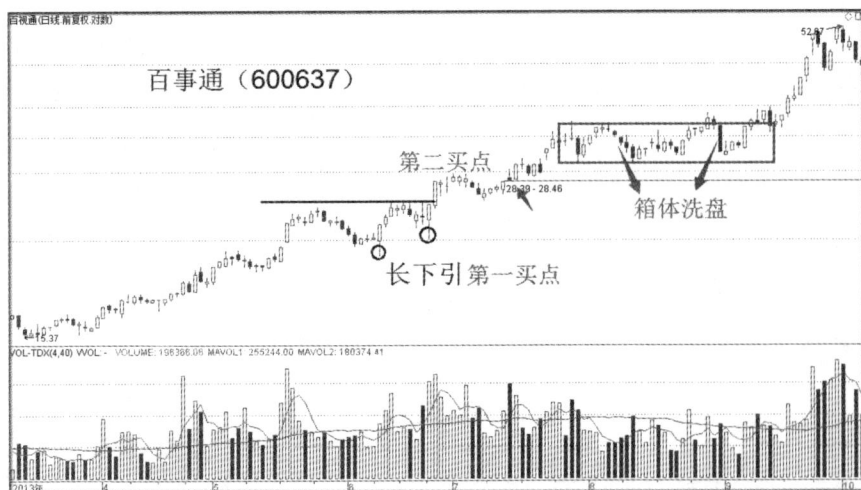

图 6-50

该股就是两根长长的下引线，把做多力量充分体现了出来，这就是向下扎得越深，向上涨得越高。

案例 6-9　量子高科（300149）

量子高科在 2013 年 11 月 18 日以涨停的形式突破上市以来的下降通道（复权），11 月 19 日继续跳空打板，做多意愿明显，如图 6-51 所示。

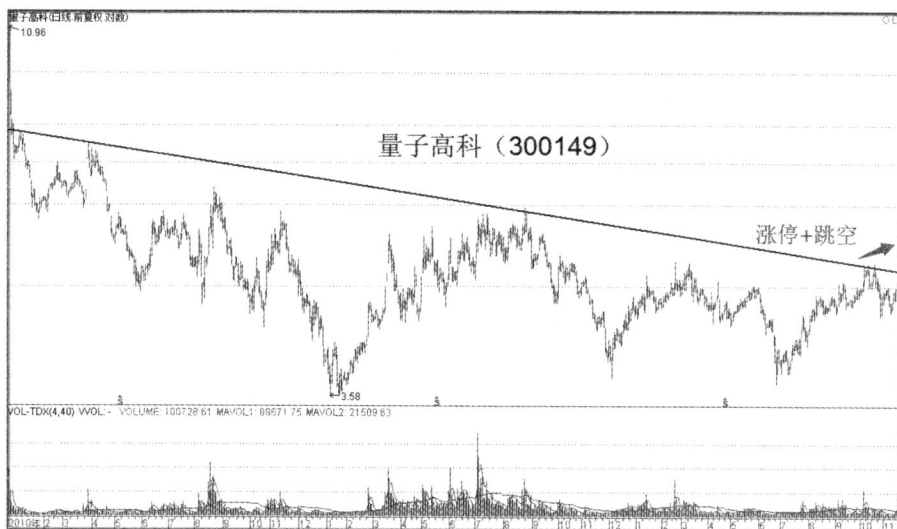

图 6-51

随后经过两天的回踩，股价再次以长阳报收。但由于面临前期的成交密集区，套牢盘压力较重，股票在此又做了几天的调整，如图 6-52 所示。

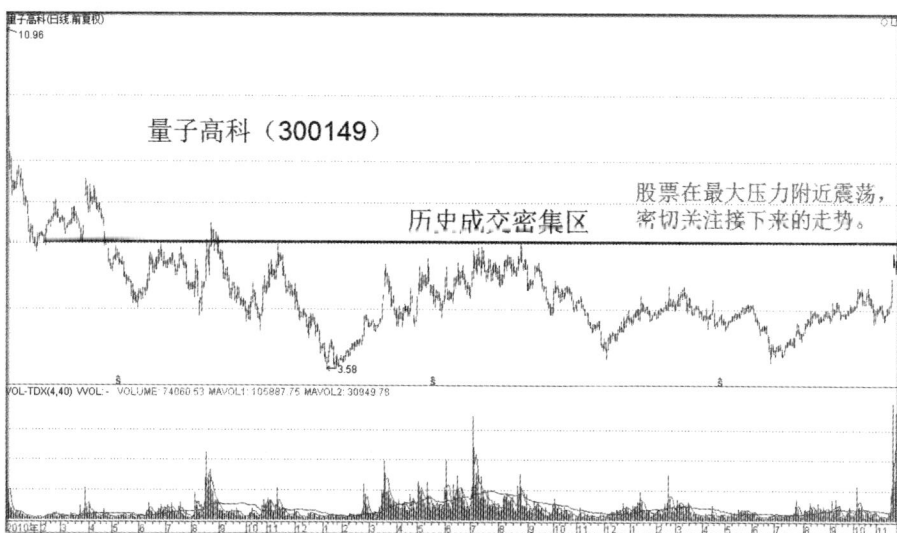

图 6-52

不过,此处的调整既没有回补下方的缺口也没有跌穿确认性阳线实体,如图 6-53 所示。

图 6-53

此处该股经常出现低开震荡,但只有一天收阴线,其余几天全部都是阳线,这也就意味着多空双方经过一天的争夺之后,最终仍然是多方占有优势,所以以红盘报收。

但 2013 年 12 月 3 日的 K 线却大有玄机,因为这一天再次收出了超级长下引,如图 6-54 所示。

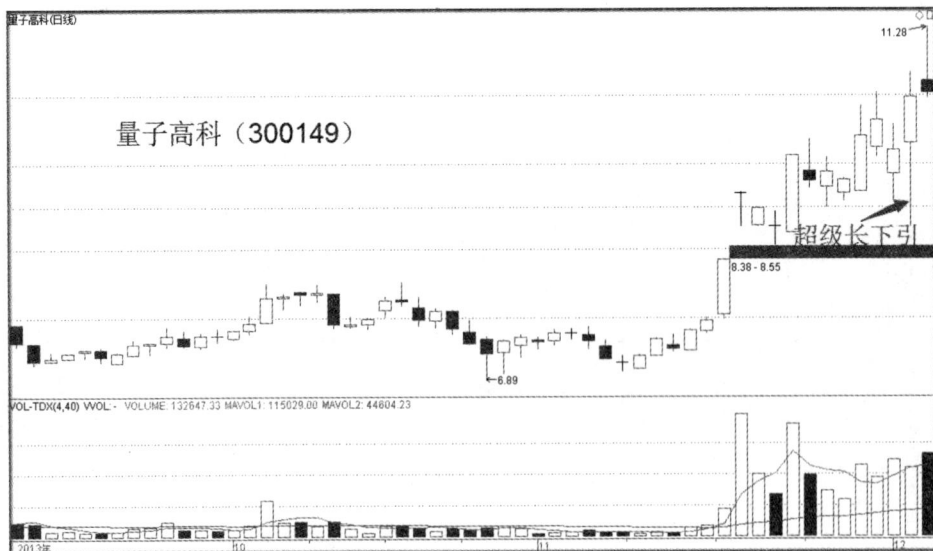

图 6-54

当天早盘该股在创业板指数的带领下,快速下打至跌停板,但 1 分钟后快速反弹,午后一度触及涨停板，当天振幅达 20%。

想象一下，是什么样的力量使该股从跌停到涨停，这不是奇迹是什么？天天发生的事情是常态，不经常发生的事情甚至绝无仅有的事情才是奇迹。股票出现涨停是常态，出现跌停也是常态，但你看过股票经常从跌停到涨停吗？市场上 2000 多家股票，每隔一段时间才有一两家出现这样的情况。作为散户投资者，要珍惜这样的奇迹，要跟随这样的股票——能创造出如此奇迹的主力机构一定是非凡的机构——那就是买。

对于股票收出超级长下引线之后的走势，买进之后次日一般要冲高 5 个点。也就是说，介入之后哪怕第二天就走，短线 5% 以上的利润是可以保证的，这比去研究什么追涨停不知道要安全多少倍！

后面股价在这根超级长下引实体内调整。调整两天，但每天盘中都上冲 4 个点，盘面上留出上引线，表明多方在反复试探。第三天收出一根大阳线，直接收复前两天试探的区域，此时操作上以跟进为主。

之后股价一路拉升，在 2013 年 12 月 23 日再次收出一根超级长下引线（振幅达 15%），此时还可以继续跟进，如图 6-55 所示。

图 6-55

短短 1 个月时间股价翻倍，而其中给了两次非常明显的跟进机会，就是超级长下引线。希望投资者再看到这样的股票，不要只做场外的啦啦队，要到场上当运动员。

可能大家也注意到了，该股涨势良好的时候，突然来个一字板跌停，这是怎么回事呢？一般来讲，如果出现一字板跌停，基本上是它的内在发生了变化，这时操作策略以卖为主。投资者可能会问，一字板想卖卖不掉啊，又不能提前发现。说的对，但是如果大家对这种顶级的牛股研究多了就会发现，这样的股票都会给机会卖出，也就是说，一般一字板会打开而且还会出现上冲甚至创新高的机会，如图 6-56 所示。

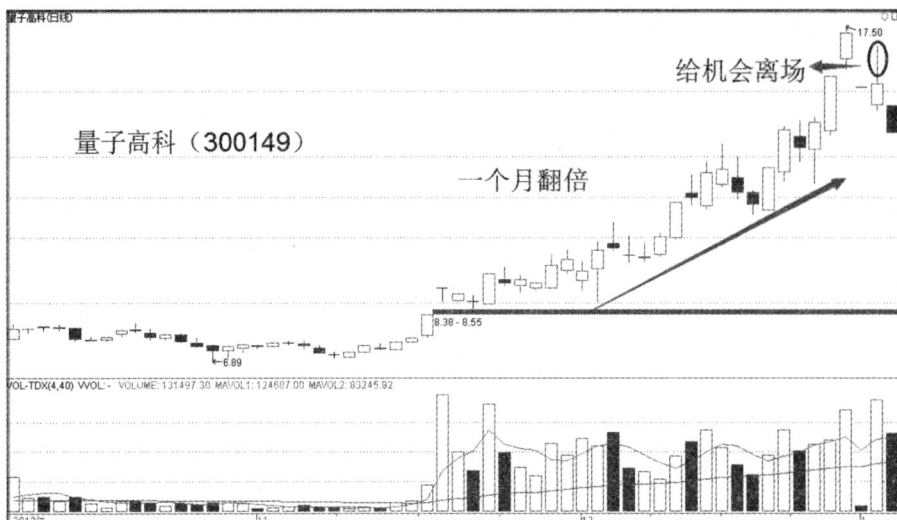

图 6-56

如果有投资者很不幸在一字板前一天追高进去，后面一字板打开也没来得及走，又不舍得割肉，对于这样的情况，后面一样会给机会出来甚至是赚钱出来。

案例 6-10　天音控股（000829）

天音控股从 19.49 元的高点处一路下跌，跌幅超过 80%，最低跌到 3.22 元，并且在此处引发一波反弹，反弹幅度达 50%，由于受制于下降通道的压力，随后拐头向下，继续下跌，如图 6-57 所示。

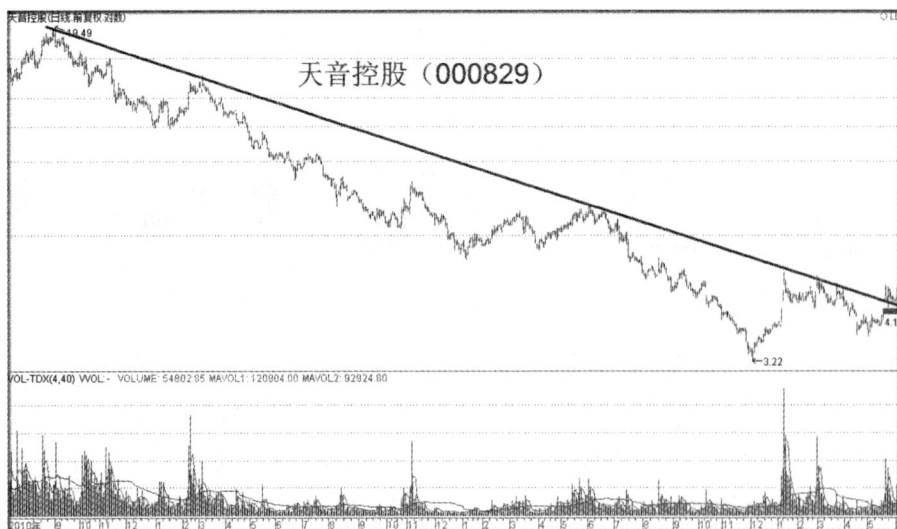

图 6-57

2013 年 5 月 20 日，该股以跳空涨停板的形式突破下降通道，标志着做多力量的强大。

随后展开箱体震荡，2013 年 6 月 7 日该股以涨停板的形式结束整理，并且之后连续拉出阳线，做多力量持续。

后来该股进入调整，且调整力度较大，跌破了涨停阳线，再次陷入到整理中，如图 6-58 所示。

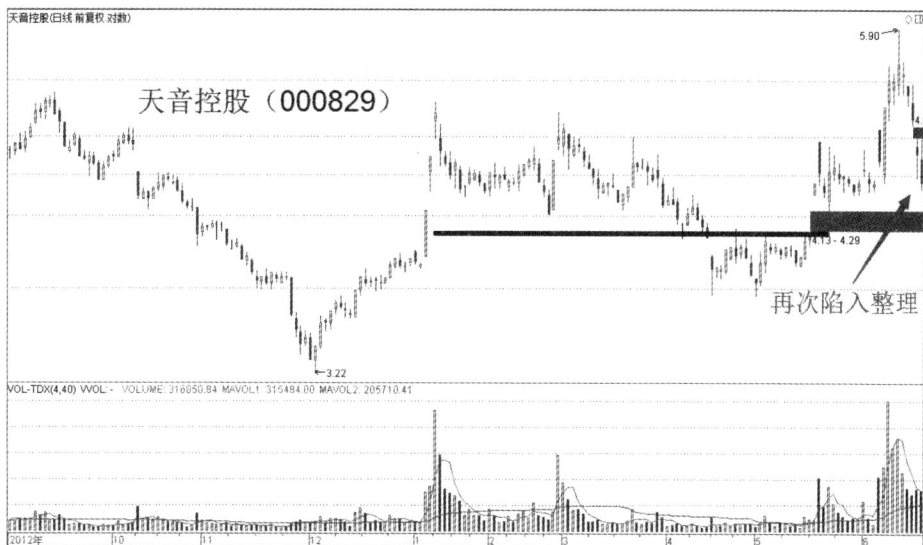

图 6-58

按照常规的想法，缺口附近会有支撑。然而天音控股却回补了之前的跳空缺口，如图 6-59 所示。

图 6-59

该股回补掉之前的跳空缺口后，回踩箱体上沿获得支撑，当天收出阳线。这根 K 线不是一根普通的阳线，它的分时如图 6-60 所示。

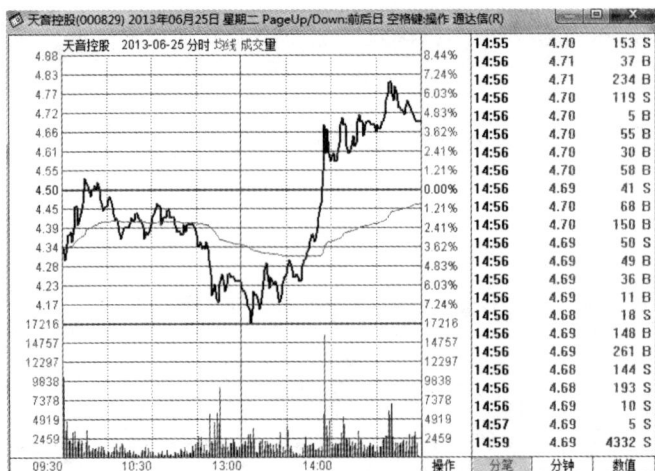

图 6-60

　　早盘低开之后出现翻红，15 分钟之后开始回落，到上午收盘前缺口尚未补掉，给投资者留了一丝希望。结果下午开盘之后，股价快速回落回补前期的跳空缺口，跌幅超过 8%。市场弥漫着一股恐慌的气氛，大多数人认为该股是要奔跌停去了。随后该股出现反弹，半小时后，站上分时均价线，出现一波快速拉升，并创出早盘分时的新高。下午一度冲至 7% 处，当天振幅非常剧烈：从-8%到+8%，振幅达 16%。

　　该股在前期缺口附近获得支撑，当天由大跌转为大涨，做多力量非常强大。这就是前面讲到的长下引线，看到这样的图形，我们应该熟悉，应该想到买入。这样的图形不常出现，出现了，你看到了，就是有"缘"，但是要去买，并且试着去买一点才是有"分"，不然你始终和这样的股票没有缘分。

　　结果第二天，天音控股开盘直接就是一字板，让所有观望的投资者后悔不已。之后调整两天，再次重拾升势，4 个月翻了近 4 倍，如图 6-61 所示。

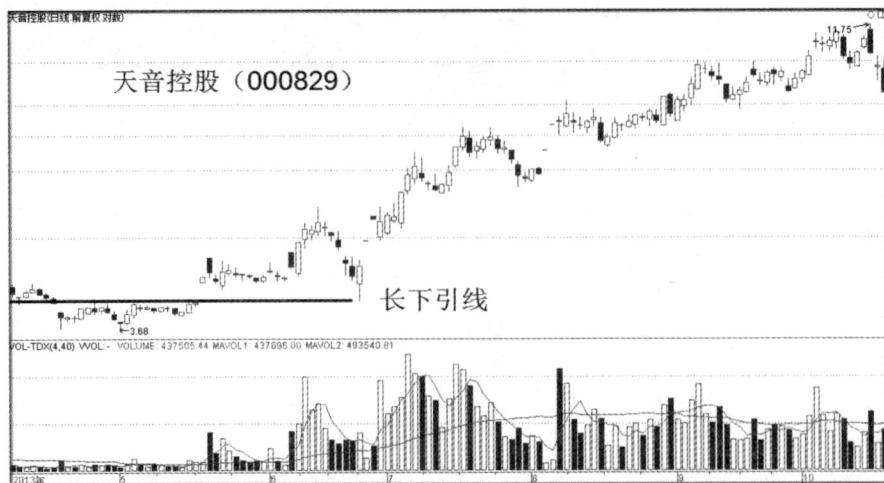

图 6-61

行情经常出现在不起眼的地方，在你犹豫的时候开始上涨。其实好股票的买点就那么几个。虽然股票只要一直上涨，可随时买入，但对于普通的投资者来讲，跌了不敢买，怕回调；涨了不敢买，怕追高，于是转向那些还没有上涨的其他股票上面，但是手里拿着这样的股票，眼睛却盯着牛股，于是又开始准备换股……就这样，一年忙到头，收成却并不理想。

案例 6-11　科达洁能（600499）

科达洁能在经历了前一波的反弹之后，开始回调整理。2013 年 6 月 24 日，该股以跌停板的形式跌破前期平台，次日该股低开低走，同时放出大量，市场一片恐慌，如图 6-62 所示。

图 6-62

随后几天该股并没有继续创出新低，反而出现了止跌反弹，如图 6-63 所示。

图 6-63

该股在此处震荡 1 周之后，2013 年 7 月 4 日以一根中阳线站上平台。当天最高冲到 8 个点，一度将跌停板完全收回，盘面上留出一根上引线，如图 6-64 所示。

图 6-64

后来该股停牌，2013 年 8 月 30 日开盘即出现了放量一字板，站上前期平台，如图 6-65 所示。

图 6-65

2013 年 8 月 30 日当天以跳空的形式向上突破，同时放出大量，说明众多机构在这一天开始抢进——做多力量强大，做多意愿坚决。

接下来一天该股出现回调，但没有回补前面的缺口即被拉起，次日收出一根大阳线确认做多，如图 6-66 所示。

图 6-66

该股就此开始拉升，从最低点算起，短短 2 个月即出现了翻倍行情，如图 6-67 所示。

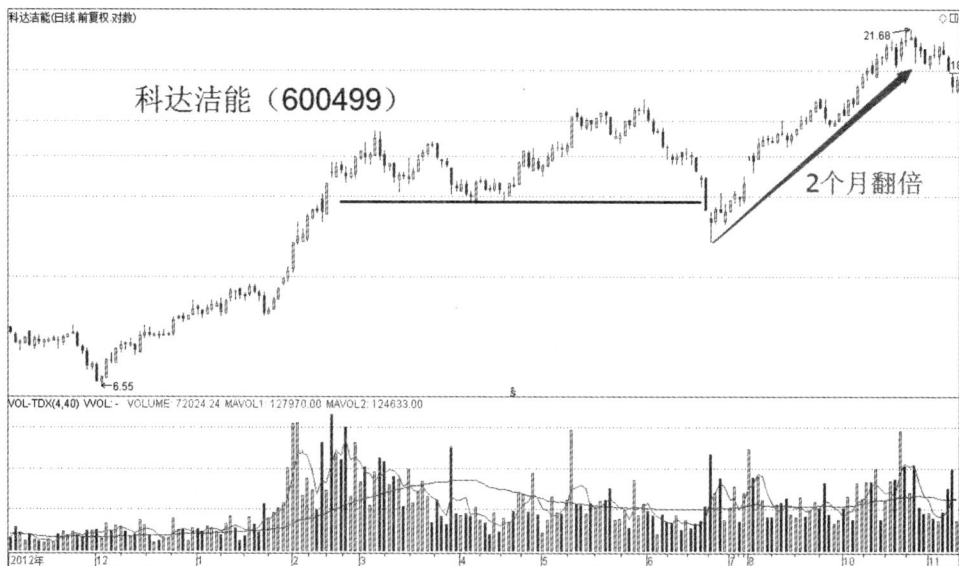

图 6-67

如果从跳空缺口处算起的话，后面该股也是近乎翻倍。而这一切的启动点，就是 2013 年 6 月 25 日散户恐慌卖股（当天放量）时的一根长下引线，该日的分时如图 6-68 所示。

图 6-68

当天该股承接前一日的跌停板惯性低开，开盘后一度上冲，但力度较弱。半小时后，开始下跌，盘中一度下跌 9 个多点，并在该位置维持了近 1 个小时。很多投资者受不了折磨，不愿意看到该股跌停，于是纷纷卖出（放量）。下午 1 点半之后，该股一改颓势，开始反弹，下午一度翻红（站上开盘价），当天振幅达 9.8%，下引线的幅度达 7%。

就是这样的一根长下引线，给了投资者机会，因为在市场恐慌的时候，该股没有顺势收出跌停板，反而逆势出现拉升，让所有早盘或者跌停附近卖出的人全部后悔。能够在跌 9 个多点的位置进场的资金，其勇气可想而知，这可真是狭路相逢勇者胜了。

中小投资者没有办法在最低点附近介入没关系，但盘中的振幅排行榜，总是看的到的，当我们在尾盘时看到这样的 K 线，就要想着去买一点。

根据这样的图形买进之后，次日冲高 5 个点的利润基本是有的，实际上该股第二天和第三天接连冲高 5 个点。如果尾盘买进的话，哪怕做短线，两天也有 10% 的利润，这比到处去追涨停板要好得多，也要安全的多。

所以我们看盘的时候，首先是要认识这样的 K 线，其次是对这样的图形要敏感，第三也是最重要的，就是看到了要想着去买入，不然你始终都只是"看"盘者，成不了高手。

第7章
实战案例分享

对于投资者来讲，操作一只股票无外乎这几个步骤：选股、买入、持股、卖出。每一个步骤都有难度，但选股尤其重要，其中的要点是一定要选好的股票。下面笔者分享几个曾经操作的个股案例，帮助大家更好地理解前面讲过的知识，提高实战操作水平。

好股票一定是内在好、外在也好。

对于内在好、外在暂时不好的股票，我们可以适量布局；内在好、外在好的股票，可以大胆做多；内在不好、外在好的股票，可做可不做；内在不好、外在不好的股票，坚决不做。

买股票首先是要内在好。那什么样的内在才是好的呢？通过前面的讲述简单总结如下：对人类有益、符合全球战略、符合政策支持的行业的股票就是内在好股票的前提。

外在好的表现一般是通过几种形态表现：①独立量杀跌；②向上跳空；③涨停板；④长引线；⑤长箱体突破。这也是我们选股的标准。

南非前总统曼德拉说：生命中最伟大的光辉不在于永不坠落，而是坠落后总能再度升起。好股票也完全可以用曼德拉的这句名言来诠释：牛股不在于只涨不跌，而在于下跌之后总能够在关键的位置快速地拉升起来。反映到图形上就是空多的快速转换，当天出了阴线，当天就起阳线拉起，最终形成一根长卜引线；或多空博弈剧烈放大量开始下跌，但过一段时间总有更大的力量把它突破掉，把当初的压力转化为新的上涨动力……

第1节 独立量杀跌

独立量杀跌，顾名思义，指股票放了一根巨大的量（通常3倍以上），显得金鸡独立。

案例 7-1 国金证券（600109）

我们看到，国金证券从低位启动，涨了 70% 之后，出现回调，如图 7-1 所示。

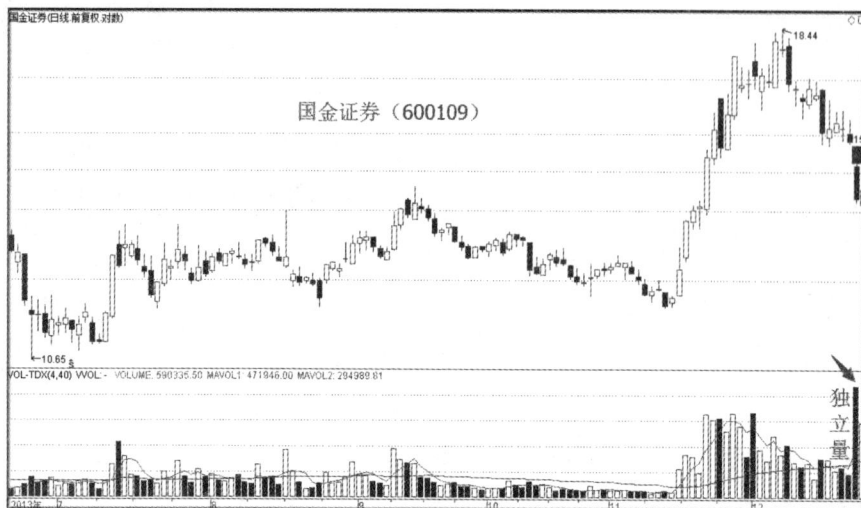

图 7-1

2013 年 12 月 23 日该股 2.9 亿股限售股上市，大幅度跳空杀跌，跌破平台，同时放出大量，如图 7-2 所示。

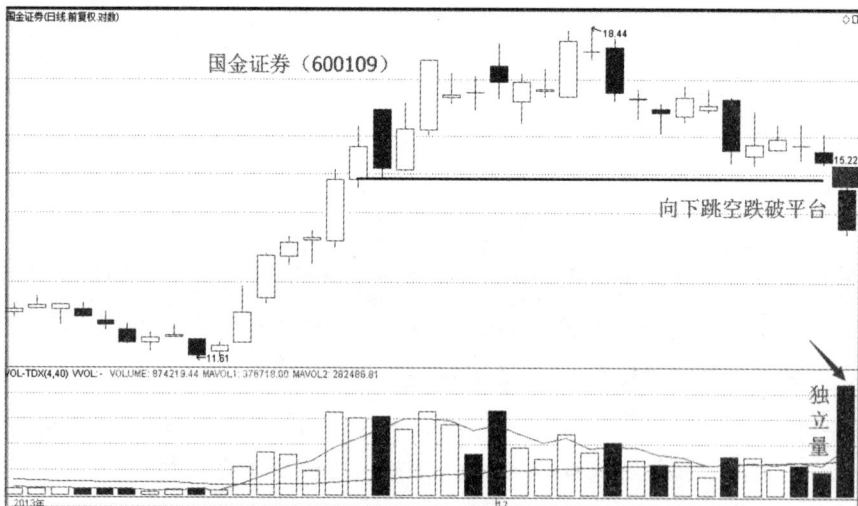

图 7-2

对于大多数人来讲，看到股票跌破箱体，放出大量，都是害怕的，其实这个时候恰恰是应该关注的——只有具备了反向思维，在这个市场中的盈利面才会变大。

第二天，该股止跌收小阳线，次日收大阳线，如图 7-3 所示。

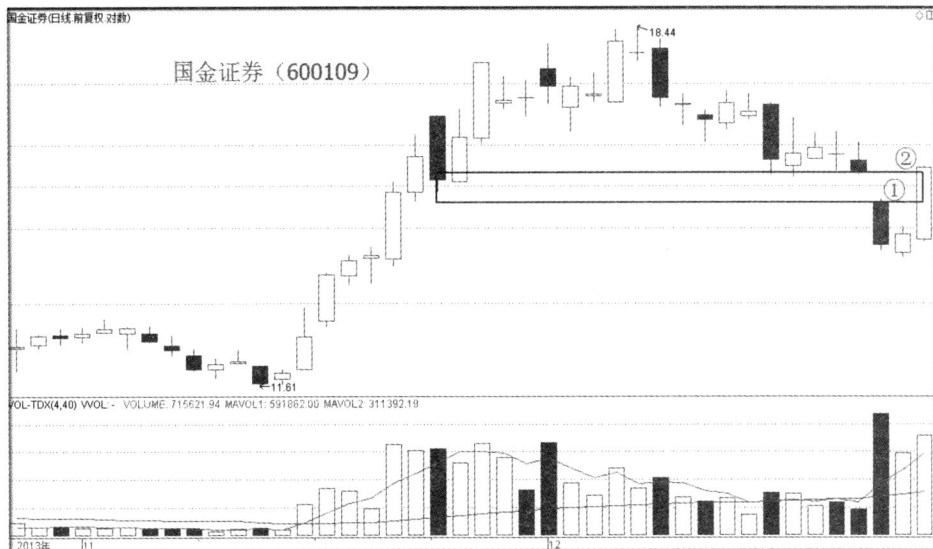

图 7-3

从图形上看，股票收涨停板大阳线，反包前面的放量大阴线，同时反抽前期箱体补掉下跳空，是一种非常强烈的做多信号。此时笔者介入，不到两个月盈利就超过 50%，如图 7-4 所示。

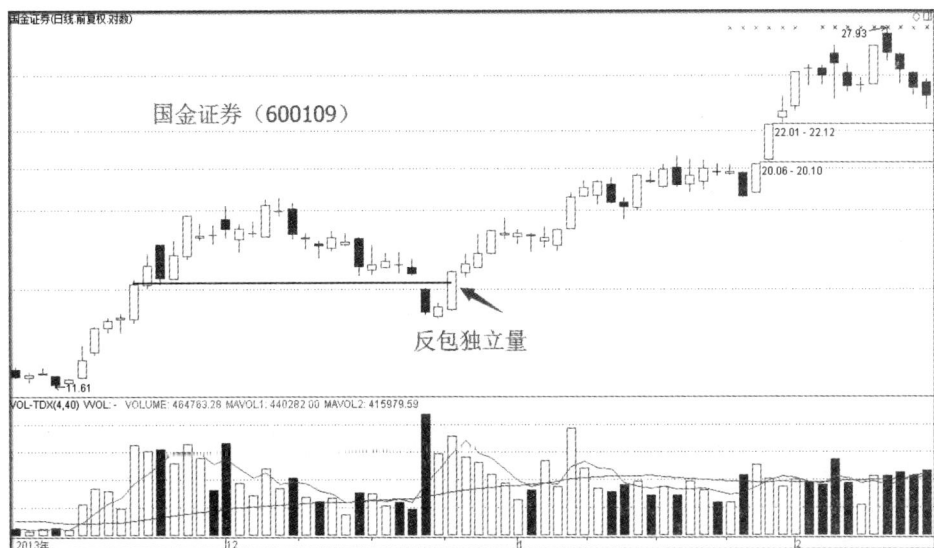

图 7-4

期间该股又给了多次介入的机会，尤其是后面快速拉升的那几天。我们来看下：股价出现调整的时候是最难熬，也是最易因为恐慌而抛掉的，这时需要的就是关注到底有没有破位（尤其是看好它的内在，持仓成本不高的情况下），就是有没有跌破标志性大阳线的实体，没有，则可以继续关注。

我们看到，国金证券自反包独立量上涨以来，调整的时间就符合好股票的特征——调整 1~2 天，刚刚出现一根实体较大的阴线的时候，第二天立马就出现反包，做多信号明显，如图 7-5 所示。

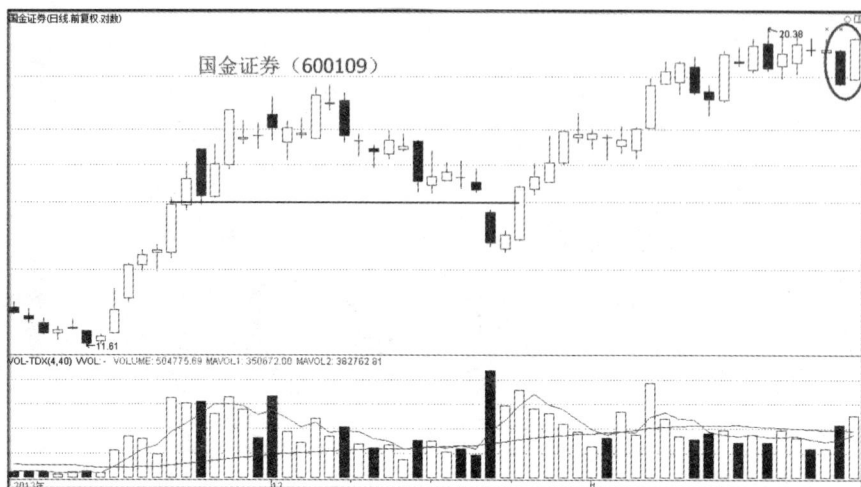

图 7-5

大阳线反包之后，第二天再次出现跳空，做多意愿很坚决，如图 7-6 所示。

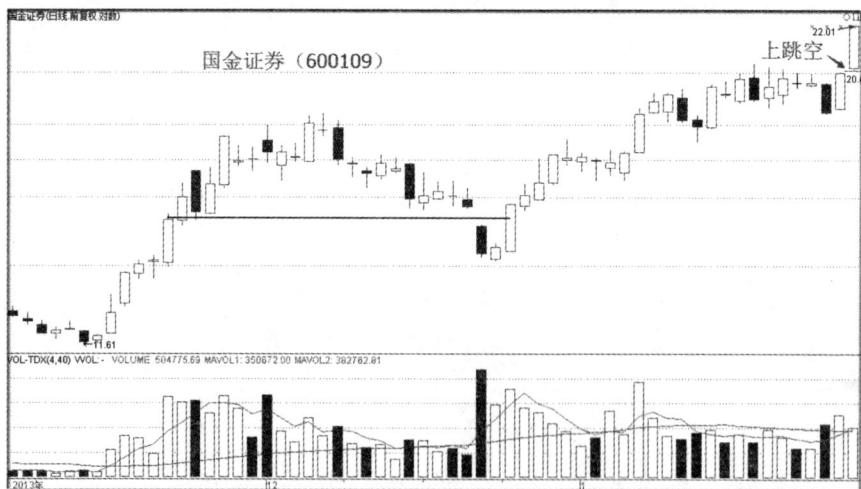

图 7-6

所有的信号都在表明，它的内在——与腾讯合作——在发酵！BAT（百度、阿里、腾讯）这三巨头沾边的上市公司总会给人带来巨大的想象力，因为他们的客户群体特别大，合作之后对自己的业务提升比较大，当然业绩增长也是可以想象的。

所以继续持有没有问题。至于目标位，可以考虑前期反弹两次都没有过的高点 27.50 元附近。到了这个位置附近，如果发现上攻乏力的话，就适当减仓，如图 7-7 所示。

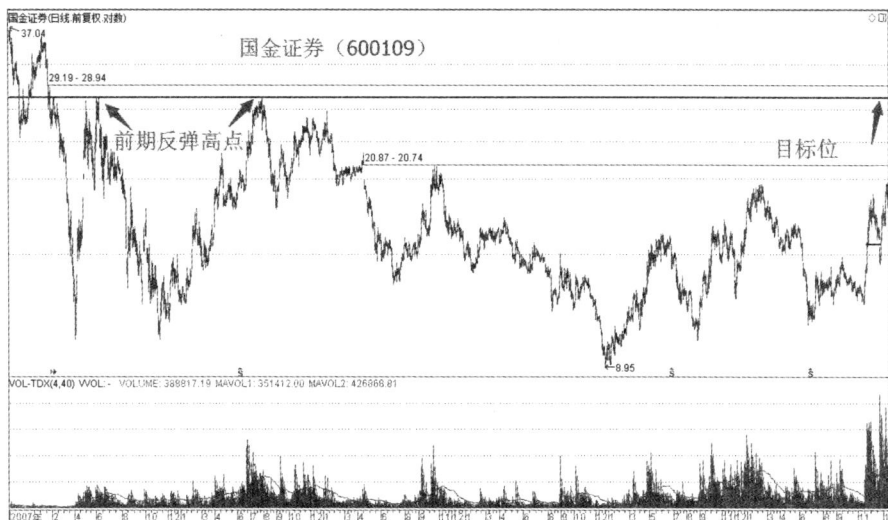

图 7-7

该股自独立量反包以来，一路拉升，最终的高点果然就是笔者预判的 27.50 元附近，如图 7-8 所示。

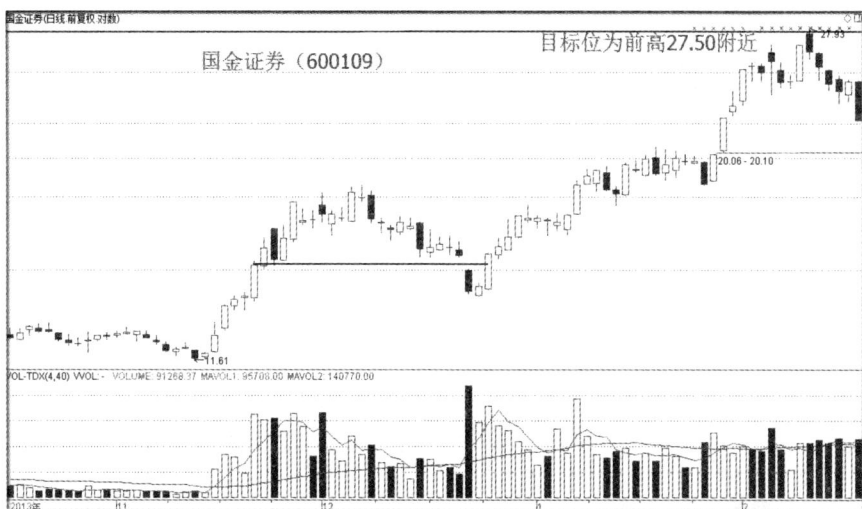

图 7-8

通过上面的分析，我们发现，股票的内在发生了变化——由传统券商转向互联网金融——带来了新的机会，同时它的外在出现了独立量杀跌，大阳线反包独立量的情况，此时作为投资者要快速介入，这个时候不要再去用常规的压力位、回补缺口，再看几天确认等来参考，因为这样就错过了，一旦错过就不愿意再次出更高的价格去买它。

案例 7-2　华谊兄弟（300027）

华谊兄弟从上市之后就一路调整，中间有过反弹，但都没有超过上市当日的最高价。

后来有过几次分红和送股，股价做大箱体震荡。

华谊兄弟的基本面大家都比较清楚，是做影视制作的，而冯小刚就是公司的签约导演。每年的贺岁剧应该是冯氏喜剧的压轴大戏，所以华谊兄弟相对就受益。但2012年底的时候，随着电影《一九四二》的上映，由于票房不及预期，市场出现了猜疑声，认为一个公司的业绩靠一个导演的一部电影来维持，显然是不行的，这种依赖性的模式能否适应新形势下的电影市场是要打个问号的……之后股价出现大跌，如图7-9所示。

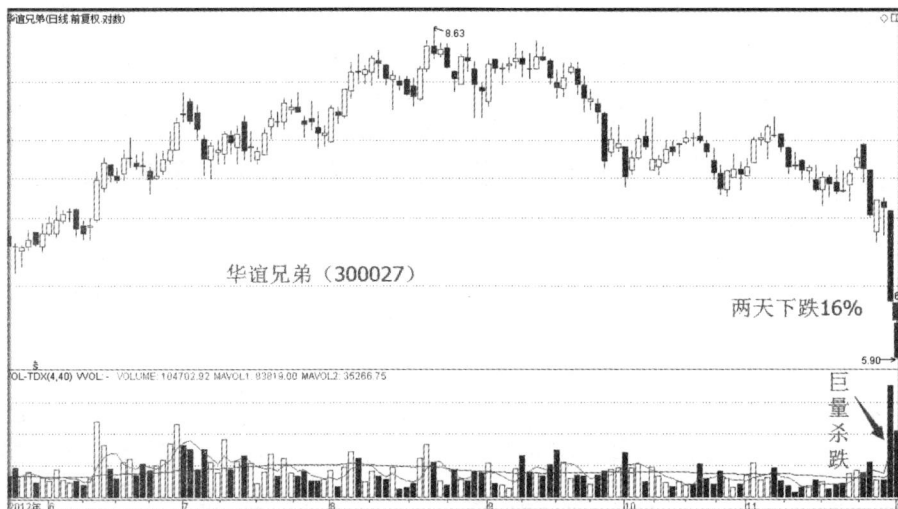

图 7-9

两天16%的下跌对于一般的股票来讲可能并不算什么，但对华谊兄弟来说，此时的股价（最低价5.90元）已接近上市以来的最低价5.61元，如图7-10所示。

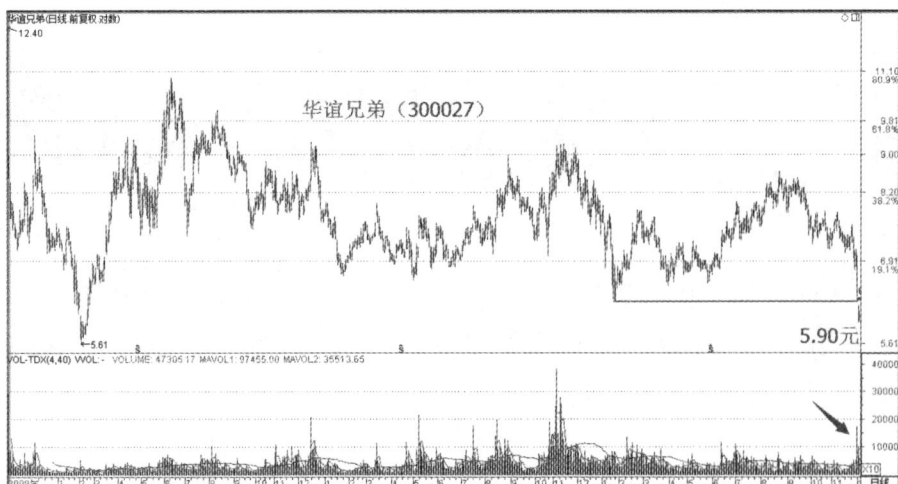

图 7-10

　　该股长期震荡形成的箱体也在市场的质疑声中向下跳空跌破，创出近三年来的新低，逼近历史新低，同时放量杀跌。这个时候，对于散户来讲一定是恐慌的，因为新低近在眼前，且打掉新低之后，下跌空间更加不可预测。

　　但是，对投资者来说却要从沙子里看到黄金。华谊兄弟是做影视制作的，换句话讲，票房的高低直接决定了公司的业绩，业绩的高低直接决定了股价的高低。所以当我们认为股价的下跌是因为《一九四二》票房的不理想导致的，那再有一部电影的票房超过预期，挽救损失的话，是不是该大涨呢？前面的逻辑是通的话，后面的逻辑一样是通的。一部电影未及预期，只要有别的电影继续引领票房，那上涨就可以期待。

　　再看华谊兄弟的外在，大阴线杀跌，做空力量强大。第二天向下跳空继续下跌6%，做空意愿坚决，这个时候股价是要继续往下走的，但是我们发现下跌了两天之后，股价出现了止跌迹象，如图7-11所示。

图 7-11

　　一时的止跌，不能作为介入的理由，还需要关注它的后续走势，是否真正出现了企稳。这个时候千万不要想着买在最低点，对于投资者来讲，买的安全并不意味着要买在最低点，因为在右侧没有走出确切的信号的时候，没法确定这个位置就是底部。或者即便是底部，没有确认性的信号出现，介入的早一样是一种损失——时间成本的损失。

　　我们看到，该股在低位横盘了半个月之后，出现连续向上跳空，企图修复这根巨量阴线，如图7-12所示。

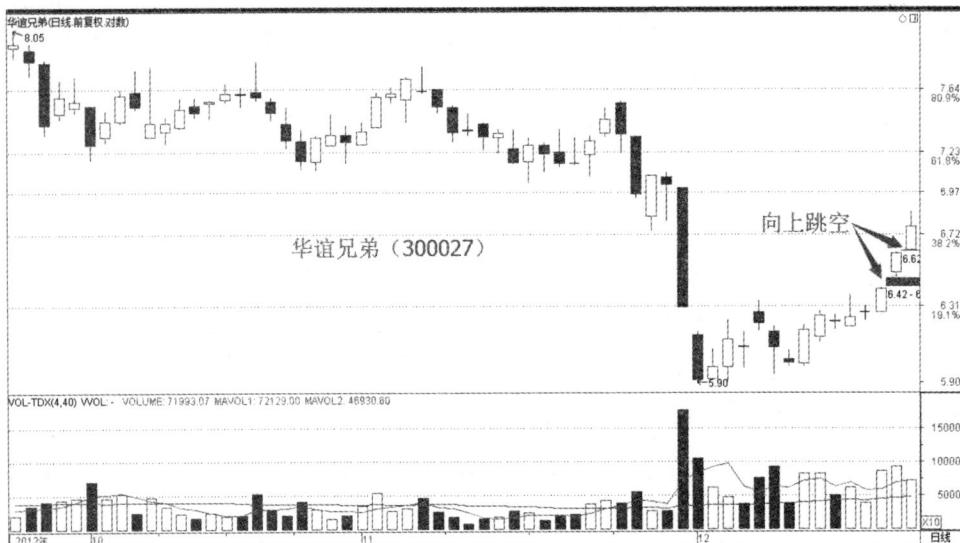

图 7-12

从图形上看，股价非但没有创新低，反而选择向上反弹，从 K 线上也可以看到，阳线数量明显多于阴线数量，多方力量较强。但我们仍然无法不确定它是否由空转多。

后面股价经历了短暂的调整之后，再次重拾升势，如图 7-13 所示。

图 7-13

遗憾的是，后面股价出现拉升之后再次洗盘，如图 7-14 所示。

图 7-14

但此后股价在前期箱顶附近获得支撑（回补缺口又拉升回来），如图 7-15 所示。

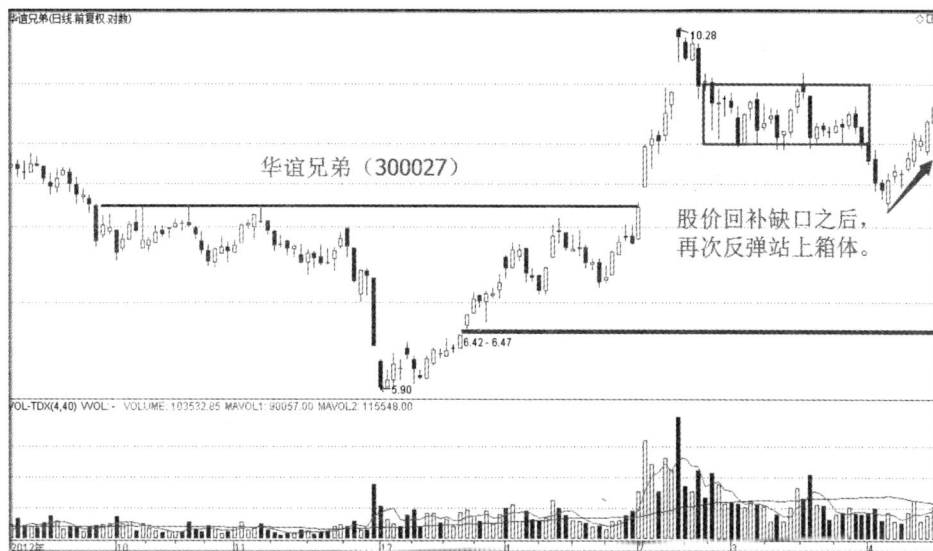

图 7-15

该股后面的走势十分强悍，引领了 2013 年的创业板行情，如图 7-16 所示。

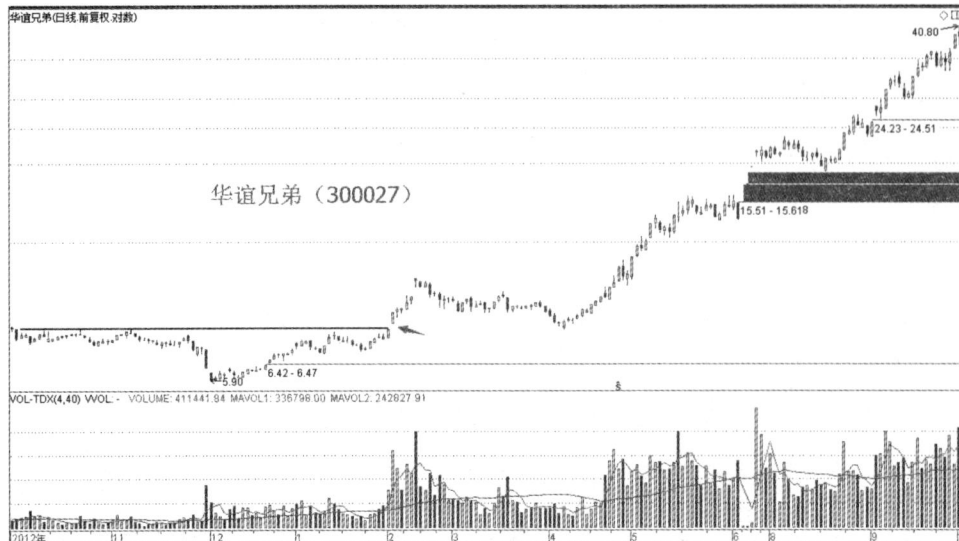

图 7-16

回过头去再看就会发现，原来大家恐慌的这根独立量，竟然成了支撑股价上涨的擎天柱，而太多的人割在了这根令人恐慌的大阴量上。作为投资者要学会从恐慌里看到机会，耐心等待更大的做多力量把那天的阴量完全消化，即可着手介入。

2013 年的大牛股从哪里启动？就从那根独立量开始；从哪里被发现？也是从那根独立量开始。从哪里卖掉呢？还是从那根独立量开始。

上面我们讲过，要关注公司内在业绩的变化。《一九四二》票房不及预期股价出现探底，但如果后面电影的票房都不错的话，股价就会出现拉升。

比如，2012 年 12 月 20 日上映的《十二生肖》，最终票房 8.63 亿元，华谊兄弟 2012 年总票房突破 20 亿元，票房年增长率达 100%，公司独占当年国产电影票房总收入近三分之一。

紧接着春节档的《西游·降魔篇》最终票房 12.46 亿元，令华谊兄弟 2013 年首季净利净增 4.5 倍。

我们看到，2012 年和 2013 年这两年该公司的业绩增长是节节攀升，如图 7-17 所示。

★近五年每股收益对比：				
年度	年度	三季	中期	一季
2014	-	-	-	0.3100
2013	0.5500	0.6800	0.6700	0.2700
2012	0.2000	0.2200	0.1700	0.0500
2011	0.3400	0.1700	0.1100	0.1100
2010	0.2500	0.2500	0.0500	0.0600

图 7-17

显然，股价上涨的核心就是业绩的增长，华谊兄弟（300207）的业绩出现了持续性的增长，股价上涨是必然的。

小结：独立量可能出现在底部，可能在拉升的途中，也可能在高位。低位的是吸筹，拉升途中的是洗盘，高位的可能是出货也可能是换庄。

案例 7-3 景兴纸业（002067）

2014 年 6 月份，景兴纸业（如图 7-18 所示）参股的新股莎普爱思（603168）获得发行通过，当时市场上的新股被大幅度的炒作，参股新股 IPO 的都获得了市场的认可。所以当景兴纸业出现跳空高开低走放量大阴线的时候，就引起了笔者的注意。

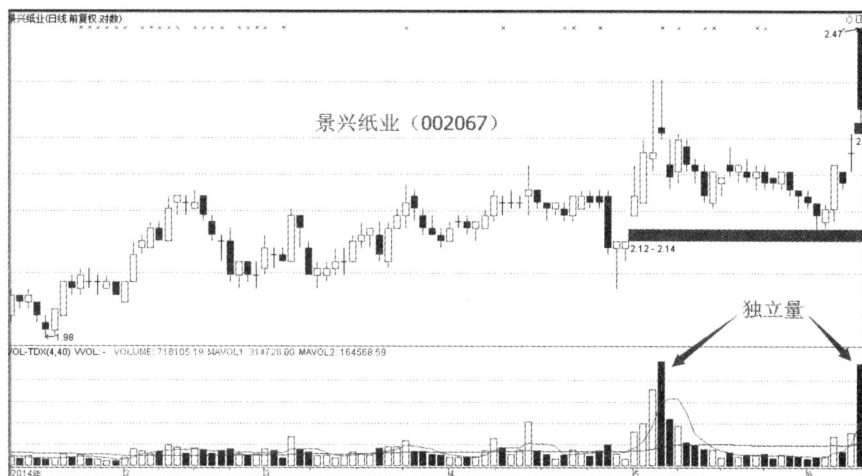

图 7-18

受此景兴纸业参股 IPO 消息刺激的第二天，该股没有大涨，而是选择继续下探，如图 7-19 所示。

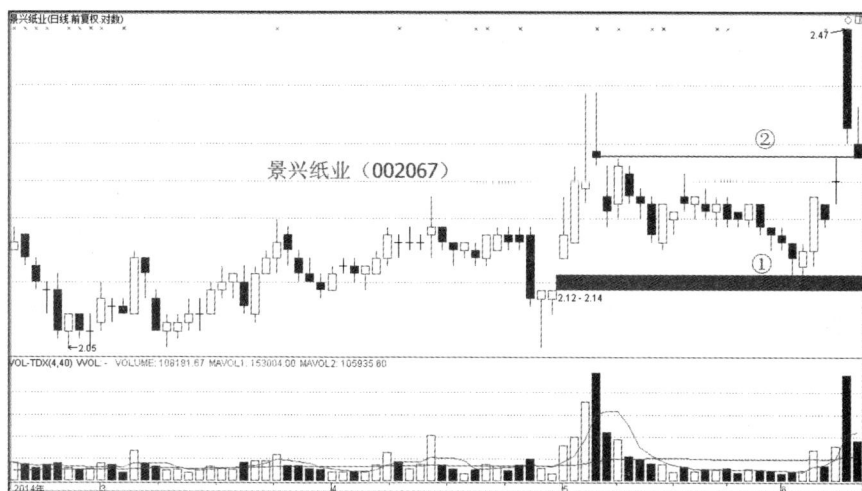

图 7-19

该股先是在前期的跳空缺口①处获得支撑，出现反弹，随后高开之后再次调整，在前一个大量②处获得暂时性的止跌。对于投资者来讲，需要关注的是什么时候出现阳线，尤其是出现连续的阳线、大阳线反包前面的放量大阴线。

我们看到，在②处的第二天，股票就出现了大幅度的高开。在这样弱势的调整下，这样的一根实体阴线的恐吓下，还能高开，说明了主力机构做多的勇气和信心，随后股价稍微震荡之后就冲上了涨停，同时放出大量，把前一根大阴线完全包住，显示出强大的做多力量，如图 7-20 所示。

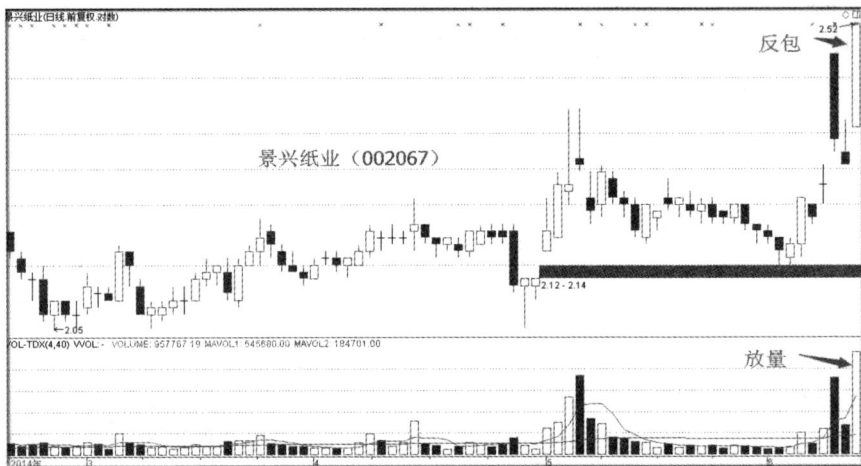

图 7-20

如果你在盘中没有发现没有关系，收盘之后做收盘作业的话，涨停板是一定要做总结的，这样便于能及时了解个股的形态变化。次日该股一高开，笔者即介入，经历了早盘半个小时的高开下打之后，该股迅速封住涨停，如图 7-21 所示。

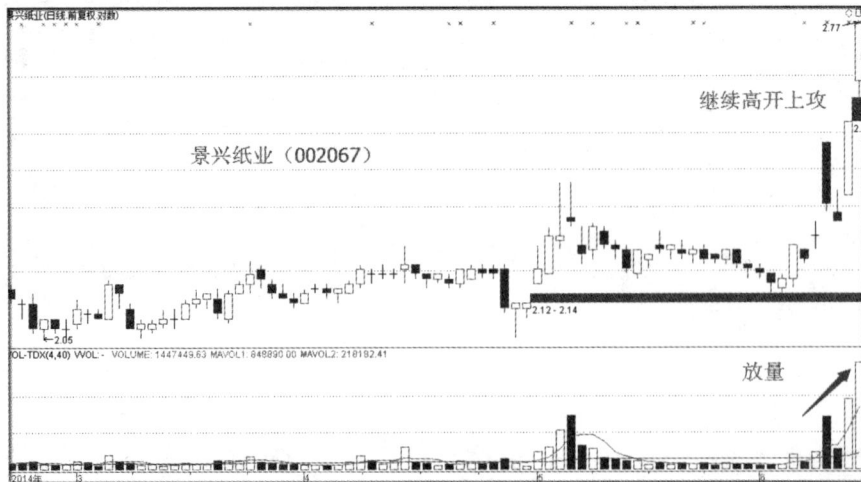

图 7-21

高开的意义还不止于此，仔细观察就会发现，该股突破了一年以来的最大压力位，如图 7-22 所示。

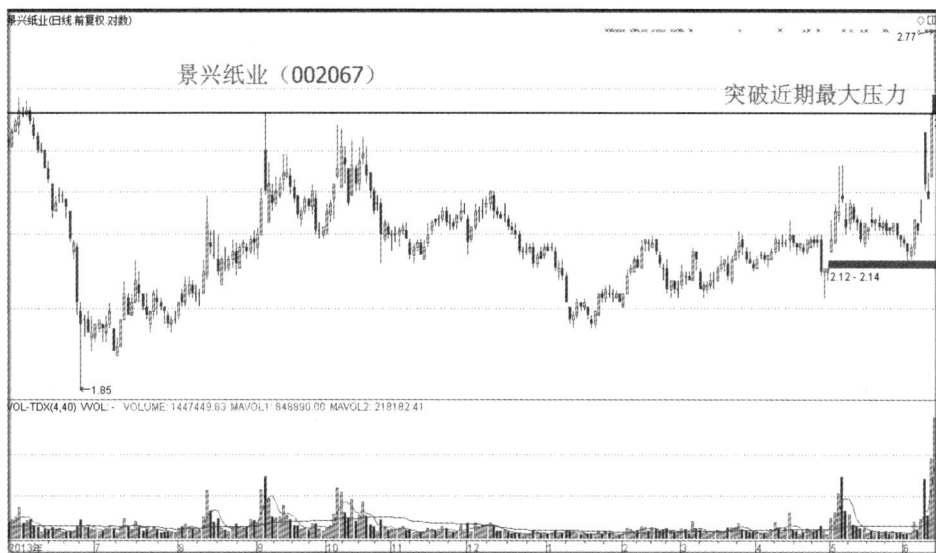

图 7-22

此后该股一路拉升，直至再次收出一根放量大阴线，如图 7-23 所示。

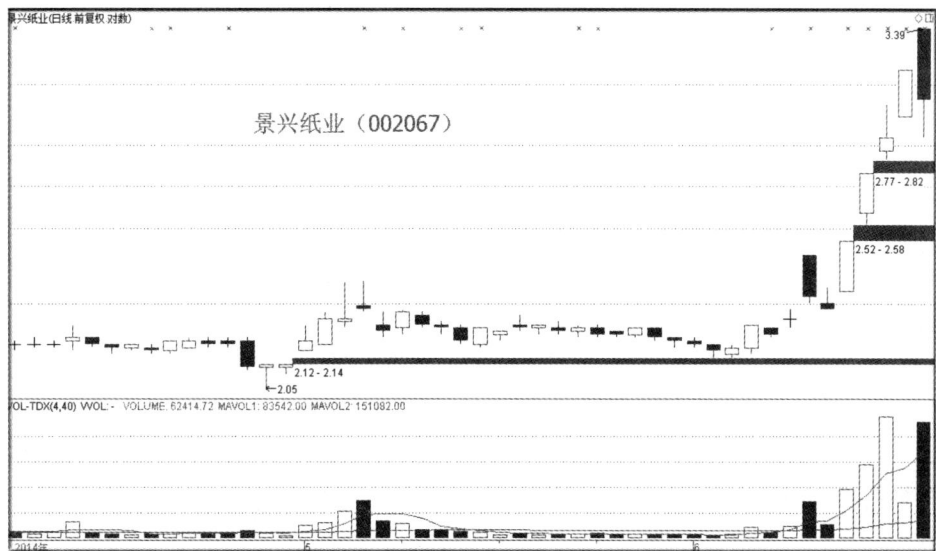

图 7-23

建议在盈利 30% 的基础上，可以先卖出。至于这个位置是出货还是洗盘无所谓，短线利润已经到手。如果是洗盘只要再出现大阳线反包独立量的话，可以再次介入。之后该股只调整了一天就出现了跳空+反包，如图 7-24 所示。

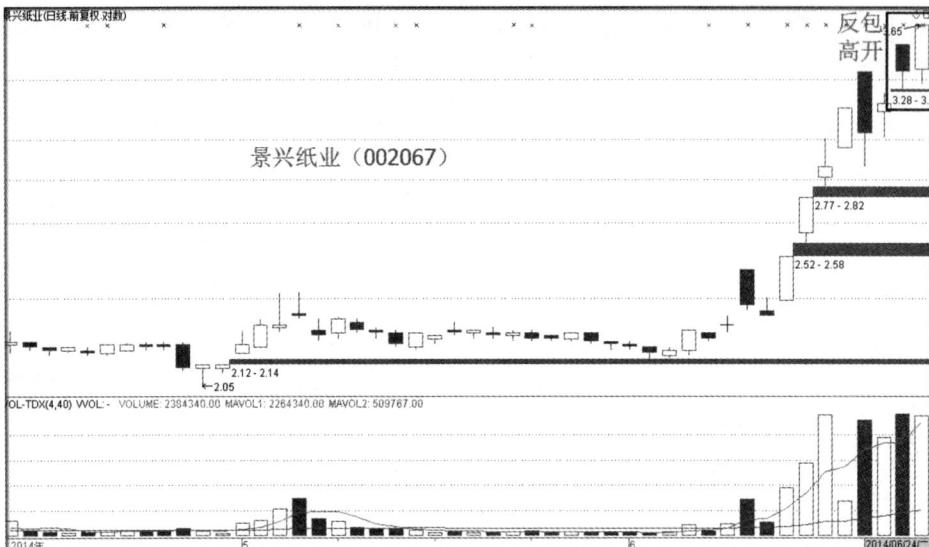

图 7-24

2014 年 6 月 24 日尾盘 3.50 元和 3.60 元笔者再次介入，结果再次收获三个涨停板，如图 7-25 所示。

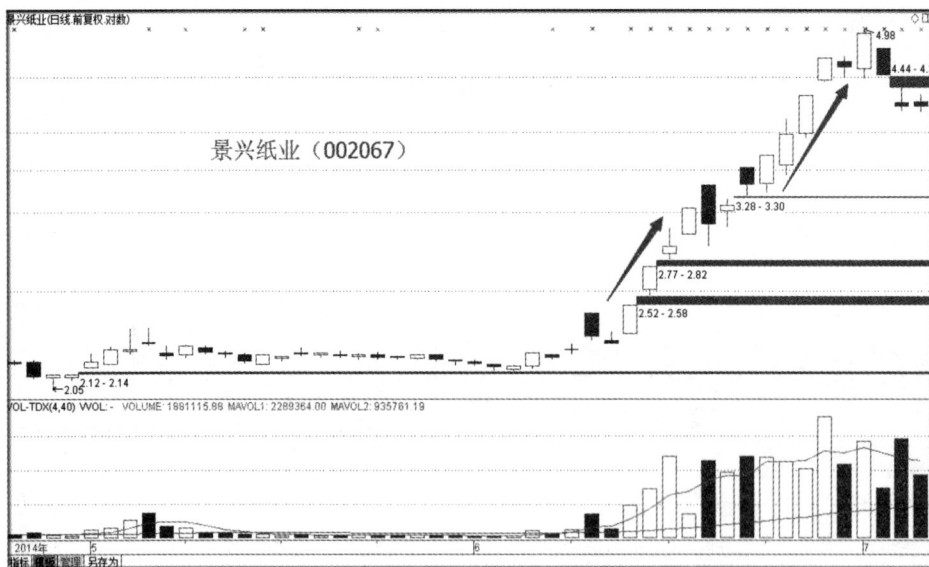

图 7-25

上述几个案例希望大家能够理解独立量的威力，如能在实操中运用，对于抓住牛股会非常有帮助。

第 2 节　向上跳空

股票能够形成向上跳空，反映的是多方力量的集中意愿，是做多资金的一致性行为所体现出来的，所以操作上更多的是看涨的信号。

如果是向上跳空，按照常规的判断，"三跳空、气势衰"是要注意卖出的，但在牛股上是没用的，牛股是不管这一套的，该跳空跳空，该涨停涨停，该翻倍翻倍。下面我们从两个方面来讲向上跳空的类别及威力。

一、低位向上跳空

低位向上跳空是反映做空力量的衰竭。做多力量一改颓势，往往成为行情的引爆点。通常情况下，缺口不回补，意义更强也更易发现。

案例 7-4　陕西金叶（000812）

2014 年 6 月 23 日，陕西金叶以跳空涨停的形式结束近两个月的箱体整理，如图 7-26 所示。

图 7-26

涨停代表着做多力量强大，跳空上涨意味着做多态度坚决。2014 年 6 月 24 日，该股继续跳空，如图 7-27 所示。

图 7-27

2014 年 6 月，国务院发文支持现代职业教育，而陕西金叶控股西北工业大学明德学院，正好是市场当时的热点炒作。所以第二天该股直接跳空一字板开盘，众多机构抢筹介入，但是散户很难买进。

好在第三天该股并不是继续一字板，而是跳空，这给了散户投资者机会，如图 7-28 所示。

图 7-28

给了机会，就要把握。当时职业教育的炒作并没有停歇，所以操作上可以继续介入，介入之后该股连续涨了三个涨停，如图 7-29 所示。

图 7-29

对于这样的炒作，什么时候卖出是要考虑的问题。其实可以从两个方面入手：第一也是最重要的，就是看该题材的炒作持续性如何，一旦炒作结束即可考虑离场；第二关注是否涨到左侧压力附近，或者突破历史新高之后的持续性如何，一旦缺乏上涨的动力，则立刻离场，如图 7-30 所示。

图 7-30

陕西金叶受职业教育题材的炒作，短短 5 天即创出历史新高，做多动能充足，如图 7-31 所示。作为投资者来讲，从底部启动之初，可把左侧的历史压力作为它的第一目标位。但到了第一目标位并不意味着就要离场，因为该题材有可能进一步发酵，继续上涨。这个时候可参考第二点，关注在最大压力附近的持续性。

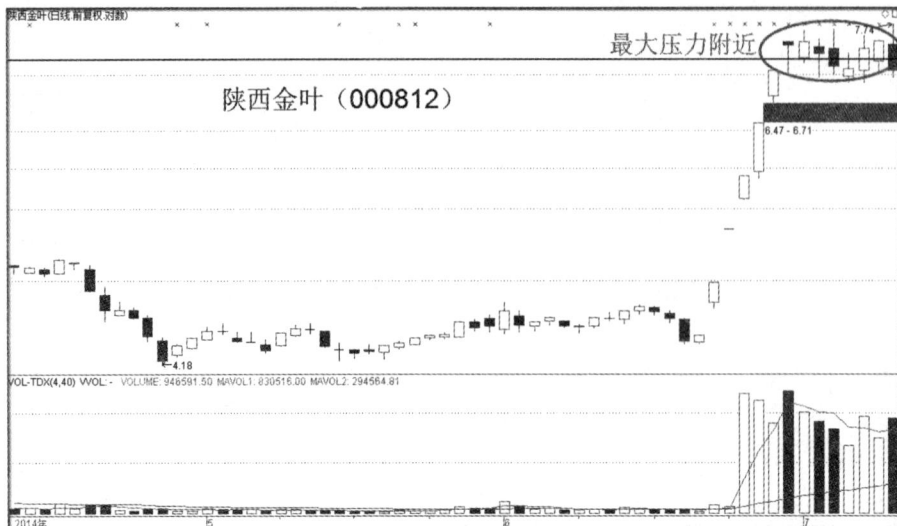

图 7-31

我们看到，陕西金叶在最大压力附近，选择了箱体震荡。从操作上来讲，可以适量减仓，因为这个地方毕竟是历史压力附近，套牢盘较多，抛压较重。但可以留一部分进一步观察，一旦选择向上突破则继续持有，反之，一旦向下跌破，则全部离场，如图 7-32 所示。

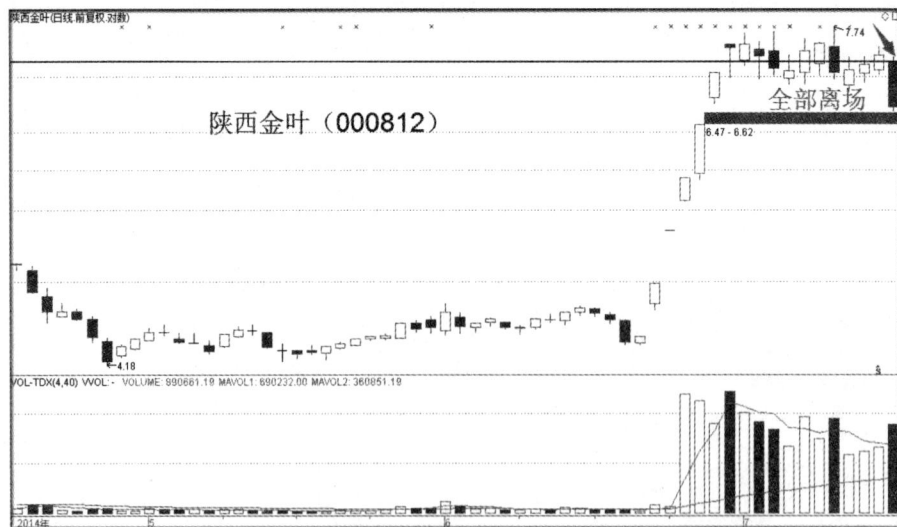

图 7-32

题材的炒作，如果不能获得该股业绩长期增长的支撑，一般是时间短、速度快，很快就会过去。可以在做好上面两点研判的基础上，大胆操作，获取短期利润。

案例 7-5 长方照明（300301）

长方照明从高位下跌 50% 之后开始反弹，但力度不强，止步于箱体①的下沿。随后股价出现回落，开始了长达 3 个月的箱体震荡。2013 年 4 月 3 日该股以一根中阴线跌破箱体②的下沿，次日继续创出新低，看情形有直逼前期反弹起点的样子。不过该股自 2013 年 4 月 9 日起即在此处止跌，时间长达 1 周。2013 年 4 月 18 日该股以跳空大阳的形式向上拉升，站上箱体②的底部。盘中一度涨停，做多力量非常强，如图 7-33 所示。

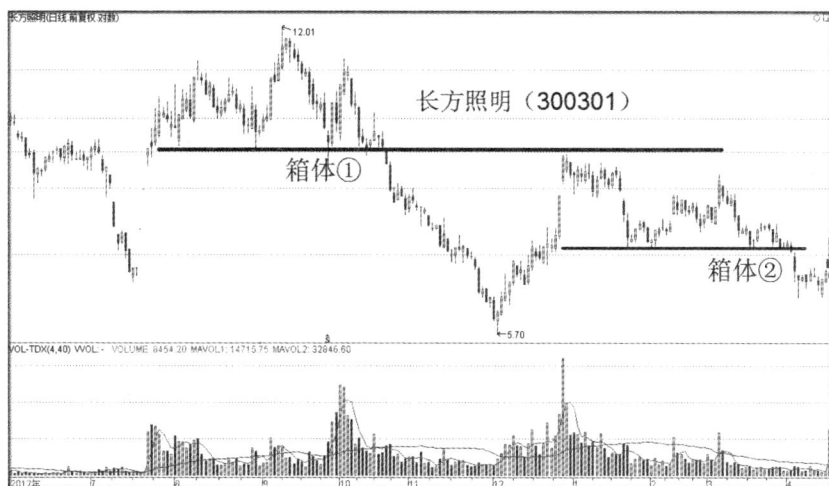

图 7-33

长方照明这个跳空缺口是在前期低点附近二次反弹时出现的，位置处于相对低位，可以看出主力做多意愿很坚决。

后面两天，该股连续缩量反弹，但力度较弱，实体一根比一根小，表明此处主力机构做多的态度比较谨慎，如图 7-34 所示。

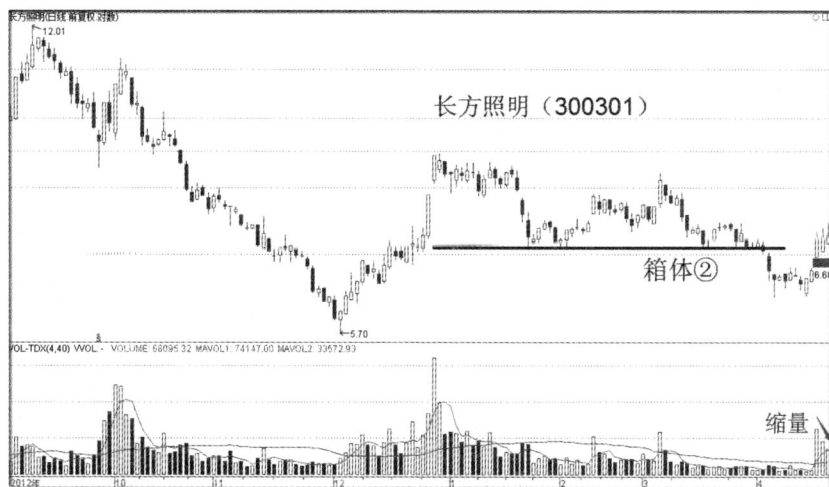

图 7-34

2013 年 4 月 23 日，该股以中阴线的形式回调，如图 7-35 所示。

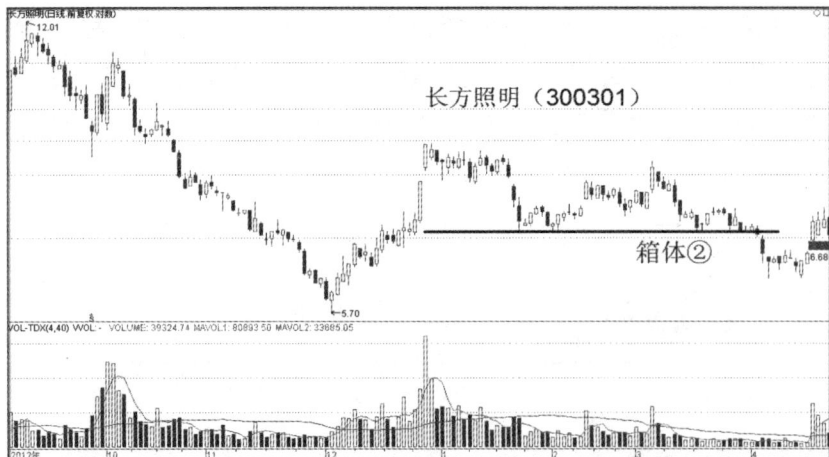

图 7-35

盘面上看，股票在跳空突破之后，有回踩确认的需求，而且成交量进一步萎缩，可以认为此处是该股继续缩量洗盘。

我们在操作的时候经常会遇到这样的情况，跳空没买，后面追高进去，到这根阴线出现的时候，账户上可能都浮亏 5～6 个点了——不要害怕。此时要注意两点：1. 该股跳空突破原有箱体②的底部，存在一定的压力，主力机构回踩洗盘是正常的，但不能回补缺口；2. 这根洗盘阴线是正常的，操作上不用盲目割肉，可静待出现一根更大的实体阳线对它的跳空做多做一次确认（K 线上是阳包阴）。

2013 年 4 月 24 日，该股真就收出一根大阳线，结束了 3 天的洗盘。同时伴随着成交量的放大，做多力量再一次进场，后市继续看涨，此时操作上应以买入或持有为主，如图 7-36 所示。

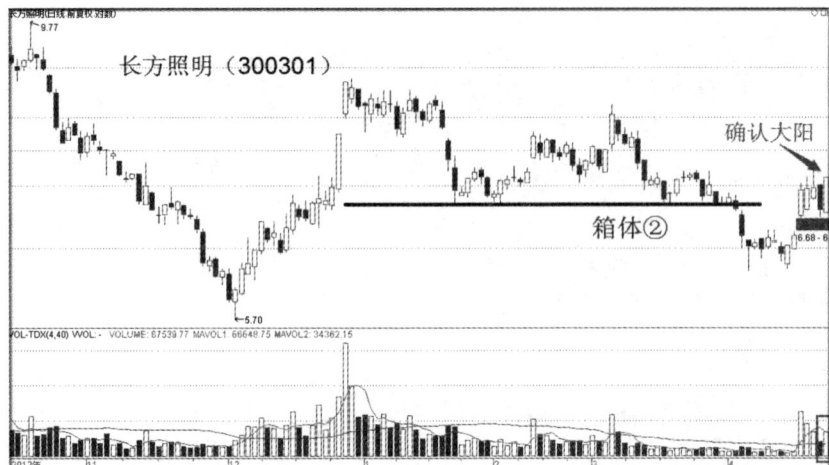

图 7-36

接下来的一天该股继续冲高，成交量继续放大，如图 7-37 所示。

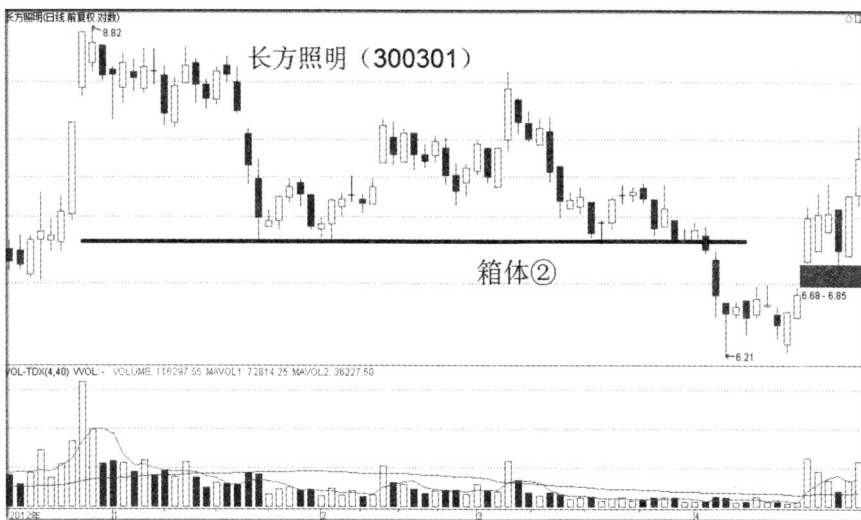

图 7-37

后面两天该股冲高回落，开始调整，如图 7-38 所示。

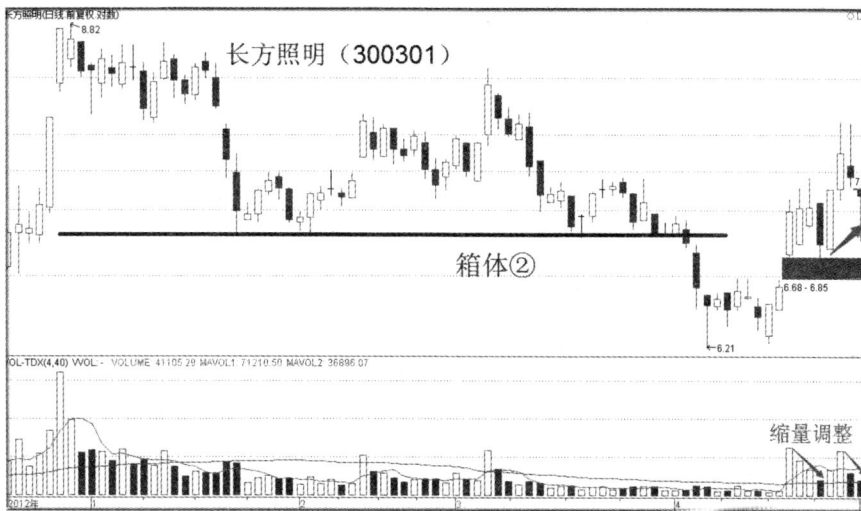

图 7-38

　　我们看到，长方照明在回档到前一根标志性的大阳线附近时即出现止跌拉升，盘面上留出一根较长的下引线，表明做多资金在低位开始进场，多方力量战胜空方力量，虽然没有收出阳线，但多方的力量已经足以抵挡住空方的下跌了。同时成交量进一步萎缩，这两天的缩量跟前面跳空之后的调整有着相似之处——都是缩量回调。越是这样，主力机构洗盘的动作越明显。投资者要做的是继续等待次日一根标志性大阳线出现，来结束调整并确认反弹的继续。

第二天真的就收出一根阳线，但力度较弱，如图 7-39 所示。

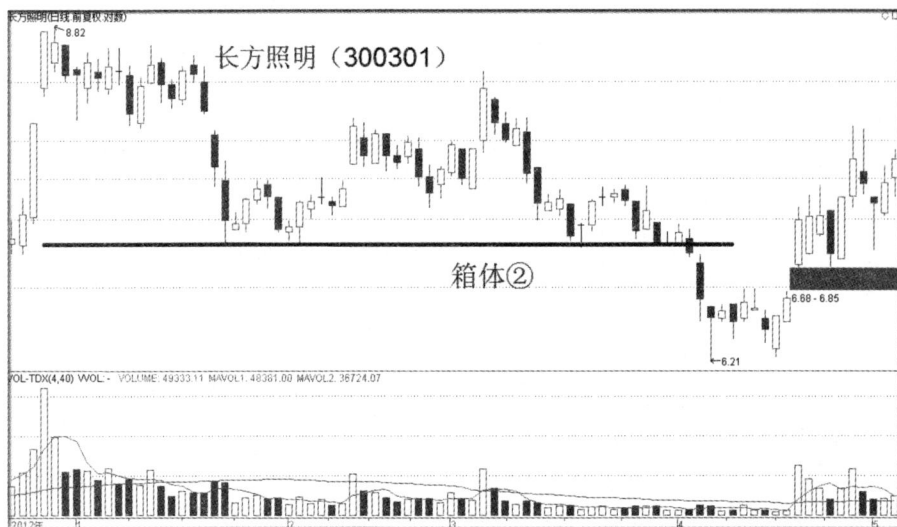

图 7-39

下跌两天之后，反弹两天，但两根阳线的力度都比较弱，而且成交量没有有效放大。笔者的判断是此处可能要进行一个箱体整理了，因为做多资金依然比较谨慎。

次日再次收出阴线调整，如图 7-40 所示。

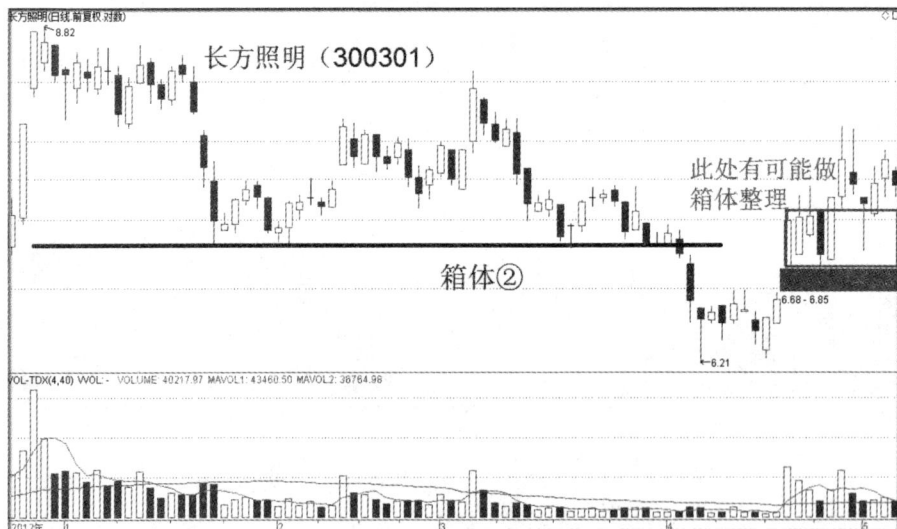

图 7-40

只要成交量没有放大，缺口没有回补，投资者就不用害怕。后面股价再次出现反弹，如图 7-41 所示。

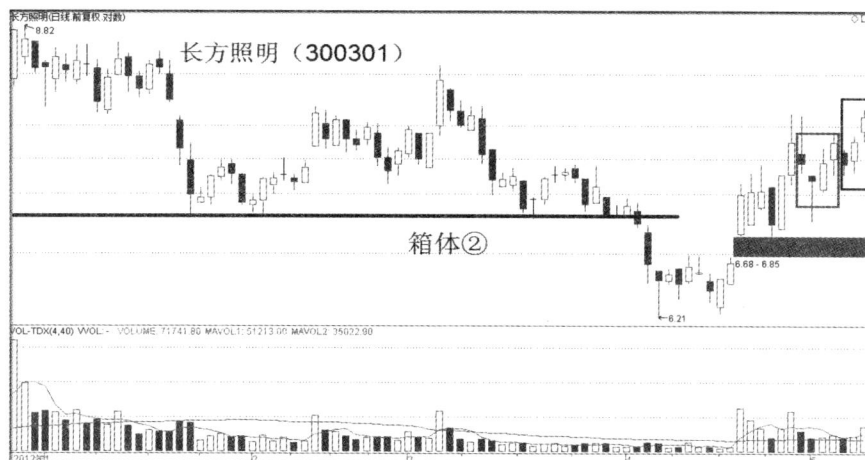

图 7-41

我们发现了一个现象：前面跳空之后，该股出现第一根中阴线，反弹两天；调整两根阴线，收出两根阳线；再调整一根阴线又收出两根阳线。股价的箱体整理有可能演变为旗形整理，不管怎么样，说明做多力量在加强。

根据 K 线理论，此处如果做多资金在持续的话，那反弹的天数至少是两天，也就是说可能在两天以上，达到三天甚至四天。

结果后面真的是又收出两根阳线才出现调整，如图 7-42 所示。

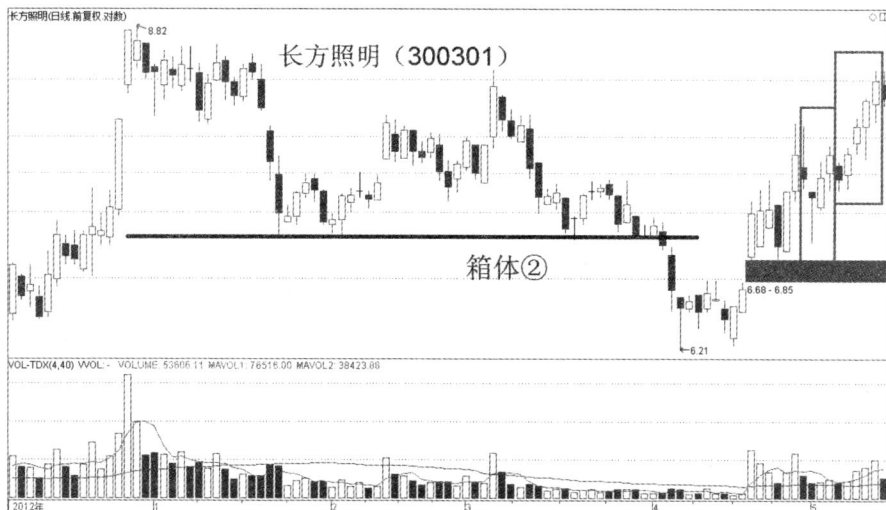

图 7-42

由此，可以更加明确地看到主力机构做多的痕迹，确认主力机构做多的信心。首先，跳空是做多力量的集中爆发；其次我们看到近一段的 K 线表现是这样的：2 阴—2 阳，1 阴—4 阳——每一次调整的阴线数量在减少，而反弹的阳线数量却在增加。这说明空方力量越来越弱，多方力量越来越强。

至于后面再次收出一根调整的阴线，我们不应害怕，而是感到高兴，因为这根阴线的后面可能是连续四根（或者四根以上）阳线，或者上涨幅度达到11%（前面四根阳线涨幅合计）或者超过11%。

结果次日该股直接以涨停报收，同时突破箱体②的上沿，如图7-43所示。

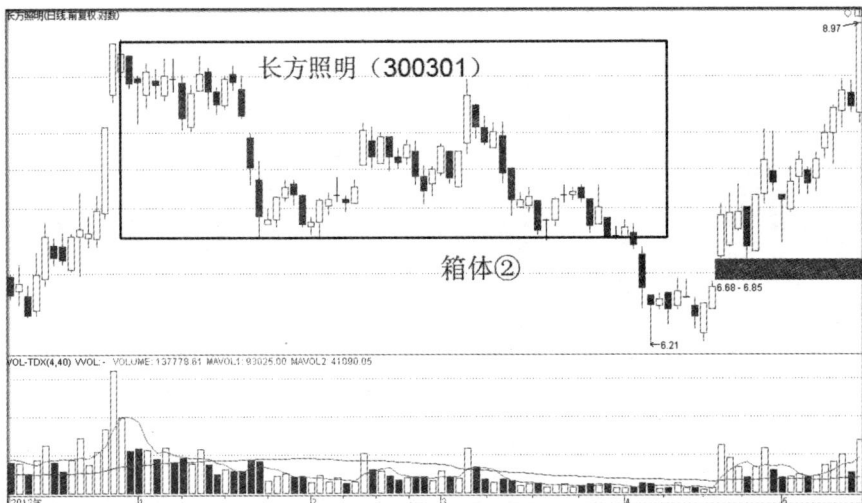

图 7-43

此处一根K线就超过了前面4根阳线，为什么这么讲呢？可能从涨幅上看，还略微小了点，但是意义却完全不一样。能够四天干完的活一天干完，你觉得力量大不大？说明股票已经由以前的谨慎（四根阳线）转为强势（一根涨停板），极有可能转入加速阶段。

第二天该股冲高回落，收出阴线，如图7-44所示。

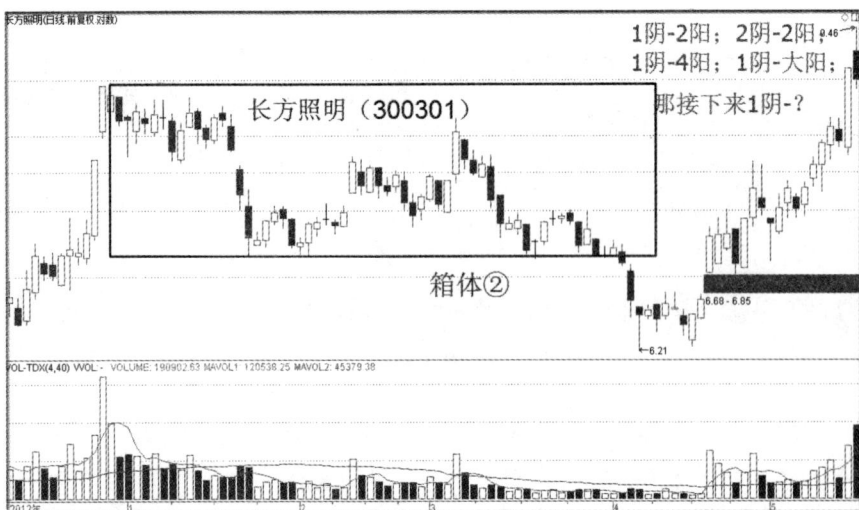

图 7-44

算上前面的涨停板，该股其实是涨了一天半，幅度达到 15%，完全符合笔者的推断，主力机构做多的信心也符合对此段 K 线的解读。那么，前面都是来了阴线就出现阳线，空多转换非常快速，此处是否也会如此呢？

次日该股小幅低开之后即出现拉升，盘中一度冲击涨停，实体涨幅近 10%，如图 7-45 所示。

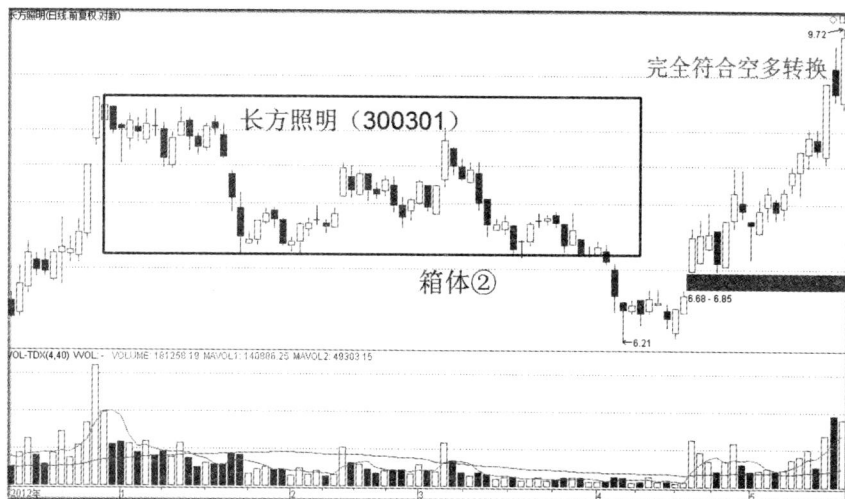

图 7-45

图形也是出现了空多的快速转换，主力机构做多意愿明显，做多力量强大。最重要的是做多力量持续，因为后面该股又大涨了近 20%，如图 7-46 所示。

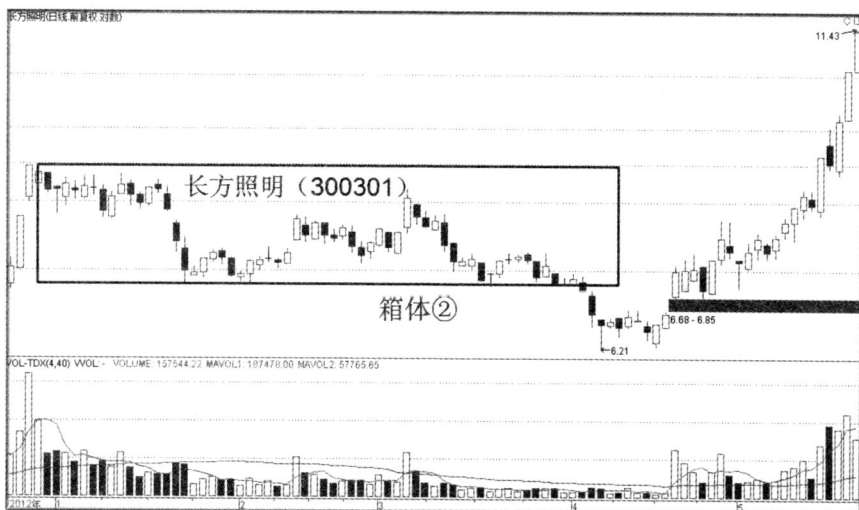

图 7-46

该股从低位跳空起，1 个月时间涨了 70%，后面该股出现了阴线（做空的力量）又很快出现了阳线（做多力量），空多转换非常快速。这一点在对牛股的操作上非常重要，尤其是大阴线下跌，往往是股民最恐慌害怕的时候，而这个时候主力机构通常会以非常坚决的勇气和魄力进场。此后该股短短 2 个月的时间，就出现了翻倍，如图 7-47 所示。

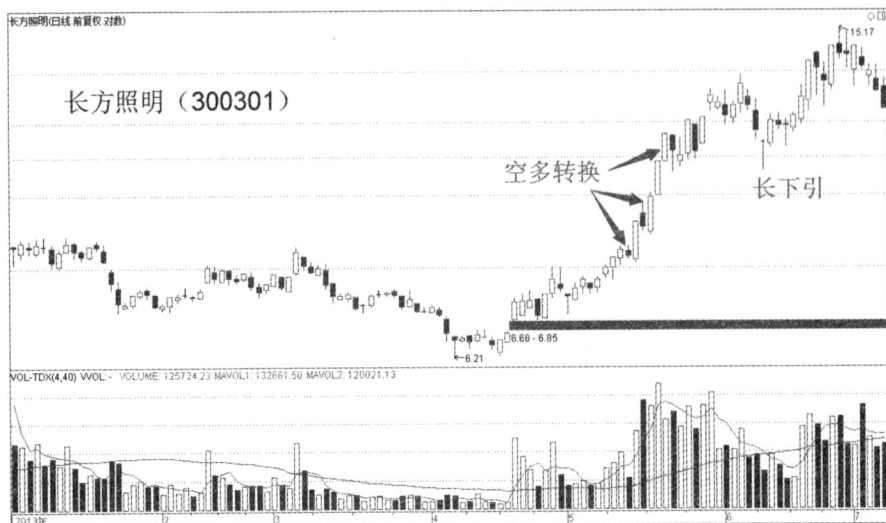

图 7-47

而这一切的启动点，就是长方照明低位的一个跳空缺口，正是这一个向上的跳空缺口结束了股票的下跌调整，开启了一轮新的上涨。在日常操作中，对个股的跳空都要留意，尤其是在相对低位出现的向上跳空，更应引起重视。因为这个缺口通常表示空方力量（下跌）的衰竭，多方力量（上涨）的爆发。

二、最大压力附近的跳空

股票在最大压力附近，形成坚决的向上跳空，反映出主力机构做多的勇气和魄力。因为最大压力附近往往是资金套牢较多的地方，一旦形成突破，就意味着主力机构要面临巨大的解套抛盘，压力之大可想而知。但主力机构会毅然跳空越过去，让想抛的人看到上涨不轻易抛掉，让想买的人来不及介入。

案例 7-6 壹桥苗业（002447）

如图 7-48 所示，壹桥苗业上市次日以涨停收盘，在接下来的两周中，一直围绕这个涨停板震荡。对于刚上市的新股来讲，可参考的技术分析非常少，很多人喜欢把 K 线分成 30 分钟和 60 分钟来把握，其实是一样的。因为 K 线周期短，我们的眼光就短。

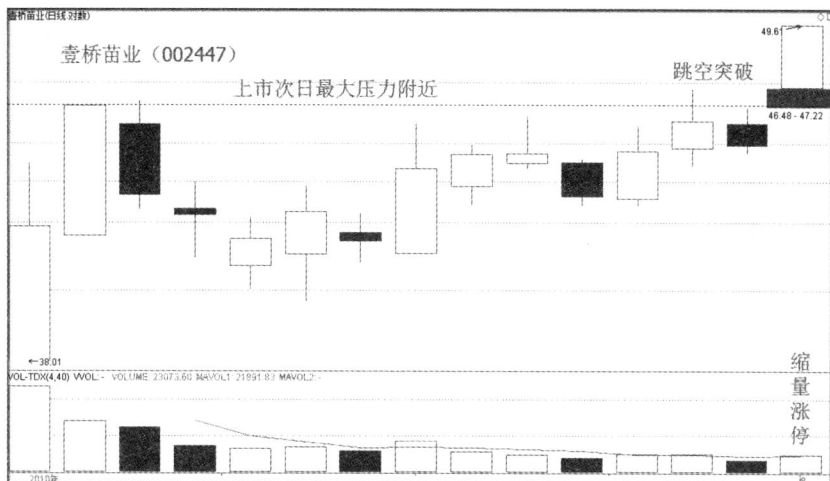

图 7-48

壹桥苗业在震荡两周之后，周五以小阴线收盘，给人一种即将继续陷入整理的现象。结果周一该股大幅度跳空高开，一开盘就显示出主力机构的魄力：开盘价即超过之前的最高价。什么意思呢？就是周———开盘，所有之前卖掉的人相对于这个价格来讲都是割肉走的。这也正是跳空高开的意义，让提前出局的意志不坚定者后悔。而且我们看到该股早盘封板的时间比较早，说明态度比较坚决。

对于投资者来讲，看到高开就要去留意。如果早上 09:25 集合竞价结束时看到这只股票了，那就要买，如果盘后看到，就要把它放进股票池，准备次日操作。

结果次日该股继续跳空高开，盘中放量冲击涨停，做多信心十分充足，如图 7-49 所示。

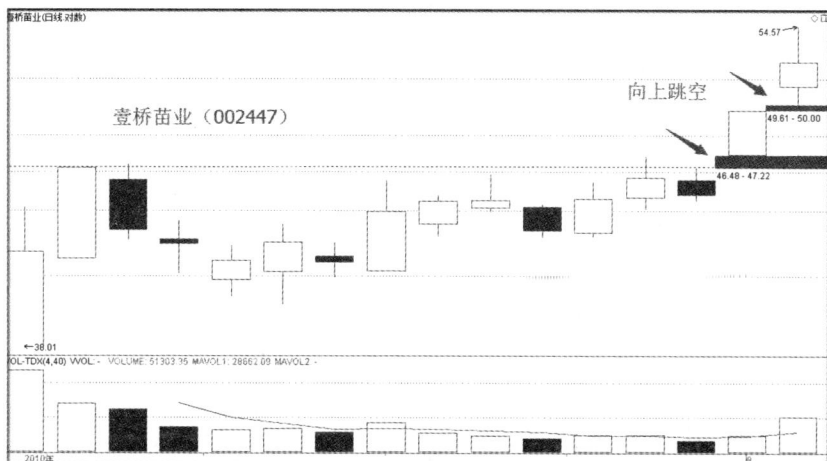

图 7-49

但遗憾的是，大多数人在涨停打开尾盘跳水的时候开始卖出股票。原因很简单，就是感觉这个股票涨高了。其实，很多时候卖股票都是缘于自己的害怕：自己觉得高了，觉得差不多了——我们希望股票创出新高，为什么当它真正创出新高，头顶没有压力的时候，反而退却了呢？而笔者当时在开盘的时候，还担心买不进，所以直接挂 52.00 元买入，结果 51.00 元开盘之后，直接下掉，最低打到 50.00 元，成本高出 2 块钱。好在它没有回补缺口，随后震荡拉升，午后还一度触及涨停。

第二天，该股气势如虹，一举收复失地，如图 7-50 所示。

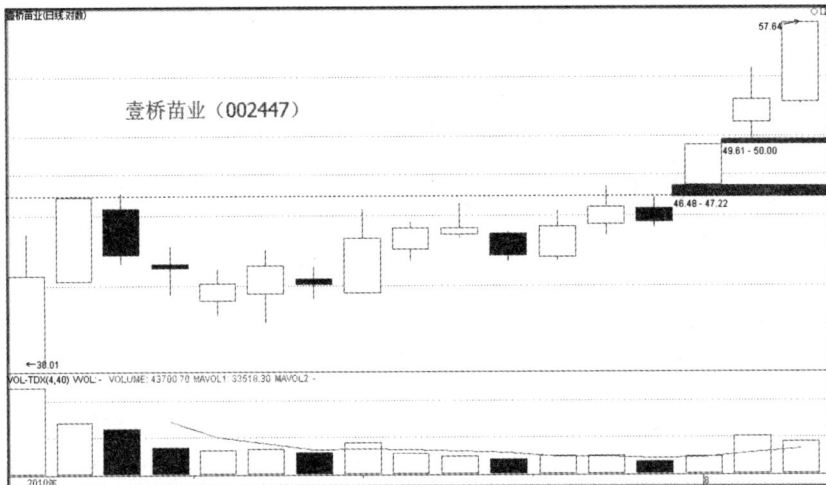

图 7-50

股票缩量涨停，必有新高，操作上可继续持有。该股在这一天的分时和前一天非常类似，都是涨停板打开跳水，如图 7-51 所示。

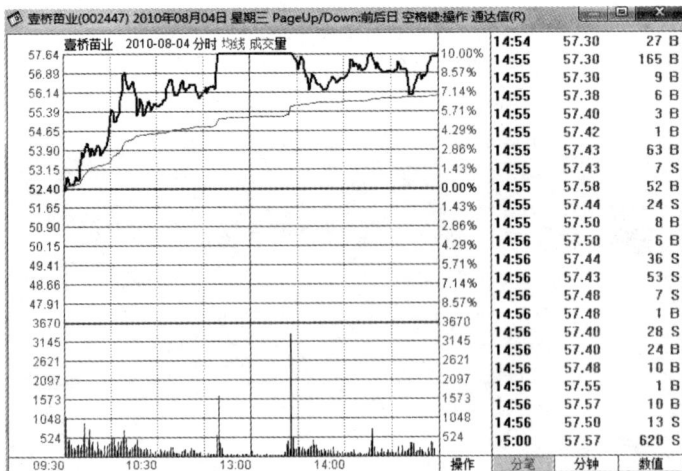

图 7-51

好在它尾盘收了上去，最终图形上所看到的是一根近乎涨停的大阳线。好多人看到尾盘涨停就害怕，觉得是主力涨停不够坚决，要卖，而笔者早就不把这些小技巧当成买卖的标准了，所以根本没有理会。

笔者是在 2010 年 8 月 20 日上午收盘前在如图 7-52 箭头处把它卖掉了，一方面是自身的原因，另一方面是朋友的关心。

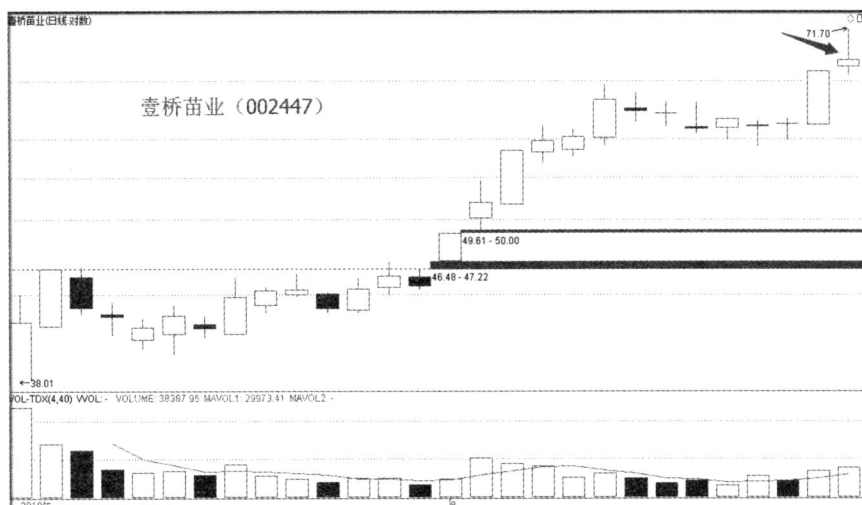

图 7-52

可能大家比较奇怪，卖股票和朋友关心有什么关系？在这里笔者跟大家分享下经历，相信很多投资者都有这种情况，就是有时候你的朋友比你还要关心你的股票，看你没卖比你还要着急。笔者的建议是，把朋友的好心当做空气，专心做好自己即可，不要被这些杂音干扰。

其实正是这种因素的干扰，笔者在后面再次跳空突破的时候，没能抓住主升浪，只抓了两个板就被吓出来了，这是很遗憾的，如图 7-53 所示。

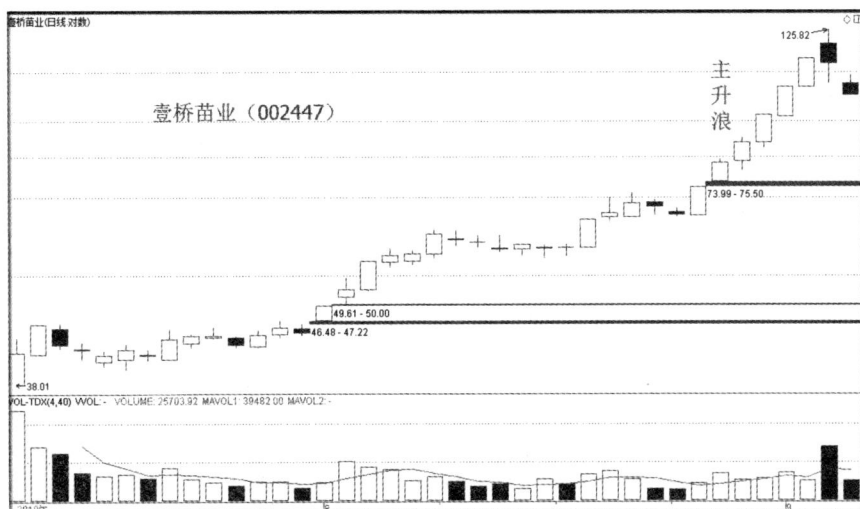

图 7-53

所以，"人言可畏"就是这么来的。不过，笔者从此之后，不论涨跌，亏损与否都独立承担，不再为好友的好意买单。

案例 7-7　中国软件（600536）

从如图 7-54 所示我们看到，中国软件在创出新高②之前，①是它的历史高点，下方的成交量说明，历史新高①和新高②都是成交密集区，也都是最大压力位置，对后期股价的运行都起到压力或支撑作用。

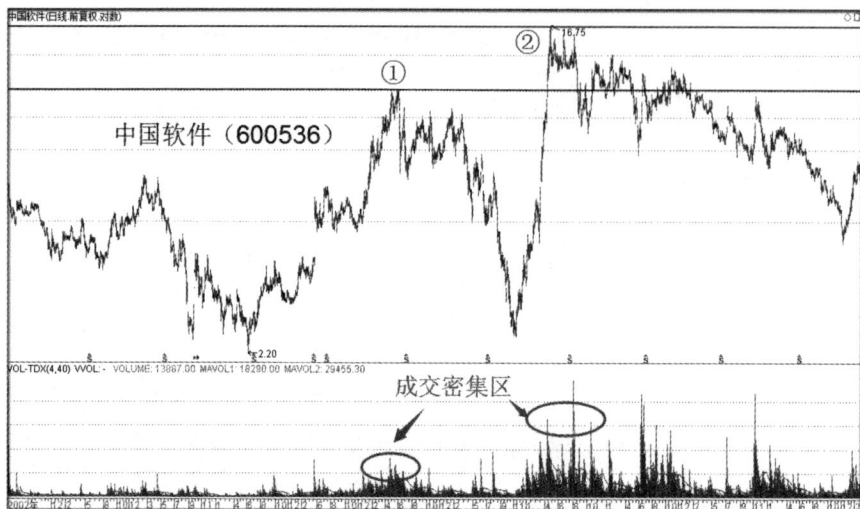

图 7-54

后面股价运行到①处时，选择向上跳空的形式突破历史压力，如图 7-55 所示。

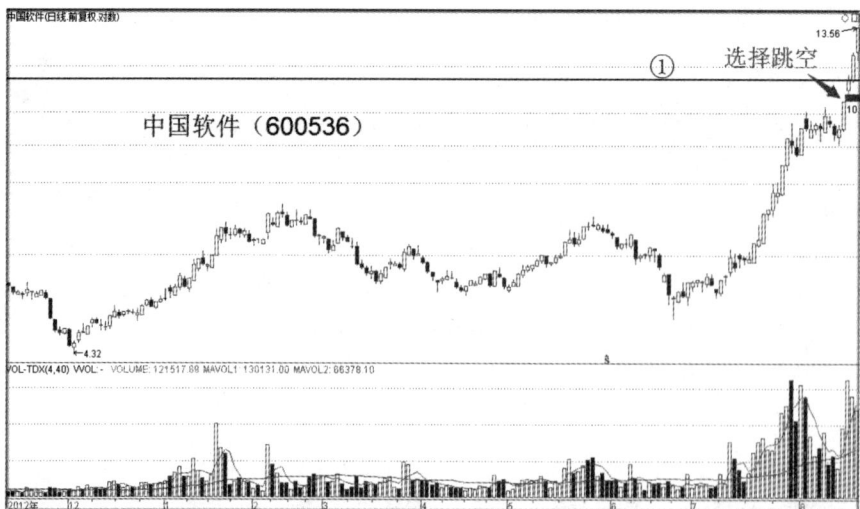

图 7-55

然后直接快速拉升冲到历史新高②处，如图 7-56 所示。

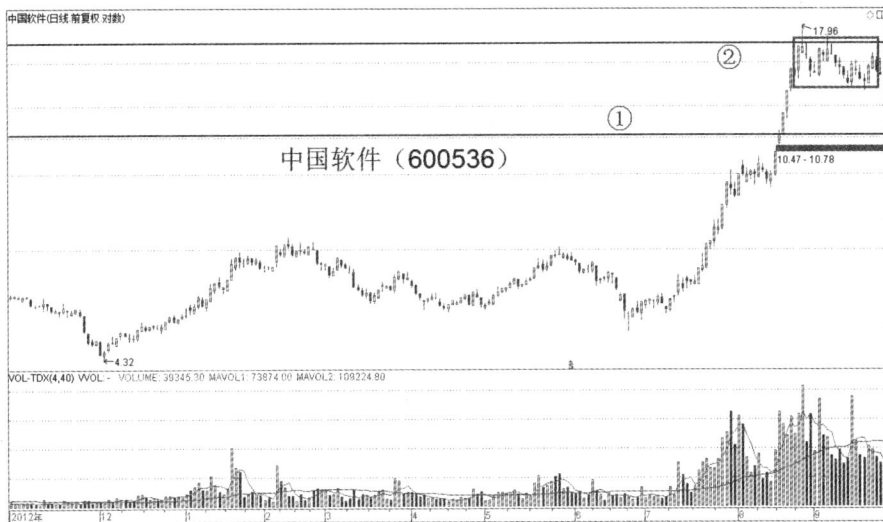

图 7-56

股价在①处直接跳空冲过，做多力量充足。在②处冲高回落，出现调整。原因也比较容易理解，毕竟②是历史新高，股价再次创出新高之后，就意味着要帮所有曾经在②处买进没走的人解套，抛压大也是正常的。

但是该股在②处也仅仅是做箱体震荡，并没有出现大幅度的杀跌。换句话讲，只要没有跌破②处的箱体，就可以继续持有。

2013 年 9 月 30 日，也就是国庆节前一个交易日，该股早盘选择大幅度跳空高开的形式向上突破，盘中上下震荡，多空双方争夺非常激烈，到收盘为止，该股放量杀跌，但并没有回补早盘的向上跳空缺口，如图 7-57 所示。

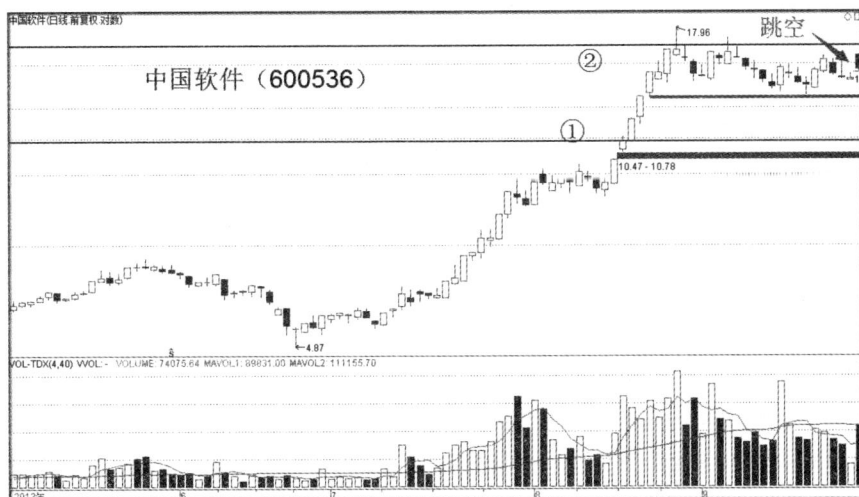

图 7-57

2013 年 10 月 8 日，节后第一个交易日，该股以涨停板的形式反包前一天的大阴线，显示做多力量强大，如图 7-58 所示。

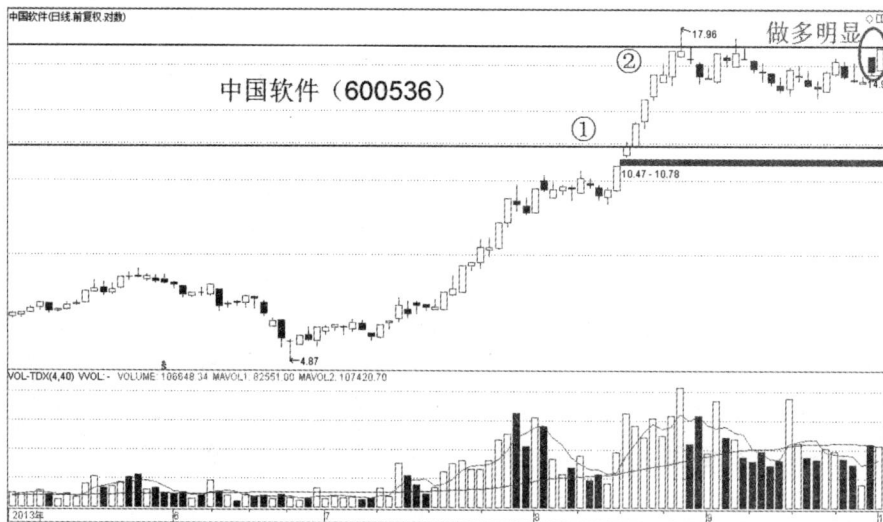

图 7-58

次日该股继续跳空高开高走，并创出新的历史新高，做多力量强大、坚决，如图 7-59 所示。

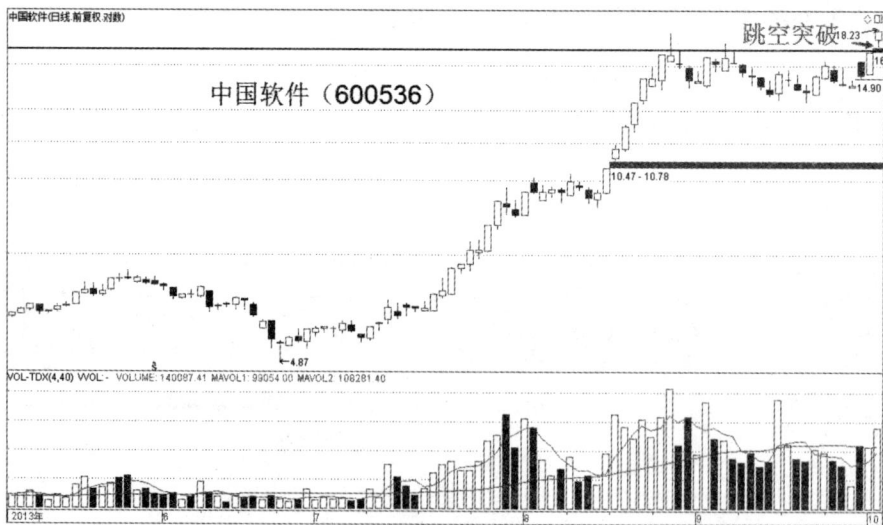

图 7-59

随后中国软件两次都是调整一天再次冲高向上，空多转换非常快速，而且阳线实体都很大，显示主力机构做多的力量非常强。

自 2013 年 9 月 30 日起，它的结构是这样的：1 阴—3 阳；1 阴—2 阳；1 阴—3 大阳。直至收出大阴线，空多转换失败。短短 10 个交易日，上涨 50%，何其壮哉，如图 7-60 所示。

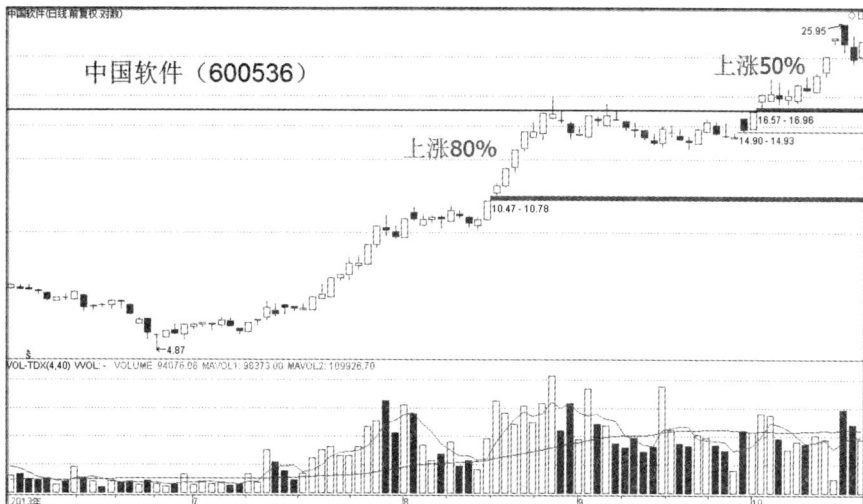

图 7-60

我们看到，中国软件两次都是在关键位置选择向上跳空突破，把曾经的最大压力或者历史高点踩在脚下，继续向上突破，把压力转化为动力，大幅度的上涨。相信大家都看到了，但是未必都能做到，即便有的投资者买到了，也未必能拿得住。究其原因，还是自己的心魔在作祟，对于看到跳空买进次日冲高就抛掉的投资者，到底该如何解决不早卖的问题，杰西·利弗莫尔在 1940 年出版的《操盘术》中早就说过了：（对于过早卖出）为什么我们要害怕失去从来没有真正拥有过的东西呢？

第 3 节　涨停板

涨停板很好理解，就是市场常见的一种强势状态，也是绝大多数散户每天追求的一种状态。《股民老张》里唱的：一天一个涨停板，感觉忒膨胀。涨停板有一字板和实体大阳线涨停两种情况，通常都表示强大的做多力量。

涨停板可以出现在底部，可以出现在上升途中，也可以出现在下降通道……涨停板本身就是主力机构做多力量的一种体现，而出现在最大压力附近的涨停板，则更多的是显示主力机构做多的勇气和魄力。通常情况下，此时的股价已经创出了历史新高，也就意味着它将会把历史上所有买进的散户全部解套，得到的支持也就会更多。

涨停板的发生通常伴随着跳空缺口的出现，前面我们讲过向上跳空的威力，当两者结合起来的时候，其做多意义更不容忽视。

一、一字板突破

一字板不给买入机会，显示主力机构做多的决心。

案例 7-8　顺荣股份（002555）

顺荣股份自上市后一路下探，其间没有出现过像样的反弹，2011 年 12 月份跌破平台之后，一直在低位做箱体横盘，直到 2013 年 10 月份才摆脱箱体整理，其选择突破的方式正是跳空一字板，如图 7-61 所示。

图 7-61

该股一口气连拉 8 个一字板，创出上市以来的新高，显示出主力机构的魄力。因为这 8 个板的拉升意味着即便是在上市初的最高价买进的人，也得到了解放，如图 7-62 所示。

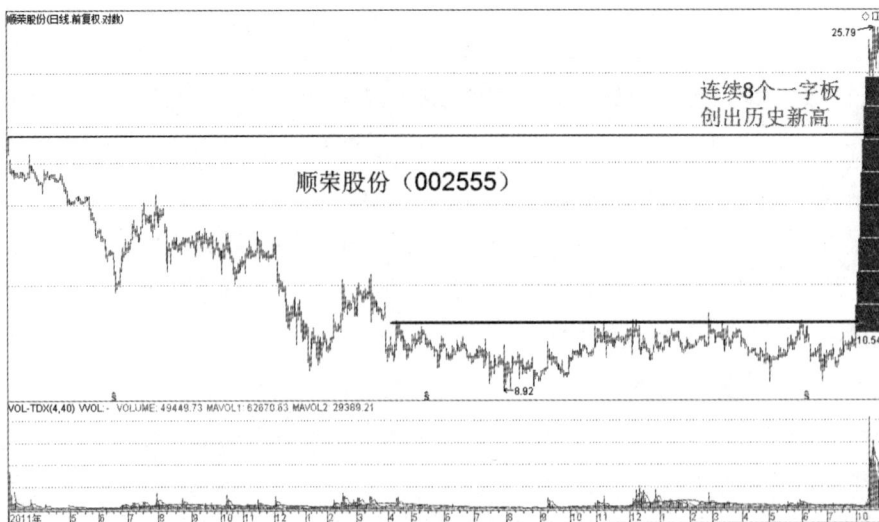

图 7-62

大多数散户看到这种情况的反应可能有两种，一是买到这种股运气太好了，不过跟咱没关系，不用关注了；另一种是 8 个涨停，太高了，不敢买。其实当大多数人看到风险的时候，你应该看到机会，当大多数人满眼看到黄沙的时候，你应该从黄沙里看到金子。

别说是 8 个涨停之后打开，就算是 5 个涨停之后打开，前期买入的人也早开始跑了，为什么？因为在他们眼里已经涨高了。那为什么 5 个涨停已经涨高了，而主力机构还要做到 8 个涨停呢？原因很简单，因为这个时候该股创出历史新高。既然该股把上市之初的人都一并解放了，也就不在乎你那几百股了。这样的主力其志不在当下。所以对于这种连续一字板创出历史新高的股票，一旦涨停打开，就是机会，而笔者就是在这一天的开盘介入的，如图 7-63 所示。

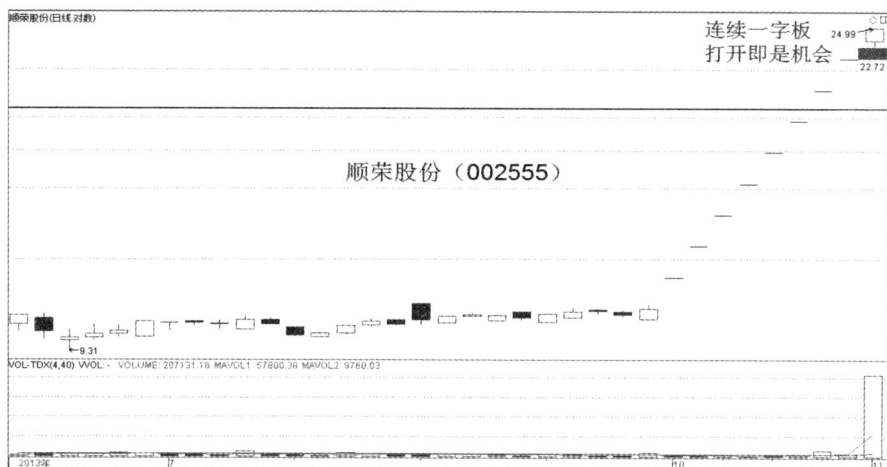

图 7-63

当天开盘介入，该股全天震荡很厉害，随后以涨停报收。当天放出天量，其实笔者也明白当天很多人跑掉了。但没想到第二天跌的更凶，如图 7-64 所示。

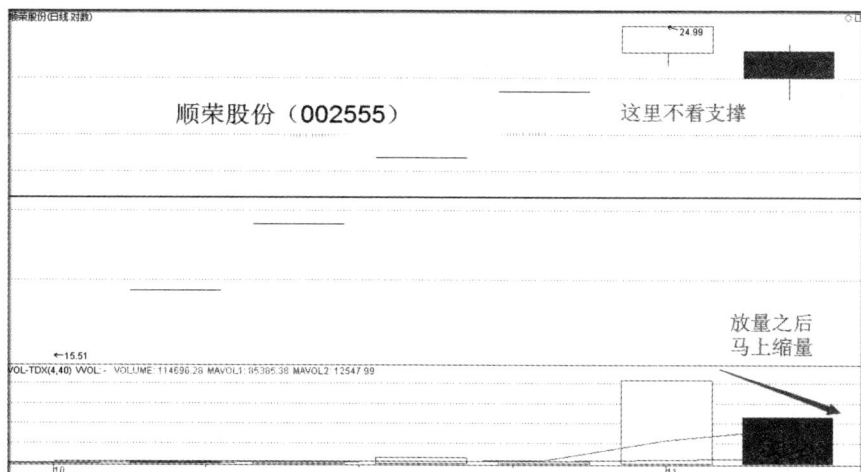

图 7-64

当天触及跌停板又拉了回来，到收盘为止，全天下跌 7.24%，由于笔者是前一天开盘进的，所以这一天只亏了 3%，从心理上是可以接受的浮动亏损。另外前一天放天量第二天马上缩量，应该是好事情，说明市场大鳄没有走，这个下跌很有可能是散户出逃导致的。这两点也是笔者在别人恐慌的时候，还能够淡定地再看一天，也是持股的理由。笔者并没有按照一般的技术分析认为跌到前一个一字板附近获得支撑拉起，因为这是一个非常要命的观点——该股下面有 8 个一字板，层层往下吗？所以这个地方是心理战不是技术战。

后面股价的确过了两天就拉回来还创出新高，正当笔者高兴之时又陷入了整理，时间长达 1 周。2013 年 11 月 13 日，股价下跌 8.4%，让前期好不容易赚的钱又吐回去了，市场中看空的声音也比较多，这个时候笔者其实是有点后悔的，后悔为什么不在涨停那天先出来一部分，但是市场是一个不给你后悔的地方，你的每一次决定都会让你在市场中付出代价或者获得回报。当笔者恐慌的时候，再次想起一周前的持股信心来源——那就是人弃我取。当时笔者是不敢取的，但是做好了暂时止损的准备，就是跌破 11 月 6 日涨停大阳的最低价 22.51 元就先离场，结果第二天开在 22.52 元就拉起来了，如图 7-65 所示。

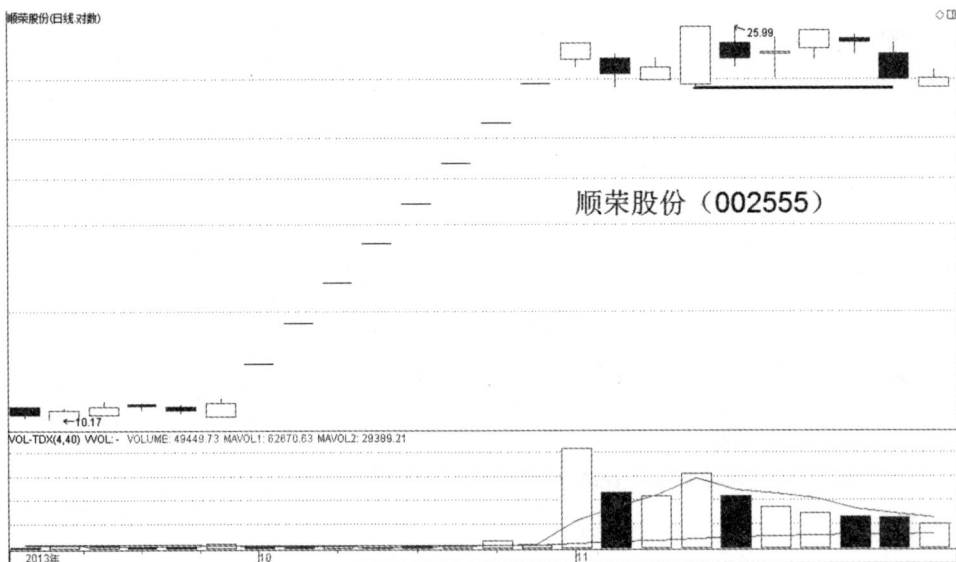

图 7-65

阳线，虽然是那么一点点，也给了笔者很多希望。次日，该股继续拉升，盘中一度冲击涨停，到收盘时，形成早晨之星的 K 线组合，笔者在收盘前再次介入，如图 7-66 所示。

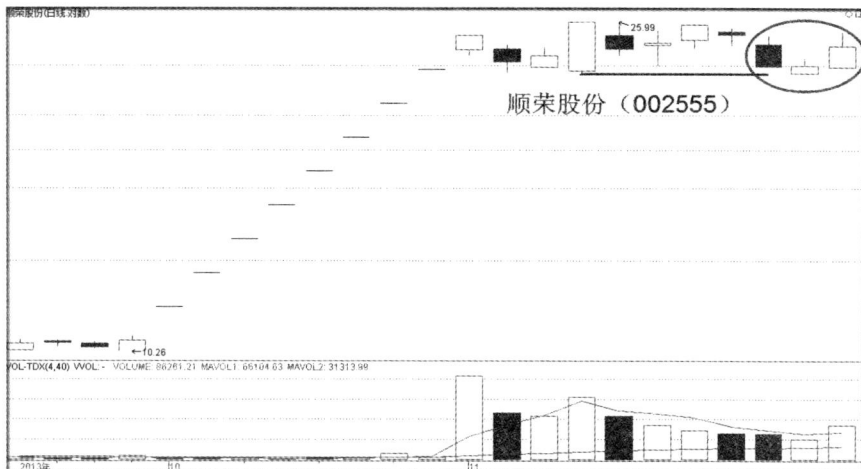

图 7-66

强势股票有一个特点就是大阴大阳比较频繁，一会儿吓死人一会儿又让你很激动，总之是非常惊喜，这是它的股性决定的。以后大家看到类似的股票，一定要注意，当你忍无可忍的时候再忍一忍也许就是新的开始。

后面股票果然给了回报，连续两个涨停，如图 7-67 所示。

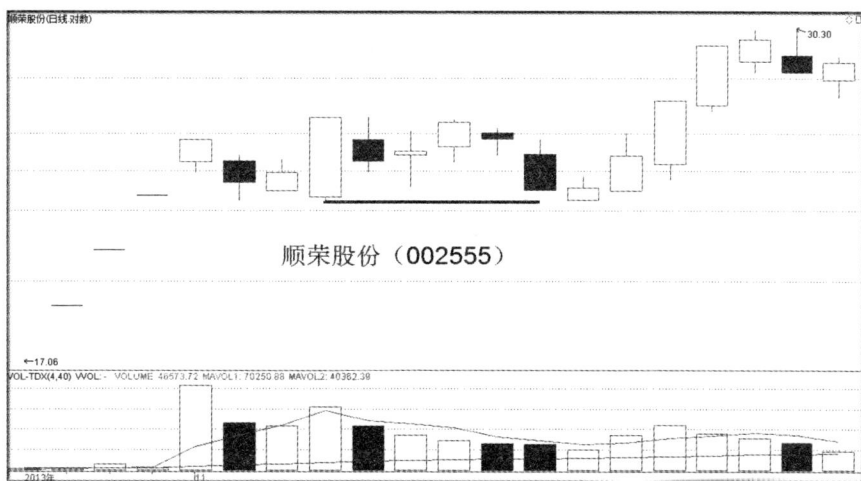

图 7-67

不过笔者在 2013 年 11 月 22 日也就是这根阴线的第二天就卖了一半，也就是把第二次加仓的部分卖掉了，原因有两个，一是看到当天的这根阳线实体不是很大，同时下引线快吃掉前面这根涨停实体了，向下意愿越来越强；二是担心又像第一次介入时一样，赚了没走又坐了电梯。基于这两点在这个位置减了仓。

后面股价再次走出震荡市，也果然如笔者担心的一样，把这几天的反弹成果当成了它的活动范围了，如图 7-68 所示。

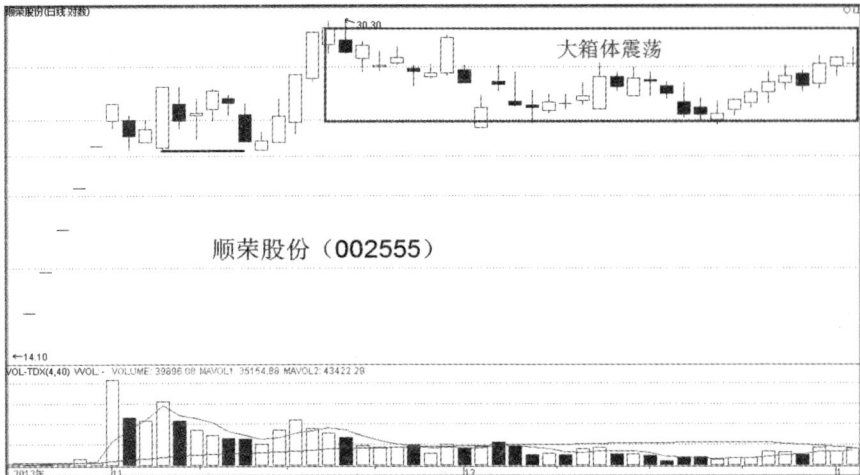

图 7-68

幸亏在之前卖了一部分，不然就坐了趟电梯。我们很多人亏钱就是赚了没走后来亏了出来的，想原因可能跟笔者以前一样。所以在不确定后面走势的情况下，有的赚先走一部分，这样既可以摊低持仓成本，又可以让一部分的盈利落袋为安，同时也加大了你的持股信心。

卖掉了加仓的那部分，持有当初的底仓，跟随股价的波动。但是也要有所准备，就是该股前期连续拉升的 8 个一字板，说明其志在长远，此处做箱体的话，后面的空间更可期待，但不能太久，1~2 个月可以接受，时间太久就要考虑出来了，因为时间越久变数越多——我们不能执着于自己的判断，而是要以市场为主。

后面该股震荡了 1 个多月之后，股价突破箱体出现拉升，但最终在 2014 年 3 月份跌破箱体，如图 7-69 所示。

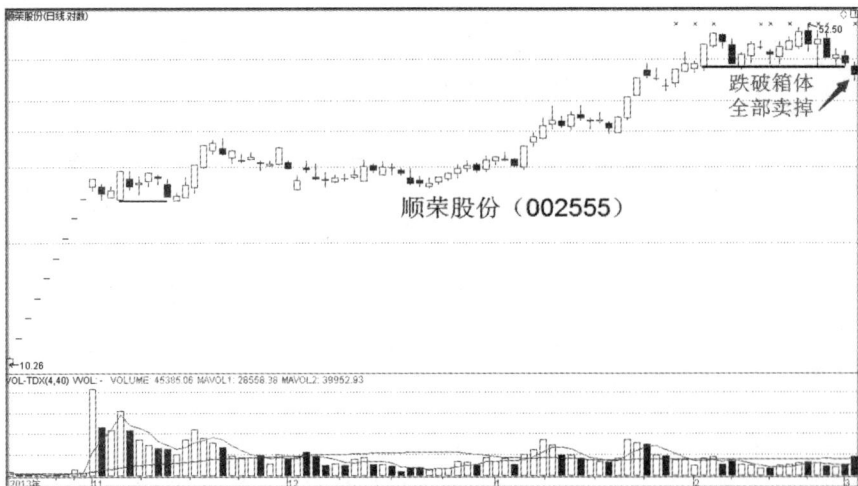

图 7-69

案例7-9　江苏宏宝（002071）

江苏宏宝连续 11 个一字板，创出历史新高，其志不可小觑，因为连拉这么多涨停，让上市后所有买进套牢没走的投资者，全部获得了解放，如图 7-70 所示。

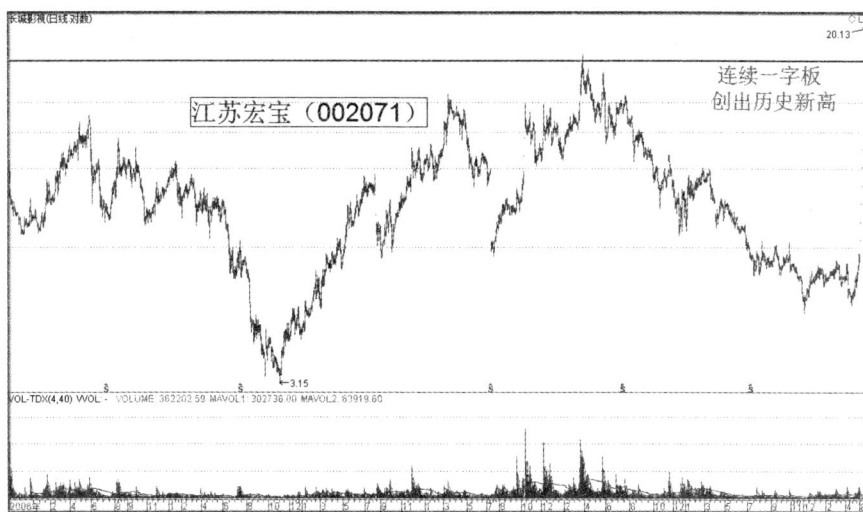

图 7-70

如果你之前介入过，只要不是最高价买进，都盈利几个板了，那接下来一旦一字涨停板打开，走还是不走呢？大多数投资者应该会走为先，赚为上。笔者认为，主力机构花这么大的力气让那么多人解放，行情是不会很快走完的。因为主力机构不可能是雷锋，让大家解套之后把筹码抛给他，让他来接盘，所以市场经历几天的震荡之后一定还会重拾升势，如图 7-71 所示。

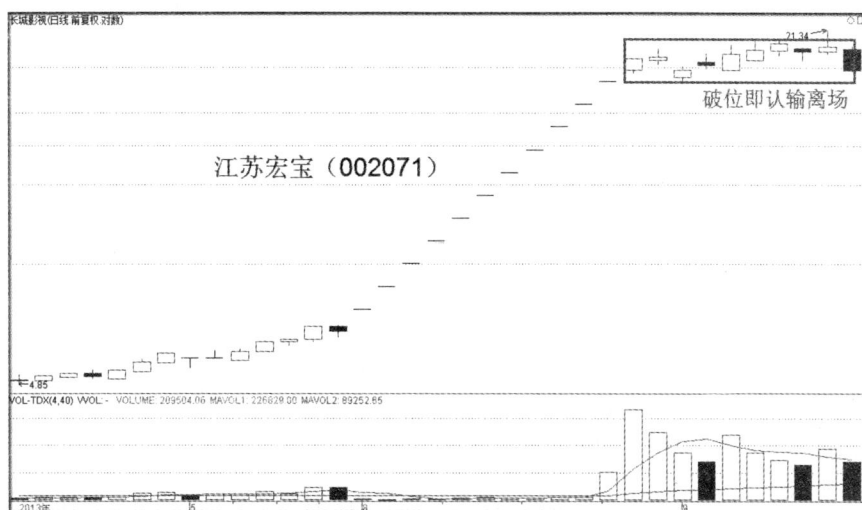

图 7-71

股价在一字板之后再次拉出一个涨停板，随后两天开始震荡，但很快就拉升上去，中间一度冲击涨停。但很快跌了下来，在图上箱体的最后两天，我们看到两日振幅达19%，一般的散户早就吓死了。这个时候要做好两手准备，一是一旦真的破位箱体，介入的就要择机离场；二是跌了两天之后，别人恐慌我们要看到希望，一旦出现止跌，就坚定认为是主力在洗盘。后面股价也的确就在此处止跌，如图7-72所示。

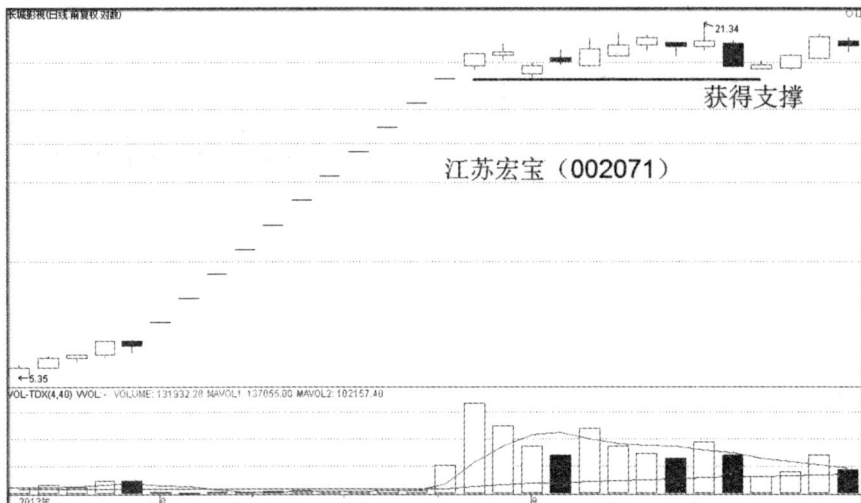

图 7-72

这个支撑从有形的图形上看，是前期调整的低点，是箱体的底部；从无形的股票内在看，是对公司未来看好的信心。

后面的走势就很清楚了，股价在箱体顶部调整两天之后，就选择继续拉升，大涨50%，如图7-73所示。

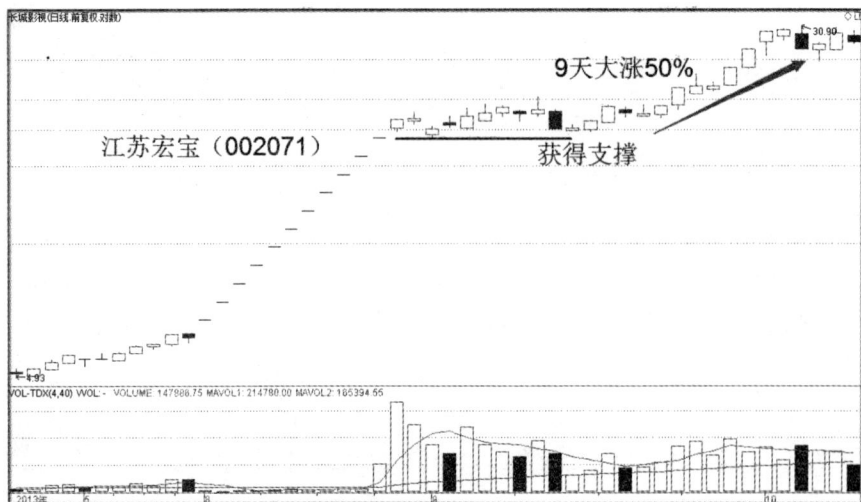

图 7-73

回过头去看，会清楚地发现，该股当天多空经历了争夺之后，是多方占了优势，收出了阳线。收出阴线调整的时候，次日即收出阳线，空多转换比较快速。

什么时候卖出又是我们考虑的问题，如果你的盘感很好，很有可能卖在高点附近，但是对于这样的牛股来讲，一般的技术分析是没用的。换句话讲，这次你能卖在最高点附近，下次你一定会放跑它，所以我们要做的就是跟随，什么时候结束什么时候离场。连续拉阳线，就继续持股，出了阴线不出阳线就选择卖，跌破箱体也选择卖。这是我们常用的几个卖出股票的方法，虽卖不到最高，但可以拿住股票的大部分上涨阶段。

笔者参与的是江苏宏宝的第二波，如图 7-74 所示。

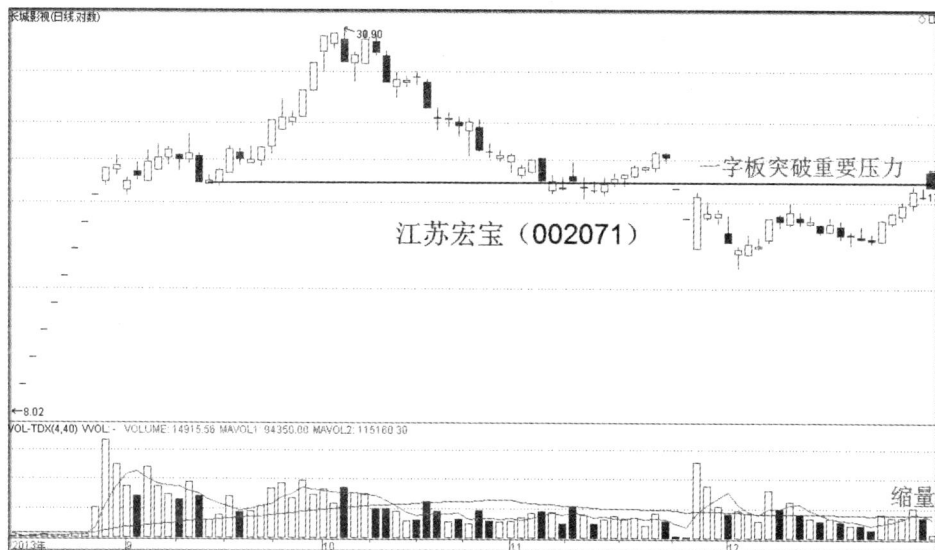

图 7-74

江苏宏宝在经历了两个月近 60% 的大幅度杀跌之后，于 2013 年 11 月 27 日出现反弹（当天从跌停到涨停），随后几周股价一直在 11 月 27 日的阳线实体内震荡整理。2013 年 12 月 30 日上午停牌半天，下午开盘秒停，当天根本没有机会介入。但收盘之后发现，这个一字板的位置比较有意义，就是前期股价整理平台被跌穿后形成的压力被它一举突破。如果次日该股继续高开，则可介入。

第二天该股果然高开，于是果断介入，如图 7-75 所示。

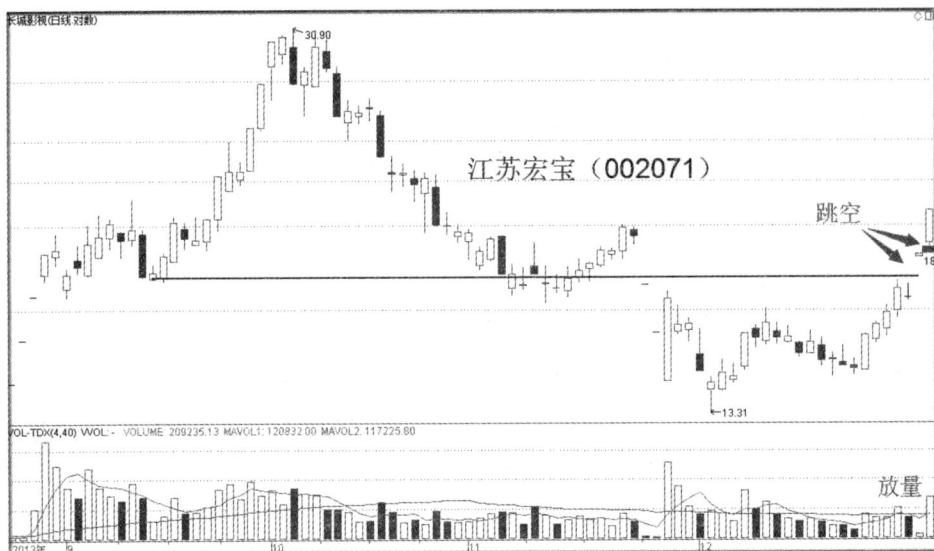

图 7-75

　　该股前期经历了腰斩，现在股价又连续两天跳空涨停突破重要压力位，操作上强烈看多，至于反弹的目标位，可以设两个，一个是前期的高点，另一个是前期平台的位置，如图 7-76 所示。

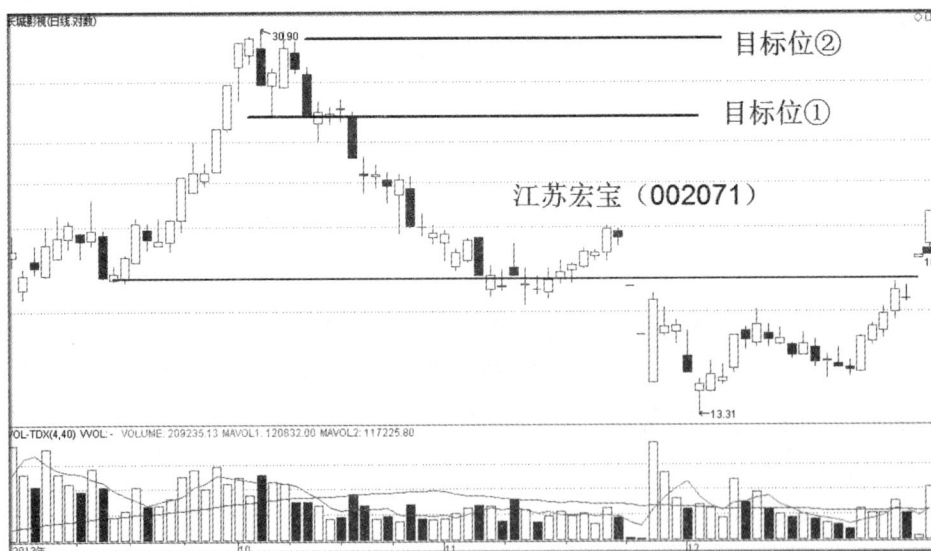

图 7-76

　　后面的走势是，股价继续反弹，在目标位①处出现震荡，如图 7-77 所示。

图 7-77

　　前面讲过，在重要压力位附近，如果不能形成快速有效地通过的话，那就是假突破，操作上以卖为主。现在股价面临目标位①处压力，是到了表示态度的时候了。这个时候卖股票，理由只有一个就是担心利润回吐。但是仔细观察就会发现，其实这根阴线是它突破以来的第一根小阴线，连续涨了 7 天，调整 1~2 天也是允许的，就看它明后天的态度了，如果明天阴线变大，那此处压力较重，操作上以卖出为主，如果次日股价以很坚决的态度突破①处压力，实现空多的快速转换，那操作上还要加仓。

　　结果第二天重演了之前的那根一字板，如图 7-78 所示。

图 7-78

后面股价再次连拉两个涨停挑战新高，但是有一个问题，就是在通过目标位②时，没有持续性，也就是说没有突破①时的做多意愿——空多转换不够快速，阴线数量多于阳线数量，阴线实体大于阳线实体。所以，此处建议减仓，最后当一根大阴线出现的时候，彻底清仓，如图 7-79 所示。

图 7-79

可能有些投资者会感到疑惑，为什么之前我们可以等待它是否构筑箱体，而此处却不呢？这是因为这个位置是重大历史压力附近。

笔者的操作思路是，没有出现明确的卖出信号时，不轻易地把底仓全部交出去。因为大行情的头部不是一天构成的，一定会有个确认的过程，永远不要担心没机会走，对于强势个股，我们很难凭自己的智慧准确把握它的上涨幅度，留有底仓观察很有必要。但一旦达到重大压力附近，该卖出时坚决卖出，不能犹豫。

二、实体涨停板

实体涨停板是指股票从开盘涨到收盘，当天以涨停报收，不仅涨幅达 10%，且实体很大。

案例 7-10　营口港（600317）

营口港在经历了前期翻倍的走势之后，开始了横盘整理，但其间的回调始终没有跌破涨停那天的缺口。2014 年 6 月 10 日，该股跳空涨停，结束了长达一个月的横盘整理，如图 7-80 所示。

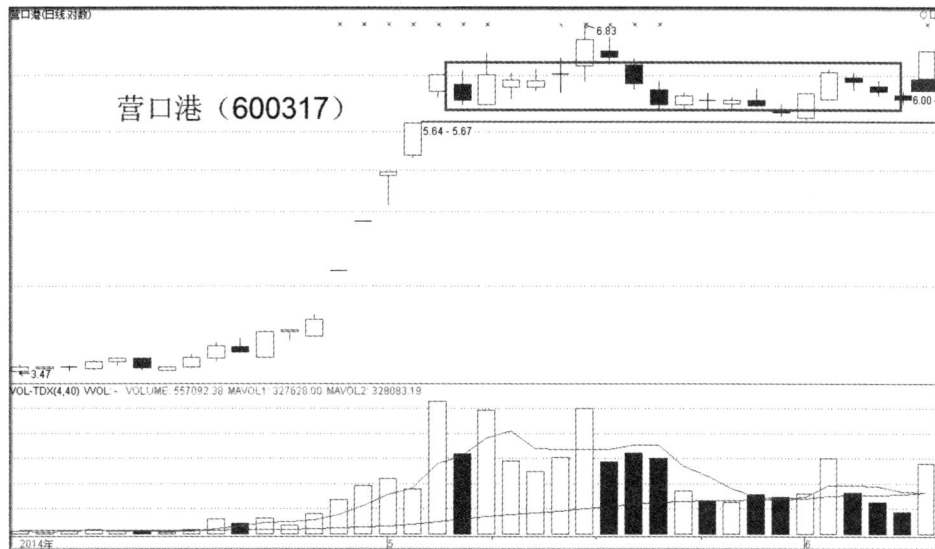

图 7-80

第二天该股继续跳空涨停，此时操作上应以跟进为主，如图 7-81 所示。

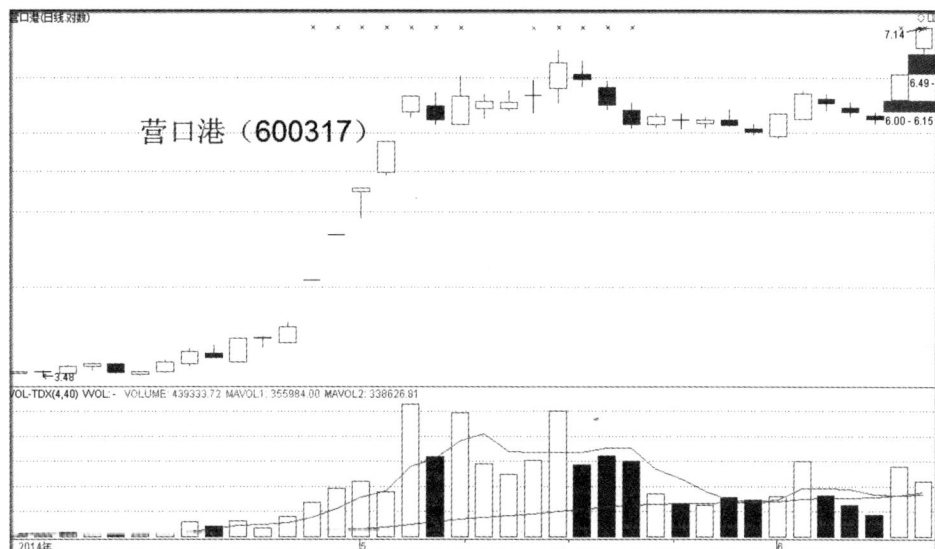

图 7-81

在个股经历了大涨之后休息，当再次以涨停板的形式向上冲击，创出历史新高，同时成交量出现萎缩时，说明在之前的 1 个月当中，该卖的基本都卖的差不多了，此时股票可以以迅雷不及掩耳之势快速打板，而且动用的资金不需要太多。

后面该股连续涨停，直到除权送股，如图 7-82 所示。

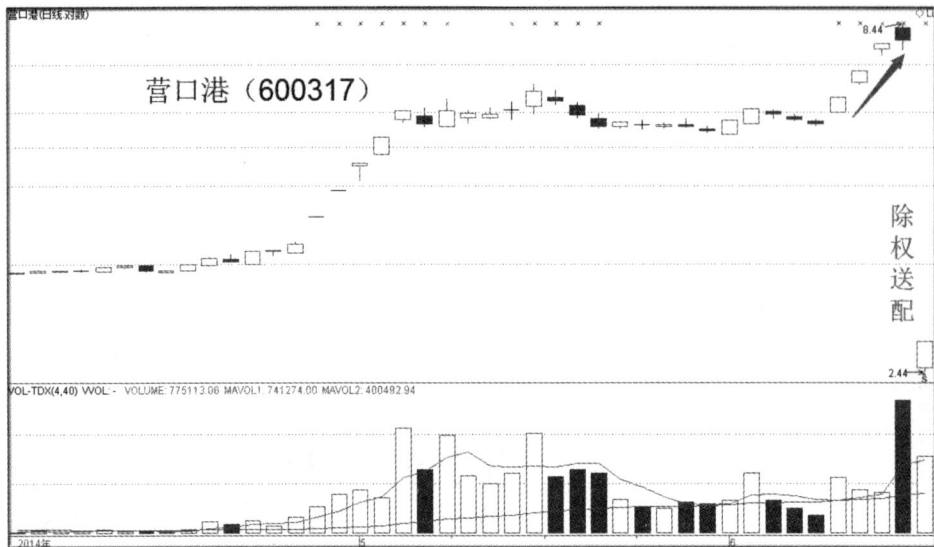

图 7-82

之后该股继续冲高，并再次陷入整理当中，其间有过两次涨停，第一次涨停之后的次日高开低走，没有创出新高，第二次又出现了涨停，此时需要继续关注该股是否出现跳空高走，如图 7-83 所示。

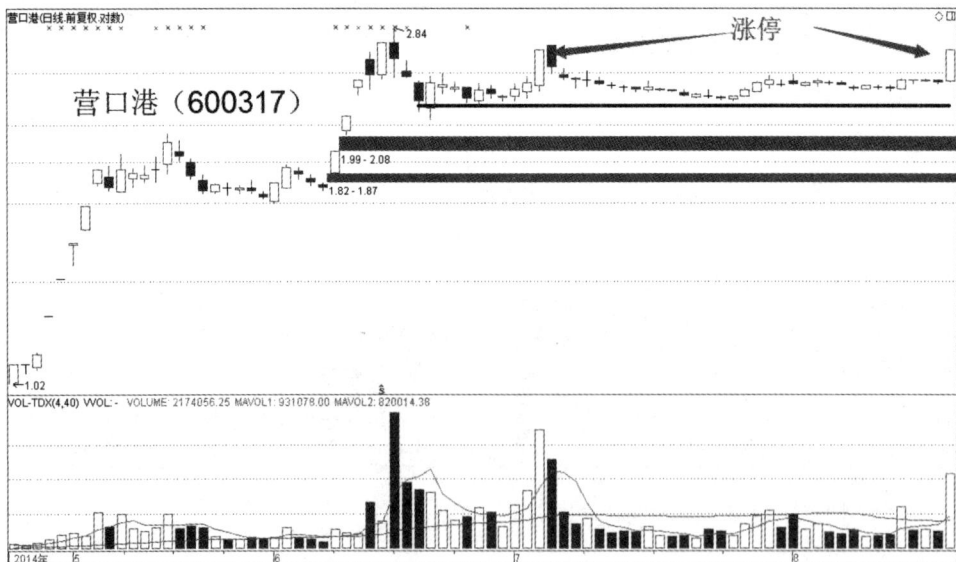

图 7-83

2014 年 8 月 21 日该股跳空涨停，如图 7-84 所示。

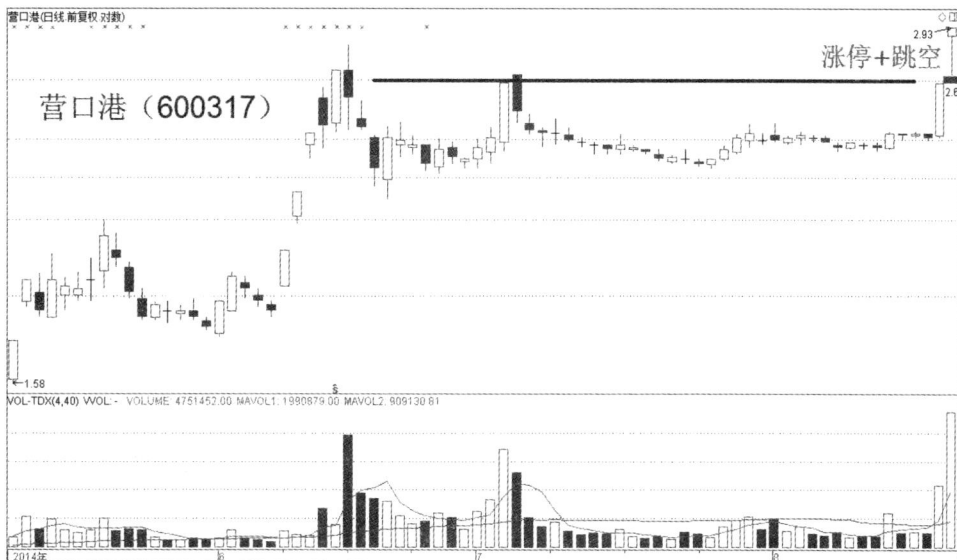

图 7-84

前一次涨停之后没有快速的突破新高，所以股价出现了回调，这一次涨停之后跳空继续打板，同时创出新高，显示出主力机构再一次做多的意愿和实力。

之后该股继续涨停，没有卖出的信号，如图 7-85 所示。

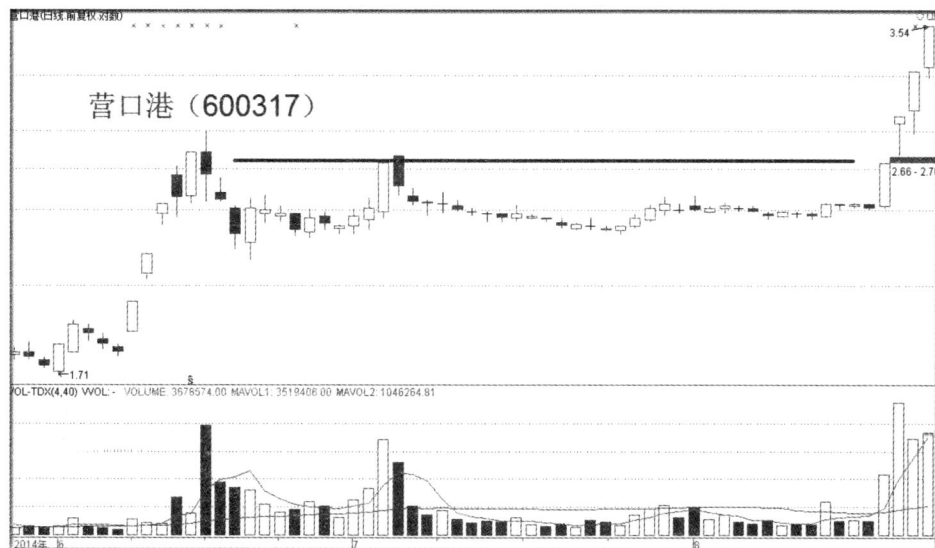

图 7-85

这就是强者恒强的道理，很多时候我们选好了个股，但在股价连续冲高时通常会因是否卖出而犹豫不决。其实没必要害怕，在股价便宜的情况下，买个 10 000 股，亏也亏不了多少，但是当你真正买一次的时候，就会体验到它的好，知道原来你看准的牛股是可以参与的，也不会只看牛股的背影却跟不上了，而牛股由于你的参与，也变得不再孤独。

案例 7-11 深天马 A（000050）

深天马 A 于 2014 年 7 月 28 日和 7 月 29 日连续两天收出涨停板，尤其是 7 月 29 日跳空涨停突破重要压力位，主力机构做多的决心非常大，如图 7-86 所示。

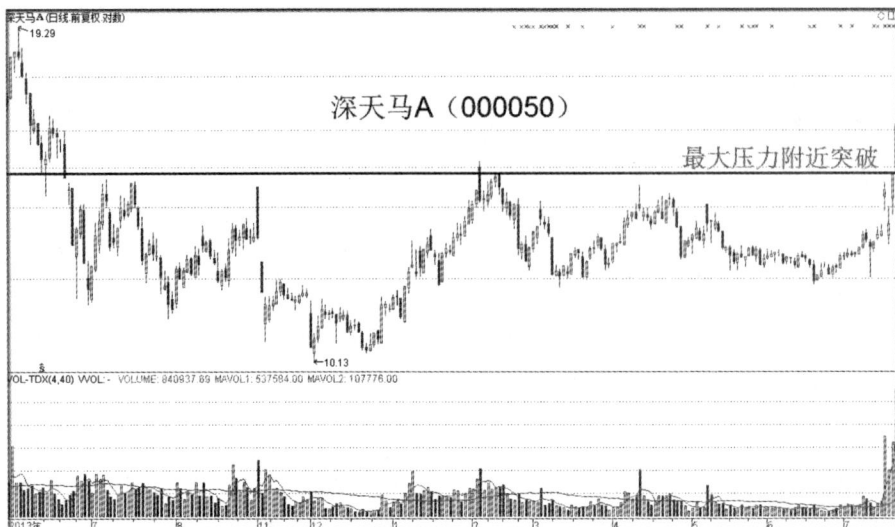

图 7-86

第二天该股收出阴线调整，如图 7-87 所示。

图 7-87

此时可能有人又会怀疑涨停之后怎么不连续了呢？为什么要收阴线，会不会是假突破呢？其实不用想得太复杂，没有谁规定涨停之后不能收阴线，别说是一根假阴线，就算是一根大一点的实体阴线也不用担心，因为突破之后尚且允许回踩确认，何况只是根小阴线。

相反要时刻关注是否出现空多的快速转换，一旦出现空多的快速转换，做多即得到确认，此时要记得跟上。

次日该股收出阳线，盘中一度冲高 8%，如图 7-88 所示。

图 7-88

出现了空多的快速转换就要买进，我们看到股价连续收出阳线，并且留出上引线，创出反弹以来的新高，如图 7-89 所示。

图 7-89

这个时候最忌讳的就是"急"，炒股一定要遵守纪律，所谓纪律就是符合买进条件就买，满足卖出条件就卖。深天马 A 此时收的是阳线，而且留出上引线，给多方做出向上指引，并没有卖出的信号，应继续持股。

2014 年 8 月 5 日该股再次收出涨停，如图 7-90 所示。

图 7-90

此时市场的题材热点是全息手机概念，而深天马 A 是全息手机关键元器件供应商，当时全息手机一发布即获得 50 万台订单，深天马 A 作为受益方，订单肯定会增加，业绩也会增长，而且"全息"是一个新技术，新技术往往会产生新的革命，带动新的发展。所以当深天马 A 在此处打板的时候，笔者的判断是主力机构继续做多的意愿比较充足。

2014 年 8 月 6 日该股创出新高，收出阴线调整，如图 7-91 所示。

图 7-91

需要注意的是，如果第二天不能收出大阳线，则考虑减仓卖出。原因很简单，就是该股在面临最大压力附近处开始了犹豫。

第二天大阳线反包此阴线，如图 7-92 所示。

图 7-92

后面该股连续收出四根阳线，其中两根是涨停板，做多力量非常强大，如图 7-93 所示。

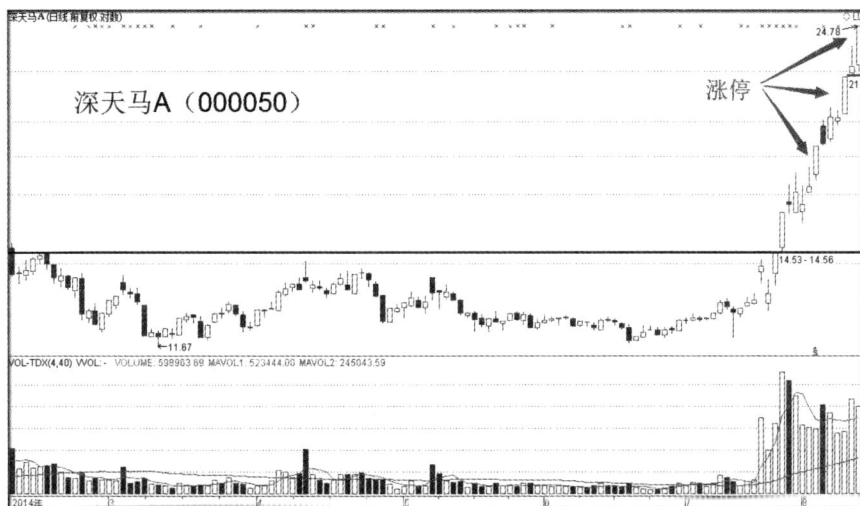

图 7-93

之后该股收出一根阴线，紧接着的一天就收出阳线，空多转换非常快速，如图 7-94 所示。

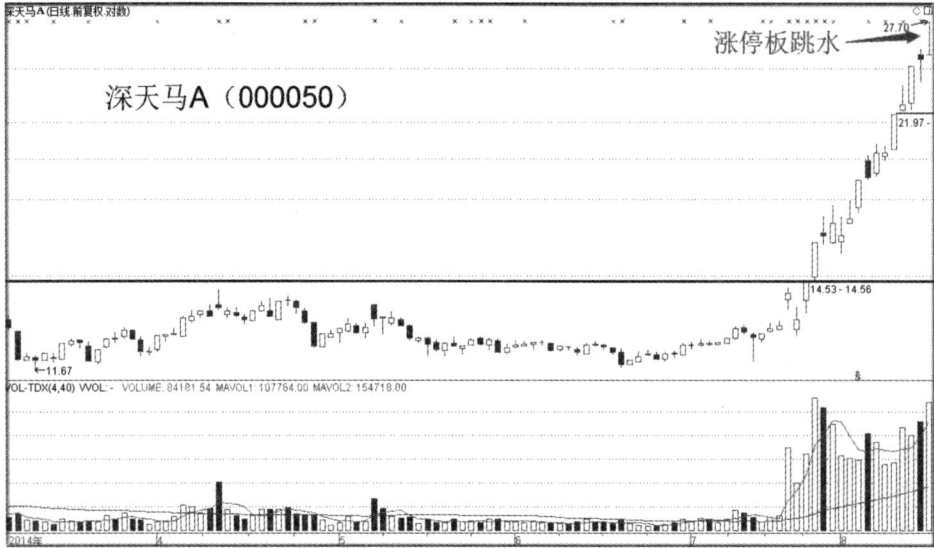

图 7-94

不过遗憾的是，这根阳线是涨停板打开，跳水至尾盘形成的，如图 7-95 所示。

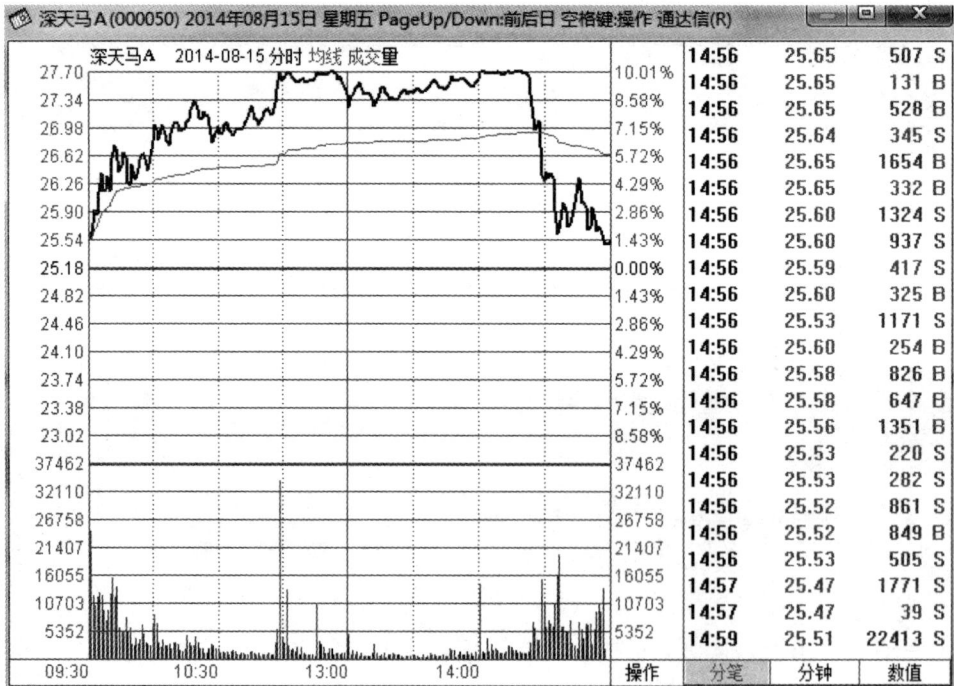

图 7-95

从图形上看，空方力量非常强大，当天涨停多次封不住，最终跳水至开盘价。当天其实就相当于是一根跌停板了，加上前一天的下引线，给空方做出了指引，所以此处要留意明天能否收阳线，一旦收出阴线即考虑减仓。

第二天收出阳线，如图 7-96 所示。

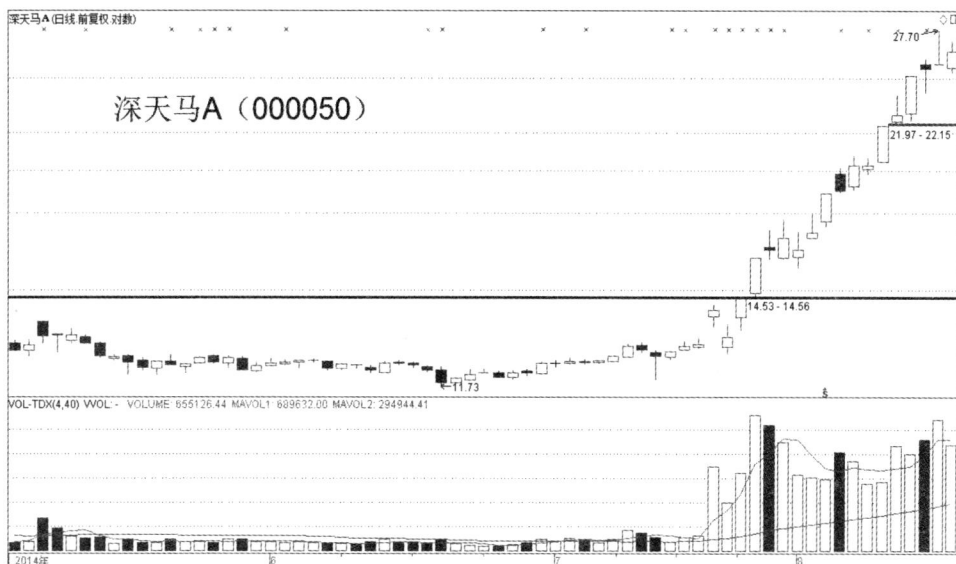

图 7-96

第三天收出阴线，如图 7-97 所示。

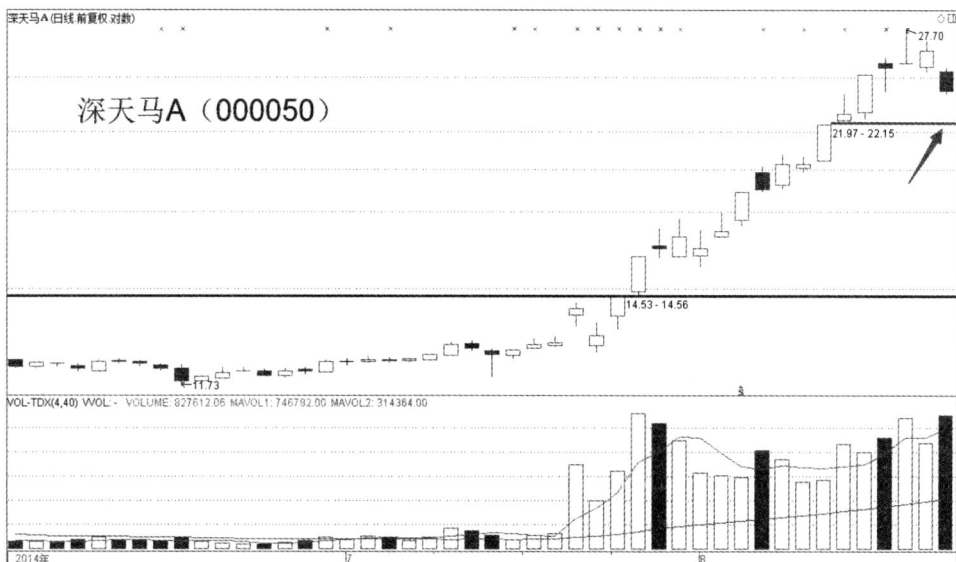

图 7-97

当天的阴线把前面的阴下引线打掉了，显示出空方力量的强大，此时操作上应以卖出为主。对于在前期较低价位介入的投资者，可以下方的缺口作为中线支撑，一旦回补则考虑离场。

后面该股调整了几天，再次收出大阳线，如图 7-98 所示。

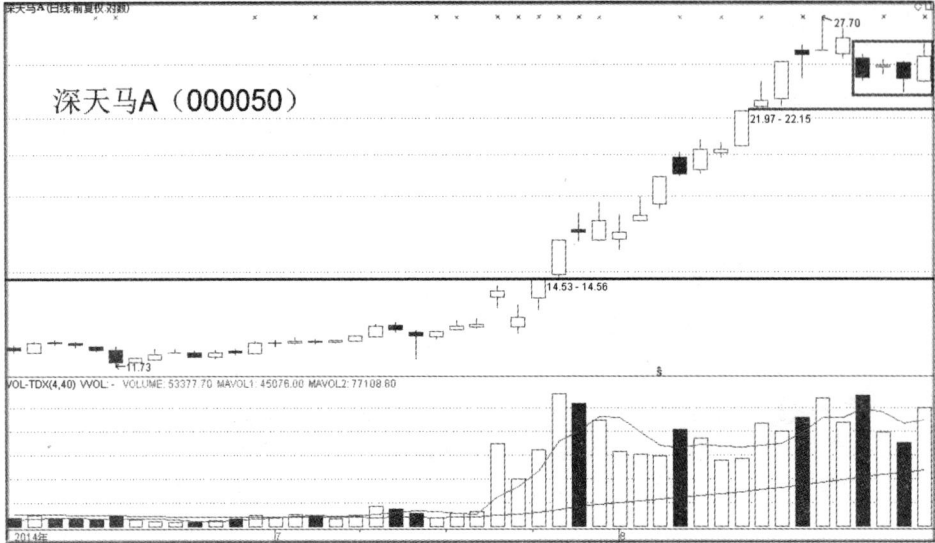

图 7-98

从图形上看，当日放量收出大阳线，空多转换比较快速。所以第二天如果跳空或者再次出现大阳的话，则可考虑再次介入。

次日该股收出涨停板，如图 7-99 所示。

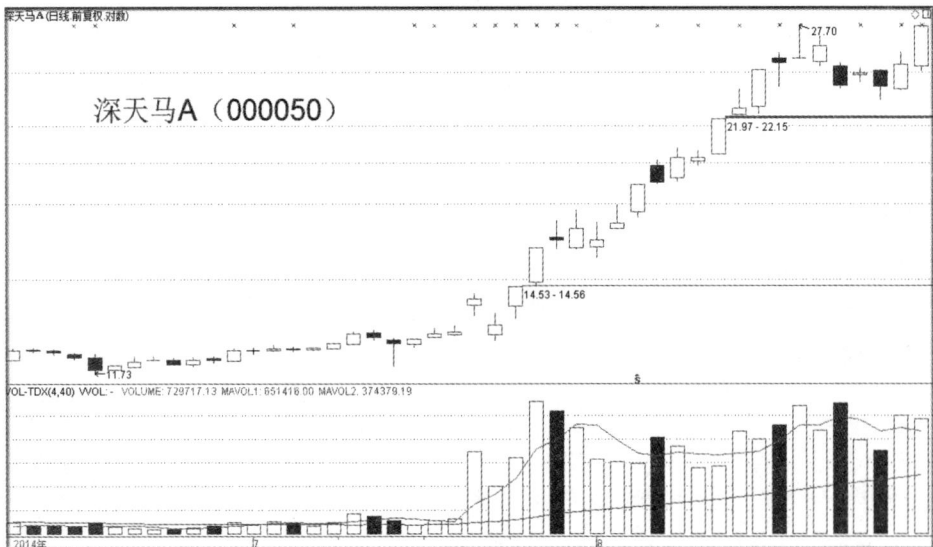

图 7-99

到笔者成书之时，深天马 A 还在上涨。至于之后，就不要想太多，没有实现空多的快速转换就卖出，否则就持有。

第 4 节　长引线

K 线的引线很长，表明当天波动比较剧烈。我们研究的是当天波动幅度在 7%以上的 K 线，当然前提是内在好的股票。

一、长上引线

一般情况下，长上引线被认为是上面有抛压，使得股价很难上涨，操作上应以卖出为主。实际上，我们看到长上引线，要从另一个角度去想，上引线的形成是不是主力为了让意志不坚定的散户出局而做的洗盘动作呢？因为能够形成长的上引线，当天的波动一定很大，尤其是对于牛股来讲，大家本来是一致看好的，结果当天因涨停封不住出现跳水，造成恐慌，于是纷纷卖出，一直跌到尾盘。对于投资者来讲，其实好股票的上涨一定会有这样的洗盘，不然不能更好地拉升。

案例 7-12　罗顿发展（600209）

罗顿发展在经历了 2010 年初的暴涨之后，开始出现大幅度杀跌，其间还做了个半年的长箱体，后来股票再一次破位，从 17.79 元跌到 3.53 元处开始出现反弹，如图 7-100 所示。

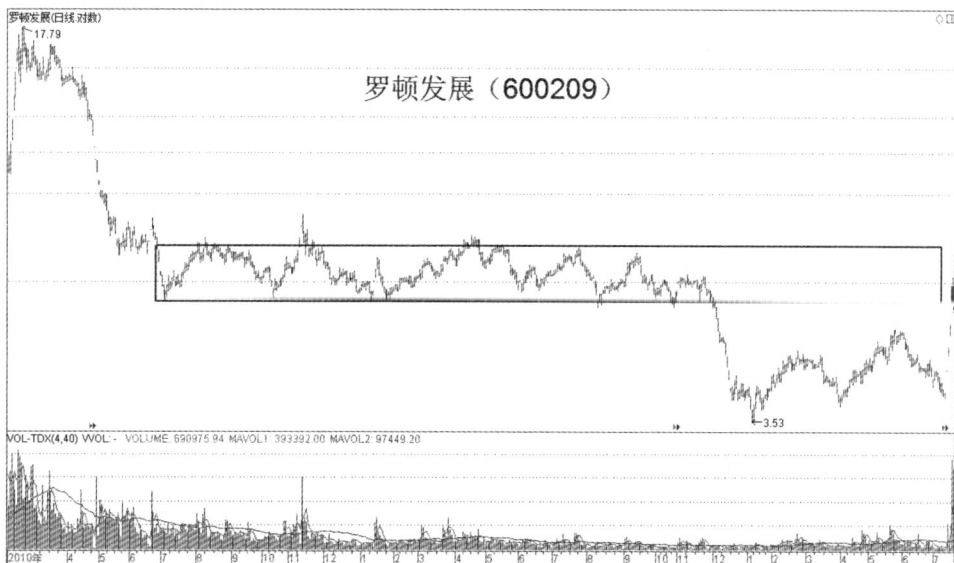

图 7-100

此后该股再次震荡半年多，直到 2012 年 7 月开始以连续涨停的形式快速反攻，当股价反弹到箱体顶部的时候，收出了如图 7-101 所示的 K 线形态。

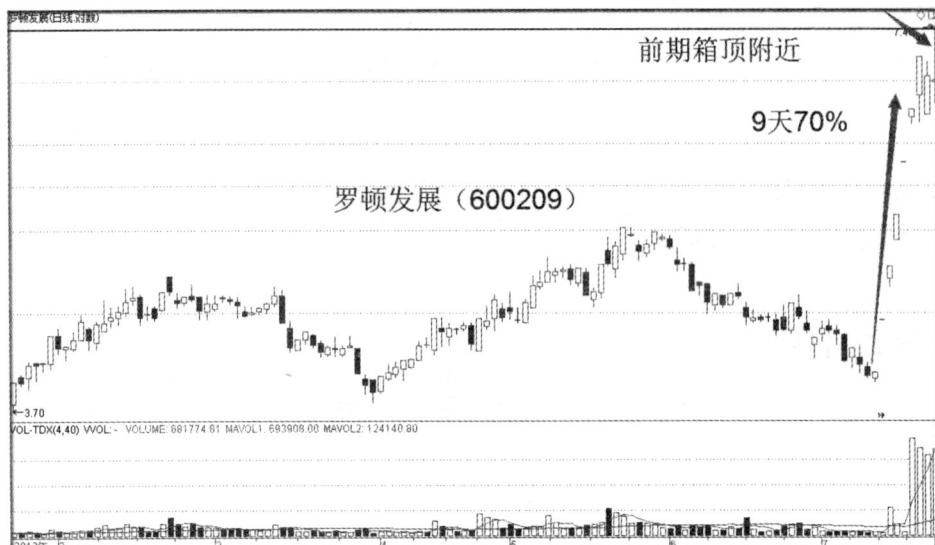

图 7-101

当天的分时图如图 7-102 所示。

图 7-102

早盘股价快速上攻 8%，半个小时之后开始回落，下午一度翻绿-5%，当天振幅 14%。假如你是在最高价追进去的话，当天就浮亏 10%，或者前一天收盘时介入，当天上午还能最高时还能盈利 8 个多点，但下午就变成亏损 5 个点。对于投资者来讲，越是这样单日快速跳水的股票，越要留意，不妨尾盘买一点。

结果第二天该股直接以涨停板的形式形成反包，如图 7-103 所示。

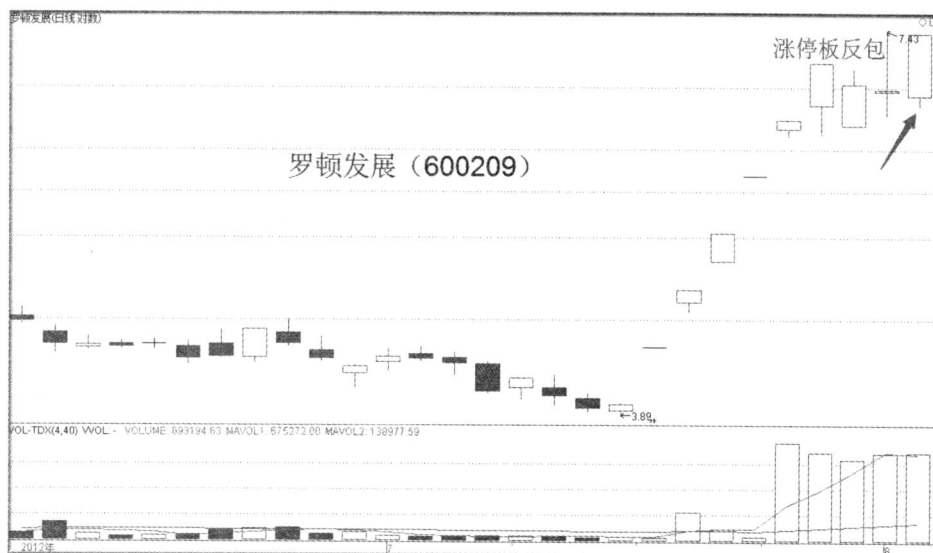

图 7-103

在最大压力附近，收长上引线跳水，次日以涨停板的形式反包，显示出该股做多的决心，如果次日再次高开呢，就要更加坚定的加仓，如图 7-104 所示。

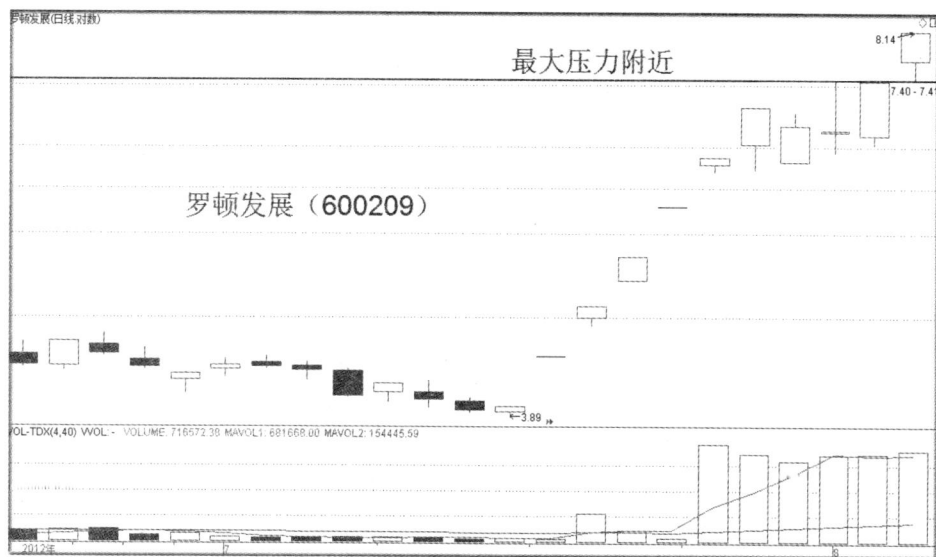

图 7-104

次日该股果然继续高开高走，虽然盘中回档，但 1 分钱的跳空缺口依然存在，显示出做多态度的坚决，此时应果断加仓持有。

后面该股一周上涨了 40%，如图 7-105 所示。

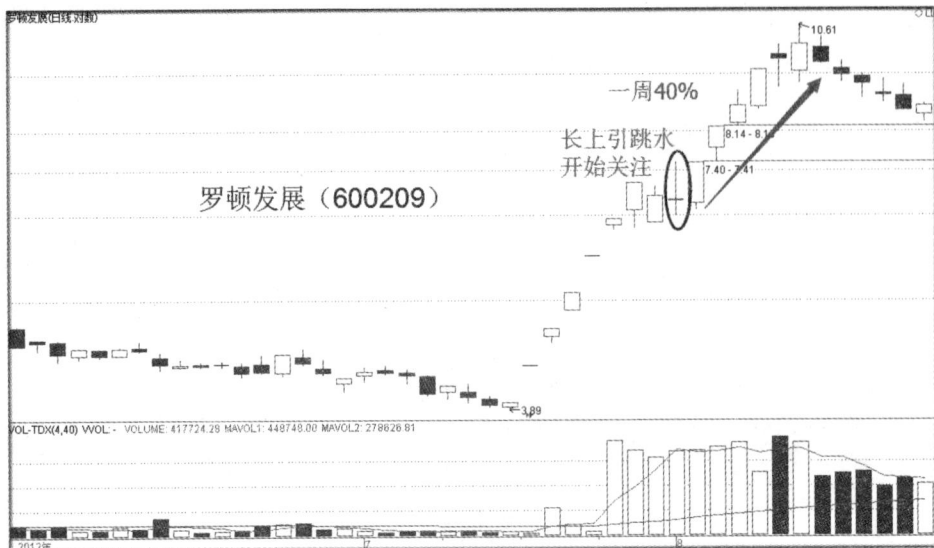

图 7-105

对于这样的强势股，不要认为一天的跳水不要认为主力机构就跑完了，相反，要在别人恐慌的时候看到机会。

案例 7-13　潜能恒信（300191）

潜能恒信在经历了前期的暴涨之后，出现快速回落，一周下跌 30%。2013 年 11 月 5 日和 6 日分别出现冲高回落的情况，盘面上留出长下引线，尤其是 2013 年 11 月 6 日，涨停板尾盘打开，快速跳水，如图 7-106 所示。

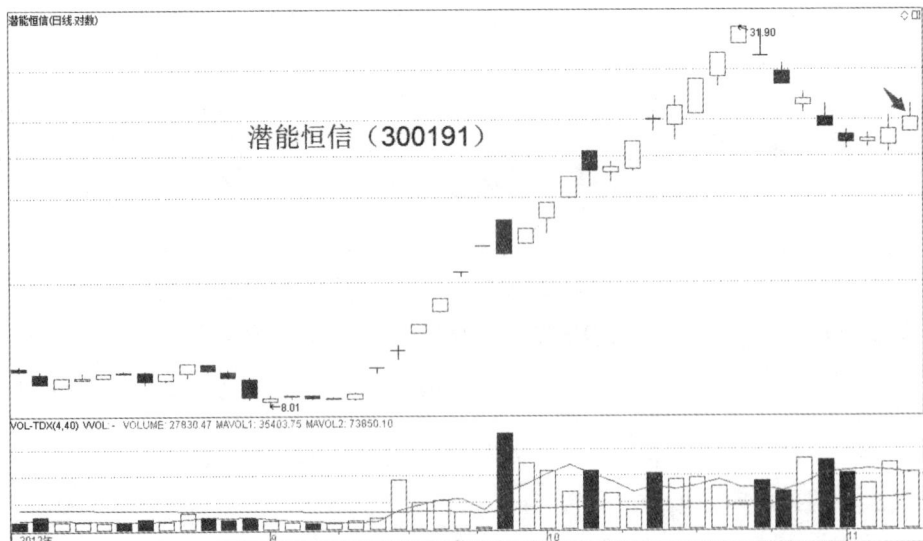

图 7-106

当天的分时图，如图 7-107 所示。

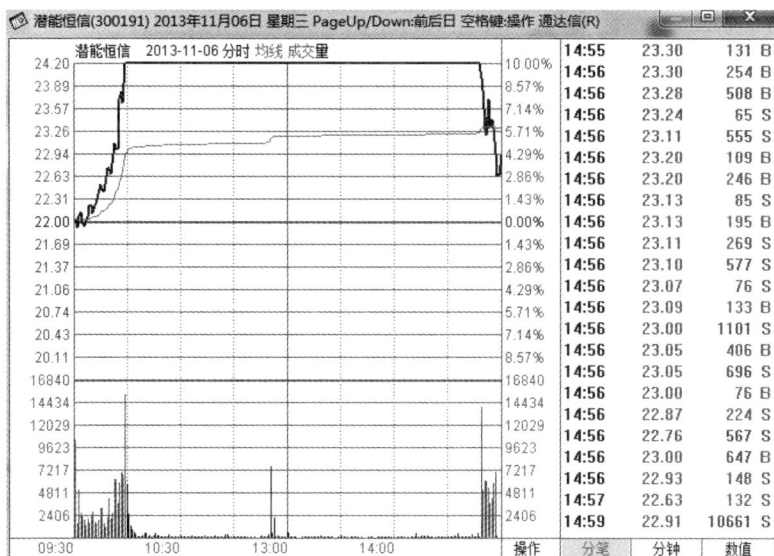

图 7-107

这种情况，我们在收盘时都会看到。对于这样的强势牛股，涨停肯定是比较随意的，需要关注的是，是否会有第二波——哪怕是个反弹出货（即反弹不过第一波高点）。

对于长上引线跳水，是否是机会要关注次日的 K 线对它是否确认，所谓确认就是要来一根反包的大阳线。

我们看到后面几天该股没有立刻上涨，反而是在做平台整理，直到 2013 年 11 月 15 日再次收出一根长上引跳水的 K 线，如图 7-108 所示。

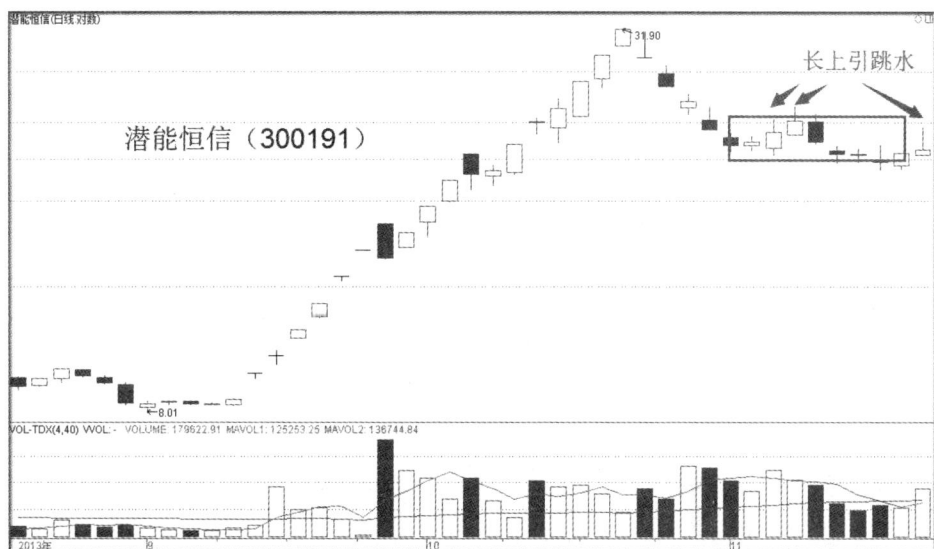

图 7-108

当天的分时图，如图 7-109 所示。

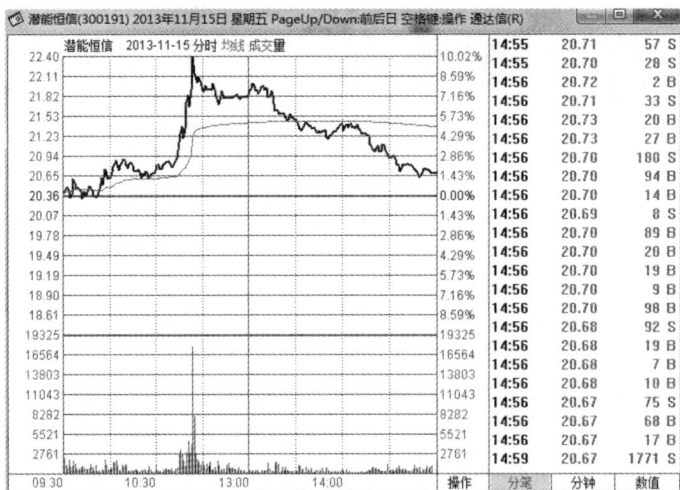

图 7-109

股价在跌破小平台之后，快速拉回，当天冲击涨停板，但随后开始回落并一直跌到尾盘，上午收回的失地下午又全部交出去，着实令人可惜。但盘面上却留出了一根长长的上引线，引起我们的注意。跟前面一样，需要关注接下来是否能对这个上引线做一次确认，如图 7-110 所示。

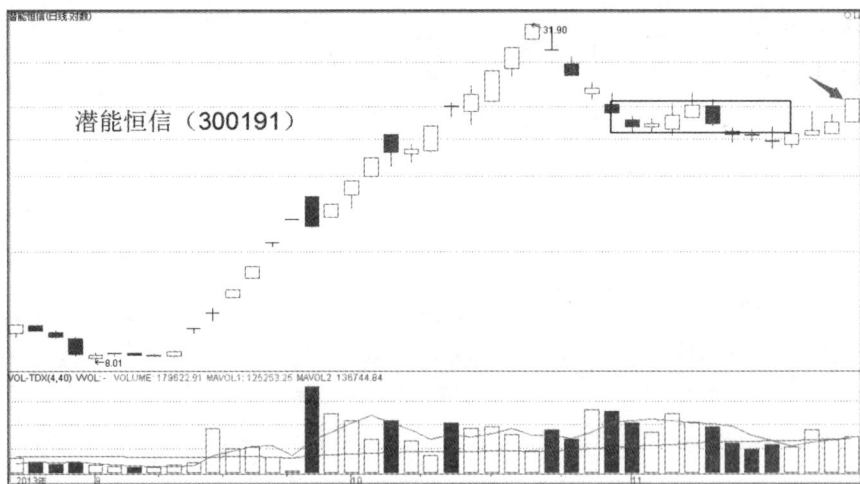

潜能恒信（300191）

图 7-110

2013 年 11 月 19 日该股收出涨停板，宣告平台拯救有效，次日高开即准备介入。

很多投资者可能会有这样的疑问，为什么不能在低位就开始介入呢，万一次日不高开，马上走掉，前面介入的也还有近 10 个点的利润。对此，笔者的意见是不强求。为什么这么说，因为笔者的思路是基于内在好，通过外在图形发现它然后再去介入。至于你完全按照图形看到破位被拉起就介入，万一拉不起来的话，后果不堪设想。所以，不要被短线的利润所诱惑，坚持自己的操作模式，不要轻易去改变以期获得侥幸的利润。

2013 年 11 月 20 日该股果然跳空高开，再次收出涨停。开盘即准备介入，因为这个地方是对前一根 K 线的再次确认，做多力量再一次获得集中爆发，如图 7-111 所示。

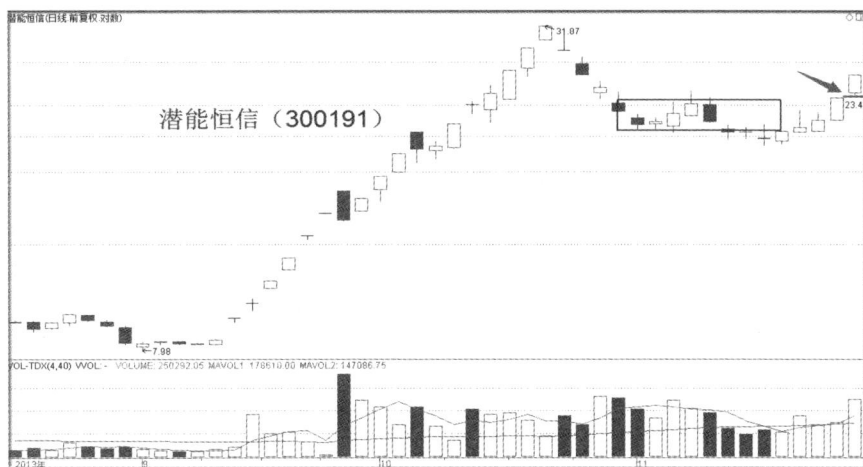

图 7-111

至于目标位，笔者的判断还是放在历史高点附近，如果股票强势，反弹的力度可能会超过历史高点继续创新高；如果反弹力度稍弱一点的话，可能不到前高即出现拐头向下，操作上注意把握。

后面潜能恒信再次创出新高，但是该股弹性太强，2013 年 11 月 28 日早盘低开低走，不符合我们对牛股的定义，可以卖出，结果当天跌停。谁曾想，次日再次收出涨停，正当我们继续看好的时候，次日冲高 7 个点之后再次跌停，第二天低开下探触及跌停，而后拉起以涨停报收，当天振幅 20%。股性太过活跃，实在难以把握。但是真正介入的价位——再次创出该轮反弹的新高——始终没有出现，所以这个时候任何人任何价位激动介入者稍有不慎就会被套，如图 7-112 所示。

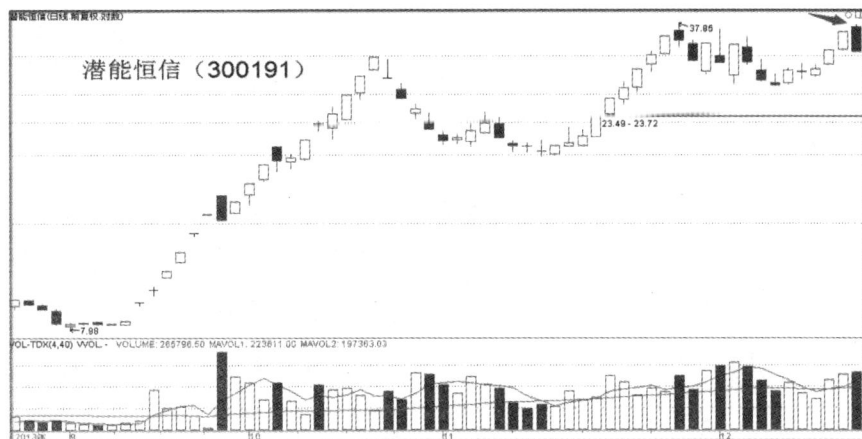

图 7-112

后面该股又震荡了几天，形成第三轮反弹，于 2013 年 12 月 16 日以一根大阴线确认反弹头部，宣告反弹的结束，如图 8-113 所示。

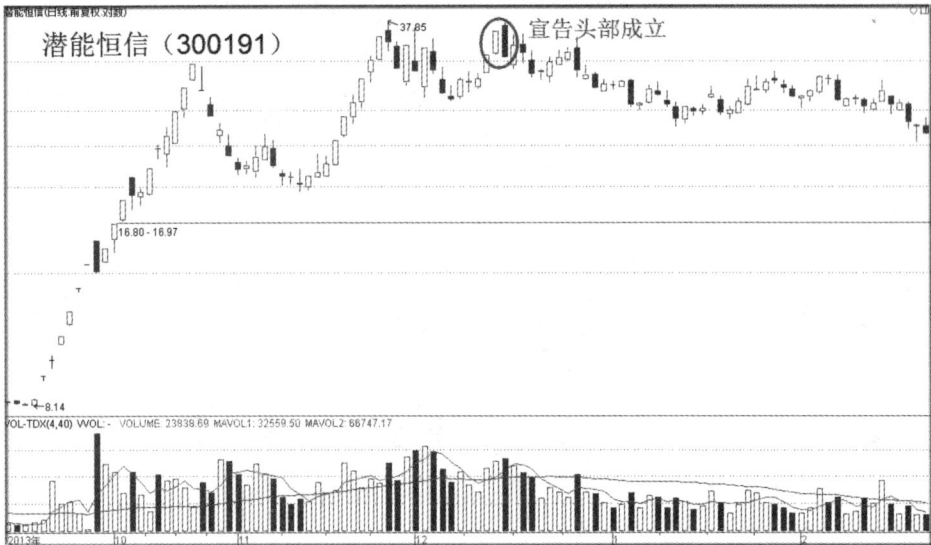

图 7-113

通过潜能恒信的走势我们看到，坚持模式操作的重要性，如果你还在后悔第一波反弹没能介入的更低，后面的"四渡赤水"（跌停—涨停—跌停—涨停）一定会把你套进去。唯一的办法就是按照自己的交易模式操作，不要轻易更改，不要被短线的涨停板轻易诱惑，没有符合条件的明确信号的出现，就不要轻易出手。

二、长下引线

长下引线反映的是在股民绝望的时候，行情出现逆转。长下引线可以看成是两根 K 线：前一根是大阴线，后一根是大阳线，做多力量明显。如果出现在下跌行情的末端，则可当做进场信号；如果出现在强势个股的上升途中，则可当做洗盘。

案例 7-14　天舟文化（300148）

天舟文化从底部上涨 80% 之后，出现调整，随后股价再次反弹创出新高。第二天股价开始回调，第三天惯性低开下打，盘中一度跌停，但随后就出现反弹，到当天收盘为止，股价上涨 3%，振幅达 14%，如图 7-114 所示。

图 7-114

当天的分时图，如图 7-115 所示。

图 7-115

　　前面讲过，在关键的位置，股民要明确股票的态度，股票态度越坚决，则后期表现越好；越犹豫，越容易形成假突破。

　　天舟文化如果当天不能收回来的话，就意味着在前高附近，股价受到较大抛盘的压制，很有可能一蹶不振。结果该股只有当天早盘 15 分钟快速杀跌，便完成了下杀任务。当我们看到该股当天这么大的振幅，第一个反映就是在尾盘买进，因为这种情况通常第二天都会上冲 5 个点，短线利润很安全。

第二天该股继续创出新高，盘中波动非常剧烈，这是正常的。因为在前高附近，短线获利盘和套牢盘的抛压都比较重，但是该股最终收出了阳线，如图 7-116 所示。

图 7-116

2013 年 6 月 25 日该股上半场一路下探，下半场逆势回升，而且最终以涨停报收，如图 7-117 所示。

图 7-117

该股在关键的位置——前高附近，选择涨停板突破，而且是以一根振幅达 18% 的超级下引线的形式创新高。当天的分时如图 7-118 所示。

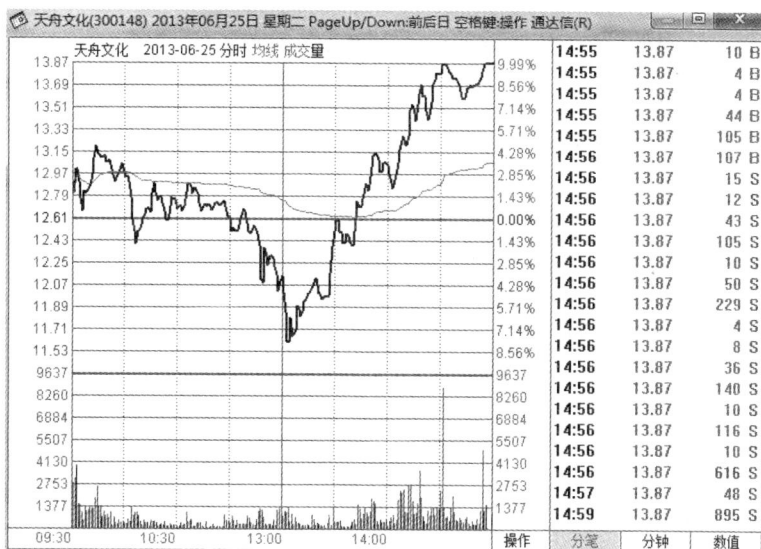

图 7-118

短短 3 个交易日两根长下引线，其意欲何为？在笔者看来，这是既达到了洗盘吓唬散户的目的，又表明了上攻的态度。此时操作上应以买入为主。

后面该股继续创出新高，如图 7-119 所示。

图 7-119

对于前期看到长下引线介入的投资者，到底该如何操作呢？笔者的经验是这样的，第二天冲高 5 个点左右，一般是先卖一半。目的有两个：一是先把盈利落袋为安，可以摊低成本，坚定持股信心；二是避免了因为仓位较重而被震荡出来。假如真的洗的比较狠，一般是以破长下引这一天的阳线实体为卖出信号。

后面该股短暂调整两天之后，2013 年 7 月 1 日就收出一根阳线形成反包。这不是一根普通的阳线，而是一根低开高走的阳线，一根涨幅近 10%的大阳线，再一次表明做多信号强烈。

次日高开，可以介入，如图 7-120 所示。

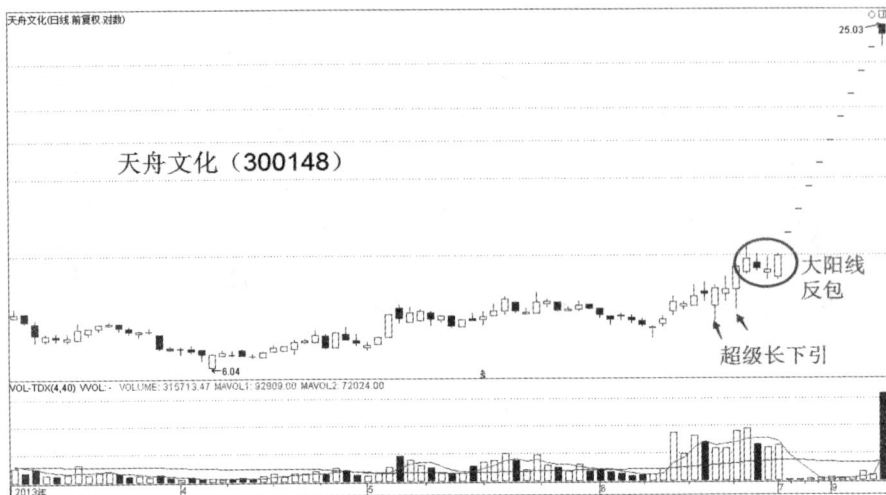

图 7-120

结果中间停牌，复牌之后……这个股是比较极端的，中间停了近 2 个月，开盘之后直接一字板，不给机会。我们很多投资者在以往的投资经历中，错过牛股的机会很多，倘若是连续一字板尚可以安慰自己——真的买不到，但如果不是连续一字板，要坚决买入，不要总是眼睁睁地看着它上涨，连动手买入 100 股的勇气也没有。

案例 7-15 北纬通信（002148）

北纬通信在从低位反弹以来，在遇到前期最大压力（不一定是最高价）附近出现震荡，如图 7-121 和图 7-122 所示。

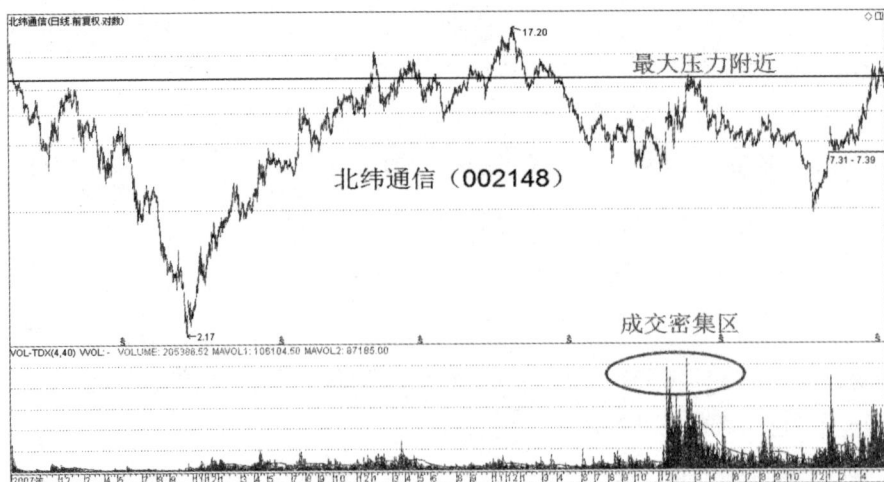

图 7-121

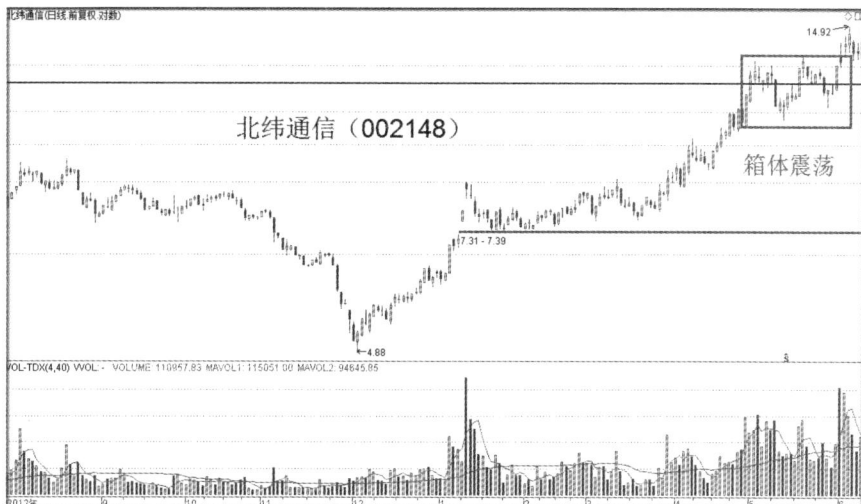

图 7-122

当股价突破最大压力附近震荡的箱体后，又出现了回踩。这个时候的股票相对于低位启动来讲，已经翻了三倍，股票早盘出现大幅杀跌让人感觉头部的到来。结果没多久就出现反弹，到下午收盘为止还涨了 4 个多点。当天的分时如图 7-123 所示。

图 7-123

股票反弹以后，继续震荡，但始终没有跌破箱体，其间的回踩也恰好是打到前期历史压力附近即出现止跌。

我们看到，北纬通信在突破历史最大压力时形成的箱体，始终没有破位。而突破箱体后虽然出现大幅度的回探，但当日都拉了上去，盘面上留出了 2 根超级长下引线，显示做多意愿很明显，如图 7-124 所示。

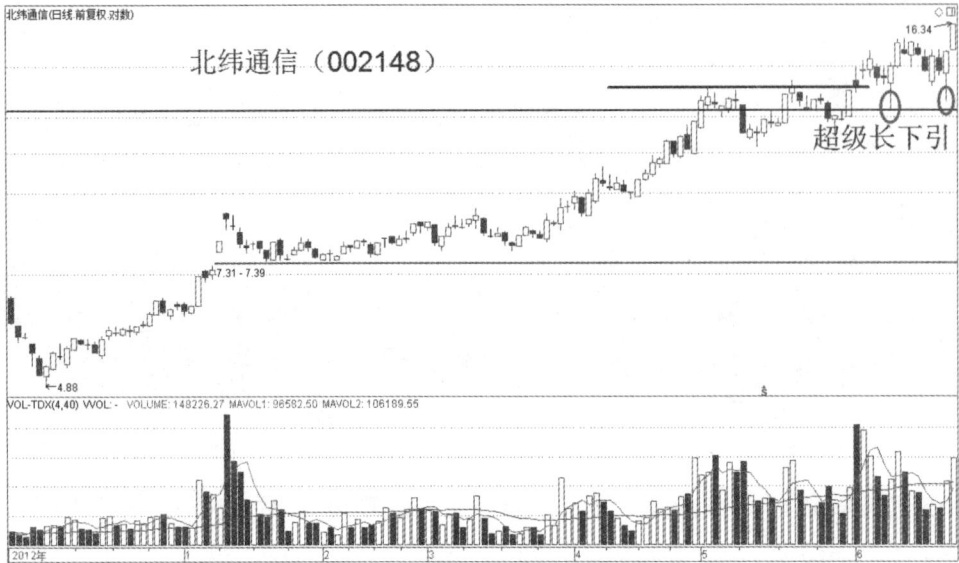

图 7-124

其 2013 年 6 月 25 日的分时，如图 7-125 所示。

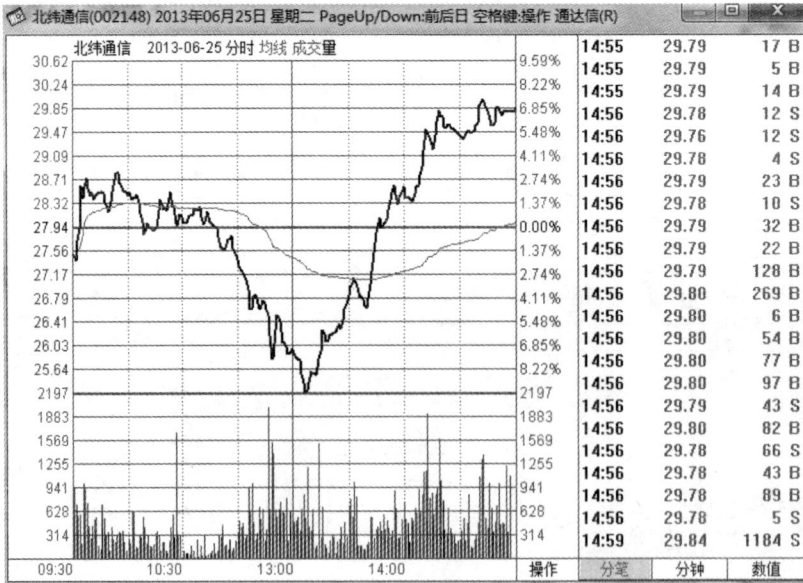

图 7-125

这两根振幅在 15%的超级长下引线，就像房子的地基一样，深深地打下去，托起了整个的上涨重量，如图 7-126 所示。

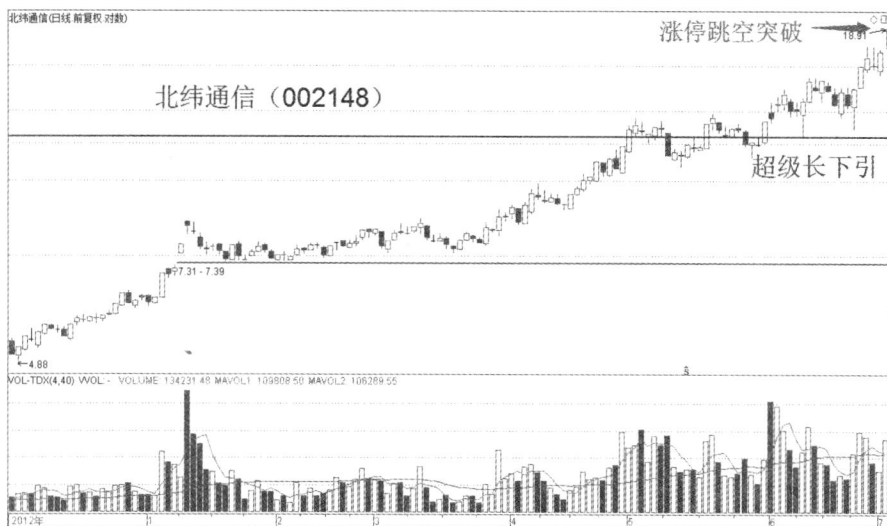

图 7-126

从此以后，该股再也没有跌到这两根长下引线附近，在此基础上又翻了近两倍，如图7-127 所示。

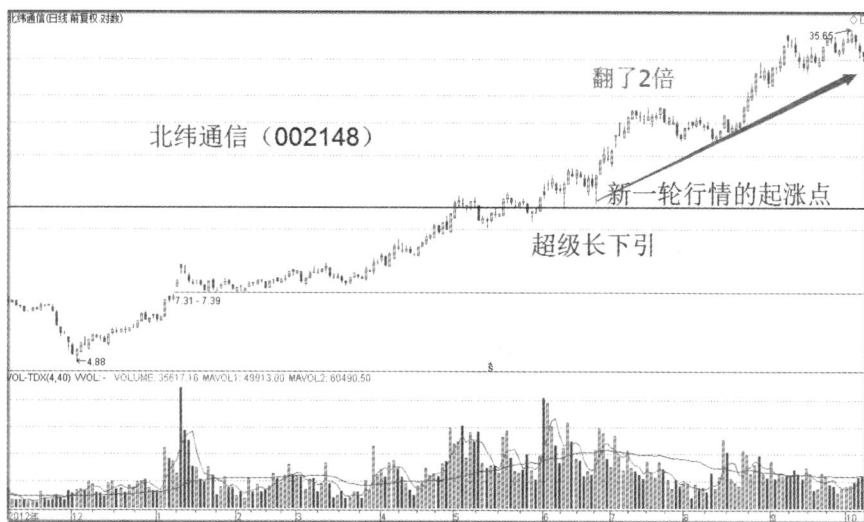

图 7-127

很多股票在投资者害怕的高度会继续上涨，就如前面讲的一样：新高！新高！是它不断追求的目标。这样的股票不会因为你的担心而回落，也不会因为卖出而下跌。相反，恰恰是在很多人都很害怕、不敢参与的情况下，它才涨的更加的自由自在。

案例 7-16　抚顺特钢（600339）

2014 年 7 月 9 日抚顺特钢以跳空涨停的形式突破了 6 年以来的重大压力，如图 7-128 所示。

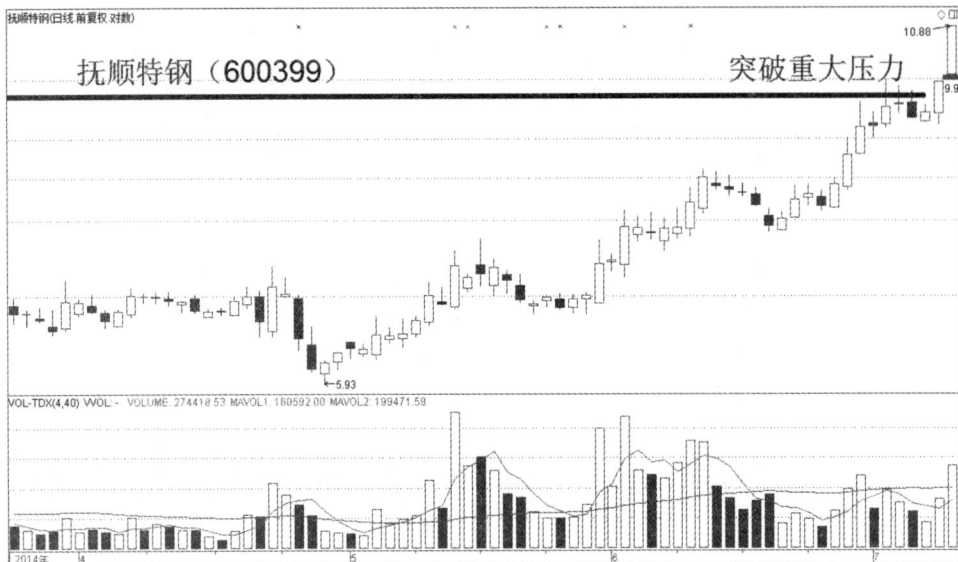

图 7-128

之后股价连续拉升，2014 年 7 月 15 日收出一根高开低走的阴线，结束上涨，如图 7-129 所示。

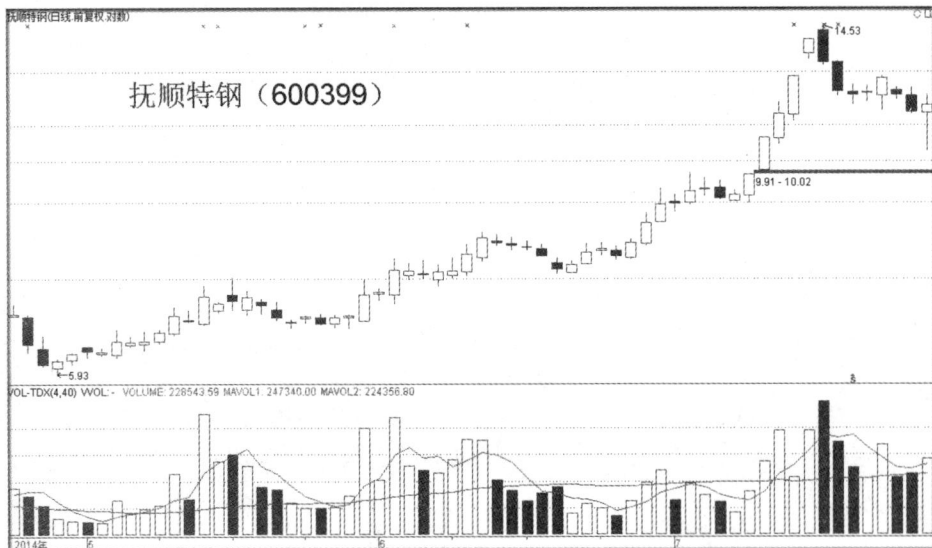

图 7-129

后面股价展开回调，对于这种走势的个股，介入的价位可以设置在最近一根实体大阳线的最低价附近和下方的缺口附近。

结果该股回调力度较大，直逼前期的跳空位置，如图 7-130 所示。

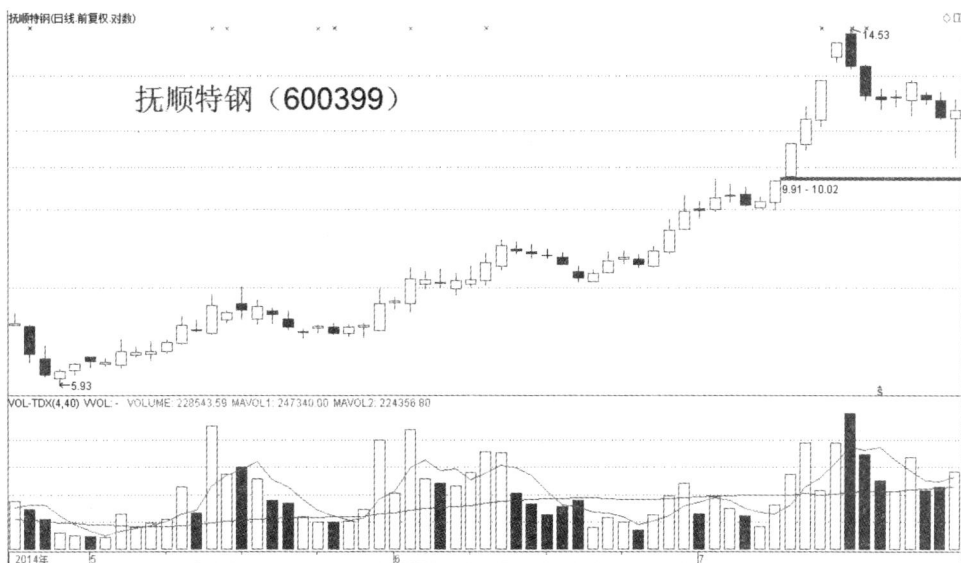

图 7-130

2014 年 7 月 24 日，该股早盘低开下打，十点半跌至当天的最低点。从高位至此跌幅达 40%，时间短，力度大，空方力量不可谓不强。但十点半以后，该股逆势拉升，盘中从跌 8%到涨 5%，多方力量极其强大。当天的分时如图 7-131 所示。

图 7-131

可以想象一下，大幅度的杀跌之后，当日又有逼近涨停之势，大多数的散户早就吓跑了，而就在此时竟然有资金敢进场接盘，同时还把它拉红，可想而知该资金的勇气得有多大了。

就在这一天，该股结束了调整。次日缩量调整收阳线，紧接着收出涨停板，如图 7-132 所示。

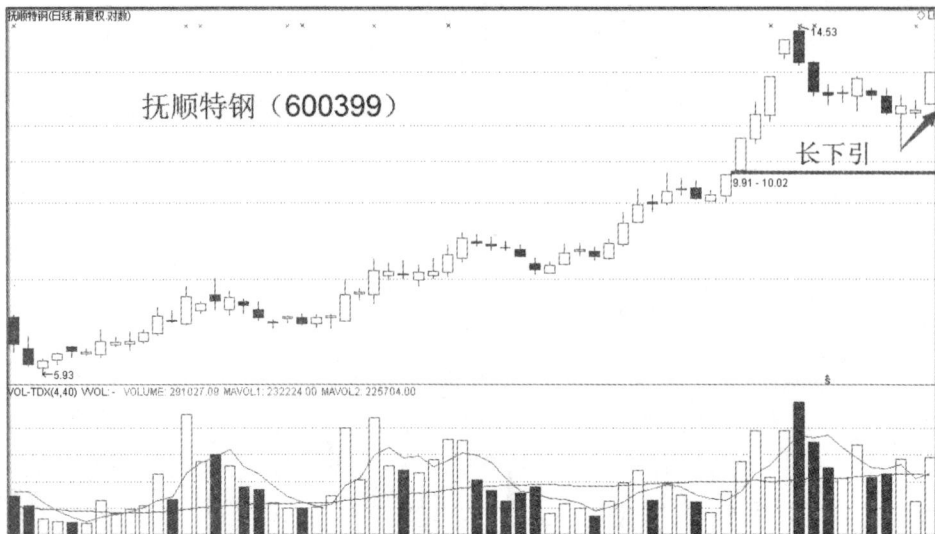

图 7-132

第二天该股收阴线调整，如图 7-133 所示。

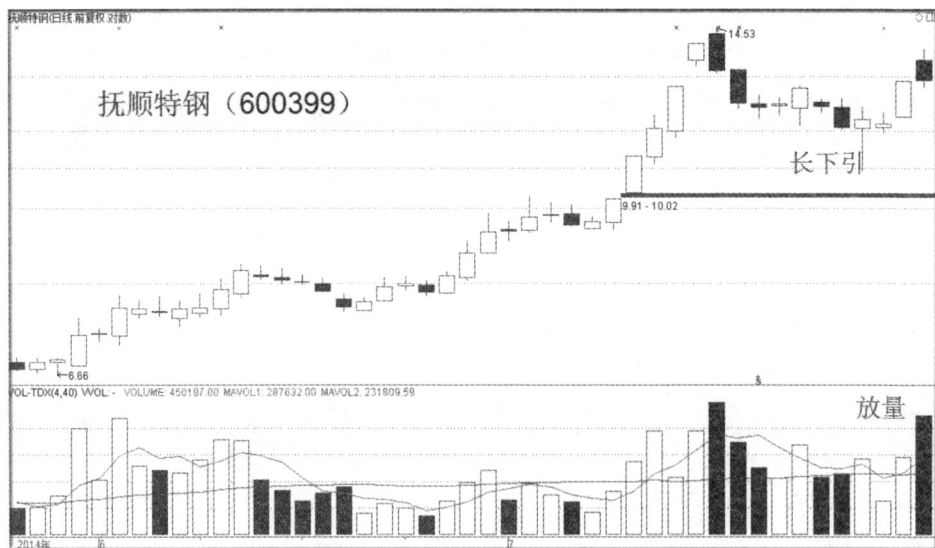

图 7-133

我们看到，该股在接近前高附近时，出现阴线调整，同时成交量进一步放大，此时要注意的是，该股是否是在做二次头部。同时也要想到阴线的后面会不会来一根大阳线——空多转换——记住要时时把空多转换在脑海里过一遍。对于强势个股，只要收出阴线（可能放量）调整，就要有准备再忍一天关注次日表现的打算。

结果，次日该股不负众望，收出涨停板，如图 7-134 所示。

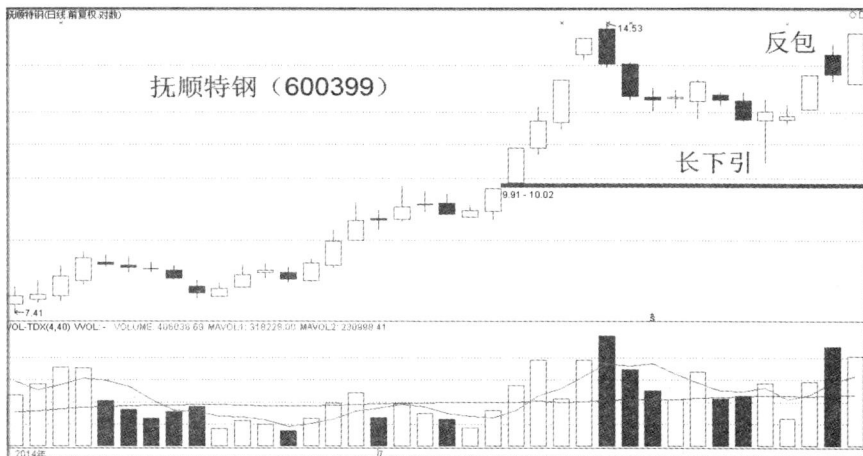

图 7-134

涨停板就是做多的表现，主力机构可以在这个位置快速的把卖出力量（阴线）转换为买进力量（阳线），把压力转化为上涨的动力，此时操作上不宜轻易卖出。

后面该股没有出现快速拉升，而是又整理了一周。这个时候往往是大多数散户容易卖出错失牛股的时候，因为此时的股价并没有出现预期的高开高走，反而出现低开调整。我们讲过，投资股票市场是检验判断的唯一标准，不能以自我为中心，而是要以市场为中心。抚顺特钢涨停板之后的走势是这样的：1 阳-1 阴-3 阳。也就是说，市场并没有走坏，依然出现了空多转换，只是力度偏弱，即没有出现 1 根大阳线，而是选择连续 3 根小阳线。

连续的阳线代表着连续的做多力量，小阳线代表着主力机构做多的态度比较谨慎。结果 8 月 7 日该股以一根大阳线的形式结束洗盘，同时创出新高，如图 7-135 所示。

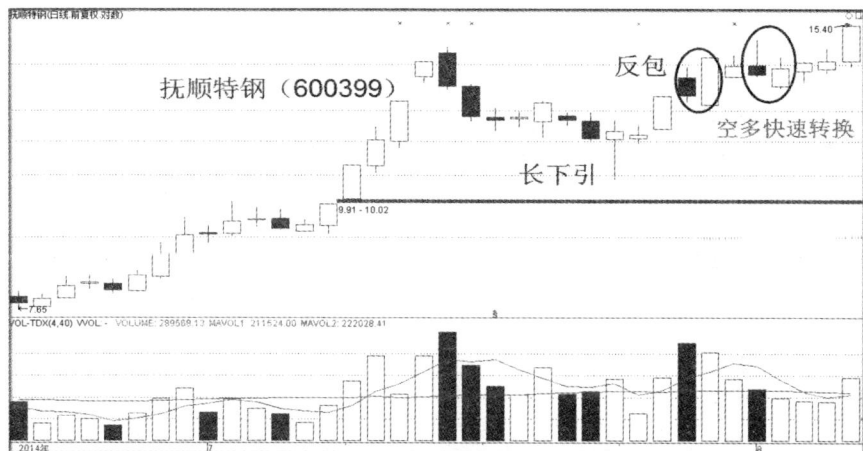

图 7-135

第二天涨停，之后继续拉升，直到收出阴线调整。此时仍要注意是否会出现空多转换，没必要先卖出，如图 7-136 所示。

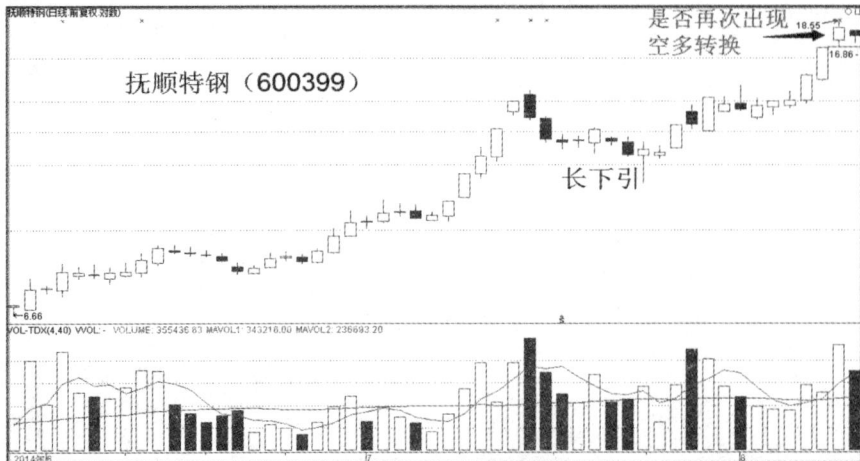

图 7-136

后面股价果然再次收出大阳线，实现了空多的快速转换。但紧接着收出几根比较难看的 K 线，如图 7-137 所示。

图 7-137

从图形上看：1 阴—1 阳；1 阴—2 阳；1 阴—？那接下来要不要卖出就显得非常重要。

此时笔者的建议是卖出，就算不全部卖完，也要减仓。原因很简单，空多转换不够快速。之前是小阴线就来大阳线，这次是大阴线，却来两根小阳线，如果是连续几根小阳线也没关系，但是仅仅两天之后就收出了阴线，做多动能没有持续，操作上就要想着去卖。会不会这个地方要做一个箱体呢？不排除这种可能，可以留意什么时候再起一根大阳线突破该箱体，什么时候再次介入。

错过了第一波的快速拉升没关系，第二波的长下引同样奠定了上涨的基础，而且可介入的机会比前面更多更从容，但大多数投资者往往会小瞧长下引，看着股价上去却无动于衷。

案例 7-17　凤凰光学（600071）

凤凰光学（如图 7-138 所示）在站上前期反弹箱体的时候，开始停牌。复牌后，公告凤凰光学实际控制人发生变更，变身为央企孙公司。公告称，国务院国资委下属企业中电海康集团有限公司通过无偿划转的形式取得其 39.46% 的股权，此外还通过认购凤凰光学定增股份，合计持有其 45.52% 的股权，成为实际控制人。

图 7-138

结果复牌当天的走势是这样的，如图 7-139 所示。

图 7-139

早盘小幅高开后，直接快速下打至 -8% 左右，然后出现反弹。午后该股迅速发力，半个小时内从 -1.4% 拉升至涨停。

是什么样的力量让该股出现这么大的震荡呢？能让一只股票从跌 8 个点到涨停，简直就是奇迹。

第二天该股继续涨停，如图 7-140 所示。

图 7-140

仔细观察，我们会发现，从底部启动到突破前期平台，凤凰光学不论是小阳线还是涨停板，其间出现阴线调整的次数都非常少，每次调整一天之后，就都拉升回来，做多意愿较强。

对于重组股来讲，一般是很难买进的。因为公告出来之后，通常都是连续一字板，到后面一字板打开，我们又害怕涨高了，不会介入。而凤凰光学恰恰是复牌之后，实体涨停，给了买进的机会。当然，可能有些投资者又担心，为什么别的重组股是连续一字板，而该股每天还给机会呢？难道主力机构是傻瓜，给机会买进？还是这个股票本身不行啊，要不要再看一天呢？

结果第二天，该股跳空涨停，如图 7-141 所示。

图 7-141

前面两天可能在观察或者涨停太快没有机会，那这一天早上跳空总看到了吧，总可以介入了吧。但是有的投资者又会想，已经 3 个涨停板了，今天的量又放的那么大，明天应该会调整一下吧，等它调整的时候再买。

第四天，该股继续跳空涨停，如图 7-142 所示。

图 7-142

很多人总会拿自己的观点去解释市场的行为，而这种观点往往会把你带入到犹豫和恐慌当中。笔者一直强调临盘时的害怕源自于内心的不坚定，而对于这种有奇迹的股票，可以逆势领涨的股票，其实我们要做的就是跟随，如图 7-143 所示。

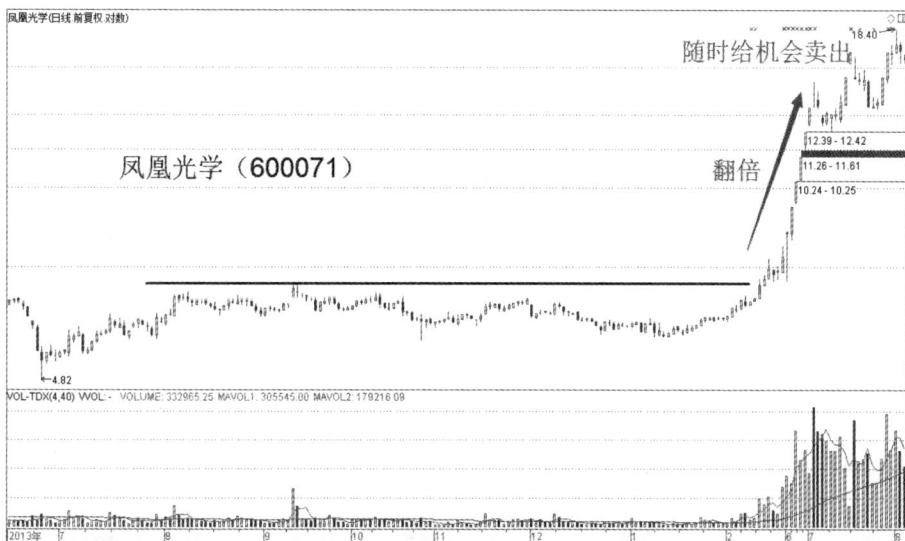

图 7-143

凤凰光学 5 天连续 5 个涨停板，涨停之后继续跳空涨停，买进机会多多；后面做了几次头部，而且是创新高的头部，卖出的机会多多。

我们总是在一个又一个的股票里面挣扎，在一个又一个牛股门前徘徊，始终没有勇气踏进去尝试一下。邓小平说，思想再解放一点，胆子再大一点，步子再快一点。这些话对于投资者来讲同样重要。尤其是当你看完本书之后，更要去尝试，坚持去尝试，只有这样才能摒弃过去的一些阻止我们买卖的东西，才能换来新生。

第5节　长箱体突破

所谓长箱体突破，包括站上箱顶（F1）和跌破箱底（F2）之后又重新站上来。下面我们分别进行详述。

一、站上箱顶突破（F1）

案例 7-18　精功科技（002006）

我们看到，精功科技在 2009 年 11 月拿下历史新高之后，就一路震荡下行，股价维持在一个巨大的箱体内震荡，其间反弹、下跌交错出现。

股价后期继续下探，直到下方缺口 3.06 元处才止跌反弹，如图 7-144 所示。

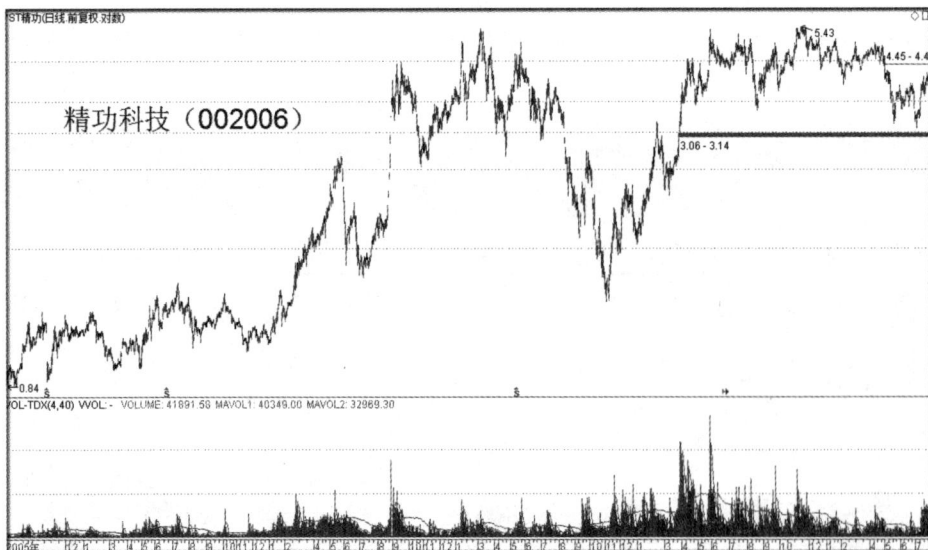

图 7-144

后面股价过了近半年之后才将之前的下跌逐步收复，在接近前高 5.43 元处，收出如图 7-145 所示的 K 线形态。在接近历史新高附近股票收出涨停，同时放出巨量。

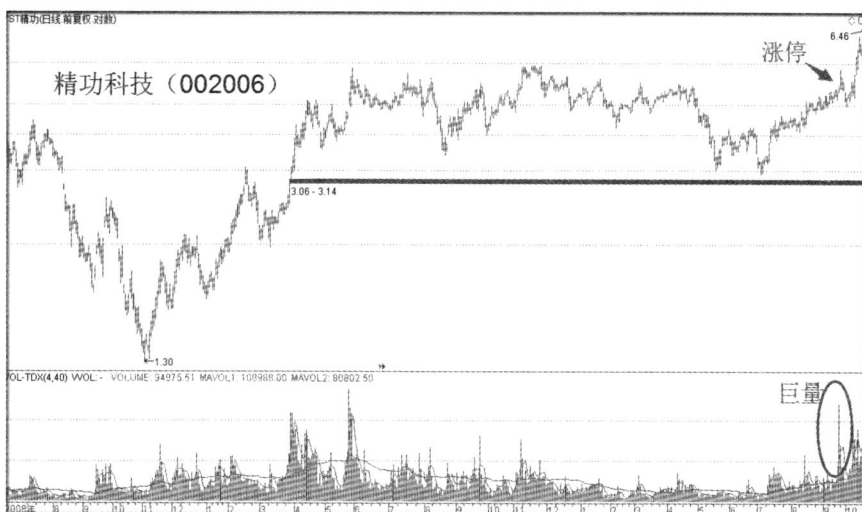

图 7-145

随后股票停牌，复牌之后股价开始回调，同时缩量，依然维持在另一个箱体上方。假如我们在巨量涨停那天冲进去，复牌之后就面临着被套。如果看不懂复牌公告的利好，复牌低开可以先走，后面择机再介入。

此时该股的机会是连续收出 4 连阳，压力是前期的历史新高，即箱体顶部 F1 的压力还没有通过，如图 7-146 所示。

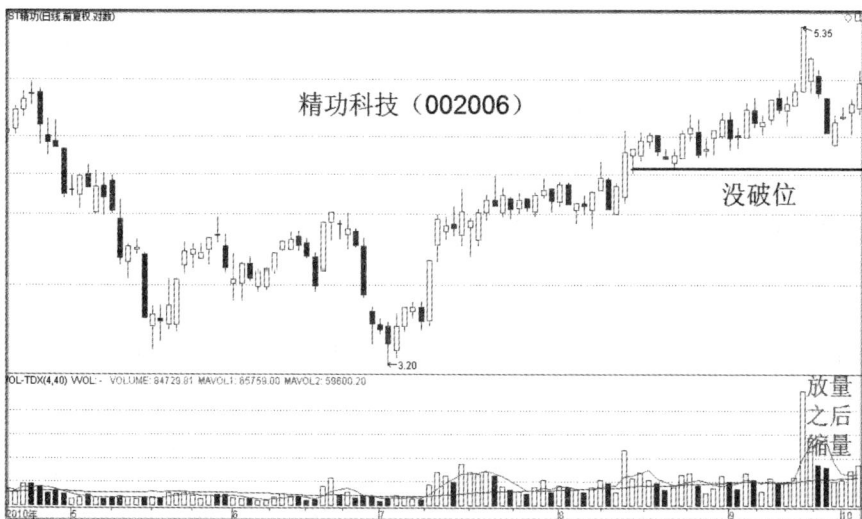

图 7-146

接下来的一天，该股收出一根中阴线，把前一天的反弹悉数吞掉，如图 7-147 所示。

图 7-147

在这里要讲一下，好股票在箱体内准备突破之前，通常会收一根阴线。因为这样你才会对它放松警惕，也才会吓出一部分筹码。而这根阴线对于内在好的、箱体内的股票，往往是冲锋前的号角。以后大家在实战中要留意这种形态。

果然第二天，该股放量涨停，反包前一天的阴线，如图 7-148 所示。

图 7-148

次日该股继续高开高走，创出历史新高，收出长上引线，如图 7-149 所示。

图 7-149

长上引线是什么？以前你看到是害怕，通过笔者的讲解，以后再遇到还会害怕吗？打掉历史新高，解放了所有人，抛压大是正常的，所以收出这一根长上引线，我们要看到机会，要去想明天会不会再来个涨停板把它再反包。

结果长上引线之后，果然收了一根涨停板把它反包，如图 7-150 所示。对此我们对于它之前的历史压力的突破是否是真突破还纠结吗？不用纠结，突破就是突破！

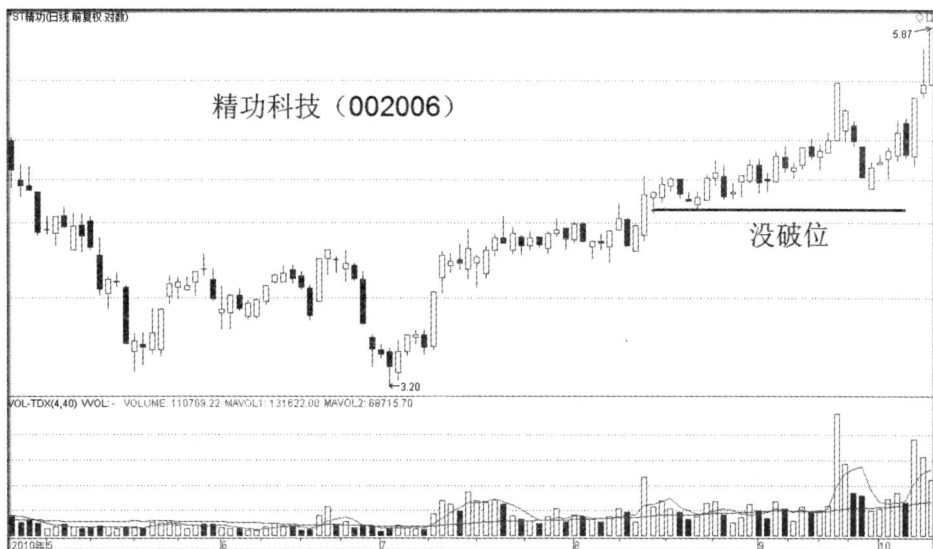

图 7-150

这是 2010 年国庆之后精功科技的表现，有人可能会说这是过去的东西，过去不等于未来。但是笔者要告诉大家的是，投资市场上没有新鲜的事情，过去发生的，以后还会发生，因为这是一个人性博弈的市场。

我们看到精功科技在突破之后，出现了几天的回调。对于牛股来讲，回调的时间一般是1~2天，时间不会太长，如果超过3天，就不要破标志性阳线实体，如图7-151所示。

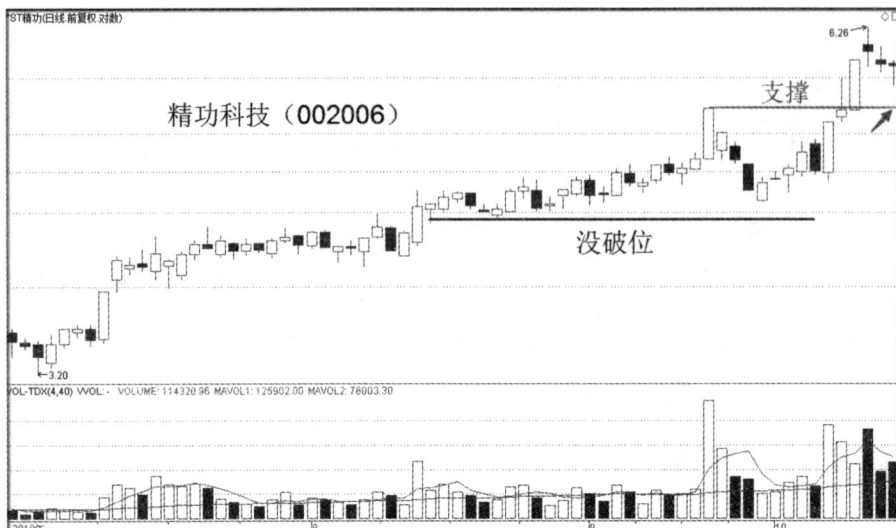

图 7-151

该股调整3天之后，就拉了起来，如图7-152所示。

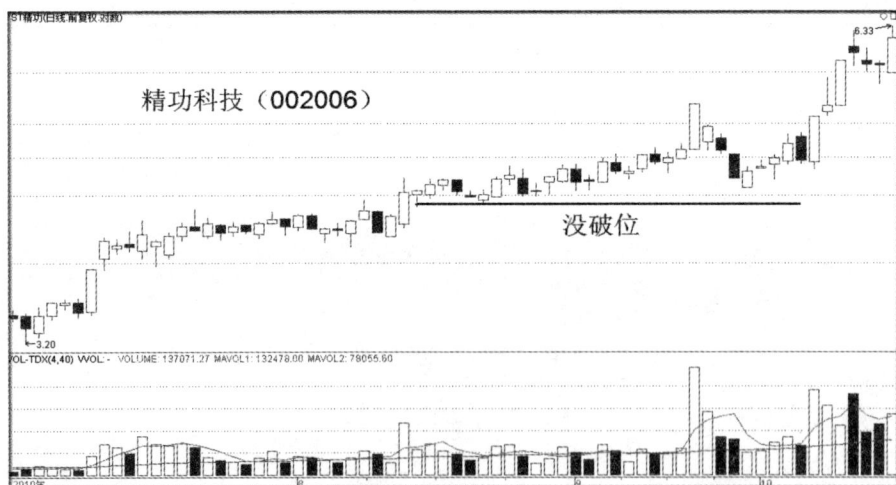

图 7-152

之后，继续小涨，并创出新高。通过图7-150我们看到，从"没破位"那个地方止跌反弹以来，K线的结构是这样的：2阴—4阳，1阴—3阳，3阴—1阳。从低位反弹以来，阴线数量比较少，阳线数量比较多，尤其是连续阳线，所以这一次收阳线结束3阴调整，会是一天就结束吗？会是1根阳线吗？答案是不会。

根据多空双方的博弈，这一次一定是 3 根或者 3 根以上，涨幅在 20%或者 20%以上（根据中间的 3 阳实体大小判断）的实体阳线。后面的走势，该股连拉 7 根阳线，涨幅 34%，如图 7-153 所示。

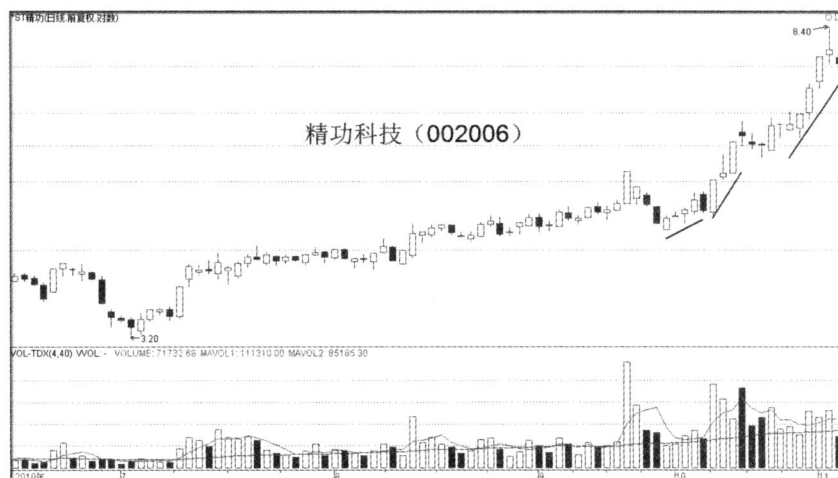

图 7-153

在上涨途中，出现阴线很快就出阳线把它反包，多方表现强势，现在股票又一次收出阴线，应该坚决逢低买入。

该股在阴线之后又是连续拉升 3 根阳线，从长上引线次日算起，短短 2 周的时间，股价涨了 70%，如图 7-154 所示。

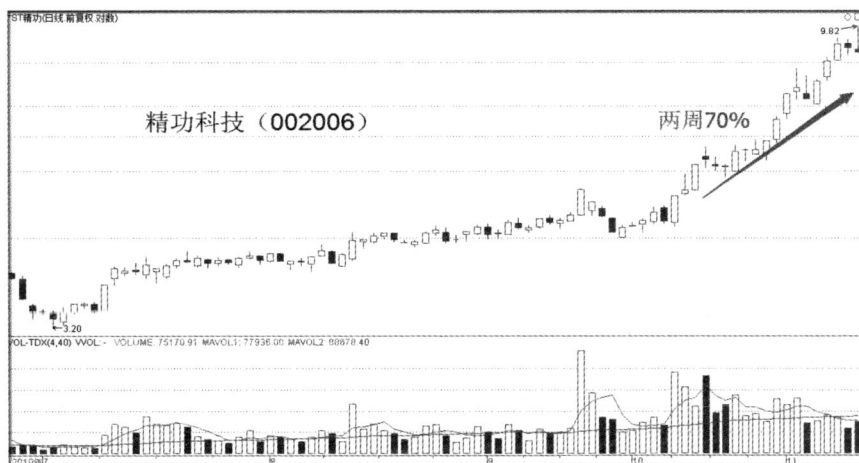

图 7-154

这一次股票涨了 3 根阳线陷入调整，可能在此要做一个箱体，操作上可以先卖出部分，剩下的只要不跌破箱体，可以继续持有，如图 7-155 所示。

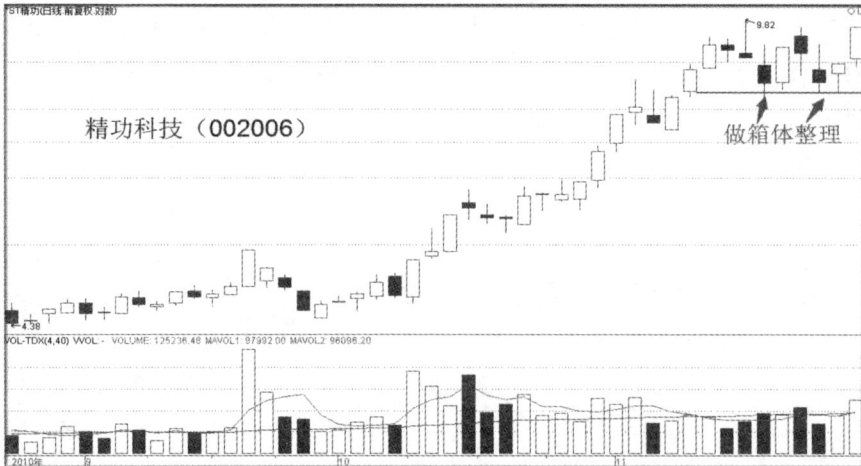

图 7-155

2010 年 11 月 11 日（周四），上证指数见到 3186 点之后开始调整，11 月 12 日（周五）暴跌 162 个点，受此影响，该股当日下跌 6.65%。对于系统性的风险，一定要卖出规避。11 月 15 日（周一）大盘小幅止跌，该股涨停！11 月 16 日（周二）大盘继续暴跌 119 点，11 月 17 日（周三）大盘低开低走，下跌近 2%，4 天跌去 1 个月的涨幅。而精功科技却依然维持箱体整理，始终没有跌破前几天震荡的箱体。随后两天大盘止跌反弹，盘中还一度创出下跌新低，而精功科技却再次收出涨停！

箱体底部反弹起来，接近箱体顶部收出连续阳线，做多意愿明显。第二天该股一字板跳空突破，做多意愿强烈，如图 7-156 所示。

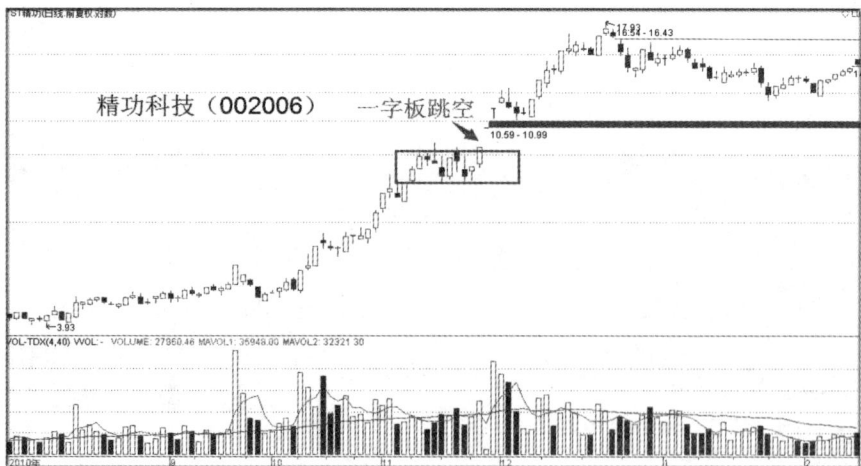

图 7-156

后面可以看到，短短 4 个月该股翻了 4 倍多，而这一切的启动点，就在于突破箱体，如图 7-157 所示。

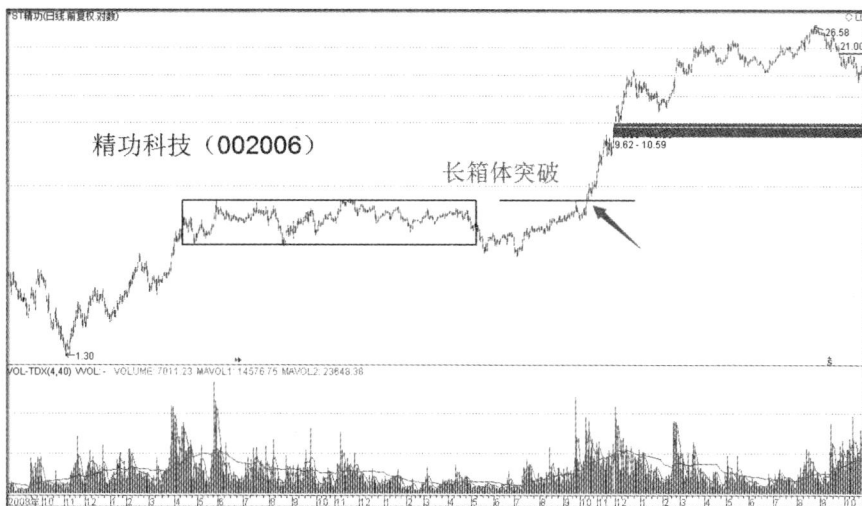

图 7-157

　　2009 年，精功科技将 2007 年牛市创造的高点拿下，2010 年又把 2009 年的高点拿下，这是什么样的魄力呢？创新高就意味着要把所有套牢的人解套，这需要勇气也需要信心。需要勇气接受解套散户的抛盘，需要信心让股价再上一个台阶。精功科技在突破历史长箱体之后，在此基础上又翻了 5 倍，这就是信心的体现。

案例 7-19　奋达科技（002681）

　　奋达科技在 2013 年 5 月 16 日以跳空涨停的形式突破前期的大平台，并创出历史新高，次日继续跳空涨停，做多意愿和做多力量强烈。

　　随后股价出现调整，如图 7-158 所示。

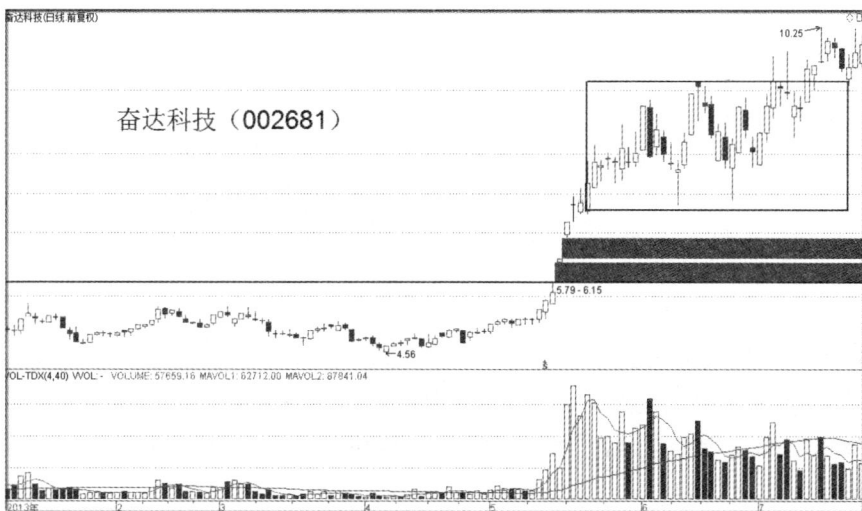

图 7-158

该股在连续跳空拿下历史新高之后，开始做一个震荡上扬的整理，其间有过两次较大幅度的杀跌，但是当天全都收了上去，图形上留出两根较长的下引线，如图 7-159 所示。

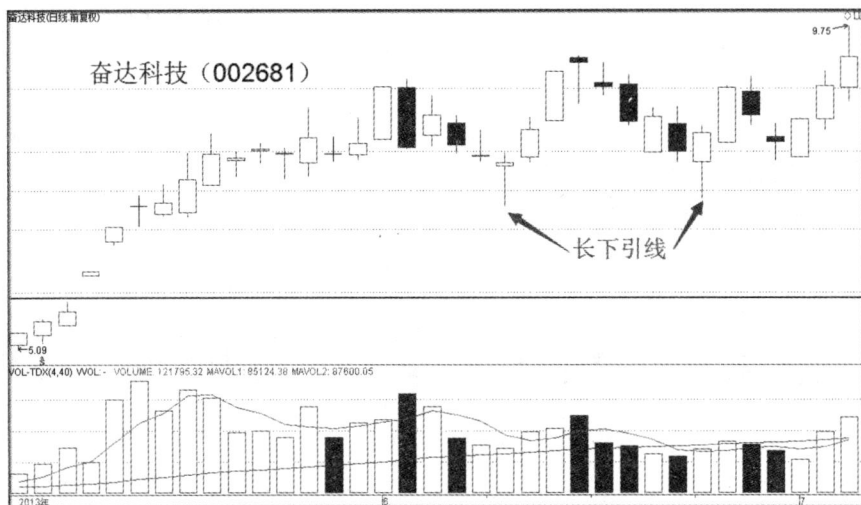

图 7-159

后面股价想突破，但没有成功，再次形成箱体整理，如图 7-160 所示。

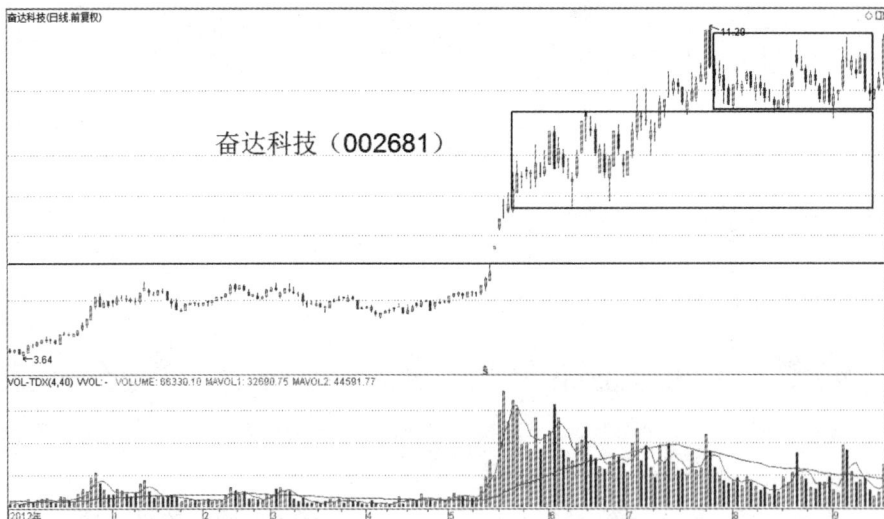

图 7-160

股票第一次突破没有成功，很有可能是假突破，一旦是假突破后果非常严重。但是我们看到该股仅仅是下跌了几天之后就止跌反弹，止跌的位置恰好就是前一个箱体的顶部，也就是说股票突破箱体 1 的 F1 之后，力度较弱出现杀跌，在 F1 处获得了支撑，形成了箱体 2，如图 7-161 所示。

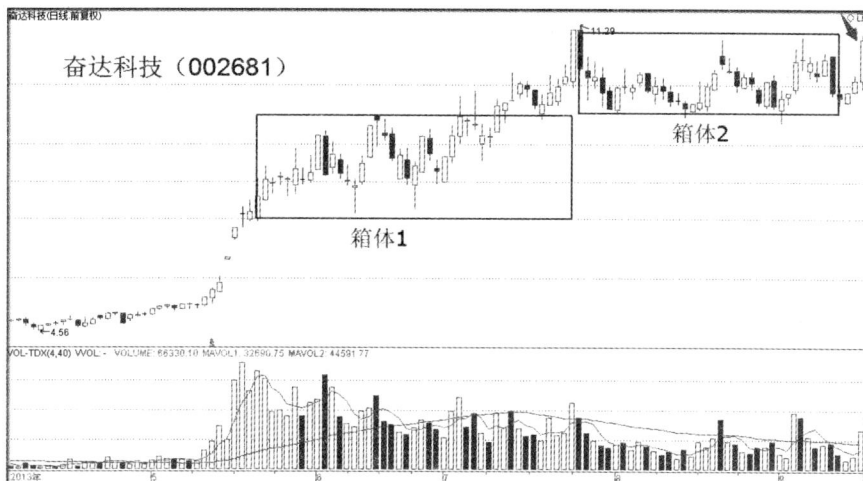

图 7-161

　　图中箭头处所示，奋达科技在 2013 年 9 月 17 日（周二）放量收出大阳线，尾盘一度涨停。在箱体底部附近，收出连续阳线，而且阳线实体渐大，可见主力机构做多力量的表现。同时，当天大盘大跌 2%！能够逆势拉升股票，要么是出货，要么是有足够大的信心和勇气做多的。奋达科技出货的可能性不大（前面做了那么长时间的箱体，没必要在大盘大跌的时候逆势拉高出货），所以笔者判断属于主力机构做多的表现。鉴于前一次突破箱体 1 的 F1 时的表现，担心有可能是再一次试盘，操作上可以继续关注。

　　结果第二天该股创出历史新高，不过是以冲高回落上引线的形式。从图形上看，像是试盘。再仔细观察，我们发现一个细节，那就是股票在箱体突破之前经常出现一根大阴线吓人，在突破之后没有立刻拉升，而留出了一根长上引线。是不是感觉似曾相识？不错，我们上面的案例刚刚讲过，历史总是惊人的相似，如图 7-162 所示。

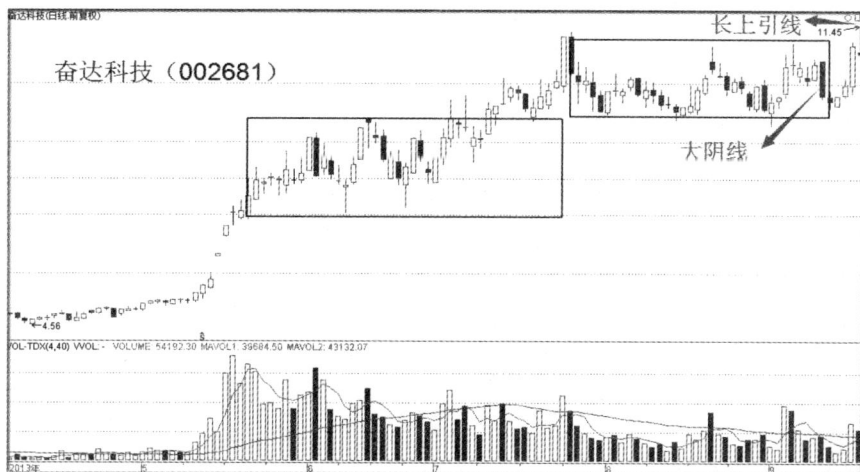

图 7-162

次日该股收涨停板反包长上引线，确认突破的有效性。随后该股连续拉出 7 连阳，做多力量强大而坚决，如图 7-163 所示。

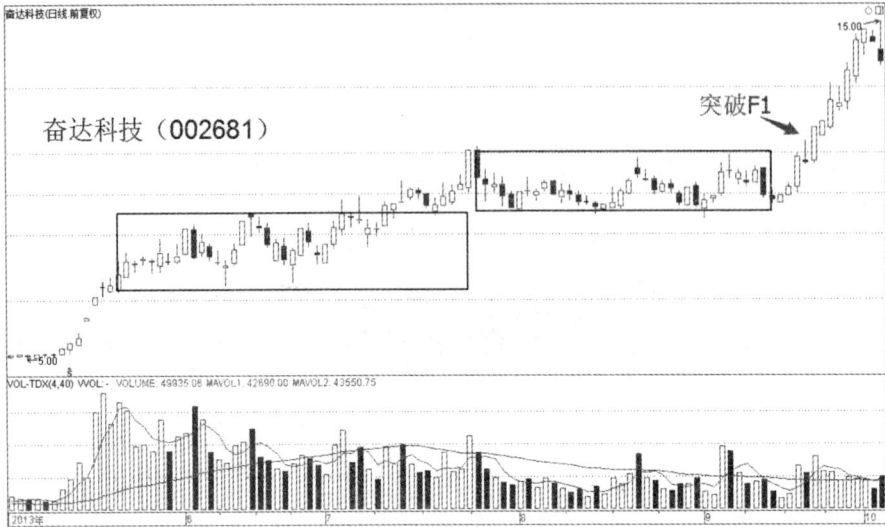

图 7-163

后面股价稍微调整就重拾升势，如图 7-164 所示。

图 7-164

调整的时间就是 1~2 天，后面该股经历了短暂的震荡，如图 7-165 所示。

图 7-165

我们看到股价在箱体底部获得支撑，收出长下引线出现反弹，之后以一根涨停大阳的形式反包长上引线。

次日该股继续高开高走，收出阳线，拉开新一轮上涨的帷幕，如图 7-166 所示。

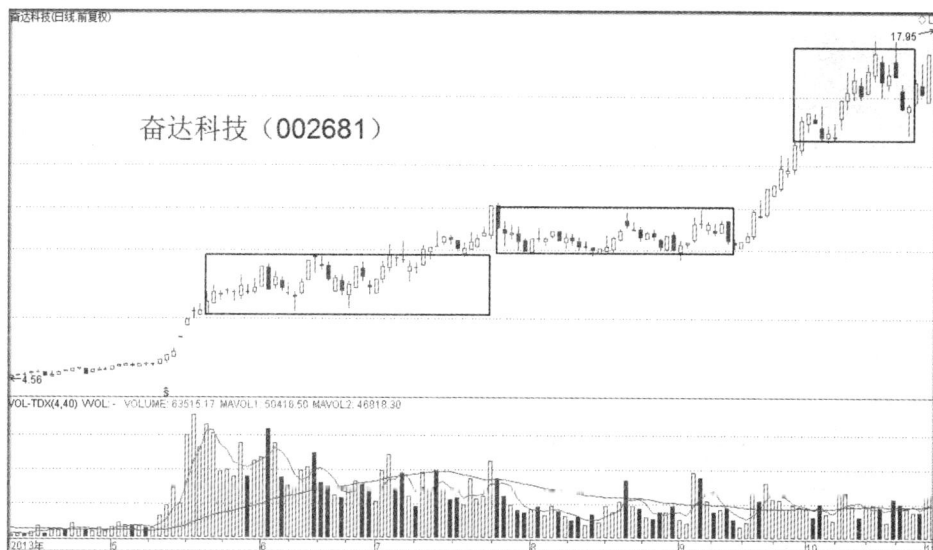

图 7-166

结果第二天股票涨停。股票调整 3 天后，再次以涨停的形式结束洗盘。前面我们提到，好股票洗盘的时间一般在 1~2 天，时间长点的，不破标志性阳线实体即可，结果这只股票就是在打到前一根阳线实体附近收涨停止跌，如图 7-167 所示。

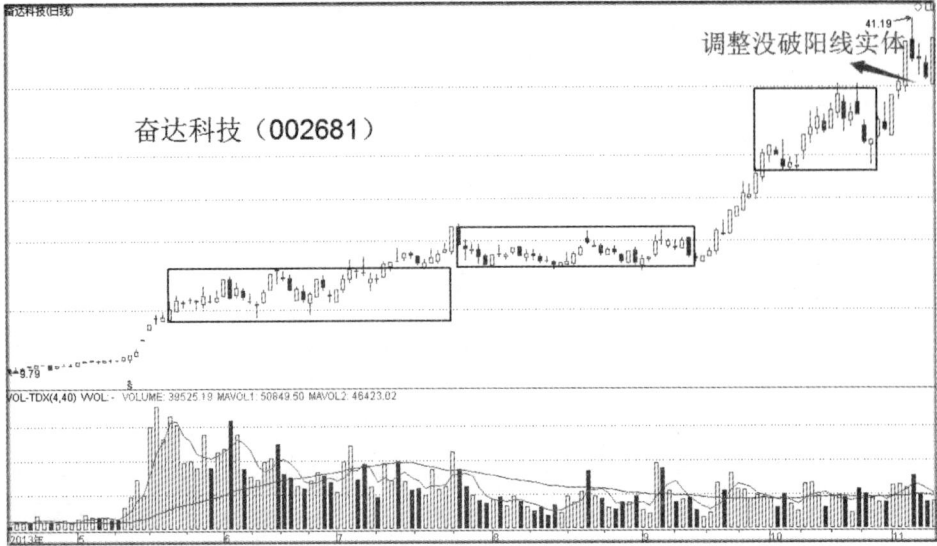

图 7-167

后面股价直线拉升，如图 7-168 所示。

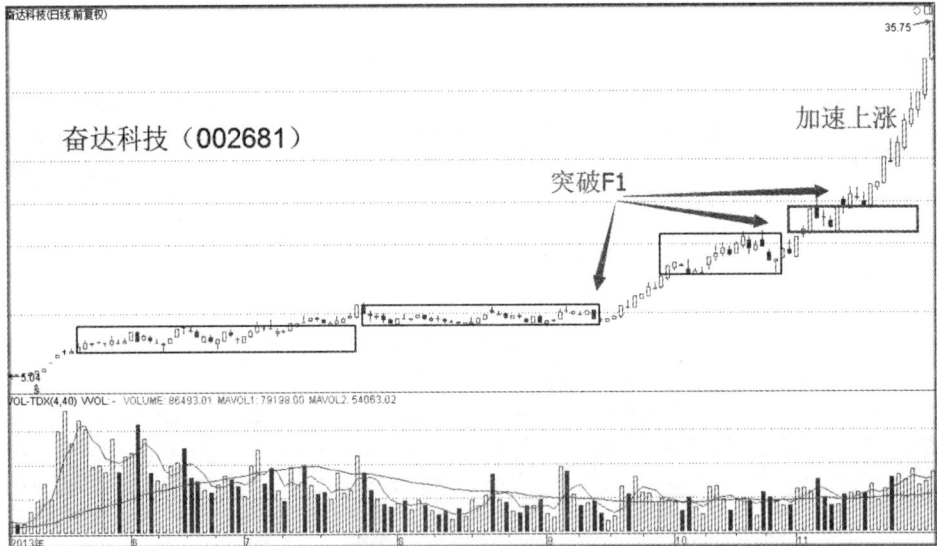

图 7-168

之后股价复牌之后直接跌停，如图 7-169 所示。

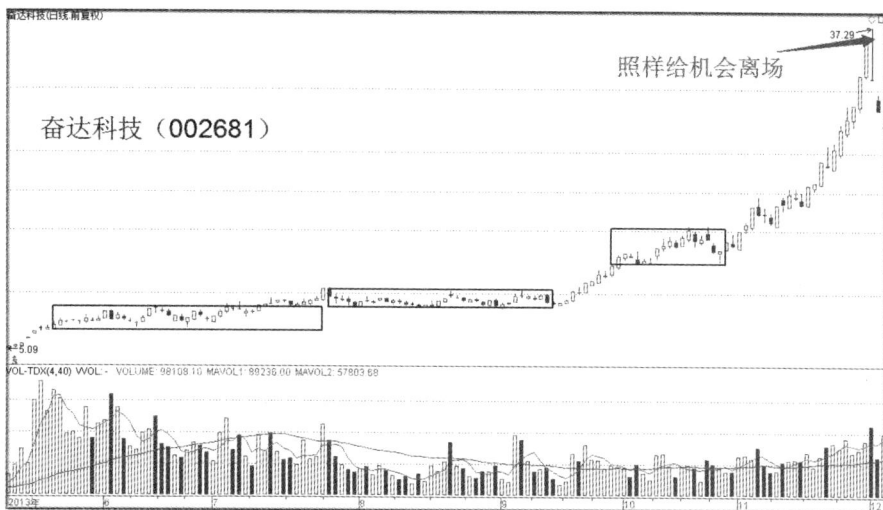

图 7-169

对于这样的牛股，就算是在前一天涨停价追进去，复牌之后都会给离场机会，有的可能还让你赚钱出来。就算暂时没出来，后面还会有机会，如图 7-170 所示。

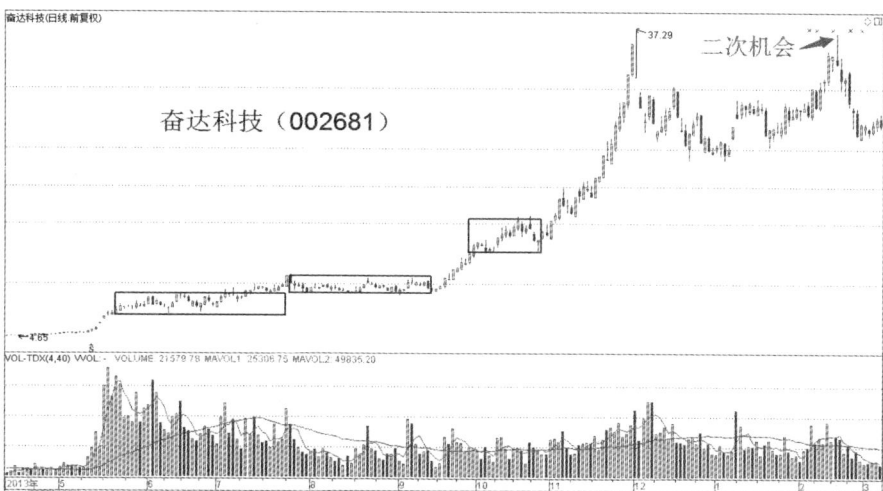

图 7-170

这就是牛股的特性。在很多箱体突破的股票中，怎么奋达科技就涨上去了呢？这个追根溯源还是从内在去找，内在好的股票，外在突破的概率就大。外在暂时不好的股票，就会花时间修复之后再起涨。假如内在不好，单纯的去看外在的长箱体突破，一旦形成假突破，很容易买在头部，如此可能得若干年后才能解套。

对于有些股票的上涨，不一定一帆风顺，但是它们可以跑赢大盘，也许在一段时间内可能没什么明显的变化，但是一旦把统计周期拉长就能显出它们的不同。有的股票的上涨就是努力突破箱体，突破之后震荡还形成箱体，然后再突破，一个箱体一个箱体往上搬。

别小看这些箱体，也别不喜欢这样的震荡，它们的上涨力量大的很哩。

案例 7-20　天银机电（300342）

天银机电自上市后，一路下探，中间有过几次反弹，但都没有超过 2012 年 7 月 30 日的阴线实体，股票在下方宽幅震荡。2012 年 12 月 4 日创出本轮下跌的新低之后，出现反弹，两周之后即 12 月 21 日接近前期箱体顶部即 F1 处时，收出涨停板，做多力量明显，次日跳空高开高走，做多意愿坚决，随后一直震荡拉升，直至再次出现调整，其间反弹幅度超过 30%，如图 7-171 所示。

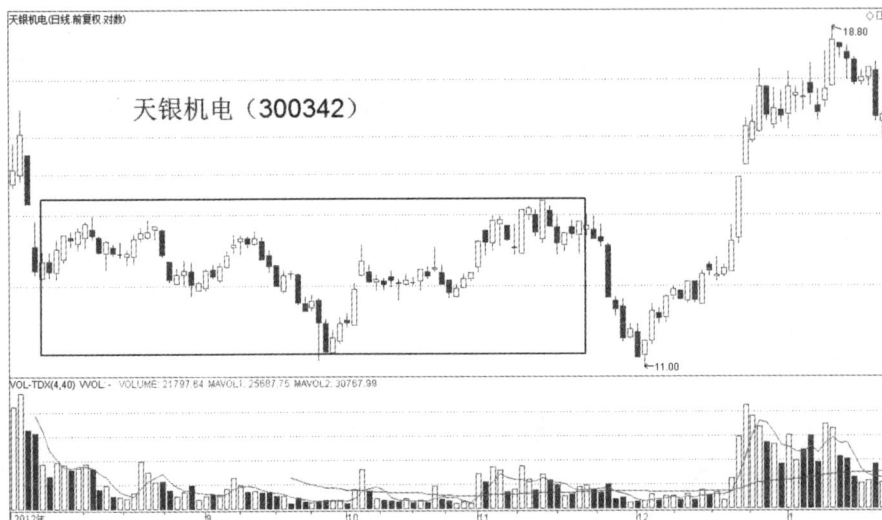

图 7-171

后面股价见到高点之后再次陷入到箱体整理之中，如图 7-172 所示。

图 7-172

什么时候调整结束呢，不知道。但是只要不跌破该箱体，就可以一直持有。

我们看到，该股在箱体内大幅震荡，接近缺口处获得支撑，随后收出连续阳线反攻，最终站上 F1 突破箱体，如图 7-173 所示。

图 7-173

股票突破箱体之后，继续不温不火的震荡，其间一度再次回探箱底，2013 年 6 月 25 日收出一根长下引线结束回调。之后没过几天，该股连续跳空一扫之前的震荡，用了 3 天时间将之前 1 个月的回调悉数收回，如图 7-174 所示。

图 7-174

股价在跳空突破后，震荡两周，然后以一根涨停板的形式向上突破，但好景不长，股价很快又陷入了整理。对此，需要注意的是，可以把当天涨停板的最低价作为后面箱体横盘的支撑位，一旦跌破，股价将有可能回补缺口，而缺口一旦回补，则宣告上涨结束，所以要密切留意，如图 7-175 所示。

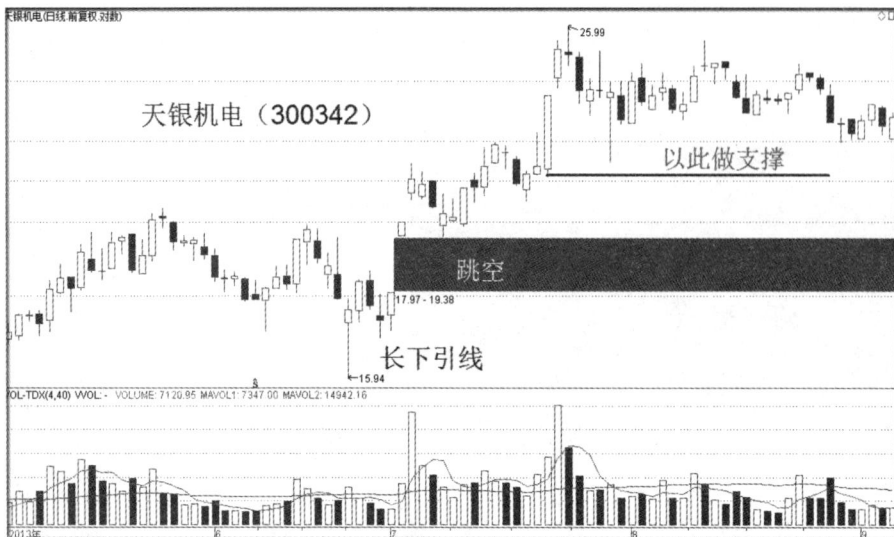

图 7-175

结果后面的走势，股价恰好跌到笔者画的支撑线附近止跌反弹，并一举拿下 F1，后面股价突破之后做了个回踩的动作继续向上，如图 7-176 所示。

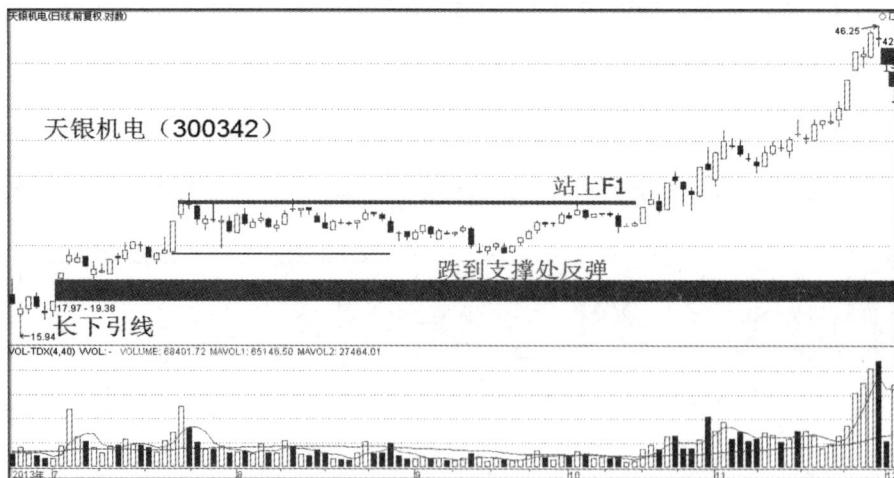

图 7-176

天银机电经历了突破-回踩-确认的过程之后，一路上扬，短短 1 个月上涨 50%，如图 7-177 所示。

其间也有调整的时候，但是符合我们前面讲的调整 1~2 天，或不跌破标志性 K 线实体的特征。

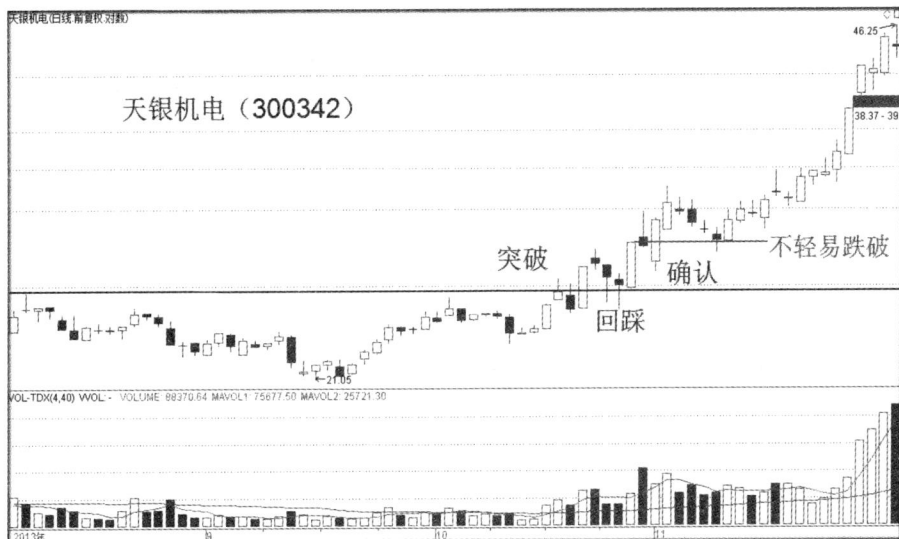

图 7-177

现在再回过头看，当初的箱体显得多么的亲切，如图 7-178 所示。

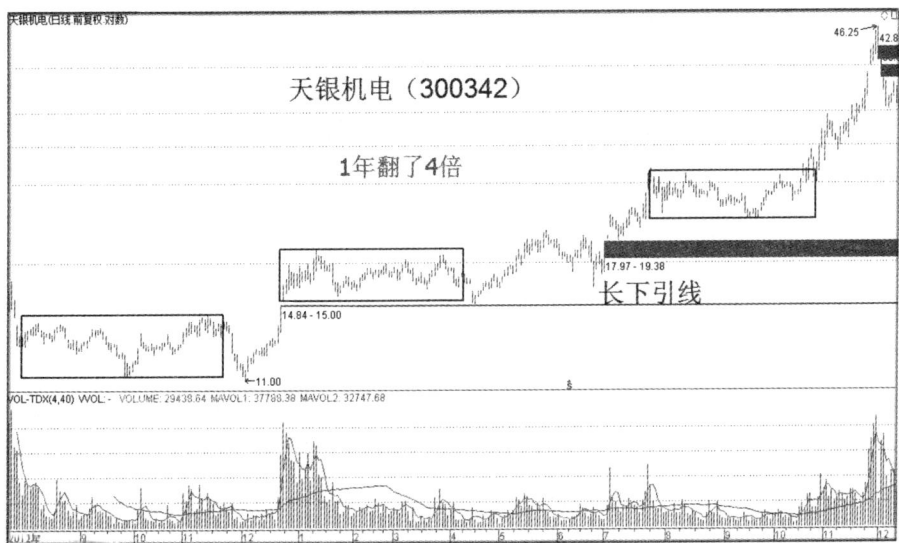

图 7-178

　　1 年时间翻了 4 倍，你还会觉得它慢吗？还会觉得它少吗？我们很多人太急于今天买进明天卖出就能赚钱，事实上这样做是很累的，而且赚到钱的概率也比较低。真正要赚到钱的是能够拿得住股票。为什么有很多人拿不住呢？因为不愿意花时间等待，其实箱体的好处就是可以磨练我们的心性。没见过农民今天种地明天就要收割的，也没见过自从种上之后一直风和日丽可以有个好收成的。连庄稼都要经历季节的等待，都要经历风霜雪雨的磨练，何况炒股呢？

有个故事是这样讲的：

竹子用了 4 年的时间，仅仅长了 3 厘米。从第五年开始，以每天 30 厘米的速度疯狂的生长，仅仅用了 6 周的时间就长到了 15 米。其实，在前面的四年，竹子将根在土壤里延伸了数百平米。做股票亦是如此，不要担心此时此刻的买入得不到回报，因为这些付出都是为了扎根。我们很多投资者经常拍大腿讲，X 牛股在启动的时候就介入了，但是赚了几毛就走了……就是因为没能熬过那 3 厘米！

二、跌破箱体后突破箱底（F2）

指的是股票跌破箱体之后，又返回到箱体之内的动作。通常如果是快速返回，则表明前一根阴线有诱空的嫌疑。如果破掉箱体一段时间还没有拉回来，则等到它再突破箱体的时候，可能股价就会翻倍。这里讲的突破 F2，就是希望能让大家在股票由下跌转为上涨的初期就留意到它，能够早一步介入，进而持有获利。

案例 7-21　罗顿发展（600209）

罗顿发展从前期高点跳水杀跌 60% 以后，形成一个箱体，时间长达半年。而后再次跌破箱体，跳水杀跌 40%。这个时候的股票，简直就不能看了，后面股票陆续反弹，反复折腾，还做了二次探底，如图 7-179 所示。

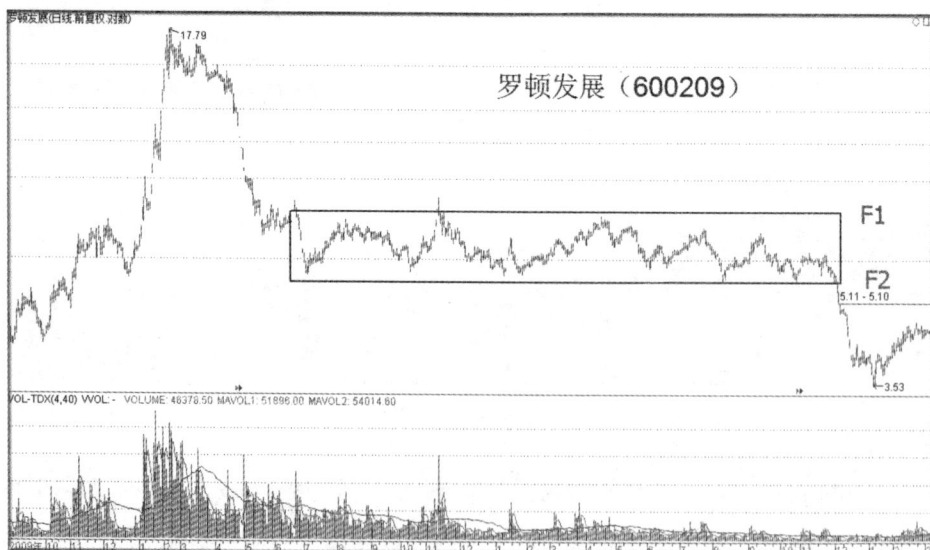

图 7-179

之后停牌、复牌，出现连续涨停，如图 7-180 所示。

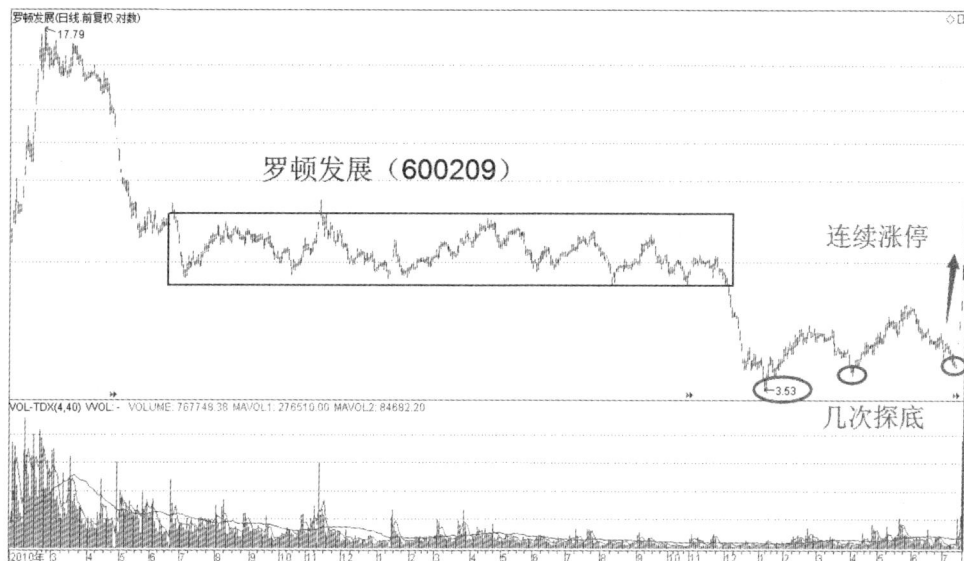

图 7-180

　　一旦出现连续涨停，大家的目光就都会被吸引。但当该股给出买进机会的时候，是进还是不进呢？如图 7-181 所示。

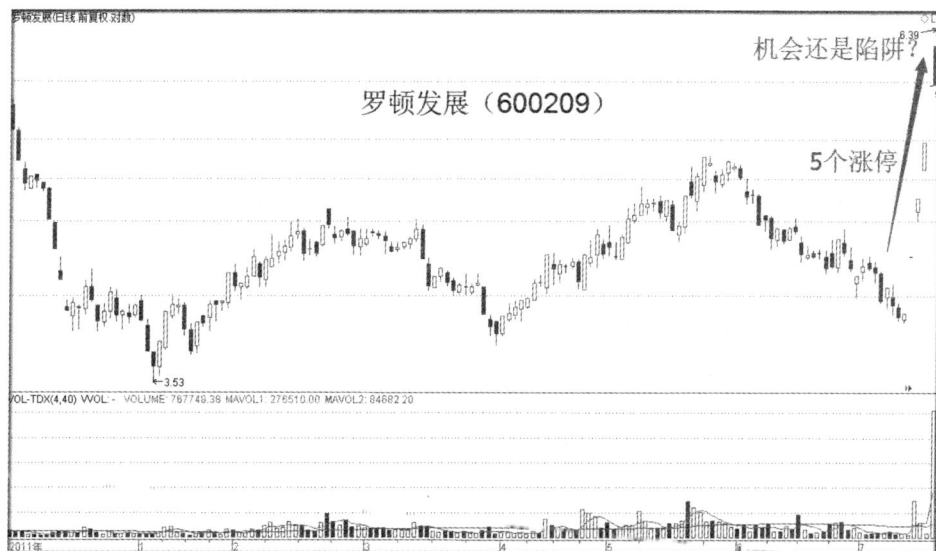

图 7-181

　　这个时候应该买入等待，等它突破箱体之后再考虑下一步的操作，如图 7-182 所示。

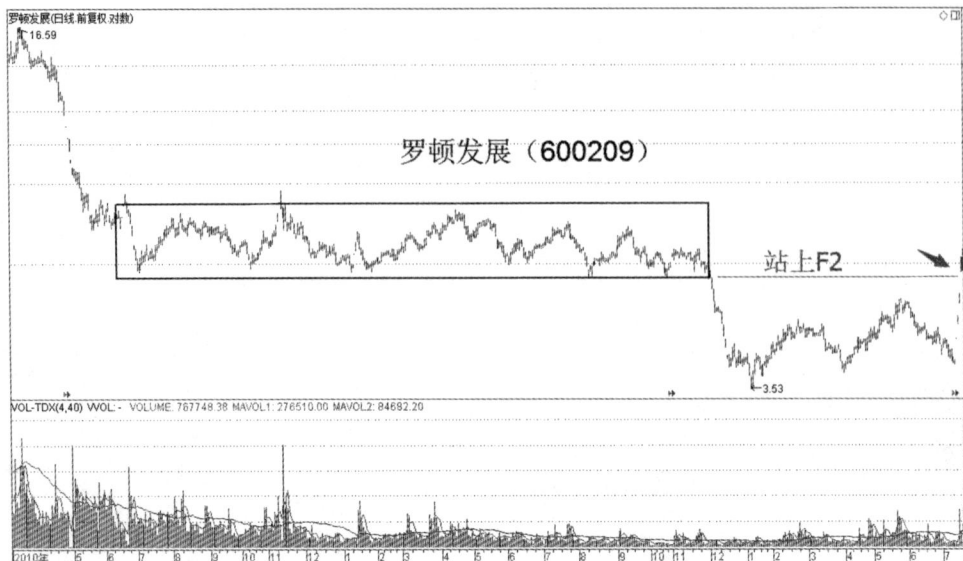

图 7-182

当然等它真正站上箱体再进场，上面的空间还很大，机会也很多，但也可能你就不敢进了。

罗顿发展在突破 F2 之后，连续涨停，强势上涨，后面又打压洗盘吓人（涨停次日低开和长上引线跳水），之后继续领涨，如图 7-183 所示。

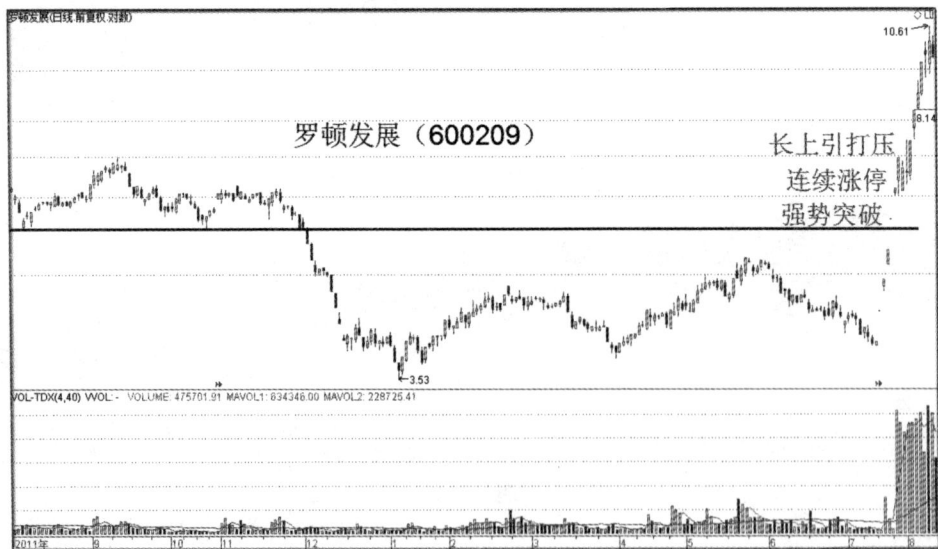

图 7-183

后面的走势符合我们讲的涨停+跳空形态，仍然有机会买入，但是对于大多数的投资者，前期没买，后面就不敢做了，前期都没看懂，后面就更不敢去买。这就是为什么我们要在底部看懂，买入它的原因。

案例 7-22　西藏发展（000752）

西藏发展在经历了一波上涨之后，见到 15.29 元高点出现下跌，跌幅近 50%。而后股价出现反弹，但是在接近前高附近即出现调整，宽幅震荡形成箱体，如图 7-184 所示。

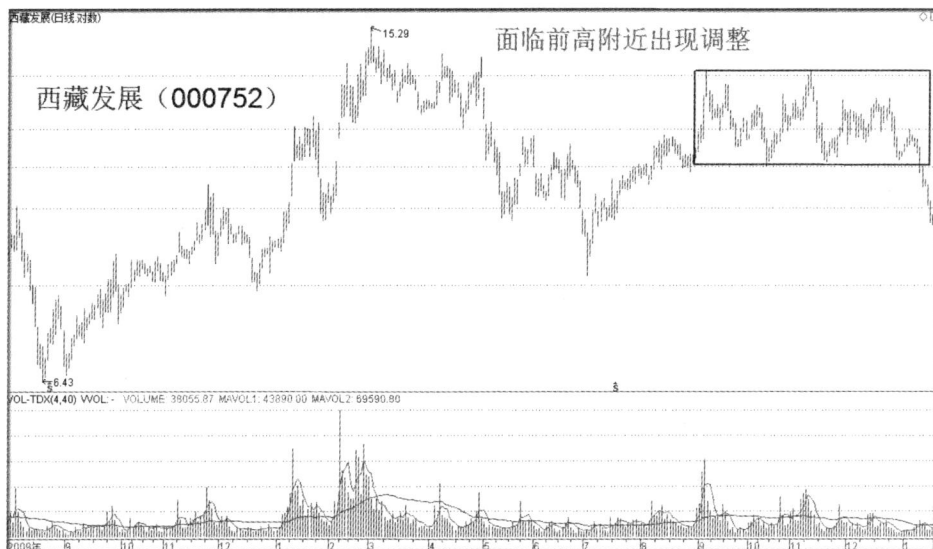

图 7-184

随后股价跌破该箱体，直奔前期低点 8.31 元，如图 7-185 所示。

图 7-185

就在大家感觉它要跌破 8.31 元再创新低的时候，该股出现止跌，并且连续收出 6 连阳，做多力量持续，后面股价连续拉出 11 连阳。

当股票站上 F2 时，出现了回调。不过回调的时间只有两天，第三天盘中一度击穿前一根大阳线实体，但尾盘又收了回来，做多信号明显。次日继续上攻，确认站上 F2，如图 7-186 所示。

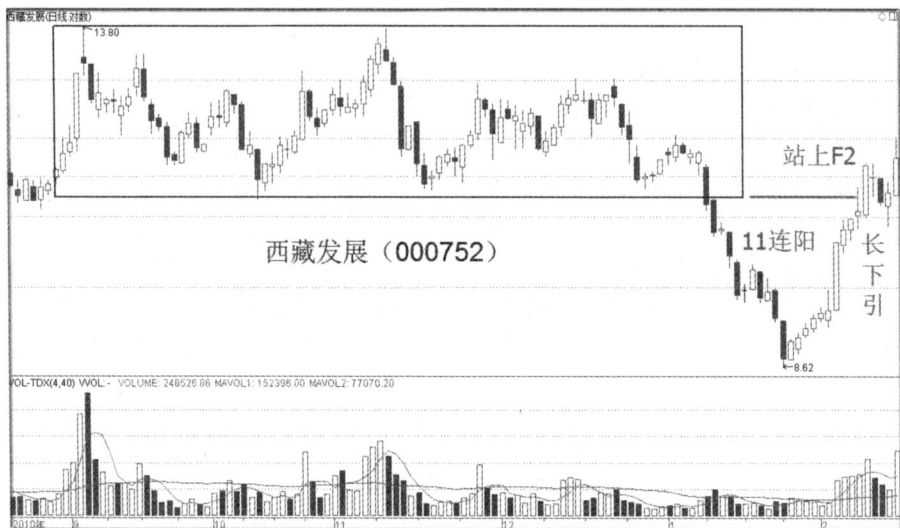

图 7-186

站上 F2 之后，股价继续拉升，中间即便出现回调，时间都非常短暂。之后该股继续反弹直至创出箱体的新高，如图 7-187 所示。

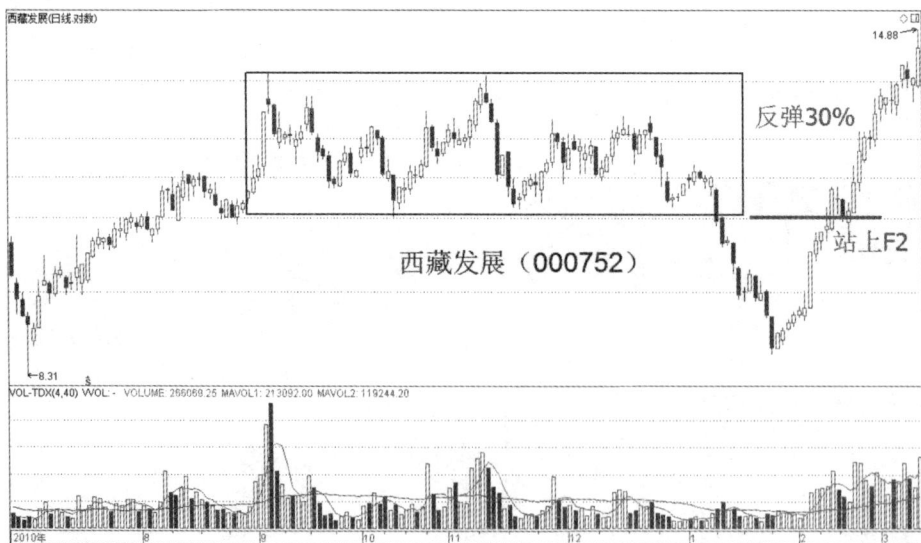

图 7-187

此时也许你正在考虑是否要介入，但股票停牌，复牌之后，连续一字板飙升，如图 7-188 所示。

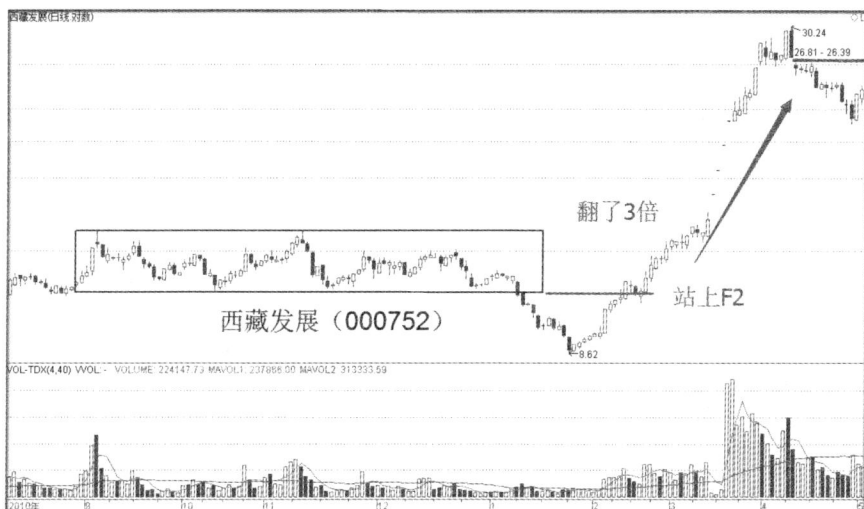

图 7-188

大家可能会认为，这样的股票是可遇不可求的，但是笔者想要说明的是，因为大多数投资者看不到、看不懂这样的走势，错失良机的事情每天都在发生。尽管有很多人在低位买了西藏发展这只股票，但在停牌之前全部卖掉了……主力机构好像很清楚，你不卖掉手中那几百股，他就不拉升！当然，后悔是无济于事的，我们需要的是能够学会看懂这种牛股，从而在遇到下一只时，不至于再错失机会。

案例 7-23 北纬通信（002148）

北纬通信自 2010 年底开始下跌，2011 年 6 月~12 月形成止跌箱体，随后又出现了反弹和下跌的震荡行情，于 2012 年 12 月跌破该箱体，如图 7-189 所示。

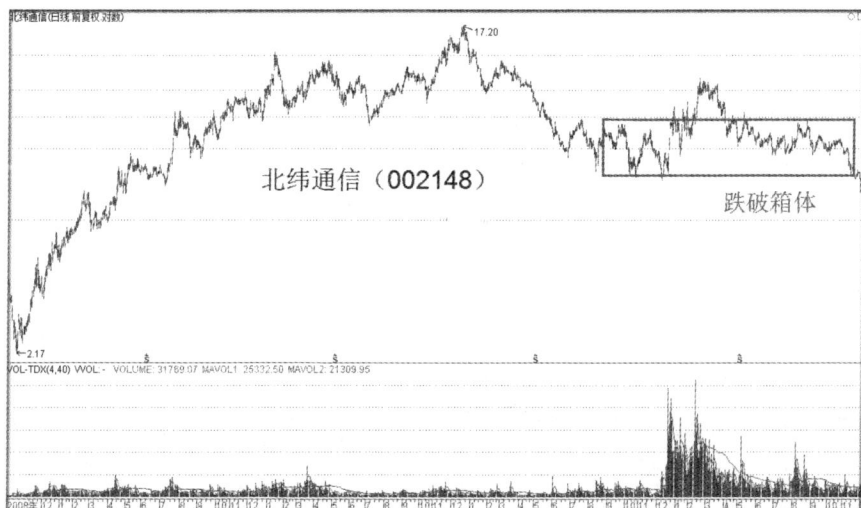

图 7-189

1 个月后，该股经过反弹又站上了 F2。

通常来说，箱体形成的时间越长，多空争夺越剧烈。股价跌破箱体再返回到箱体内，也必然要面临一大部分套牢盘的抛压，这也是最考验主力机构勇气的。但志在长远的主力机构在面对压力的时候，往往会非常果断地选择向上，压力越大，态度越坚决，如图 7-190 所示。

图 7-190

股票在接近压力处，能够以连续跳空的形式向上突破，显示主力机构做多的意愿非常强烈。随后我们看到，该股从低位反弹 60%后，放大量调整，如图 7-191 所示。

图 7-191

股价调整一段时间之后，始终没有跌破下方的跳空缺口，更别提 F2 了。该股在缺口上方震荡两个半月之后，选择向上挑战，突破独立量，如图 7-192 所示。

图 7-192

后面股价一路震荡上扬，其间也给了多次介入的机会。不过回过头去看，我们发现当该股站上 F2 时就显示了向上突破的最大动力。

错过了太阳，还有月亮；错过了月亮，还有星星。就在 2014 年 8 月，该股向下调整了 10 个月之后，再次出现过去的历史走势，如图 7-193 所示。

图 7-193

在经历了 10 个月的漫长下跌，2014 年的 7 月 14 日该股放量跌破蓄势了 8 个月的箱体，恐慌在此达到了顶点。而后 1 个月股价一直在此震荡，2014 年 8 月 13 日早盘该股跳空高开站上 F2，同时放量，做多意愿明显，如图 7-194 所示。

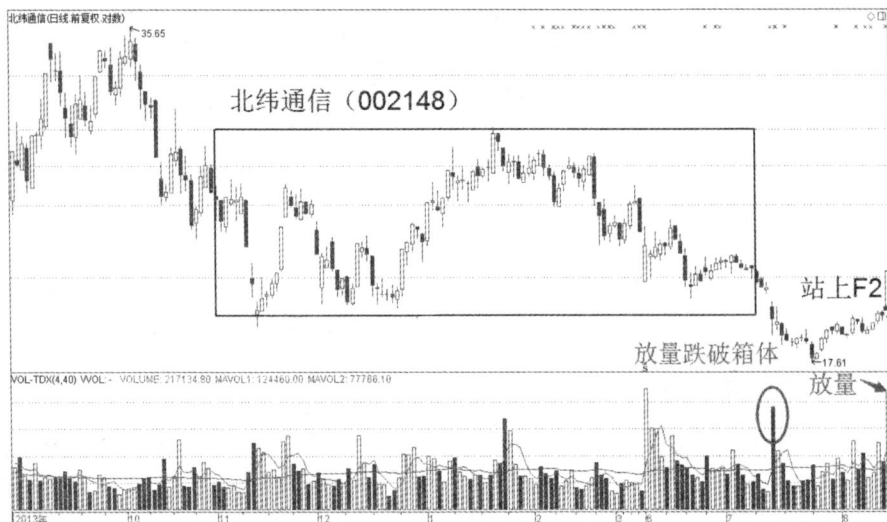

图 7-194

次日该股继续涨停，短短 4 个交易日，涨幅达 35%，如图 7-195 所示。

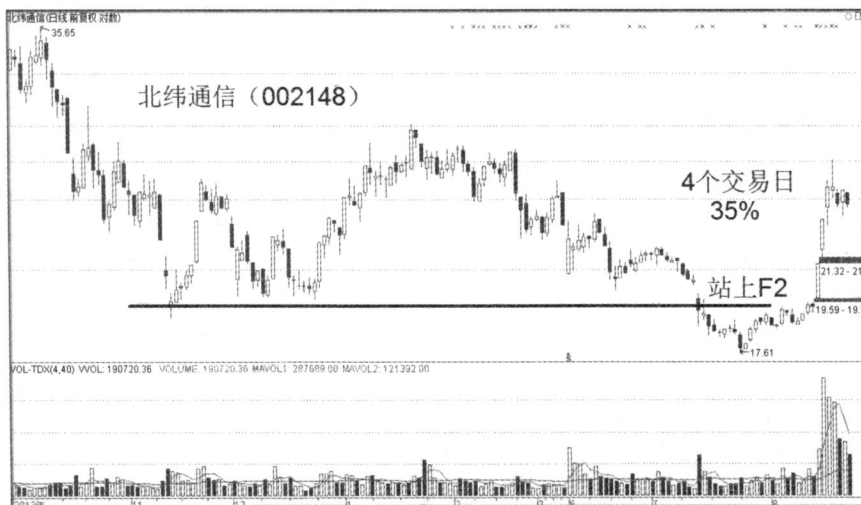

图 7-195

同一个招式两次用在同一只股票上，充分说明主力机构对站上 F2 的钟爱，也表明真理的有效性可以跨越时间。

第 6 节　牛股外在特征的综合应用

前面章节分别介绍了牛股的几个图形特征，并讲解了如何根据这些图形去操作，从而发现和捕捉到牛股。本节详细讲解上述特征的综合运用，以进一步提高读者的实战技能。

我们先来看下掌趣科技（300315）的走势，如图 7-196 所示。

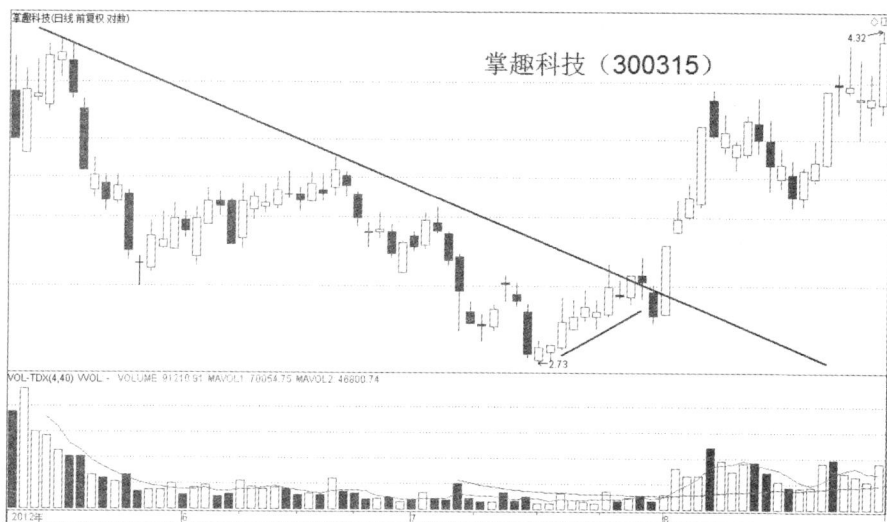

图 7-196

掌趣科技从上市之后就一路下跌，中间没有过什么像样的反弹，直到跌到 2.73 元（前复权价）的时候，从 2012 年 7 月 17 日起，出现了 8 连阳。虽然前面下跌的过程中也出现过连续阳线，但持续性都不是很强。我们知道，随着位置越来越低，做多动能会越来越强，阳线的数量也会越来越多，阳线的实体也会越来越大。这主要是基于位置低了，风险得到进一步释放，同时价位的走低，使投资者心理上变得更大胆。

但靠散户的力量是不行的，股票之所以可以大涨，一定是靠实力强大的主力机构拉起来的。后面我们看到，该股以一根涨停板+跳空的形式突破了重要的压力位，如图 7-197 所示。

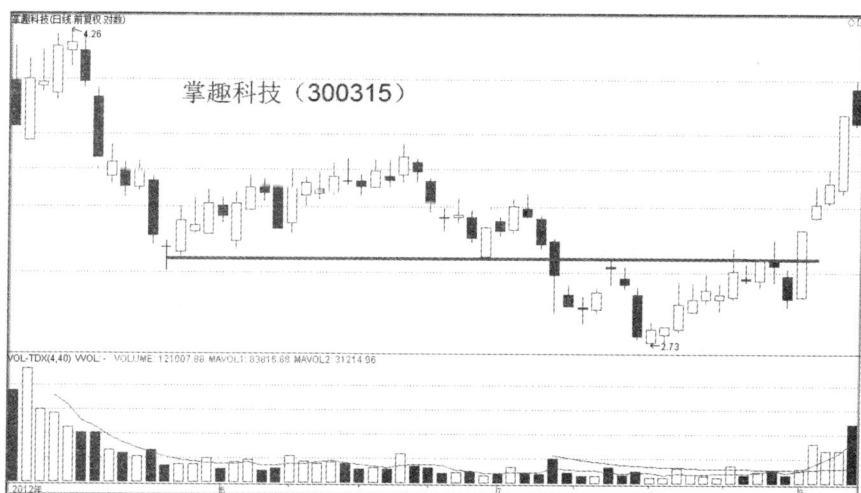

图 7-197

涨停板是我们每天都能看到的一种K线形态，那它到底表示的是什么意思呢？前面讲过，阳线表示的是做多力量，大阳线表示强大的做多力量，而涨停板作为大阳线的一种特殊形态，则表示主力机构做多的实力更强、信心更足。

那涨停之后的向上跳空呢？在前一日资金介入的情况下，次日更多的资金看到了该股的前景，愿意出比前一日最高价还要高的价格去买进，大家相互竞价，于是价格被抬高，盘面上就出现了跳空缺口。自然表示的就是主力做多的意愿比较强，对该股未来更加的看好。

掌趣科技在面临前期箱体底部压力的时候，采取的是涨停板+跳空的形式，我们可以判断它的信心和态度是坚决的。

后面股价在拉升的过程中，再次出现了涨停板，但随后就出了一根阴线，持续性有所减弱，但由于股价在4个交易日拉升了30%，出现调整也是正常的，是被允许的，如图7-198所示。

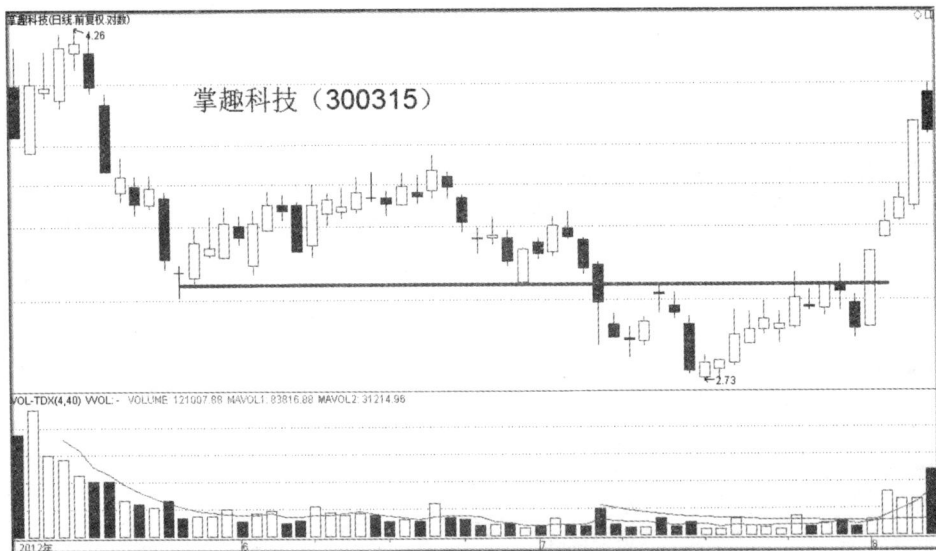

图 7-198

但接下来就是体现主力机构做多决心的时候了：出了阴线就是压力，看它是否能够快速地通过空多转换把压力转化为动力。不仅要看它的速度，还要看它的力度，如图 7-199所示，我们看到刚出现一根阴线就出了一根阳线，说明主力机构做多的态度是有的，空多转换的速度是快的，只是力度稍微弱了点——没能将前一根阴线完全包住。

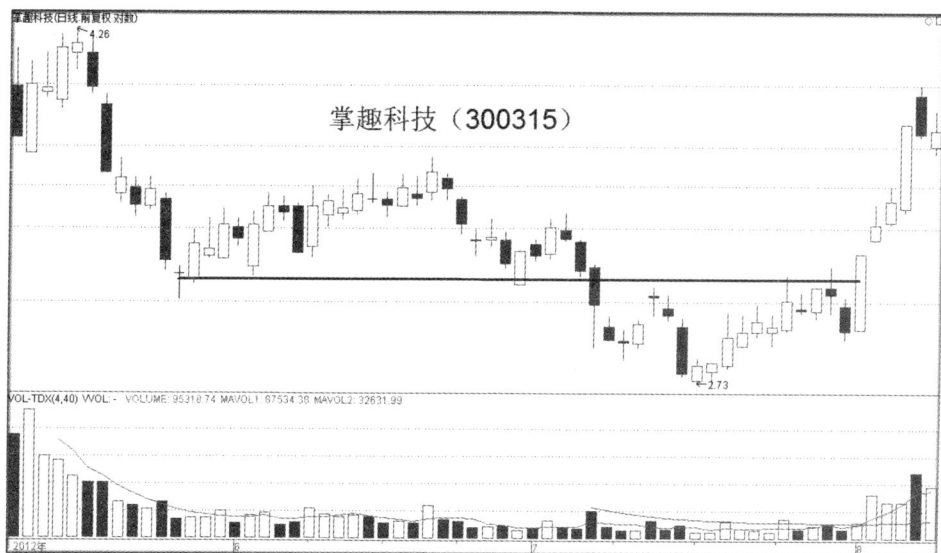

图 7-199

接下来，该股盘中调整之后，再次收出连续阳线，说明该处做多资金是持续的，只是力度较弱，态度比较谨慎，如图 7-200 所示。

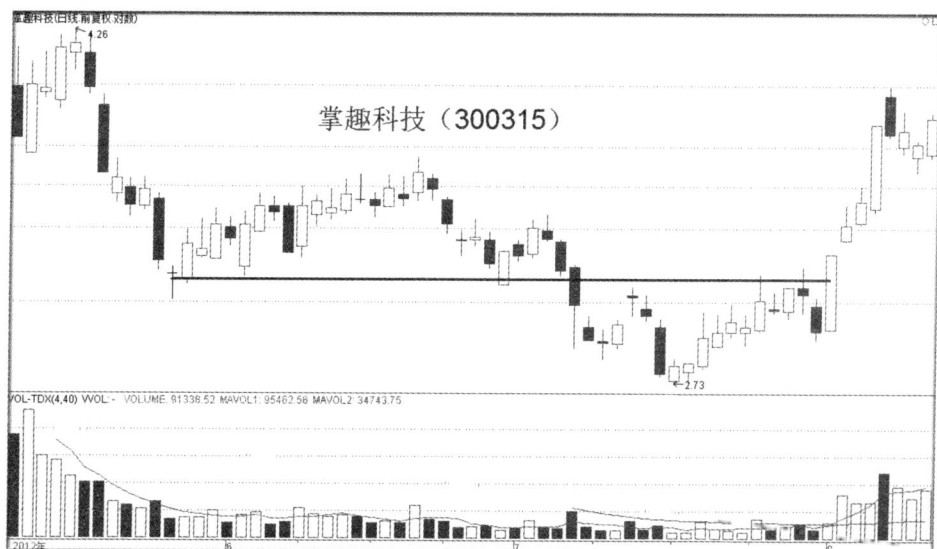

图 7-200

由于做多资金的力量较弱（连续 3 根阳线也没有把前一根阴线完全包住），接下来需要关注的是做多力量是否可以持续且进一步加大。

结果多空双方经过博弈，空多转换不够强势，空方再一次占到优势，如图 7-201 所示。

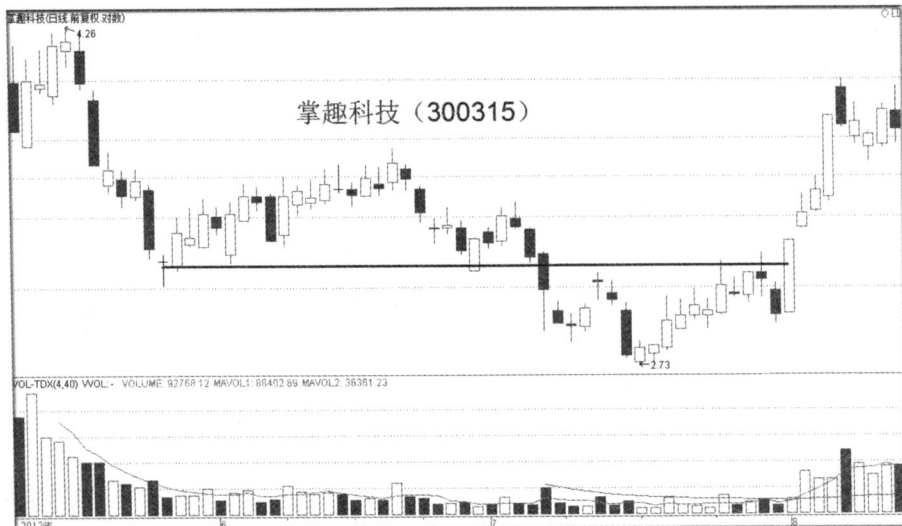

图 7-201

当第一根阴线出现的时候，我们就要想到需出现一根阳线把它完全打掉，结果三根连续的小阳线之后又一次出现了阴线，说明此时多空的博弈不利于多方，后面果然出现了调整，如图 7-202 所示。

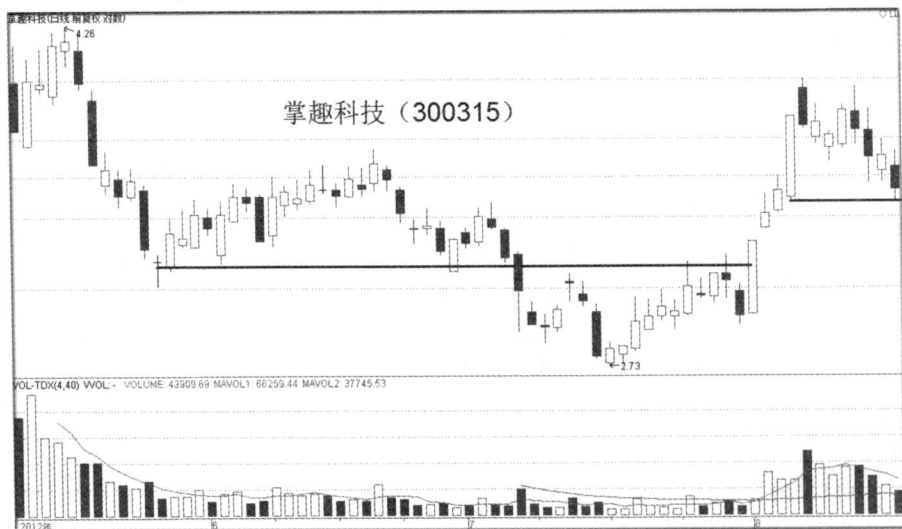

图 7-202

对于股票的调整，我们可以按照之前一根标志性的大阳线作为止损位，也就是说股价出现回调，可以承受或者允许的回调空间就是这根涨停板大阳线的空间。

随后股价在前一根涨停板附近真的出现了止跌，同时出现了空多转换的：阴—阳，阴—连阳+大阳，如图 7-203 所示。

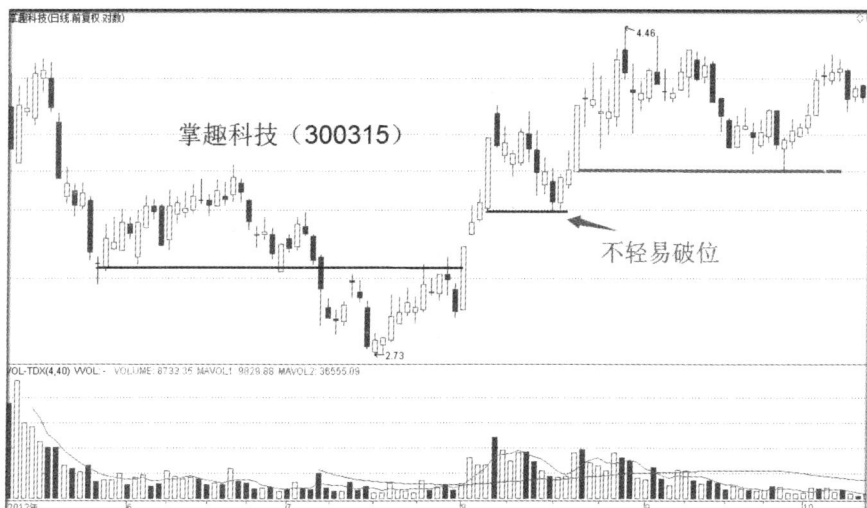

图 7-203

随后股价被拉起，但我们发现，股价在创新高之后的走势并不是很干脆，这个时候要考虑先离场。

在重大压力附近，牛股要表现出挑战新高的勇气和决心才行，否则就有可能是假突破。历史高点会成为压力，不过一旦挑战过去，就会将高点踩在脚底，把压力转化为动力，过去的压力成为新的上涨支撑。所以，压力还是机会取决于我们面对压力的态度。

如图 7-204 所示，股价出现了预期的下跌，如果你没有及时的走掉，可以以①或②作为止损位（前提是根据进场价来定），①和②的标准是前一根涨停阳线的最低价，不要较真多 1 分钱，少 1 分钱。

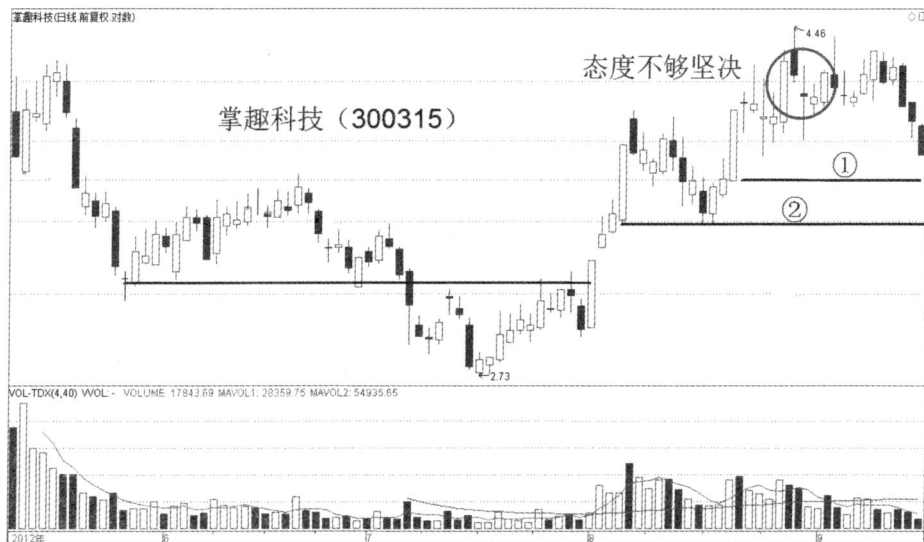

图 7-204

我们发现，掌趣科技自 2012 年 8 月 29 日创新高之后，出现了持续的回调，时间达 1 个月，后期在①处获得支撑出现反弹，如图 7-205 所示。

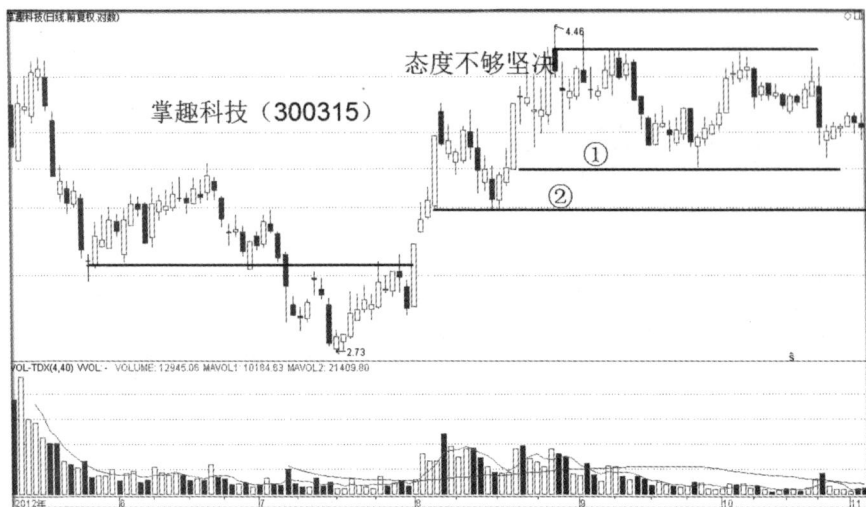

图 7-205

后面反弹再次面临前高而不过，几次震荡，形成箱体。最终股价在②处获得支撑，如图 7-206 所示。

图 7-206

那么，到底是什么原因让该股在破位①之后，跌到②附近就起来的呢？是掌趣科技的内在让它在这个位置跌不下去。

我们知道，牛股的上涨图形一般都是做的比较好看的，可以想一下，如果在这个位置出现破位，就会引起很多抛盘，主力机构不仅要花更多的资金把这些抛盘接回来，还要花更长的时间把这段图形修复。所以，好股票是不会轻易破位的。

在关键位置跌不下去只是第一步，真正的好股票不仅跌不下去，还要反过来大涨，并迅速脱离危险的地方。

我们看一下，在②处获得支撑后该股的趋势：阴—阳；阴—2 连阳；2 阴—3 连阳，如图 7-207 所示。

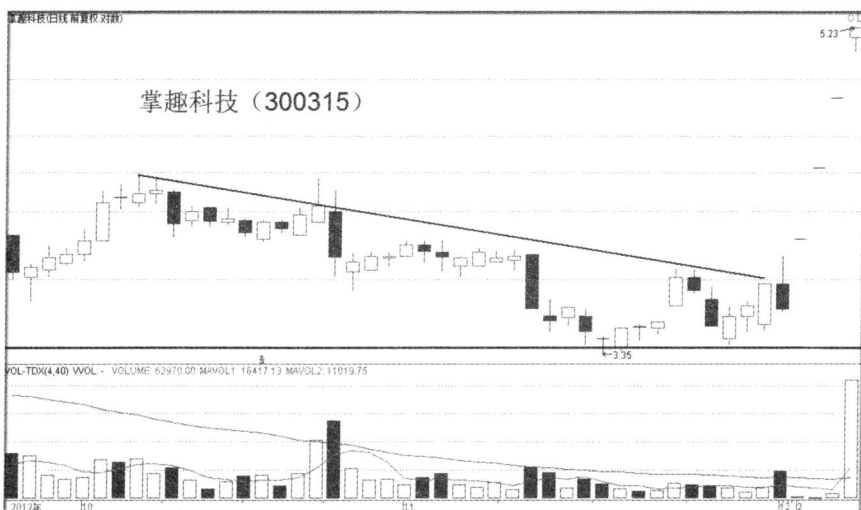

图 7-207

什么意思呢？每出现一次阴线就会出一次阳线，甚至是连续阳线，表明在这个位置（破①之后）机构的认同度比较高。只要有人卖（阴线），就立刻有人买（阳线）；卖方力量变大（2 连阴），买方力量更强大（3 连阳），空多转换快速且强势。

如果后面再出一根阴线和会非常关键。我们的思路此时就要出现转变了，要有意识的去想——会有更大的阳线和更多的阳线，而不是 2 根或者 2 根以上的阴线。为什么？因为此处是刚刚脱离危险区域的地方，经不起再次的犹豫。同时是最重要的，就是它已经面临突破下降通道的位置，波动的空间越来越窄。这个地方也是体现压力和机会的地方——压力还是机会，取决于面对压力的态度。好股票必须上去，而且是以跳空的形式突破。

之后，该股票以连续一字板的形式向上快速拉升，脱离了危险区域。不管是受什么样的因素刺激，一个股票敢于在最大压力附近，以跳空一字板的形式连续突破重要压力位，表明主力机构做多的决心，而且是长期做多的决心。

当我们看到这 3 个一字板突破历史高点的时候，应该感到高兴，因为长线机会来了。它涨的高，表明主力机构的志向远大。

我们看到，掌趣科技从连续一字板突破之后，有一个特征：它的调整总是在一个范围内，不轻易跌穿，很有规律，如图 7-208 所示。

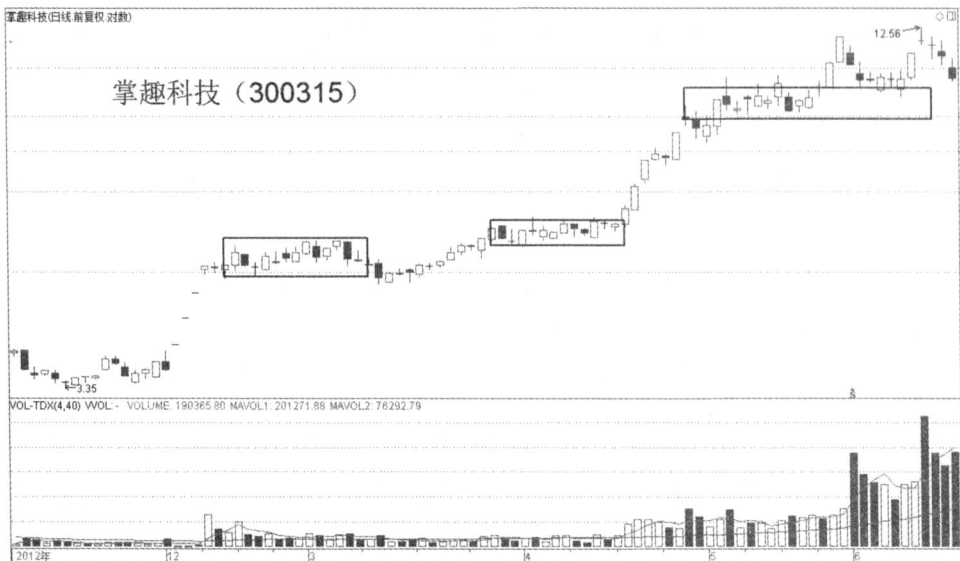

图 7-208

股价维持在一个价格范围之内波动，就是箱体整理。

箱体是什么？箱体是多空双方意见分歧的地方。因为意见分歧，所以有涨有跌，又都涨不多跌不深。这个时候怎么办？要想解决这个问题，靠散户的力量是不行的，一定要有决定性的巨大力量。

长箱体需要的是恒久忍耐。很多人不喜欢箱体，认为箱体太慢，试图赚快钱，因此有人抱怨市场为什么不是 T+0 的交易制度，当天买进赚钱之后，就可以卖出。但这样的操作方式并不适合拥有大资金的主力机构。

长箱体是什么？是长时间的意见分歧，后期一旦意见统一，爆发的威力是很惊人的。如果空方占有优势，市场将一泻千里；如果多方占据主导，股票将一飞冲天。

低位的箱体，大家心里不害怕，因为是地板。而高位的箱体呢？大家心里没有底，尤其是像掌趣科技这样的股票，从低位翻了一倍，又创了新高，在这个位置形成箱体震荡，想不害怕都难。但是如果你看懂了它启动时候的结构，连续跳空突破重要压力，良好的内因支撑着它向上突破，是没必要害怕的。

果实成熟需要经历时间，当我们对长箱体长时间的横盘整理快要失去信心的时候，在箱体内震荡即将破位（这时候的大盘往往比较差）的时候，你的朋友知道你拿了这么长时间关心你让你卖的时候，我们要坚持，要怀有希望，这就是反向思维。当别人等不及要去摘果子的时候，那打掉的一定是苦涩的。时间也会告诉你，坚守是值得的。

如图 7-209 所示，图中的一根大阴线，是大家最恐慌的时候。那么，你是准备卖掉、远离它，还是基于对它的未来抱有很大的信心，考虑进场或者继续坚守呢？

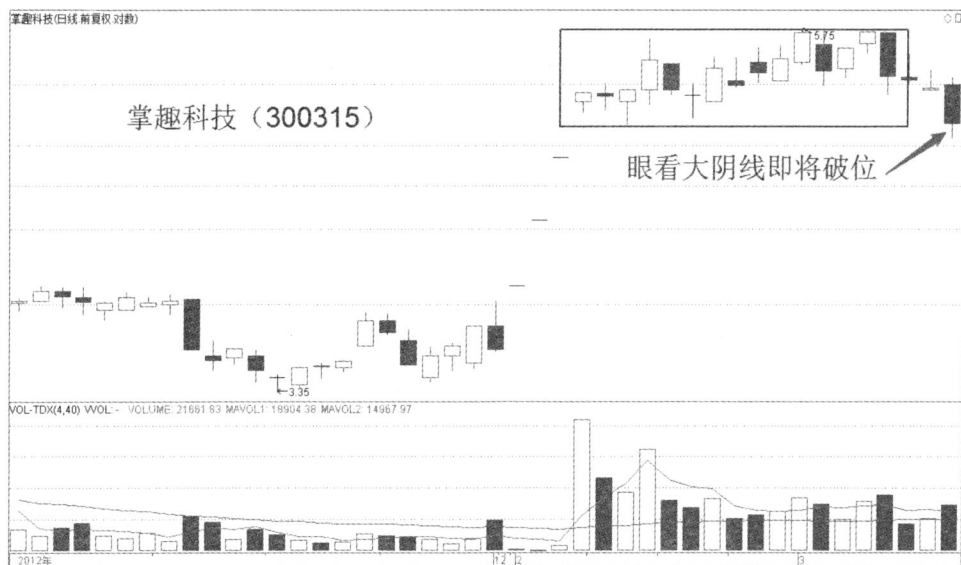

图 7-209

这个时候，依靠过去各种单一的技术分析，都会是卖出，没有买进甚至没有关注的理由。但机会通常在你不经意的时候出现，如图 7-210 所示。

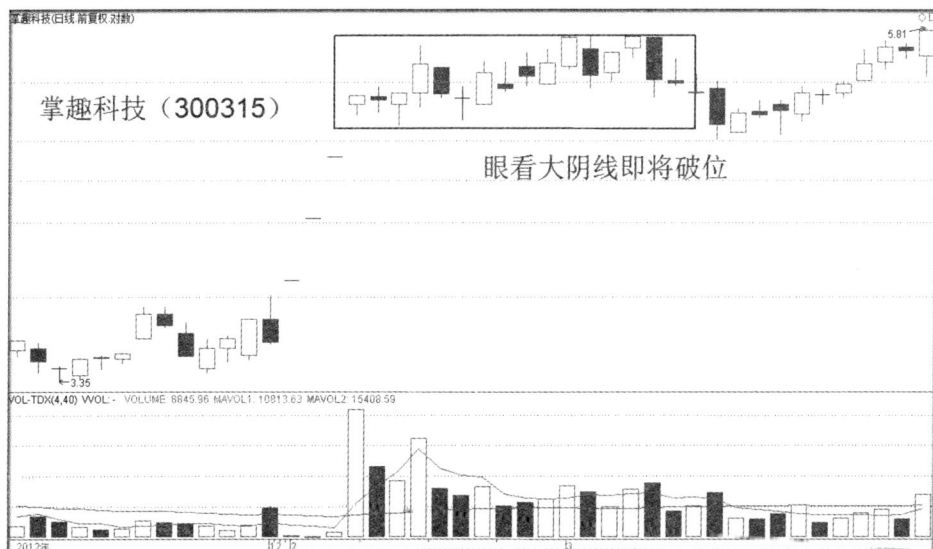

图 7-210

我们来看看该股在箱体底部的特征，出了阴线就有阳线，空多转换比较快速。阴—阳，2 阴—阳，阴—3 阳。当股票下跌，散户恐慌抛掉（阴线）的时候，主力机构却把筹码接回来（阳线），第二天还有人卖（阴线），机构接着买（阳线），只要有人卖（阴线），机构就立刻买回来（阳线）——记住空多转换的威力，如图 7-211 所示。

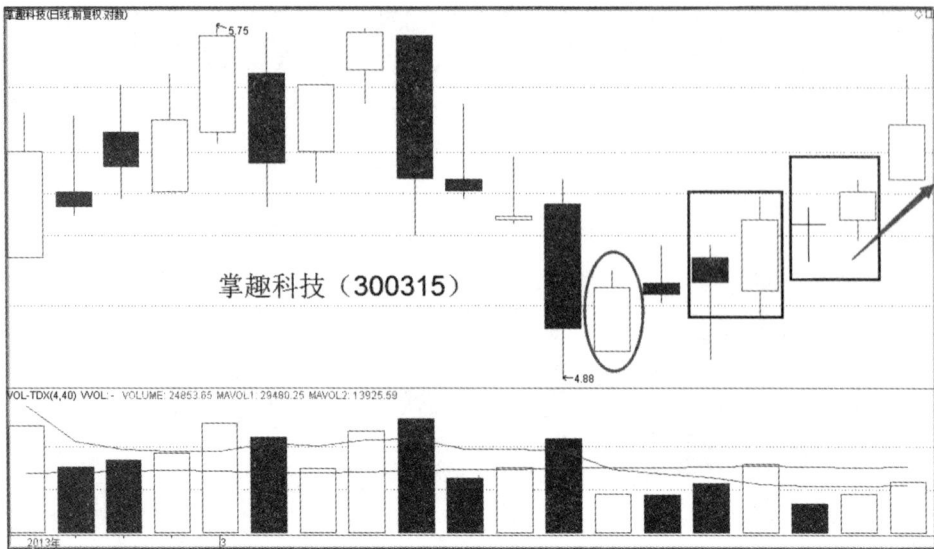

图 7-211

如果把这一段 K 线看成是一个整理区间，也就是看成一个箱体的话，投资者最关心的是箱体能否突破，突破之后到底是真突破还是假突破。

这里，我们看到，在箱体底部的 K 线结构是只要出了阴就有阳，空多转换非常快速。这种图形不能忽视，如果主力机构不想做的话，是不会在空方刚进攻的时候就把它打回去的，所以后面的突破，也就理所当然了，如图 7-212 所示。

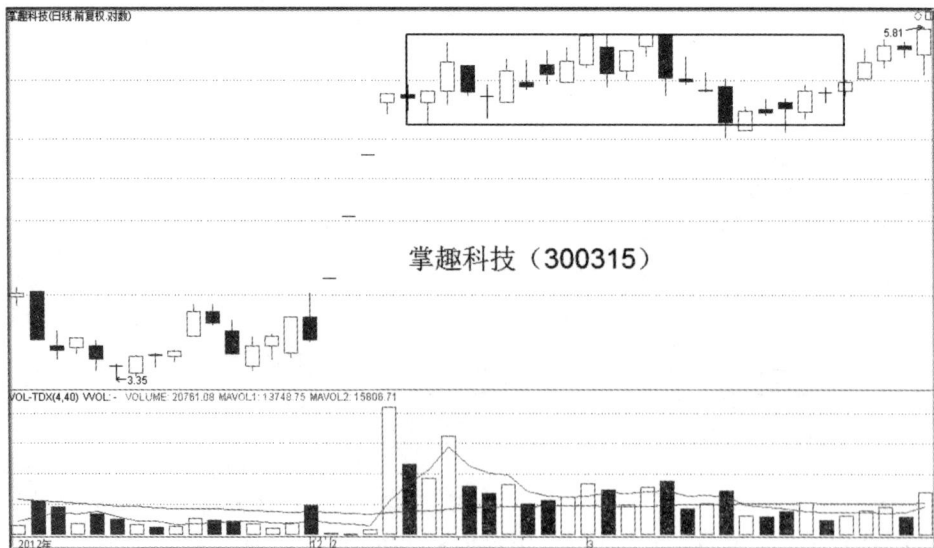

图 7-212

行情走到这里，你可能还会有疑问，就是如果要突破为什么不直接大阳线拉升过去，还留了一根难看的下引线呢？

在这里，不要单纯地看下引线（空方留下的痕迹），要看到做多力量的强大——从跌 4 个点，到涨 4 个点，如图 7-213 所示。

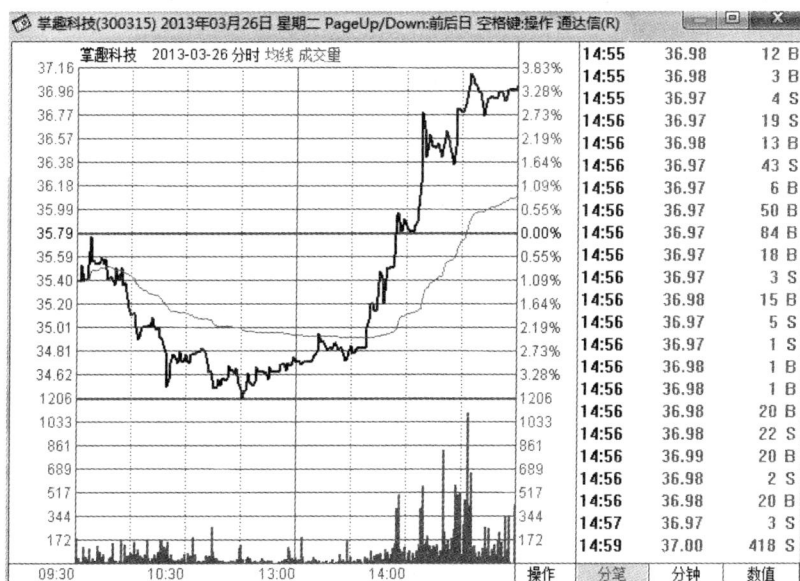

图 7-213

后面的走势，就不用再详细分析了，投资者只要按照笔者对箱体的分析来持股，就没有问题，如图 7-214 所示。

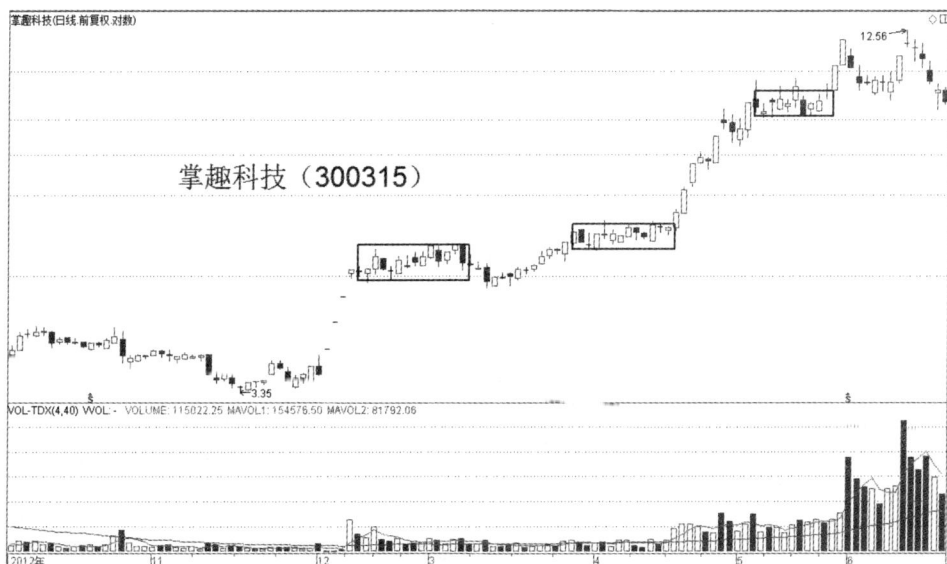

图 7-214

唯一出现需要离场的卖点，就在第二个十字星的地方，如图 7-215 所示。

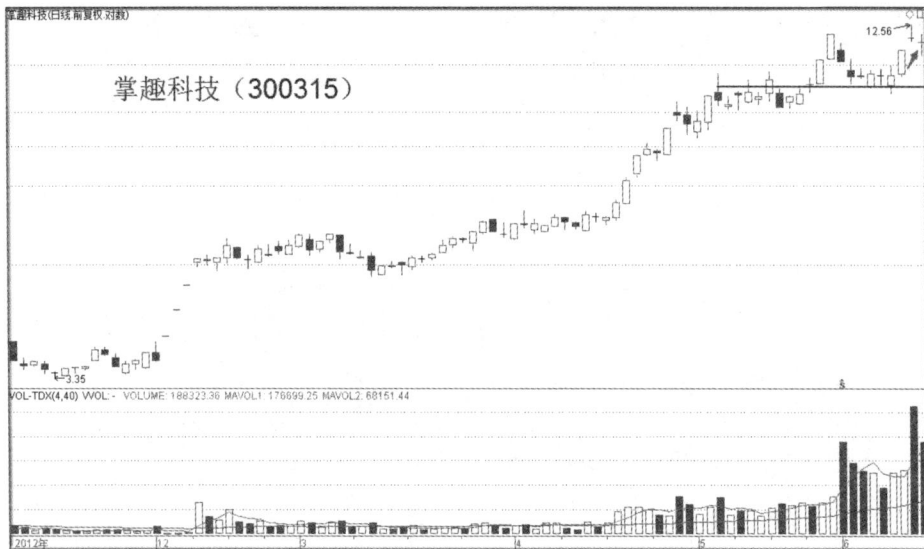

图 7-215

可以 2013 年 5 月 20 日的涨停阳线作为卖出的价位，该股在突破前面的箱体之后，没有出现大幅的拉升，在基本面持续炒作的情况下，不排除它要再做一个箱体，或者先回调再上涨。此时操作上可以先离场，卖点就是当市场出现阴线调整之后，空多转换不能马上出现的时候。

所有的牛股，回调的时间一般也就 1~2 天，3 天的都很少。如果回调的时间稍微长点的话，就会形成箱体，而强势股箱体一定不会跌破前面一根标志性的阳线实体。

后面股价的确出现回调，如图 7-216 所示。

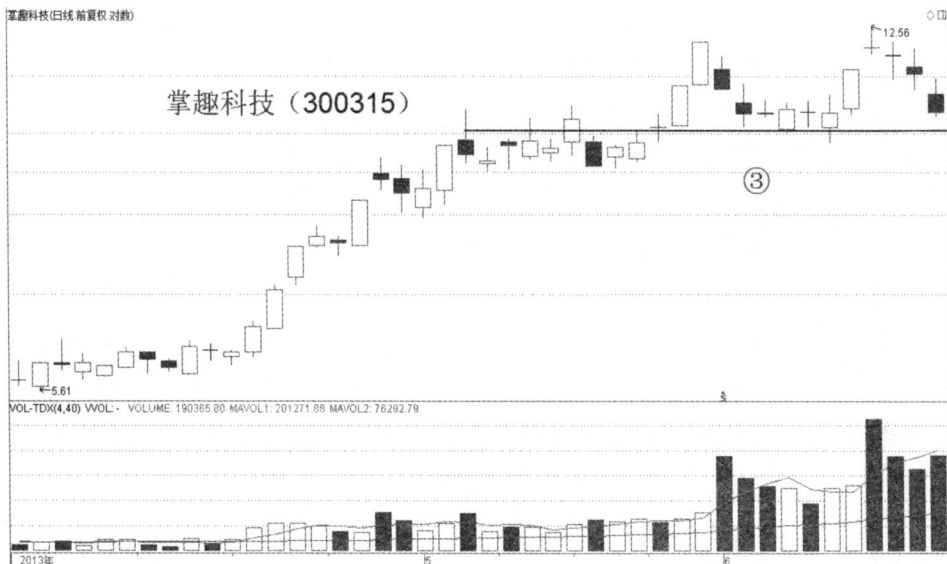

图 7-216

此时，卖点已经出现了，对于从低位介入的人，从长期持股的角度来讲，还可以继续持有，直到有效跌穿支撑位③。我们来看看掌趣科技跌破③时出现的 K 线，如图 7-217 所示。

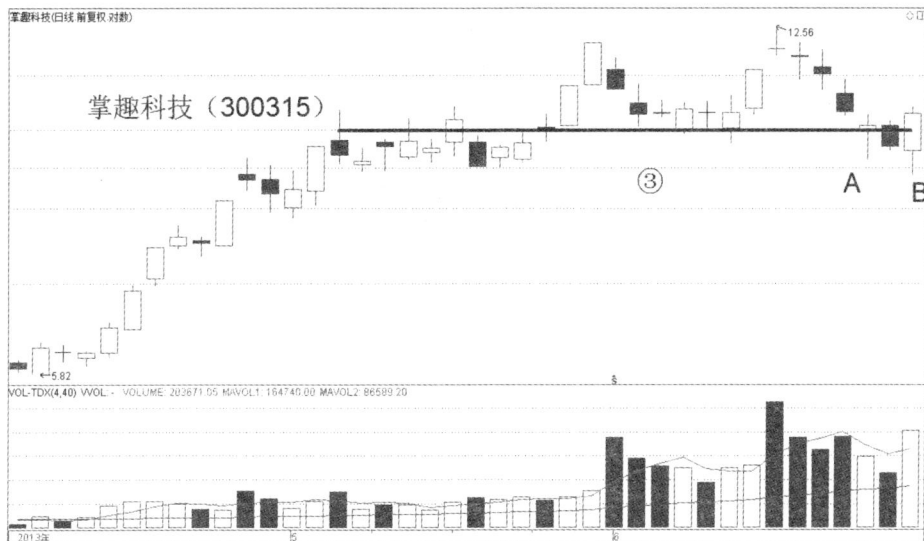

图 7-217

当股价跌破③的时候，再一次出现了 2013 年 3 月 26 日的 K 线形态，也是经典的拯救线——所谓拯救线就是本来以为要跌破，结果却逆势拉起收出阳线，留下一根很长的下引线且振幅很大的阳线。我们来看下图 7-218 A、7-218 B 两天的分时就明白了。

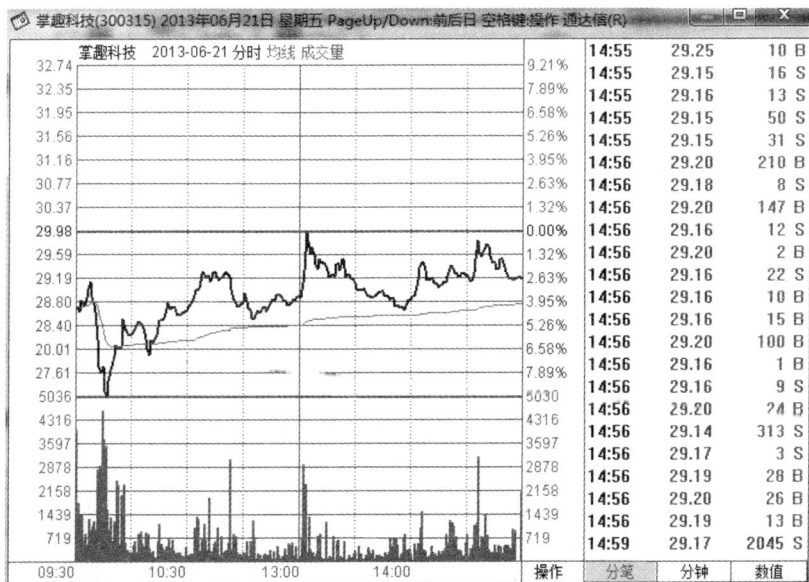

图 7-218（A）

在 A 这天即 2013 年 6 月 21 日，开盘就跌破重要的支撑位并且一路下探，最多时跌了 9 个多点，而后股价却神奇地拉起，一度翻红，最终以红盘报收，当天振幅近 10%。

在 B 这天即 2013 年 6 月 25 日的走势，当天从跌 6% 到涨 9%，全天振幅 15%，且最终收盘时光实体就有 7%，做多力量和勇气非常强大。敢在市场恐慌、大家纷纷抛股票的时候进场接筹码，显示魄力非常大。

图 7-218（B）

这种情况出现的时候，即便是前期卖掉了，在这个地方发现了这根 K 线也要买回来，没有买的，第二天跳空开盘也要往里追，如图 7-219 所示。

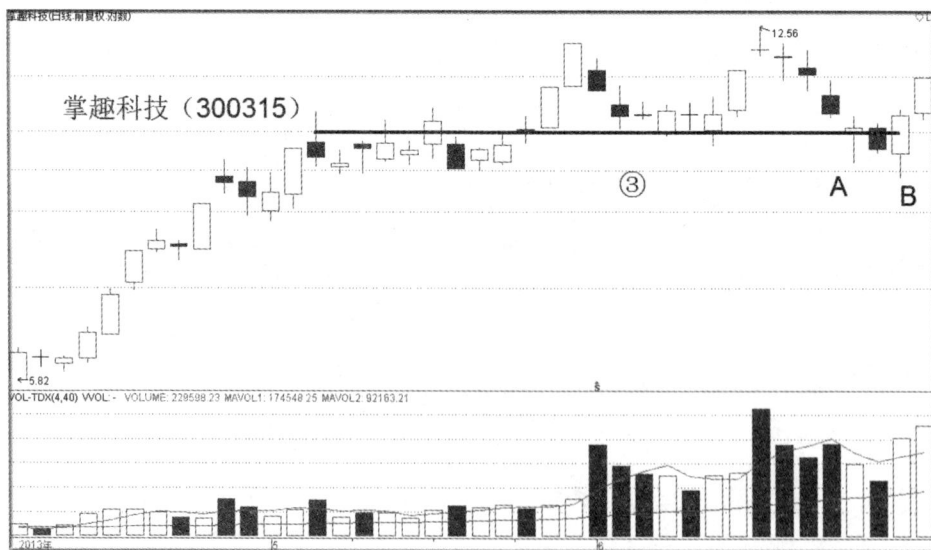

图 7-219

因为能够在重要位置把大压力（大阴线）转化为大动力（大阳线）需要的能量和气魄

是相当大的。就像有员工打算离职，结果被经理找去聊了一会儿，不但不再提跳槽的事情，还自愿留下来加班。那你觉得这个员工想留在公司的态度坚定吗？以前不愿意加班想跳槽，现在不但不想跳槽每天还要加班，你觉得他能为公司创造比以前更大的业绩吗？答案是肯定的。如果不能，他不会留下来，更不会奉献自己的下班时间，一定是经过经理的开导之后，对公司的未来很有信心，才改变了自己以前的想法（阴线打压），决定更多的付出（转为阳线）。

对于这种情况，我们一定要敏感，看到之后一定要快速反应，如果有跳空，就表示它不仅愿意加班，比以前还要早到，对于这种变化，不能视若无睹，此时只有一件事情要做——就是买。

掌趣科技在③的位置出现这种巨大的变化，需要引起注意，那么究竟会不会突破呢？如图 7-220 所示。

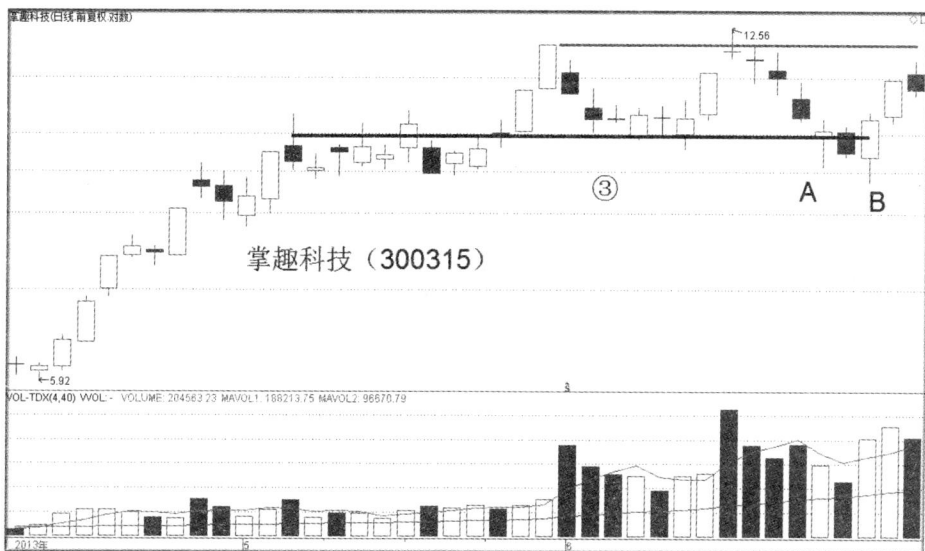

图 7-220

它的底部出现了空多转换，就一定会突破——出了阴线就出阳线，阴线转化为阳线非常迅速——这就是好股票的特质。一定要记住：好股票的洗盘一般就是 1 天，最多 2 天。因为只有这样（出了阴线就来阳线），才能体现出主力机构做多的态度和决心。

根据空多转换的情况，出现了阴线紧接着就出阳线，我们看到阴线就不应该害怕，而应该高兴：一来明天就要出阳线了，二来阴线给了买入的机会。

所以看到阴线，要感到高兴，因为有人看不懂会卖掉，而我们正愁买不到筹码。之后短短的 4 个交易日，该股上涨 30%，如图 7-221 所示。

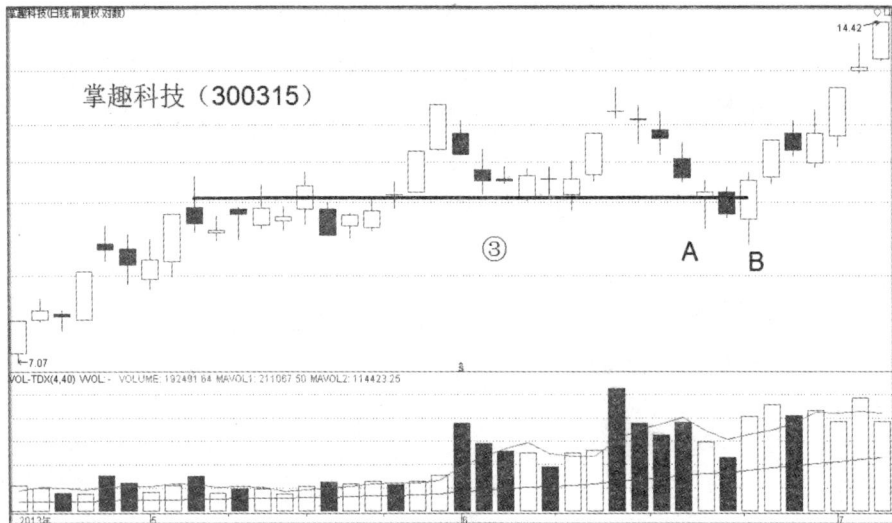

图 7-221

随着股价的逐步上涨，止赢位也要步步抬高，作为一只基本面长期向好的股票，中长线投资者的卖点，完全可以以箱体为卖出准则，没有跌破就不用离场。

该股在突破④之后，再次回档到④附近，与 2013 年 5 月 21 日突破之后回调到③附近，简直如出一辙，如图 7-222 所示。

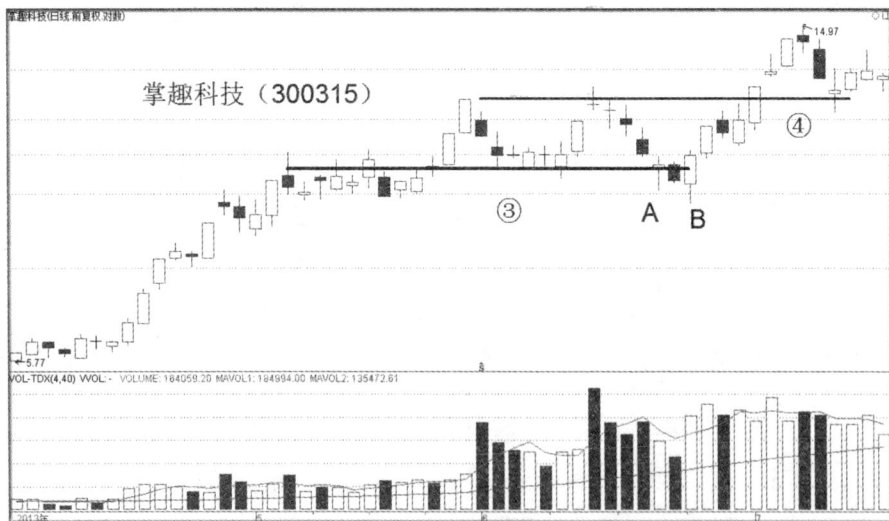

图 7-222

我们发现，该股在关键的位置④，再一次体现出不一样的气魄：7 月 8 日重演 6 月 21 日的 K 线，并且在这个位置还收出 5 连阳，我们不禁要想：这个地方会不会是又一个新的箱体底部呢？但股票本身又没有跌破④这个位置，并没有卖点出现，所以应继续持股，如图 7-223 所示。

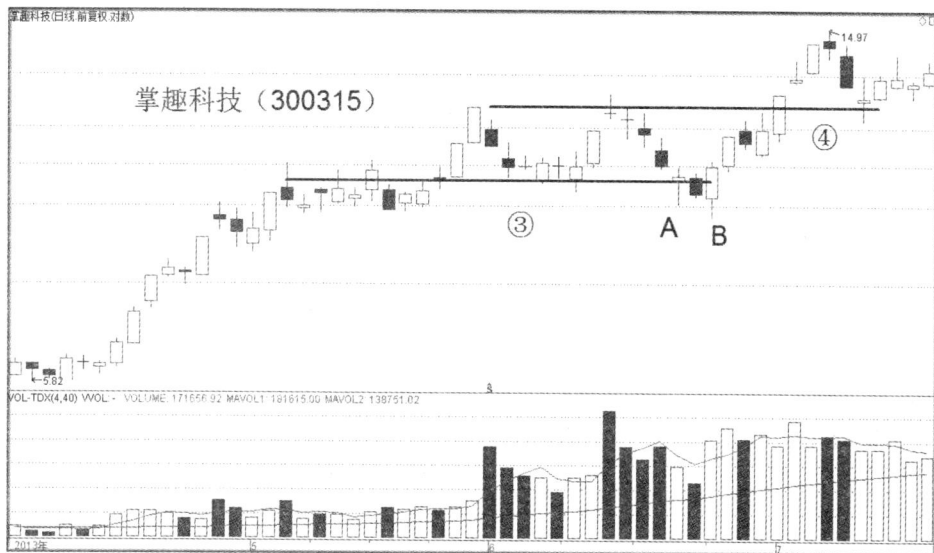

图 7-223

第二天该股继续大涨 7%，第三天在接近前高附近收出一根阴线，如果是出货，接下来一定是个跌停板大阴线，如果不是出货，一定会在此基础上再涨 5 元钱。是否突破，我们拭目以待，如图 7-224 所示。

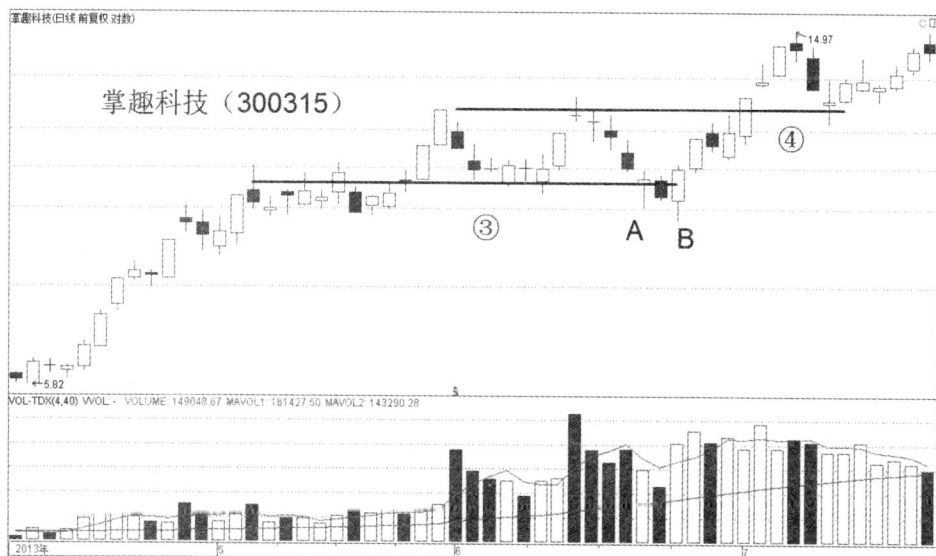

图 7-224

我们发现，在掌趣科技的整个拉升过程中，没有出现放大量的阴线，不放量的阴线不用害怕，随后股价又快速拉升了 6 元钱，涨到了 22 元，同时放出天量，此时可以卖出了，如图 7-225 所示。

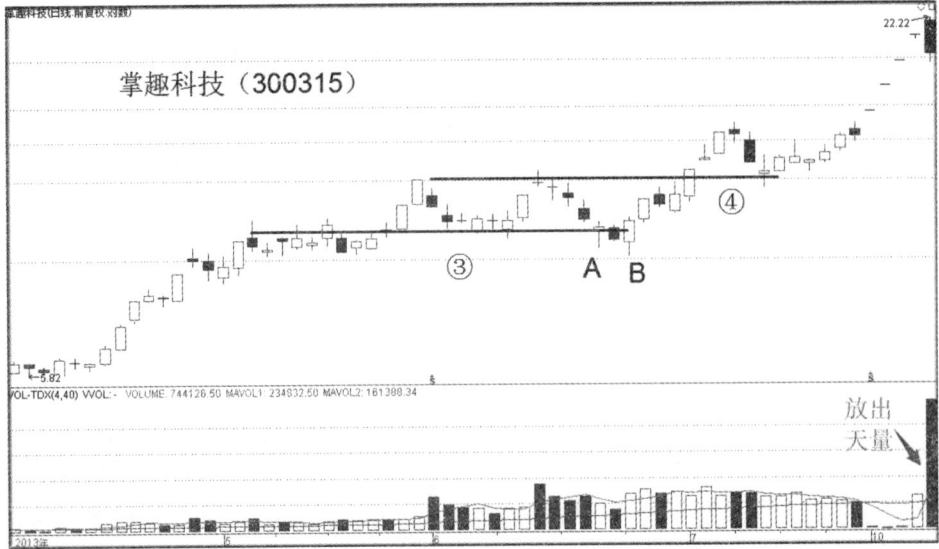

图 7-225

卖出的理由：放出天量，空间到了，如图 7-226 所示。

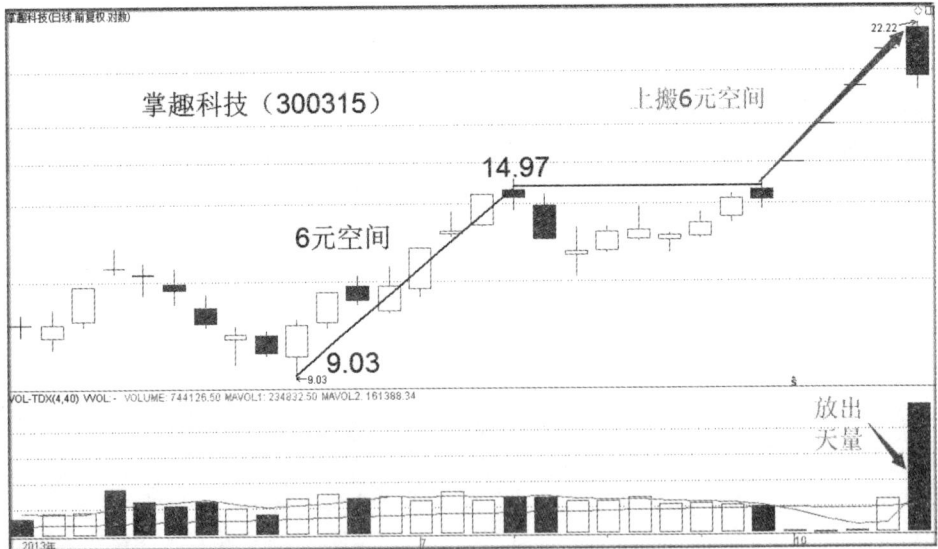

图 7-226

这个时候，卖出是必然的，毕竟从低位启动已经翻了 7 倍。

不排除股价会继续创出新高，但从持仓盈利来讲，就算不全卖，这个时候一定要卖出一大部分，留下一小部分，然后可关注它在这根放量阴线之后，能否出现空多转换（阴阳的快速转换）。

对于后面的走势，笔者有三点要讲，这三点对于牛股来讲都会出现，要跟随这样的规律，坚定执行。

先来看下掌趣科技在放出天量之后的走势，如图 7-227 所示。

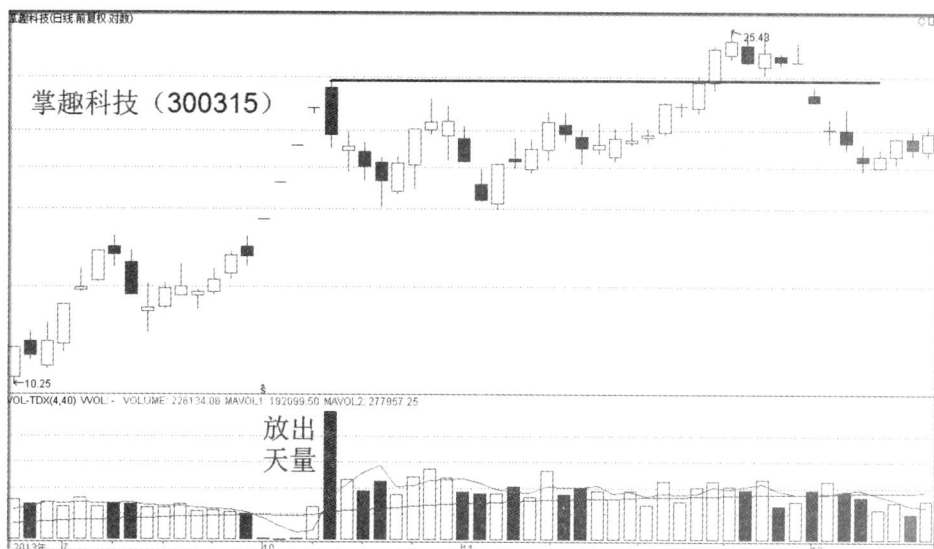

图 7-227

我们发现，该股在之后还创了新高。这是要讲的第一个特点：好股票都有第二波，也就是出货会做两次（或多次）头部，所以即便你没有卖在第一个高点，后面也还有机会。

以放天量那天的 K 线实体做一个平台，可以看到后期股价出现了突破，从平台底部也出现了空多转换，而且还出现了连续 9 连阳，按理说应该是真突破。这时候就涉及到第二个特点：如果是真突破，在突破之后一定会快速干脆地脱离最大压力区域，如果出现空多转换，阳线的力度也要比阴线实体大，没有大的阳线（买方力量）没法把阴线（卖方力量）转化过来；同时不能出现较多次数的空多转换即阴-阳-阴-阳——原因是不允许在关键位置做多次试探。

实际情况是，在刚刚突破之后，空多转换是出现了，但是阳线力度太小，没法把卖出的力量转化过来，接着出现了向下跳空。这就是要讲的第三个特点：股价跌破天量那根 K 线实体上沿为最后卖出点。

对于牛股来讲，有缘在低位看到、买入、持有，是一件幸事。但如果是中途发现的，一定要仔细分析它的内在是否具备较大的潜力，它的外在是否给了机会，不能用自认为的所谓"涨多了"、"涨高了"、"资金流出了"来束缚自己。只有打破常规的思维，才能有机会抓住这种强势股。

第 7 节 为什么是中青宝

2013 年手机游戏受多种因素影响被大幅度的炒作,相关概念个股的走势更是波澜壮阔。其中中青宝和掌趣科技就是其中的佼佼者。从名字上看,掌趣科技似乎更正宗,但是炒作空间却没有中青宝大,这是什么原因呢?

首先来对比一下两只股票的情况(前复权后),见表 7-1。

表 7-1 中青宝与掌趣科技的比较

个股名称	起涨价格	最高价	起涨日期	最高价日期	时间/振幅
中青宝(300052)	4.15	50.27	2012.12.04	2013.09.10	179 交易日 最大涨幅 1111%
掌趣科技(300315)	2.73	26.24	2012.07.18	2014.02.07	266 交易日 最大涨幅 851%

我们发现两者的启动价格差不多(前复权后),最终的涨幅没差多少,中青宝相当于掌趣科技的最高价再涨两个涨停而已。但是从启动时间来看,掌趣科技比中青宝还要早 5 个月,可是掌趣科技最终却没有成为龙头。

相差无几的情况,掌趣科技耗时更长,而中青宝不到 10 个月,涨了 10 倍,速度不可谓不快。这里除了上面分析的基本因素(内因)之外,两者的技术图形(外因)也是一个很重要的因素。

两者的图形究竟有着怎样的区别,下面笔者展开分析中青宝从底到顶的走势,希望大家能从外在图形上学到更多可以应用实战的内容。

2013 年手机游戏概念个股出现大幅度炒作,其间掌趣科技(300315)和中青宝(300052)的涨幅都比较大,那么,这两只股票有什么区别,为什么中青宝会在短时间内涨幅这么多,其中可以给投资者什么样的借鉴意义?

有关掌趣科技的走势,前面的案例分享里已经做了全面讲解,下面重点介绍中青宝的牛股历程。

中青宝从底部 4.15 元启动到炒作结束,非常快速且干净利落。

从 2012 年 12 月 4 日跟随创业板指数同步见底之后,中青宝一路反弹,反弹 50%之后,受制于下降通道的压力,股价出现回调,如图 7-228 所示。

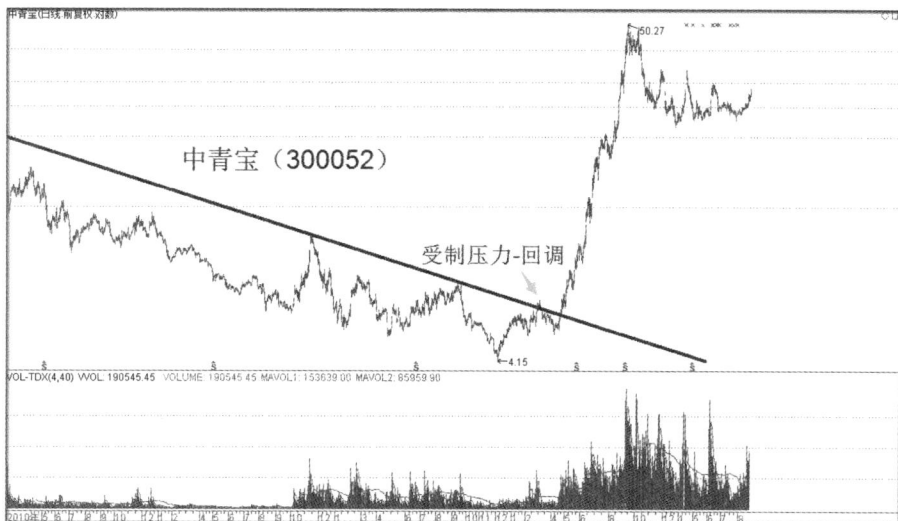

图 7-228

在很快调整到箱体底部附近后，再次重拾升势，勇敢向上，这个时候才真正开启它的王者之路。

前面的走势，可能还会觉得有点杂乱无章，当中青宝在如图 7-229 中 B 处止跌向上的时候。首先出现了 3 连阳，中间调整一下，就出现了 5 连阳，毫无疑问，做多动能一次比一次强。

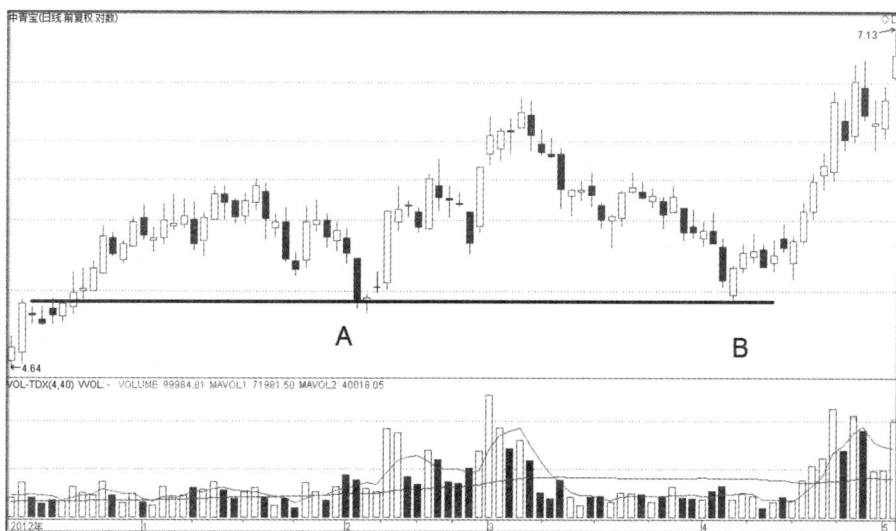

图 7-229

有人卖出（阴线），很快就有人出手买进（阳线），空多转换速度非常快。阴线卖出是空方的力量，可以理解为是多方的敌人，但是当阴线第二天被阳线反包的时候，我们可以理解为是把敌人策反为我们的同志，一旦策反成功，增加的能量是惊人的。

所以，不要只喜欢阳线，不喜欢阴线。没有了阴线，不会知道阳线的宝贵。同时，看到阴线，就要有一种把它转换过来的想法。最怕的是看到连续阳线不敢买，看到涨的好好的出现阴线也不敢买，非要在所有的报纸媒体都在评论这只股票的时候才觉得安全，才考虑进场，这就麻烦了……

当股价面临前高的时候，一直困扰我们的问题又出现了：是否能够突破，突破之后到底是真突破还是假突破？

我们看到，从低位起来的时候出现了空多转换，在面临前高的时候也出现了空多转换，并且还出现了向上跳空，说明一定会向上突破，如图 7-230 所示。

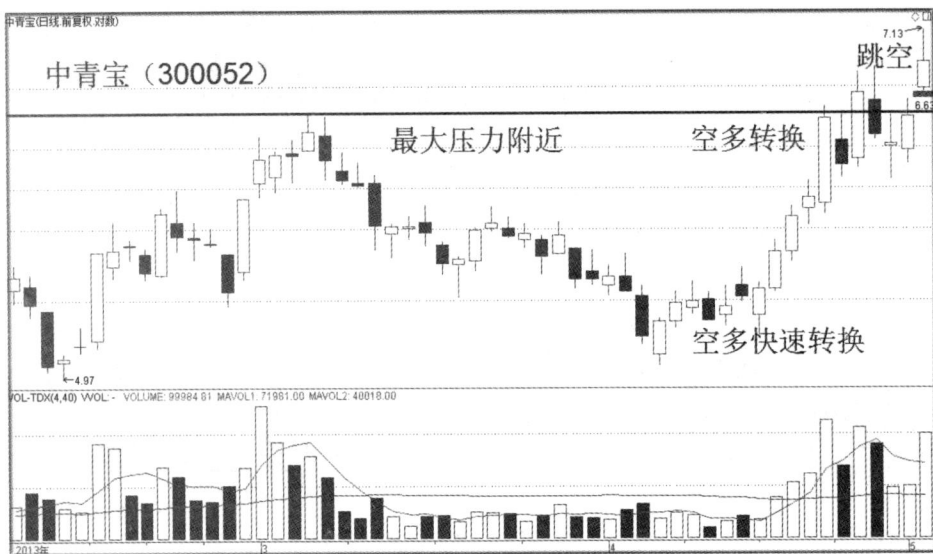

图 7-230

每次到了战争最艰难（最大压力附近）的时候，总有我方人员潜入敌人内部进行策反（阴线转为阳线，实体越大，代表我方所用的能量越大），当你在怀疑对方投诚的诚意时，他们率先攻入城内（向上跳空），你觉得战争的胜算大吗？还会再犹豫吗？

笔者试图用熟悉的故事去解析股票中的多空阴阳，希望能帮助大家加深理解，以便今后看到这样的股票能迅速反应过来。我们很多人之所以对牛股没有第一反应，就是因为没有把对它的理解融入到生活中，融入到生命中。我们之所以在临盘动手操作的时候犹犹豫豫，就是因为被过去太多的条条框框束缚住了。当有东西迎面向我们袭来的时候，我们会本能地眨下眼，同理，要想在股市中长期立足，必须对牛股有这样的一种本能，而不是看不到，看不懂，不敢进。

当我们看到中青宝在前高附近选择跳空的形式突破，并且留出了长上引，你还需要犹豫吗？当第二天再次出现一根大阳线把前一天的上引线包住的时候，你还需要犹豫吗？如图 7-231 所示。

图 7-231

　　前面讲过，它的上涨是内因的推动，而上市公司的内因又通常通过股票的外在图形来表现。阳线你不敢追高是对的，当它再次出现阴线的时候，你应该怎么办，买还是再等等？如图 7-232 所示。

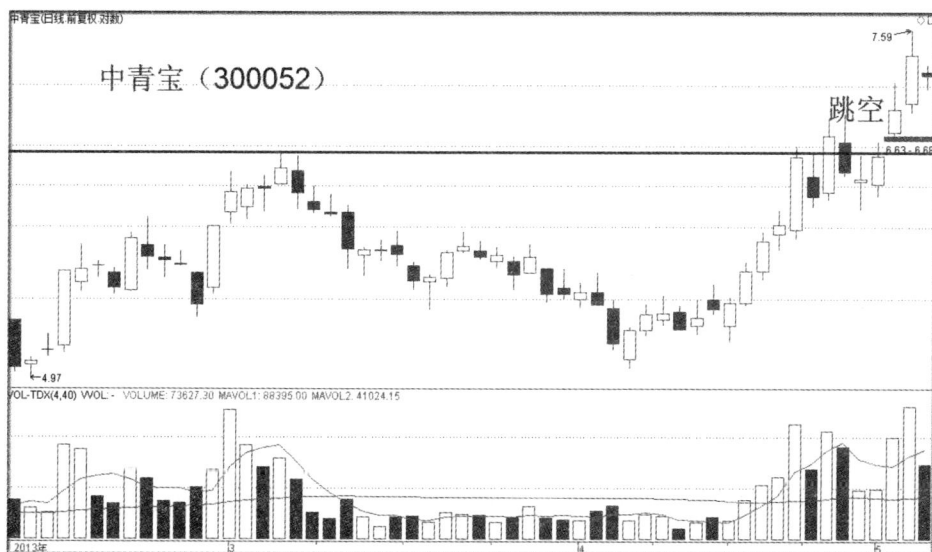

图 7-232

　　如果还是再考虑下，就说明你对它的内因缺乏充足的想象力和信心。我们看到日本手游股涨了 60 倍，如果你想不到 A 股相关上市公司的未来也会被炒作，说明你的反应太慢了。刚才讲过什么是空多的快速转换——出了阴线就来阳线——散户卖股票，主力机构买回来。如果看到股价突破之后出现阴线，还没有想动手的念头，那你需要从头把掌趣科技的分析再看一遍，如图 7-233 所示。当你犹豫时，机会就错过了。

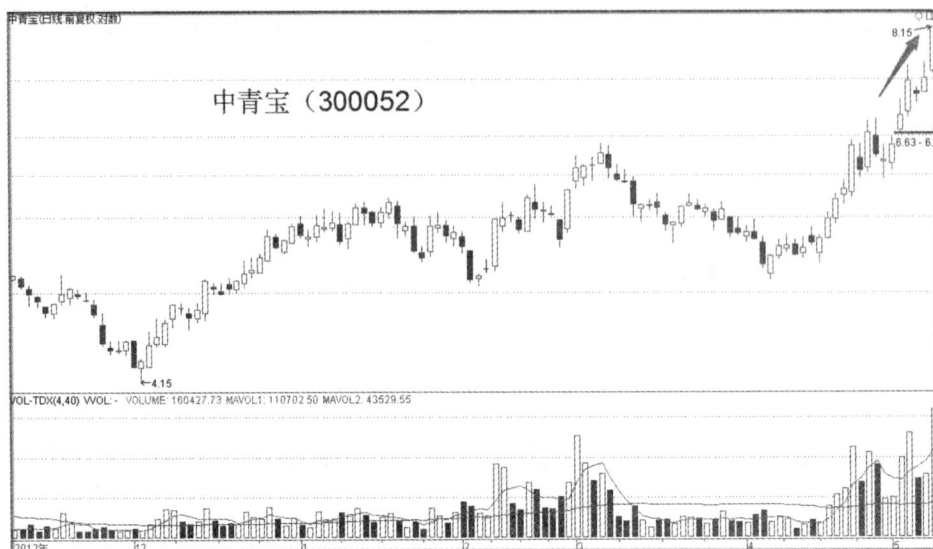

图 7-233

后面股票出现单日杀跌，只一天就止跌，跌到前高附近，再次出现了空多转换，阳线实体进一步放大，出现涨停，主力机构做多的力量在加强，如图 7-234 所示。

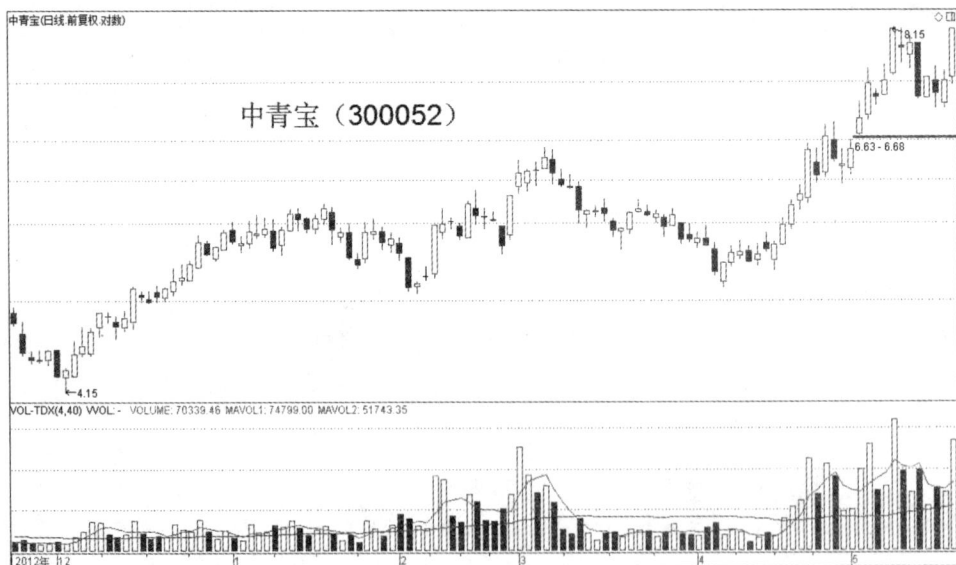

图 7-234

这个时候怎么办呢？买还是再等等？因为又面临到前面的那根涨停阳线了，如图 7-235 所示。

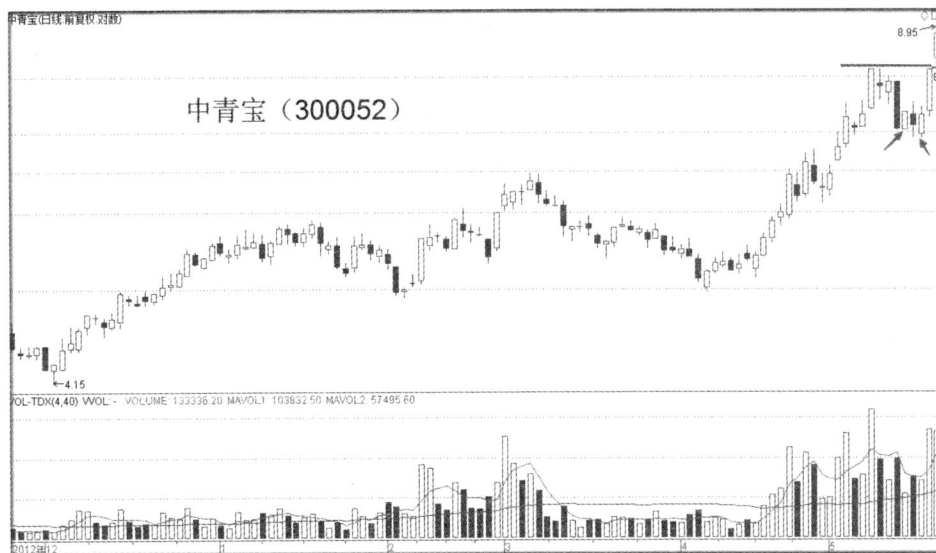

图 7-235

第二天跳空突破了，怎么办，还要再等等吗？如图 7-236 所示。

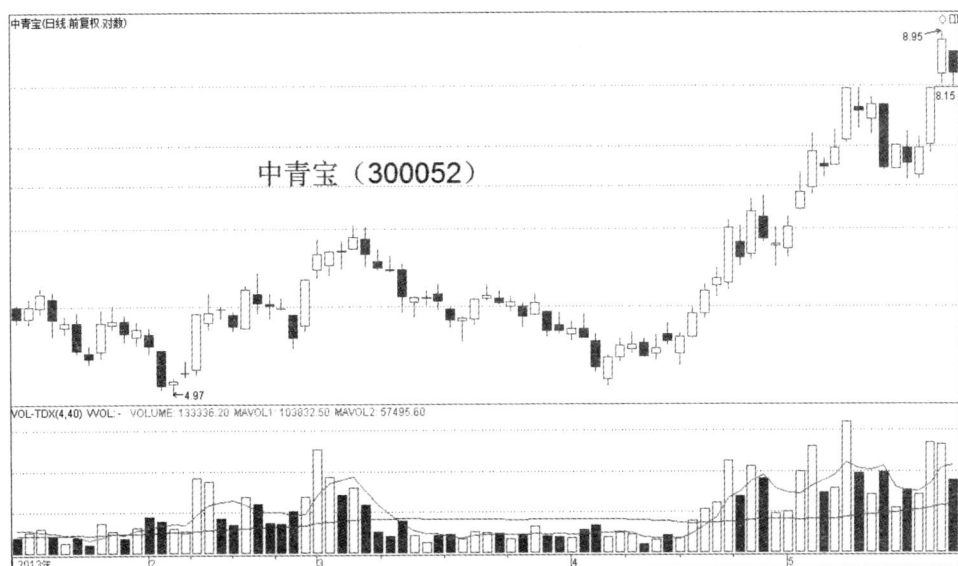

图 7-236

第二天出现下跌，幸亏没买，否则就要被套 5 个点……又出了阴线了，买还是不买呢？
买，因为已经出现了空多转换；不买，因为它已经从底部涨了好多了，再加上现在量能跟
不上，再等等看吧，如图 7-237 所示。

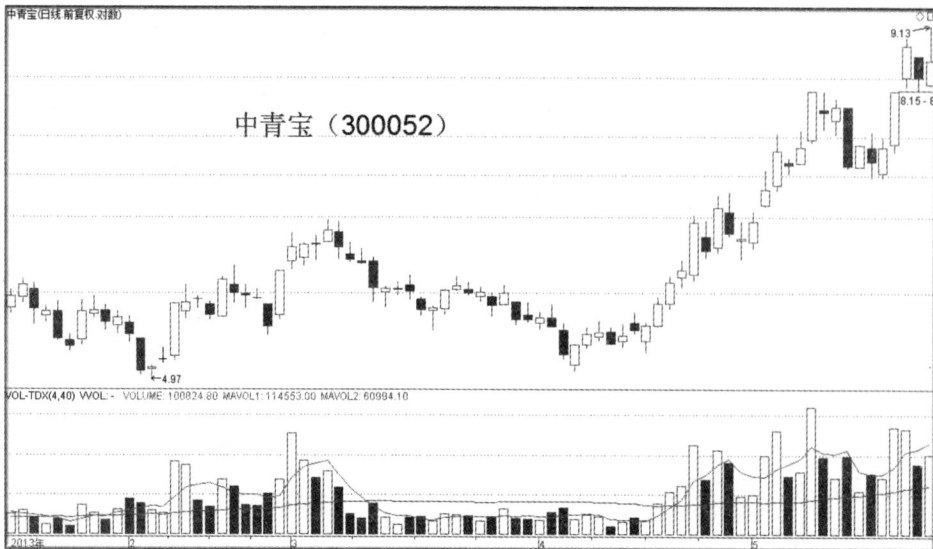

图 7-237

第二天冲高之后大跳水，上引线太长，主力封板不坚决，还是再等等，如图 7-238
所示。

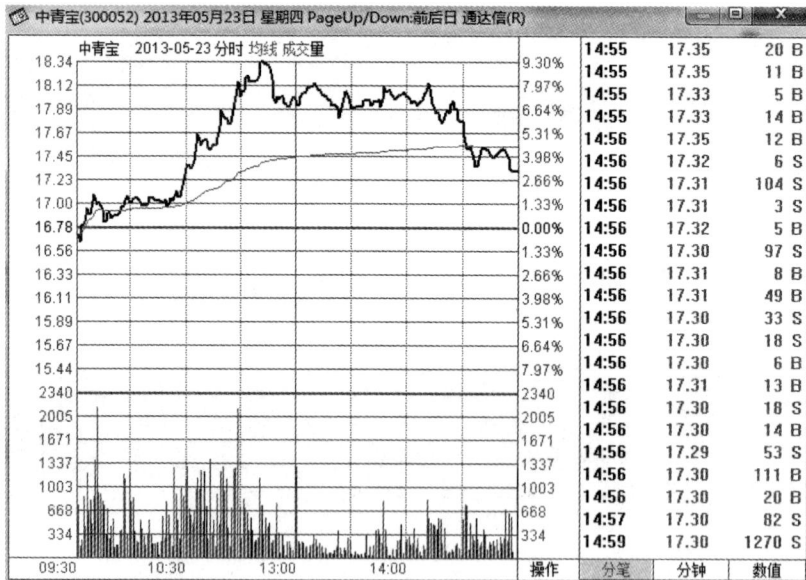

图 7-238

结果跳水之后再度封板，如图 7-239 所示。

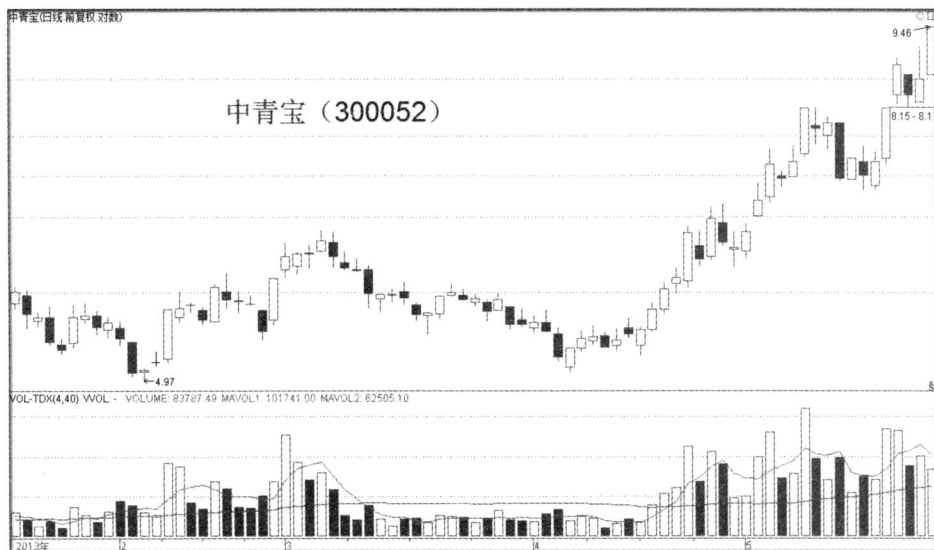

图 7-239

好了，这下确定强势了，可以进了，明天准备进场，如图 7-240 所示。

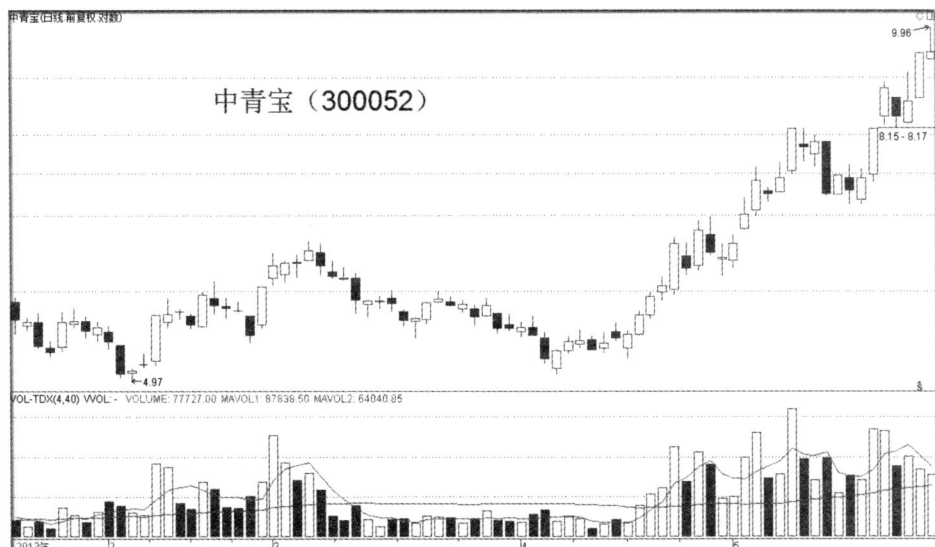

图 7-240

第二天冲高进场，结果尾盘回落，当天浮亏。这个时候你可能会想：为什么我这么倒霉呢？我看好的时候，为什么就留了根上引线呢？不过没关系，前面不都是上引线第二天涨停的吗，今天亏了，明天也有可能涨停呢，不求涨停，只求拉高到今天上引线附近，赚了钱就先出来。结果第二天再度下跌，如图 7-241 所示。

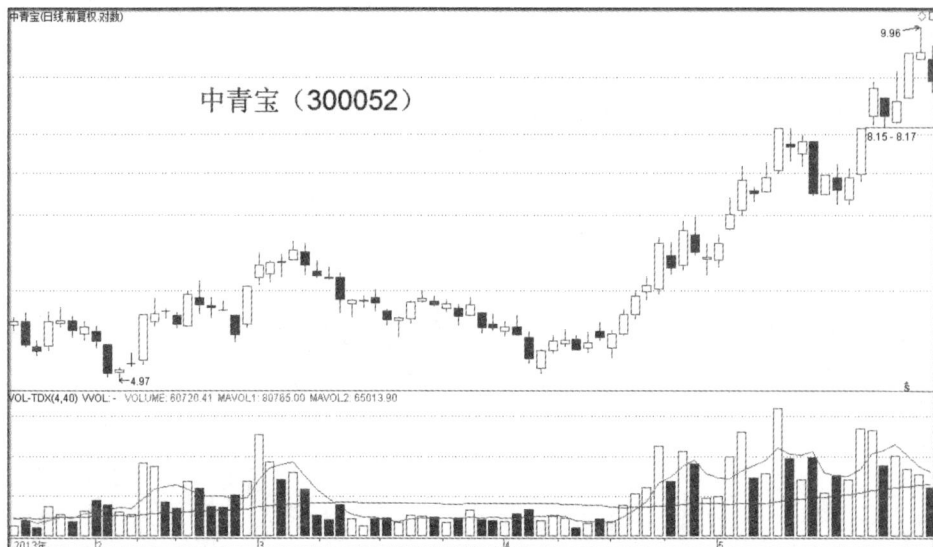

图 7-241

你可能会说：我的运气实在是太差了，说是好股，为什么我一买进就亏呢？唉，看来我还是不适合炒股——又犯了大多数散户常常抱怨的毛病。算了，认赔了，尾盘亏了9%，卖了吧，后面涨上天跟我也没关系了，如图7-242所示。

图 7-242

尾盘卖掉之后，账面从浮亏变成了实际亏损。这一次你判断对了，你卖了之后，后面跟你没关系了，第二天收出大阳线，如图7-243所示。

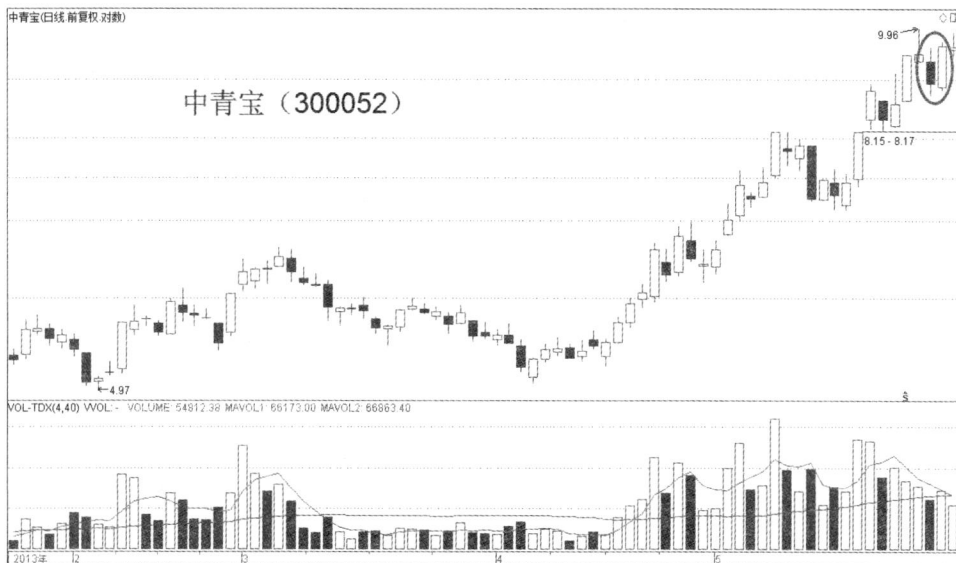

图 7-243

主力机构好像看透了你的心思一样，你不卖它不涨，好像就差你那几百股一样。其实，要是再咬咬牙也就挺过来了，这还是一个心态问题——只能怪自己心态不好。

既然阳包阴涨起来了，第二天还缩量上涨，那就再买点，这次应该没问题了，结果买进之后又下跌，如图 7-244 所示。

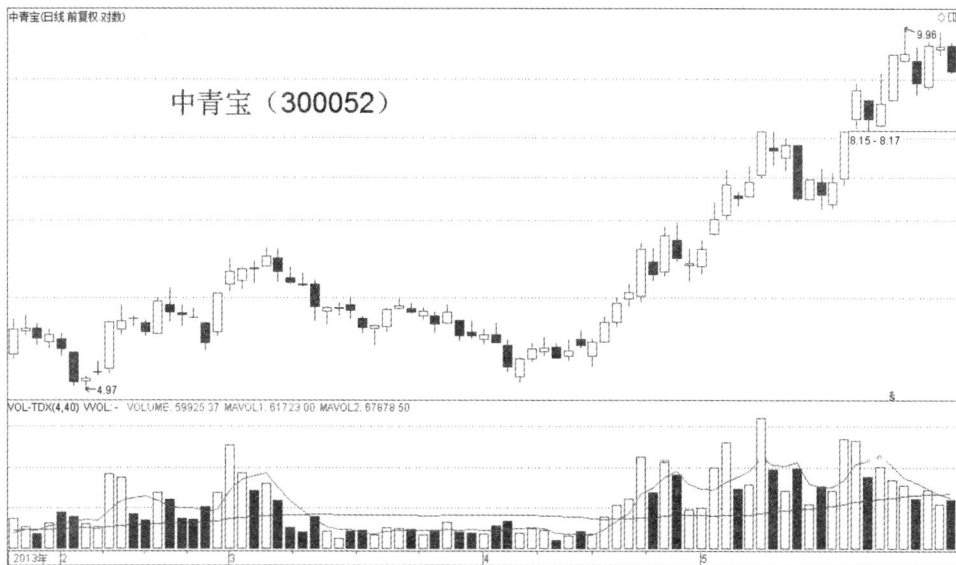

图 7-244

这个票看来跟你无缘，每次进场都亏。不过前面都是第一天跌第二天就涨，有可能还连续涨，跌一天没关系——安慰下自己，如图 7-245 所示。

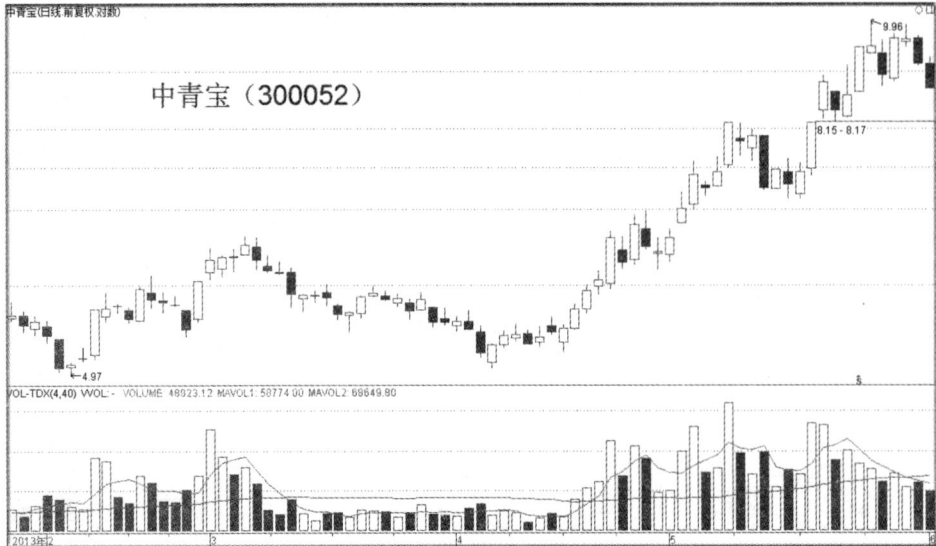

图 7-245

这下简直是疯了，又亏了 10%！割还是不割，这是一个需要慎重思考的事情！先不割了，明天再看下。结果第二天的分时是这样走的，如图 7-246 所示。

图 7-246

在恐慌与庆幸当中，你有可能卖在上午收盘前或下午开盘后，总之，这样的走势一定要把你洗出去，让你再一次割肉离场。

操作两次，总共 5 个交易日，从 100 万变成了 80 万，笔者相信这样的经历，足以让你对这只股票产生怨恨！后面有绝对多的机会让你参与，但由于之前的教训实在太深刻，你一定会望而止步，就算它涨上了天，也可能和你没有半毛钱关系了。

这就是为什么很多人看到了牛股甚至参与了牛股，最终却没有赚钱的原因。这就是本书在开篇时提到的，为什么999‰的人都关注到了市场中仅有的1‰的顶级股，却不是人人赚钱呢？这下明白了吧，我们在责怪自己心态不好，抱怨方法不适合自己的时候，有没有想过自己的内心是否对它有绝对的坚定信心。

那么，对牛股坚定看好的信心究竟来自于哪里？就这个股票来讲，信心就是主力机构的信心，就是主力机构进场的理由。就是看到日本手游股涨了60倍，我们国家的智能手机发展速度迅猛，前景广阔，手游才刚刚开始……凭借着对手游股未来的信心，内心有盼望，最终才成就了第一牛股。

《坛经》记载了这样一个流传千古的故事：慧能有一天来到了广州的法性寺，正赶上印宗法师在讲解《涅槃经》。忽然风吹幡动，两个和尚就为这点小事争执起来，一个说是风动，一个说是幡动，谁也说服不了谁。慧能在旁边插嘴道：不是风动，也不是幡动，是你们的心在动。

我们在临盘操作的时候，不是一样会有这样或那样的原因干扰我们的判断吗？大盘下跌、个股涨高了、股评在说资金流出、好朋友告诉你的消息，等等，其归根结底都是自己的内心不够坚定，使判断出了偏差。

不论你是上午卖掉还是下午卖掉，等到收盘的时候会发现，虽然是翻红的，但是只涨了2个点，心里也算有个安慰了——最多少亏2%而已，如图7-247所示。

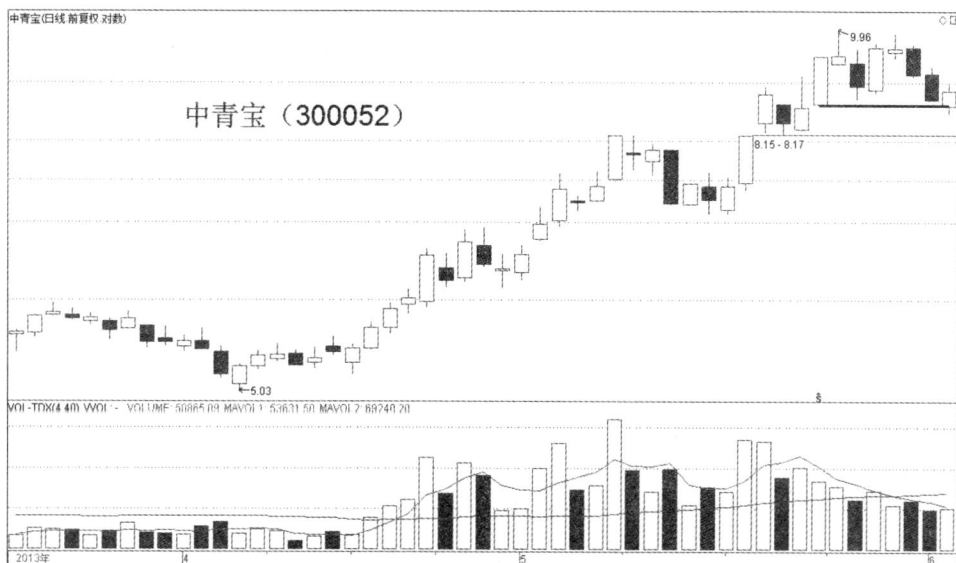

图 7-247

殊不知这一根小小的K线，是在前期涨停K线的实体下沿附近出现止跌，意义却大不一样。2013年5月15日也是在前期一根跌停阴线的实体附近收出了同样的一根小阳线，随后一改颓势，创出新高，这一次会不会重演呢？

第二天该股以涨停收盘，将前面的阴线阳线全部盖掉，如图 7-248 所示。

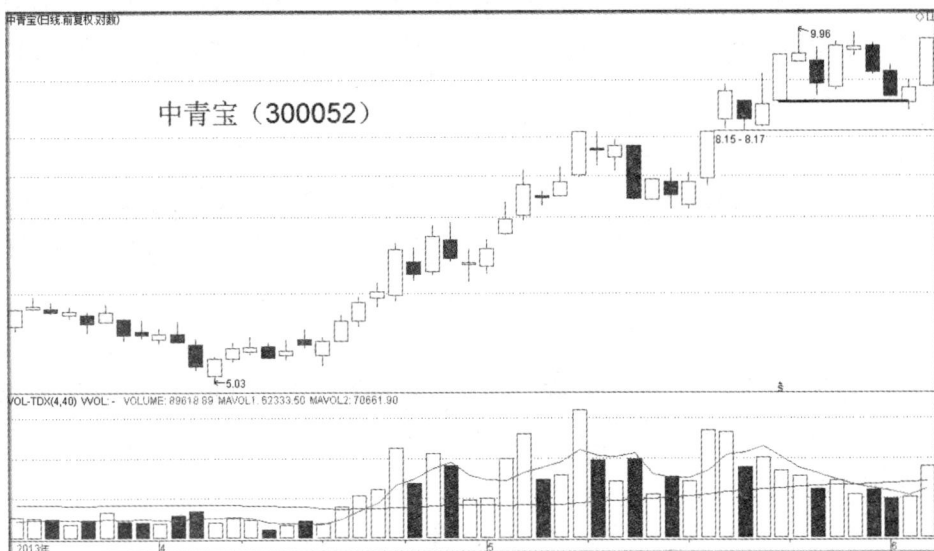

图 7-248

这个时候还在考虑是否会突破吗？是否是真突破吗？如果还考虑，那反应就太慢了。我们看到，股价在前期箱底附近收阳线止跌，次日收涨停 K 线包住，这样的做多能力得有多强？一定是实力很强的主力机构才会这样做，所以你要做的就是跟随。买入之后，只要没有出现卖出信号，操作上可以一直持有——4 天涨幅 30%！如图 7-249 所示。

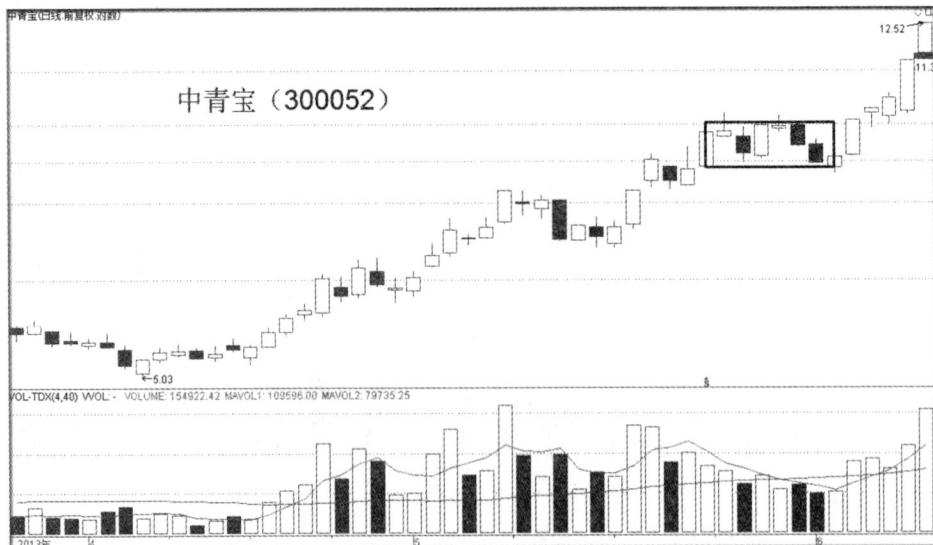

图 7-249

第二天再次创出新高，收阴线调整，同样没有放出大量，如图 7-250 所示。

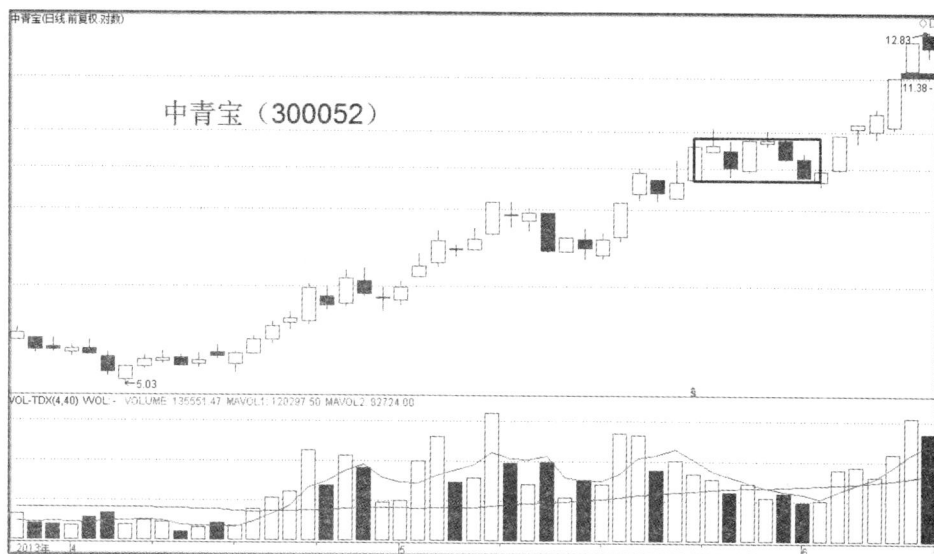

图 7-250

此时可以继续持有关注。对于前期介入的，由于成本比较低，出现调整时，需要把握两件事：①短线止赢位可提高到最近一个涨停实体附近；②没有跌破实体可以继续持有，对于该股可以适当放宽至缺口回补后，如图 7-251 所示。

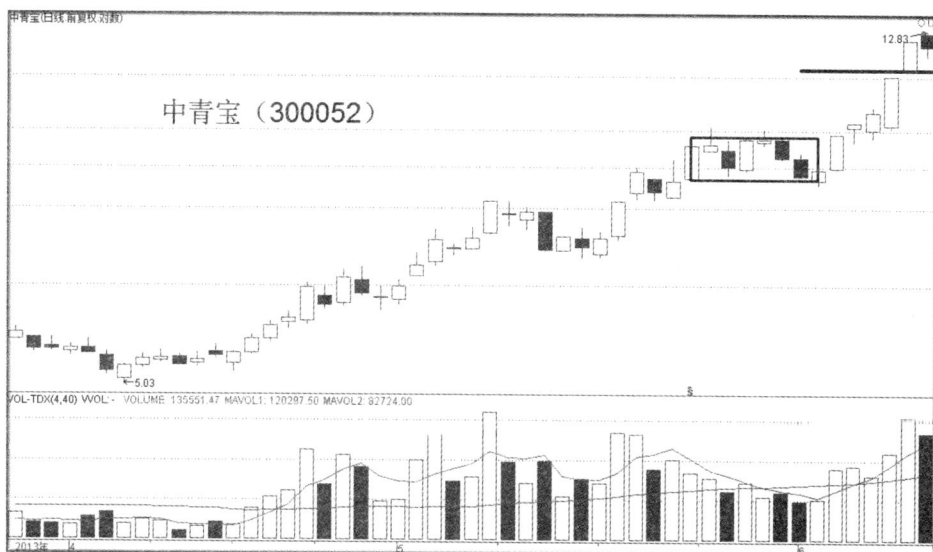

图 7-251

次日再次打板，这个时候需要注意的是，股价从低位 5 元到现在的 13 元，涨了近 3 倍，还出现涨停，量能也比较温和，没有出现大起大落，说明主力控盘程度高，志在长远。

第二天冲高回落，收阴线，量能同样没有放大，如图 7-252 所示。

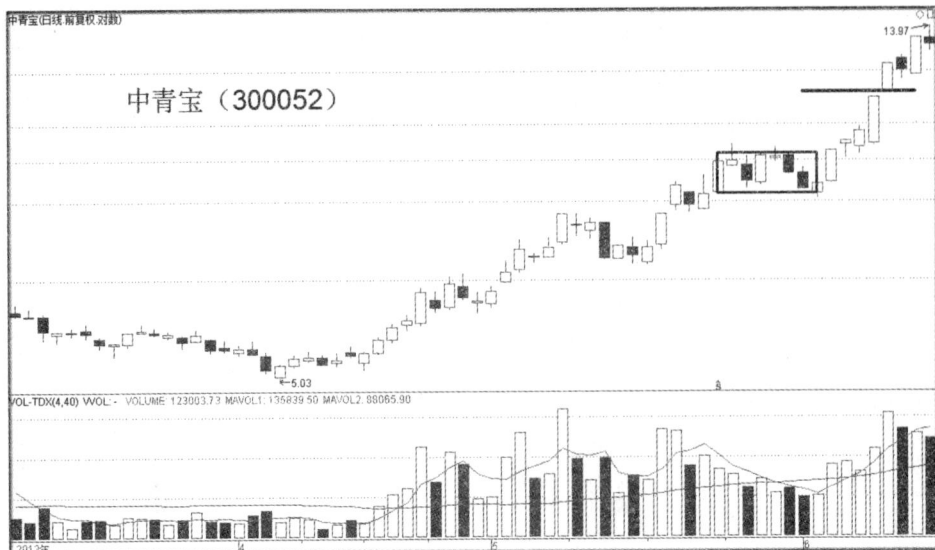

图 7-252

这个时候，你要去想：①日本手游股涨了 60 倍，该股主力志在长远，这个地方会早出货吗？②前期出现阴线之后，次日就有了阳线（最多两天），空多转换非常快速，压力转化为动力，这一次会不会也紧接着出现阳线呢？

我们看到，次日股价出现冲高回落，最高冲了 5 个多点，其分时如图 7-253 所示。

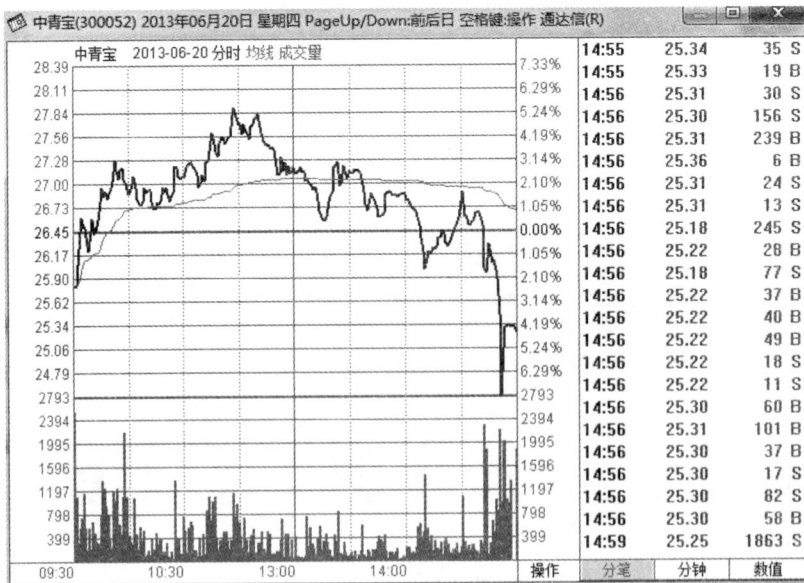

图 7-253

可以最近的两个涨停实体作为止损位，如果收盘 K 线跌破这两个阳线的位置（图中①

和②处），短线就可以考虑先减仓，如图 7-254 所示。

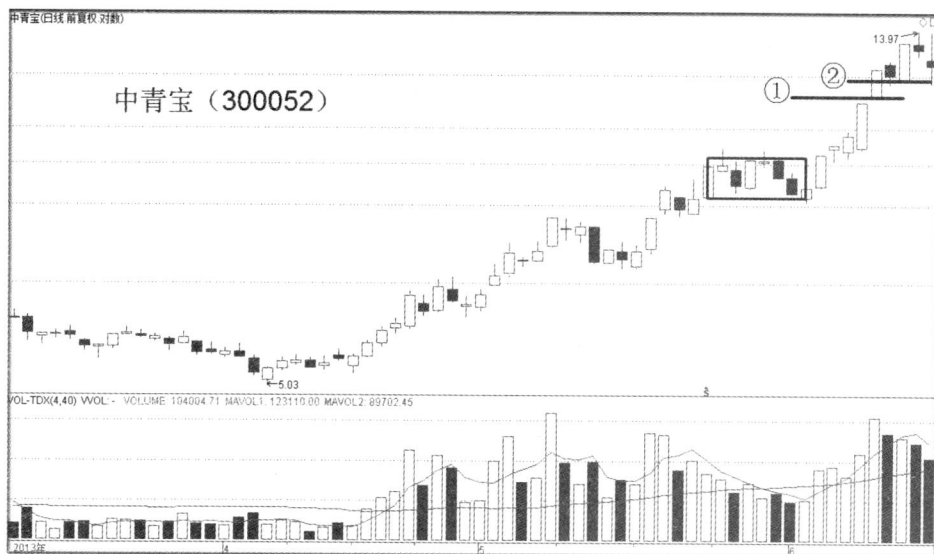

图 7-254

之后的 K 线再次形成了一个小型箱体，股价波动非常剧烈，但是如果忽略盘中波动，以收盘价看，发现它的做多动能仍然强势，如图 7-255 所示。

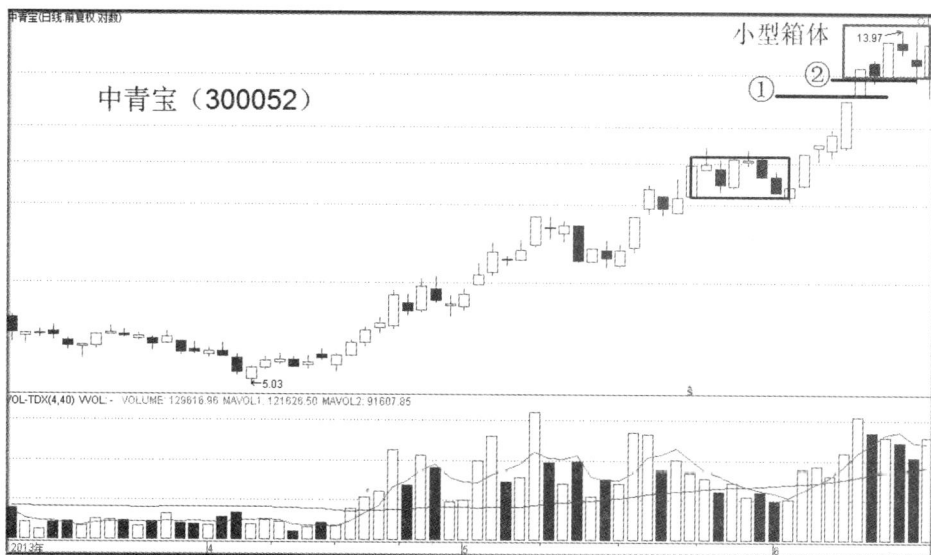

图 7-255

其中有一天，该股留出了长长的下引线，当天振幅达到 18%。其分时图如图 7-256 所示。

图 7-256

当天成交量一般，换手率一般，不像是出货。那么，谁有这么大的力量，可以让该股从跌 8 个多点到涨 9 个多点呢？要知道能够让当天 K 线振幅达到这么大，最终以阳线收盘而且实体很大的力量一定是非常大的。

前面讲过，在牛股上经常会出现的几种标志性 K 线，长下引线就是其中的一种。这样的一根 K 线，其实是两根 K 线，先是大阴线后是大阳线，空多转换非常快速且强势，是一种非常强烈的做多信号。

第二天，再次杀跌！这个地方，已经具备了上涨的动力，主力却还要再跌一下，那接下来不是到达天堂就是下到地狱！对于投资者来讲，破②减仓，破①清仓，如图 7-257 所示。

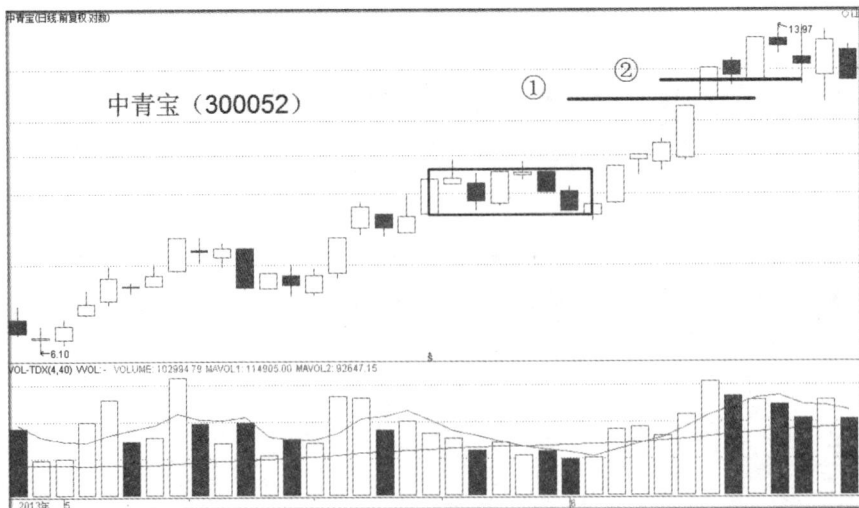

图 7-257

接下来（2013 年 6 月 25 日），大盘探出 1849 点的长下引线，而该股却直接涨停。盘面上看，是非常明显而且强势的空多转换。

毫无疑问，这个地方再次重演了上一次收出两根阴线时的走势：一根涨停阳线结束洗盘，如图 7-258 所示。

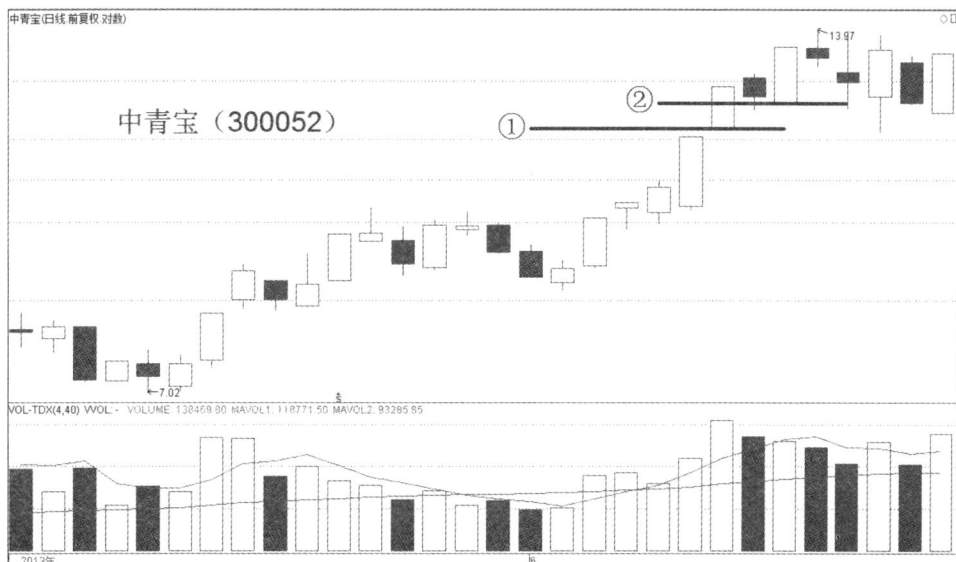

图 7-258

那接下来跟上一次一样，再次出现向上跳空，如图 7-259 所示，要不要考虑进场呢？

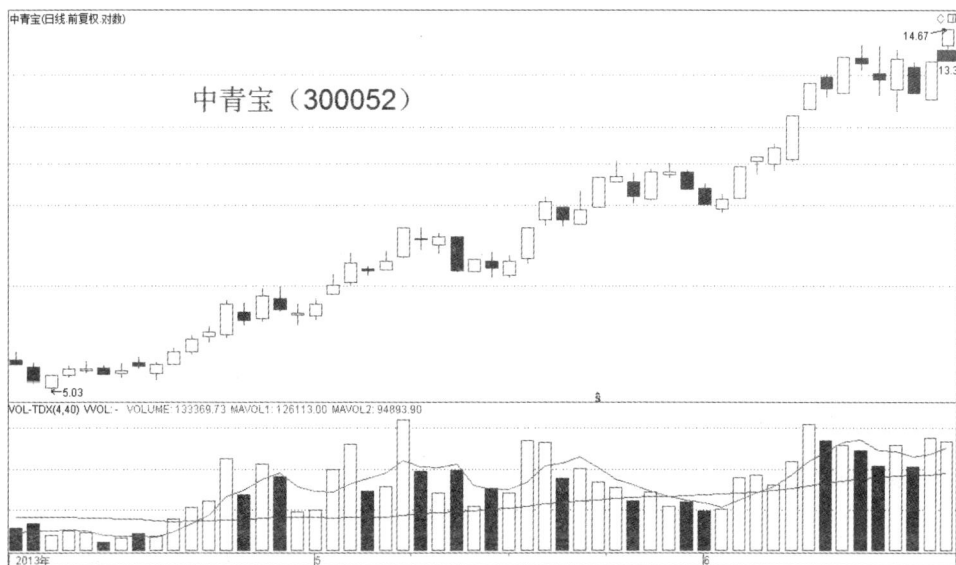

图 7-259

接下来的一天冲涨停跳水，当天冲高回落，尾盘还翻绿。涨停板跳水，其实就相当于是个跌停板了，如图 7-260 所示。

图 7-260

回头来看：从 5 元拉升到 16 元，翻了 3 倍多，这个时候放大量，盘中还跳水……这都不重要，重要的是如果这个地方出货，那就是假突破，后面最多再冲下就要下跌，而且有可能是跌停板——因为假突破很可怕。

此时的操作很简单，只需要关注次日的走势就可以了，如果接下来一天收一根大阳线包住这根放量阴线，就不用担心，如果收不上去，就要考虑减仓。因为该股的历史走势告诉我们，出了阴线就要出阳线。

我们看到，第二天果然收了一根大阳线包起前一天的放量阴线，如图 7-261 所示。

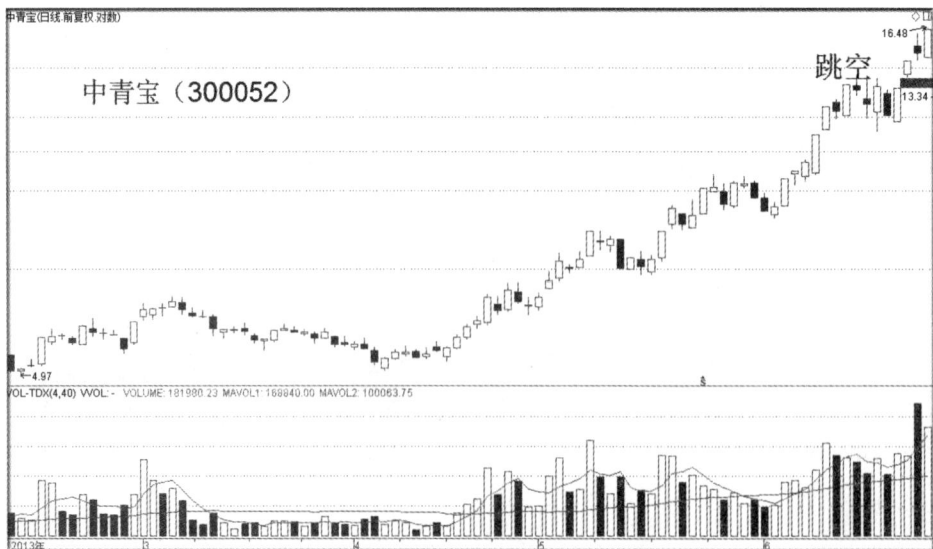

图 7-261

如果是你的话，会怎么办？会再考虑下，主力是不是诱多？还是再看下，创了新高之后三天之内是否站稳呢？如图 7-262 所示。

图 7-262

好了，这下我们看到，股价创了新高之后，三天都是向上的，而且每天也都有新高，可以确定是真突破了吗？可以进场了吗？这个时候你的注意力就不是放在之前的要求突破之后 3 天站稳上面了，我们来看第三天的分时，如图 7-263 所示。

图 7-263

冲高 7%之后跳水，尾盘翻绿跌 1%，相当于 8%的大阴线。进还是不进？进，因为它符合之前讲的突破三天的要求；不进，它不像是真突破，因为第三天的力度已经在减弱了……那就再等一天看，如果明天还能够收上去，就坚决买进。

结果第二天以涨停收盘，如图 7-264 所示。

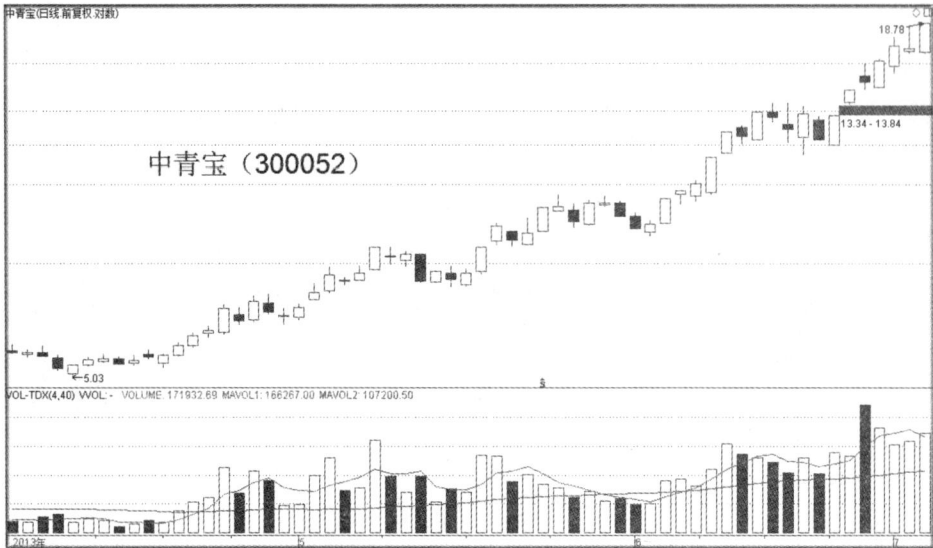

图 7-264

行情就在你的犹豫中涨了 20%多，但当你买入时，当天却收了阴线，第二天还是收阴线，如图 7-265 所示。

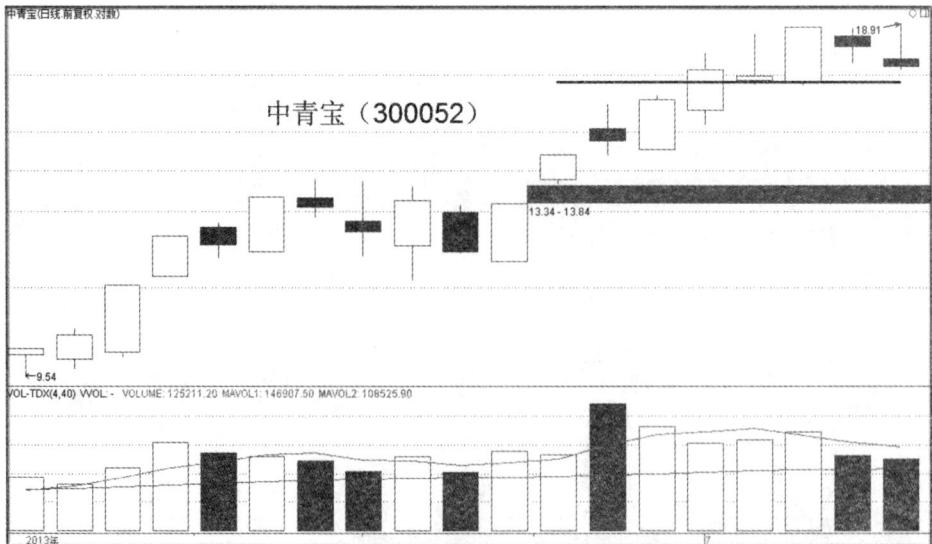

图 7-265

　　第三天还是收阴线，两天亏损了 7%。不过，没关系，因为前面都是跌了两天就拉起来的，明天还可以再看下，何况还没有跌破最近的这根阳线实体。

　　当天的分时是这样的：早盘低开，快速下跌 7%，随后反弹翻红至涨了 3%，不到 1 小时涨了 10%，10 点半见到当天的最高点，随后反弹结束，一路下探，到尾盘跌了 3%，当天收阴十字星，如图 7-266 所示。

图 7-266

　　如果想卖的话，卖点很多：早盘快速下跌，账面浮亏 14%，可能会动摇；随后反弹，可能会想着少亏点出来；反弹不持续，下午两点半以后还翻绿，还有可能卖掉。

　　也就是说，这一根 K 线会给你多次卖出的机会。它总会找机会让你在牛股里面亏钱出来的。

　　你之所以会在牛股中亏钱，就是因为参考的太多，犹豫不决。因此炒股一定要相信，不论什么样的行情，市场总会时时眷顾你——每隔一段时间，就会出现这么一只牛股，而你要做的就是"跟随"这么简单。好股票上涨的动力前面讲过了，作为投资者要把更多的精力放在对好股票内在的挖掘上，通过内在的挖掘去发现它的潜在空间是否够大，这样二级市场的炒作才会自如。如果空间很小，二级市场只要稍微涨一点，就会把它透支掉，中小投资者的资金在里面进出也会比较困难。所以，对手游概念股的内在坚定看好的前提下，其他的均线、指标、涨幅大、位置高等等就不该成为我们买入的压力。

　　当然，如果你留意到了股票虽然回调的天数比之前多了一天，但是下跌的力度已经在减弱了，而且盘中还有做多的动能（留出上引线），并且最终收的是一根十字星，操作上本来就有可能是变盘的信号，让我们再忍一天，结果可能就跟前面 2013 年 6 月 21 日那天一样，如图 7-267 所示。

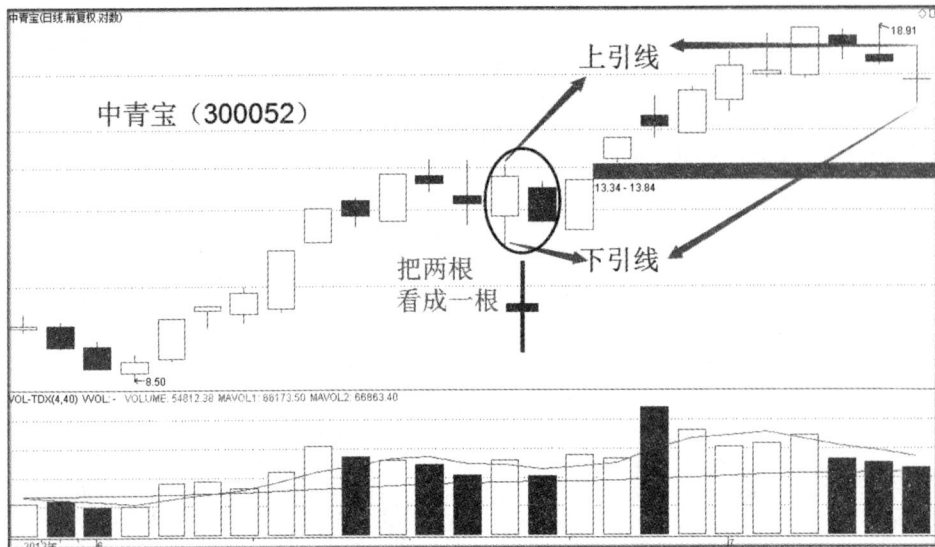

图 7-267

可以把 2013 年 6 月 21 日和 6 月 24 日两天的 K 线根据开盘价和收盘价，看成是一根高开低走同时留出上下引线的阴十字星——与 2013 年 7 月 8 日的一样。

2013 年 6 月 24 日之后是涨停+跳空，7 月 8 日会不会也这样呢？结果真的次日再次收出涨停板，第三天还跳空高开，如图 7-268 所示。

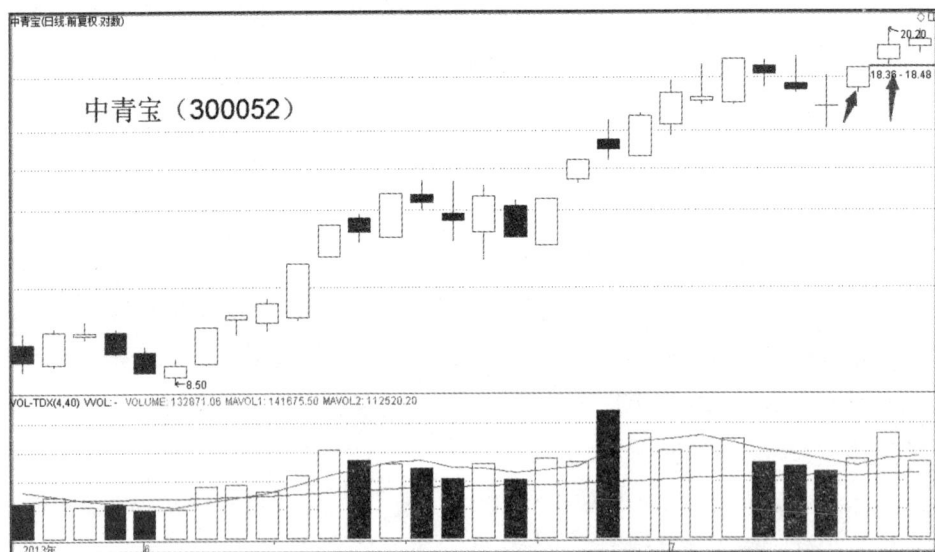

图 7-268

历史总是惊人的相似，这个地方可以继续做中线，不用考虑它从低位翻了几倍。

其后面的走势——从 2013 年 7 月 8 日的跳空开始，又大涨了 2 倍多，直到涨到了 90 元（除权前），如图 7-269 所示。

图 7-269

那么，什么时候卖掉呢？前复权后会看到它的走势，如图 7-270 所示。

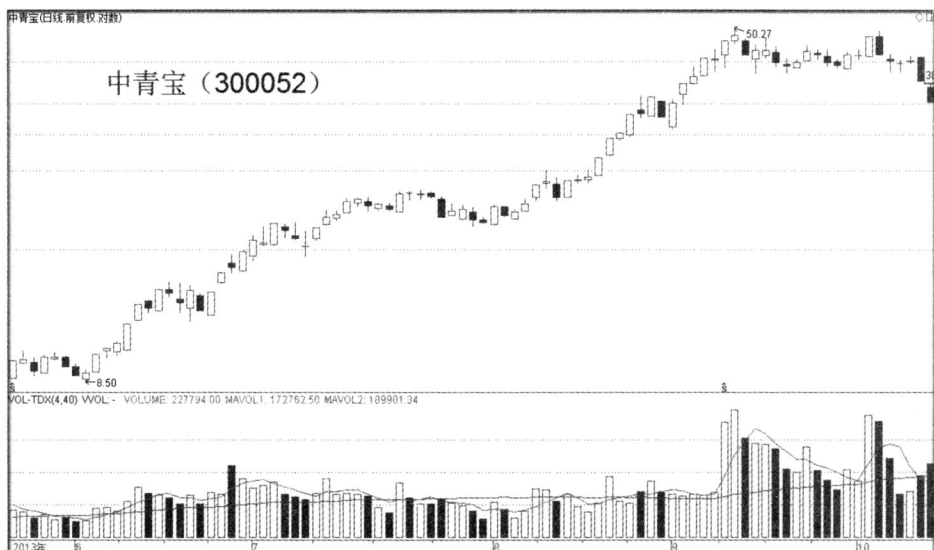

图 7-270

卖点很简单：只要是出了阴线（卖出力量）之后没有出阳线（买进力量），就要准备离场。这个时候空多转换不够快速，没能快速地把压力转化为动力，就说明空方力量在加强，多方力量在衰竭，操作上就要准备卖出。对于中线操作来讲，除了根据空多转换是否快速及时来决定仓位的轻重之外，还可以根据箱体是否跌穿来决定是否全部卖出。

如图 7-271 所示，股价在见到高点之后，做了一个箱体整理，随后没有继续创新高，却选择阴线跌穿箱体，这里就是卖点。

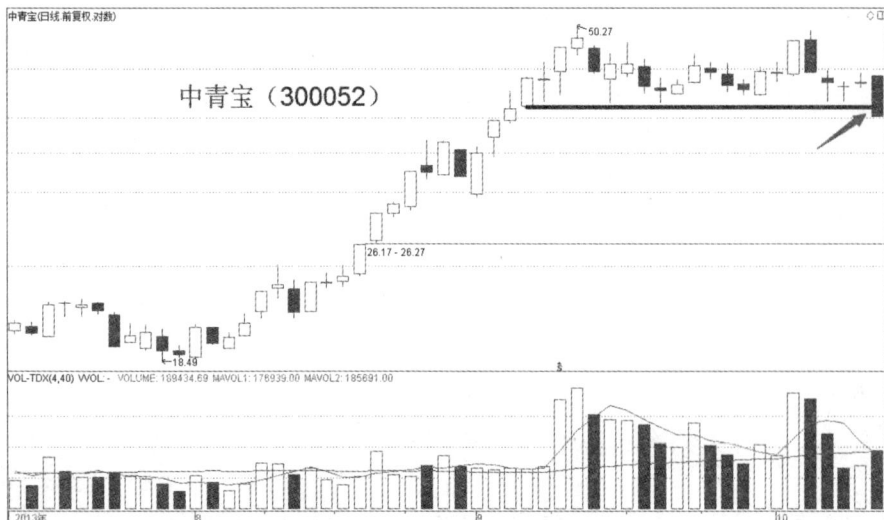

图 7-271

　　有人可能会问，这个时候再卖，利润会回吐很多，少赚 20%，如果卖在最高价的话，起码要多赚 20%。买在最低，卖在最高，是贪心的表现，做股票不能太贪心，但这恰是多数人的弱点。有些投资者不惜花费巨大的精力去研究如何买在最低卖在最高，这纯是浪费精力，也不可能做到。

　　对于中青宝这只股票，上面是通过它的单根 K 线的形态逐步分析的，其实如果从更大的角度来看，会发现它的图形更美，也能看出它和掌趣科技的区别。

　　我们看到，中青宝从低位起来之后，受日本手游概念股大涨 60 倍及国内智能手机游戏市场前景广大的影响，股价开始出现反弹。一路拉升，遇到压力就跳空，以跳空的形式把左侧所有的阶段性高点全部拿掉，显示的是主力机构超强的做多信心，如图 7-272 所示。

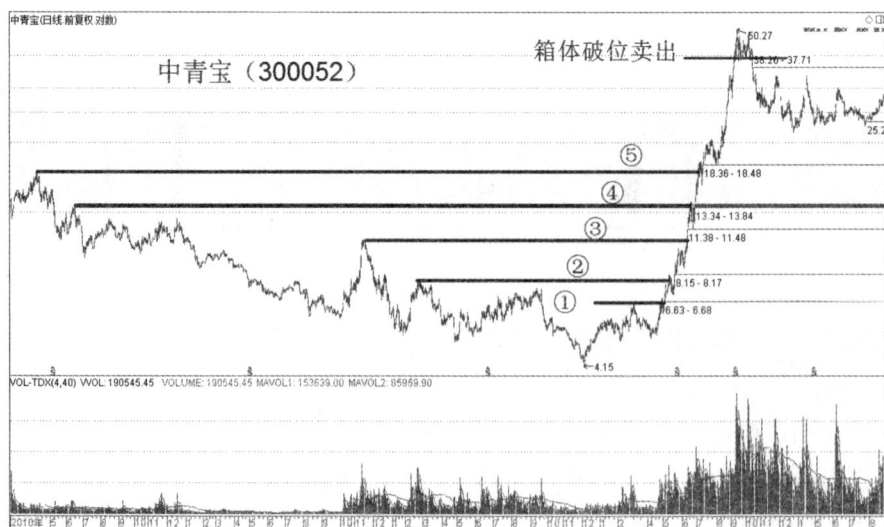

图 7-272

对于投资者来说，每一次的跳空突破都是机会，这也是笔者讲的，好股票随时随地都是机会，随时随地都有买点，如图 7-273 所示。

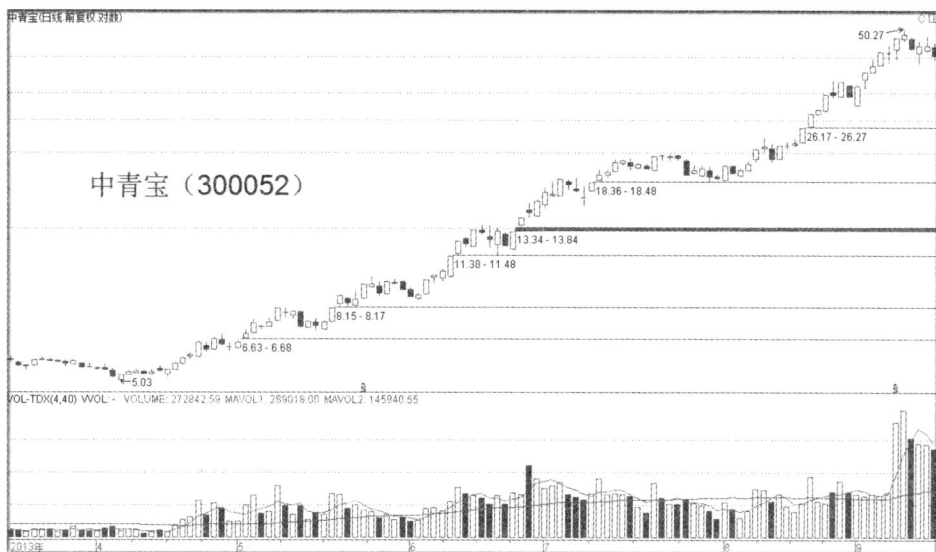

图 7-273

另一方面，我们发现牛股的动力也是随时随地出现的，它会把每一次的下跌都当做前进当中的临时歇脚，借此补充给养，进而走的更远。只要有人卖出（阴线），它就买进（阳线），洗盘时间一般就是 1~2 天，3 天的都不多，说明主力机构超强的做多决心和做多力量。

投资者需要克服的就是恐高，杂念太多是很难买进和持有的。要紧紧围绕着上涨的核心动力，把每一次的阴线都当作是上天给你的一次买进的机会。因为股票除了连续阳线拉升之外，总会出现阴线，而牛股与一般股票的区别就在于它是出了阴线就要出阳线，空多转换非常快速，机会是随时随地的。

认定它是好股票之后，就要反复做它，坚定的持有，而不是看到它稍微回调就被其他上涨的股票吸引过去。股票会不跌只涨吗，会只有阳线没有阴线吗？绝对不会，好股票一定会有阴线，而且什么样的阴线都会出现：大阴线、冲高跳水长上引线、大幅杀跌然后拉起的长下引线、全天窄幅整理小十字星、全天大幅震荡大十字星等，反正会尽可能地折腾和恐吓你……这个时候更需要大格局、大胸怀，只要它的箱体没破位，就不走，而且它每一次的回调都不会跌破箱体，如图 7-274 所示。

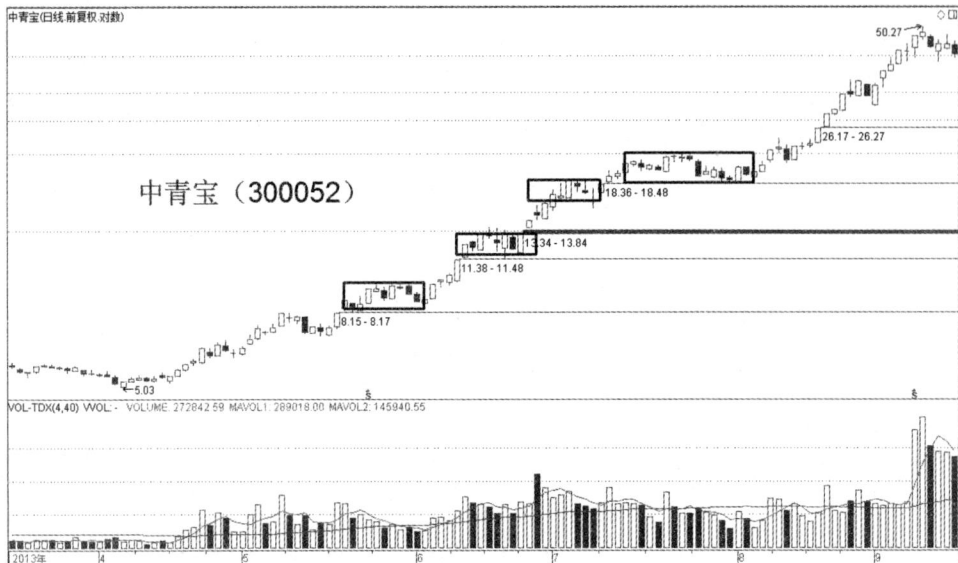

图 7-274

　　这就是 10 倍牛股：内在的核心是新技术、新革命带来的新业务，公司业绩出现成倍的增长；外在就是股票不断刷新高，调整时间短，上涨速度快，遇到压力都能够转化为动力，继续挑战新高。

　　我们很多时候花时间和精力去研究"牛股究竟长什么样"，却没有想过，牛股本来就应该是这个样子。

任凭风吹雨打，我自岿然不动

　　股票上涨，我们担心随时会调整；下跌，害怕被套牢；横盘，又看到别的股票上涨而着急。总之，对于大多数的股民来讲，炒股是一件非常痛苦的事情，因为无论涨跌，内心都要做斗争，因此，保持良好的心态，对于做好股票是非常重要的。

恐惧与贪婪与生俱来

　　投资是人性的博弈，这已经被大多数的投资大师及普通的投资者证明。我们做到最后，发现和生活是相通的，虽然只是一买一卖，却和很多生活常识相似，比如农民种地。农民播种，相当于建仓买股票，农民收割相当于清仓卖股票。一种一收，需要好几个月的时间，其他大部分时间是等待。有些人做股票，总希望今天买进，明天就能获利，这样还嫌慢，还希望是 T+0 交易，这一分钟买进，下一分钟可以卖出获利，其实这是很难做到的。

　　为什么农民种地这么简单的道理大家都懂，但是到了投资市场却变得急不可耐了呢？究其原因，无外乎是人性中的贪婪和恐惧在作怪。大多数投资者都有过这样的经历：①买了股票之后，出现短暂的回调，就害怕自己可能进早了，怀疑自己判断的点位不是一个非常好的进场位置，从而决定要不要先出来，等待走好再进场；②买了某股票之后，好长一段时间不上涨，就变得不耐烦，尤其是每天看到那么多涨停板的股票，心里更是痒痒的；③买入之后已经获利，后面稍微一调整，马上卖出，担心自己已有的利润全部吐回去，结果最后证明自己卖早了；④买入获利之后，股价出现明显调整，但是认为股价只是短暂调整，后面还会有更大的涨幅，最终却割肉出来。

　　巴菲特有句名言：在别人恐惧时贪婪，在别人贪婪时恐惧。大多数投资者，往往是在别人恐惧时更恐惧，在别人贪婪时更贪婪，真正可以让你改变恐惧和贪婪的只有自己。当然，好的心态来自正确的操作，账户的不断盈利，会加大你的信心。如果你的账户从年初到年尾都是绿的，第二年还是绿的，那你的心态会变得非常坏的。

　　华尔街有句名言：截断亏损，让利润奔跑。现实生活中，大多数投资者却往往做的是相反的操作，账户中有两只股票，一只亏损一只赚钱，往往是拿住亏的那只，卖出赚钱的那只。其心理状态是这样的：亏损的目前只是浮动亏损，如果卖出就是真正的亏损；盈利的是浮动盈利，如果不卖出就永远是纸上富贵，要抓紧落袋为安。

　　生活中做生意的投资者可能会有这样的体会，假如市场上的商品 A 和 B 两种表现是：

A 降价、B 涨价，第二天的表现也是：A 降价、B 涨价，第三天的表现还是：A 降价、B 涨价。那请问，我们进货的话，是进 A 还是 B 呢？好多人可能想都不想就是 A 连续降价都卖不掉，还进他干嘛？B 天天涨价，说明需要的人多，可以继续进货。那为什么你的股票账户却做的是相反的操作呢？股票已经是下降通道了，还继续进货试图摊低成本，这是非常可怕的。

首先要认可恐惧和贪婪存在的客观性，换句话讲，每个人都会有恐惧和贪婪，这不是丢人的事情，需要做的是通过训练能够把它克制住，让它尽可能少的在你买进卖出的时候出来捣乱。还是那句话，坚持正确的操作，重复的坚持，会对你的行为有所改变。如果你之前的操作方式不能够带来较大的盈利，那么你看到本书之后，认可笔者操作思路，就一定要去实践。只有真正实践之后，才会体会到这种思路和方法的好处，才会放弃掉你之前的那些股票——因为牛股根本不会在你的股票中产生。

笔者认为，大多数投资者在投资初期是很难克服掉恐惧和贪婪的，追涨杀跌是常态。这个时候需要做的是：①减少操作次数，找到股票上涨的核心，找到市场的强势股，等待机会出手；②不论自己给自己定的止损位是多少，一定要坚决执行；③当你认为股票会上涨，又因为短期的调整担心利润吐回去的时候，操作上可以先卖一半，一来可以降低持仓成本，加强持股信心；二来不至于真正踏空。

平常心的修炼

心态决定成败。

改变人的内心是最难的，而一旦改变，获得的提升也是巨大的。在认知了自己的心态缺点之后，唯一要做到就是改变和提升，尽可能地做到平常心，只有当你"不以涨喜，不以跌悲"的时候，你的投资能力也就提升了一大步。要做到这一点，最好的就是买进之后不看盘，远离市场。但对于散户来讲，买进之后不看盘，是一件非常难受的事情，那怎样可以在临盘的时候，改变内心呢？

笔者给大家分享一个寓言故事：

螃蟹、猫头鹰和蝙蝠去上恶习补习班。数年过后，它们都顺利毕业并获得博士学位。不过，螃蟹仍然横行，猫头鹰仍然白天睡觉晚上活动，蝙蝠仍然倒悬。

什么意思呢？笔者把他作为本章的结尾也作为本书的结尾，就是要告诉大家，行动重于知识，强调知行合一的重要性。

知识要转化为生产力，提高生产力才是最终的目的。心态方面的东西，笔者不去给大家讲过多的理论，这里只告诉大家，如果你看到本书的内容，按照讲的去做就行了。

只有你真正去做了，你才能发现自身水平的差距；只有你真正去做了，你才能找到之前一直想做没敢参与的操作；只有你真正去做了，才能体验到牛股的喜悦；只有你真正去做了，才能明白原来心态是可以被改变的。

2015.5